JIANSHE GONGCHENG
YU FANGDICHAN JIUFEN
CAIPAN GUIZE

大成（郑州）专业团队编撰

大成 DENTONS 集

建设工程与房地产纠纷

上

|裁判规则|

北京大成（郑州）律师事务所 ◎ 编著

陈维刚 ◎ 主编

中国法治出版社
CHINA LEGAL PUBLISHING HOUSE

编委名单

总　主　编：杜炳富
总副主编：吕海振　王振涛

主　　　编：陈维刚
副　主　编：赵　静　雷　军　吴利波
编委成员：
　　　　　　陈维刚　赵　静　雷　军　柴永胜　吴利波
　　　　　　李振锋　杨贺飞　李亚宇　曹代鑫　曹亚伟
　　　　　　郭俊利　姚　池　郑舒文　王　兴　苗　卉
　　　　　　丁　一　胡玉芹　郭红春　程卫强　阮崇翔
　　　　　　徐润浈

编委成员简介

杜炳富,北京大成律师事务所高级合伙人,大成中国区顾问委员会委员、北京大成(郑州)律师事务所主任、董事局主席。双学士学位,一级律师。具有证券、基金、上市公司独立董事和投资分析师等任职资格。主要业务领域为金融和商事争议解决。

吕海振,北京大成律师事务所高级合伙人,北京大成(郑州)律师事务所管委会主任,具有独立董事、基金从业、破产管理人资质。主要业务领域为资本市场、建筑房地产、商事争议解决。

王振涛,北京大成律师事务所高级合伙人,北京大成(郑州)律师事务所律师,有长期审判工作经历,主要业务方向为民商事再审。

陈维刚，北京大成律师事务所高级合伙人，北京大成（郑州）律师事务所不动产与建设工程部主任。郑州大学法学、管理学双学士，河南城建学院工程管理专业第二学历。

2007年开始执业，现为中国法学会会员、政府和社会资本合作（PPP）项目咨询师、高级工程法律咨询师。同时具有证券从业资格和上市公司独立董事任职资格。

赵静，北京大成律师事务所高级合伙人，北京大成（郑州）律师事务所专职律师，一级律师，法学硕士。兼任郑州仲裁委员会仲裁员，河南省律师协会房地产委员会副主任。曾任北京大成房建委一体化建设副主任，上市公司独立董事，全国投资项目分析师，河南省法学会律师学研究会常务理事等。

雷军，北京大成（郑州）律师事务所合伙人，不动产与建设工程部副主任，郑州大学法学本科。主要业务领域为不动产与建设工程、公司与并购、破产重整与清算、民商事争议解决、刑事辩护、政府和社会资本合作（PPP）项目咨询。

吴利波，北京大成律师事务所高级合伙人，北京大成（郑州）律师事务所不动产与建设工程部副主任，三级律师。西南政法大学民商法专业房地产方向硕士研究生，具有企业法律顾问资格、二级建造师资格、招标师资格证书。河南城建学院工程造价专业第二学历。2021年被河南省律师协会评定为建筑房地产专业律师。

序

"法律的真谛是实践"[①]，司法案例是法律服务实践中最为鲜活生动的教材，人民群众对公平正义的获得感、对司法程序的信任度，都需要具体的案例来支撑。习近平总书记关于"一个案例胜过一打文件"[②]的论述，更是精辟地阐述了案例在释法明理、普法宣传以及社会治理等方面的重要作用。

房地产业和建筑业均是国民经济的支柱产业，地位和作用十分重要。因房地产业与建筑业的项目投资数额较大、建设周期较长，涉及上下游产业链较广，因而法律关系相对复杂，纠纷数量占比较高，纠纷类型也呈现不断变化的趋势……依法公平公正地处理房地产与建筑类纠纷，不仅是审判机关的职责，也是法律服务机构特别是广大专业律师的努力方向。

北京大成（郑州）律师事务所（以下简称本所）业务五部（以下简称五部）是以建设工程、房地产、基础设施投融资和能源为主要业务领域的专业化业务部门。五部律师在上述专业领域不仅为国家机关、企事业单位和公民个人提供了大量的诉讼和非诉法律服务，也为多项国家和省市重点建设项目提供了优质高效的全过程法律服务。

本所致力于通过学习研究司法案例，总结人民法院的裁判规则及裁判指引在实践中的应用，以期能够更加精准地为社会提供专业高效的法律服务。本书是五部的十几位律师对最高人民法院、河南省高级人民法院等近年来公开的4000多份房地产和建设工程纠纷裁判文书进行分析研讨后整理出的裁判规则，希望对本所同人、律

[①] 参见沈四宝：《法律的真谛是实践》，法律出版社2008年版。
[②] 参见《建好用好人民法院案例库　完善中国特色案例制度》，载中国法院网，https://www.chinacourt.org/article/detail/2024/04/id/7923482.shtml，最后访问日期：2025年4月27日。

师同行、房地产和建筑企业法务人员及广大客户有所帮助。五部的小伙伴们始终保持勤奋上进的工作和学习状态，通过集体研究大量案例，不仅使个人的专业水平得到提升，还无私地分享他们的研究成果，必须为他们点赞！

全书对裁判观点的提炼概括清晰明确，对涉及案件的标注清楚规范，对新法实施后的法律适用衔接作出相应说明，足见编写人员的用心。本次编写的系列丛书所收录的虽然不是指导案例，但在四级法院职能定位改革、级别管辖调整和类案裁判参考的背景下，具有重要的现实意义。

相信本书对房地产与建设工程类案纠纷争议解决实务具有重要的参考价值。期待五部的小伙伴们继续总结分享更多专业成果，以飨读者。

北京大成（郑州）律师事务所终身名誉主任　李煦燕

| 编者说明 |

司法实践中，同案不同判的现象时有发生并由此引发不少问题，同案同判成为人们对法律的确定性和普适性的一大追求。同案同判不仅有利于实现个案的公平公正，也能助推立法和司法的科学化。

裁判文书不仅能有效地化解纠纷，还能够输出裁判观点，为后续案件的办理提供指引。然而，随着裁判文书上网公开的全面落实，司法实务人员接触到的类案数量极为庞杂，面对多个类似案例时也经常会感到困惑，不知如何为己所用。因此，我们按照《最高人民法院民商事判例集要》丛书的风格和体例，精心编辑出版了这套《建设工程与房地产合同纠纷裁判规则》丛书，重点对河南省高级人民法院公布的建设工程和房地产裁判案例中所体现的裁判规则进行系统梳理，并结合部分最高人民法院及其他省级法院公布的相关案例所涉裁判规则，希望能为司法实践中类似问题的解决提供一定的指导和参考。

本套丛书系重点收集和梳理人民法院近年来所发布涉建设工程和房地产案例，并在此基础上精心提炼法院审理建设工程和房地产类案裁判规则的实务用书，共计2卷，即建设工程卷和房地产卷。丛书以立足实践、指导实践为宗旨，以期为本所同人、律师同行、房地产和建筑企业法务人员及广大客户提供系统、实用的参考。本套丛书具有以下特点：（1）重点收集和梳理了近年来最高人民法院、河南省高级人民法院等审理的建设工程和房地产类案例，提炼具有典型和指导意义的裁判规则。（2）对裁判规则进行体系化编排，对分散在不同案例中的裁判规则进行归类，方便查找。（3）注重案例的时效性，对与现行法律、司法解释相冲突的案例进行筛除处理。本套丛书栏目设置统一，具体包括以下内容：

——**裁判规则**。标题即为裁判规则，是编者对个案裁判的主要内容予以概括和提炼后形成的裁判观点。一个案例可以提炼出一个或者多个裁判规则，本书对同一案例存在多个裁判规则的情形进行了合理拆分，方便从多个角度对不同的法律问题进行阐述。

——**案件名称**。由案件双方当事人姓名或名称+案由构成，同时备注当事人在案件中的诉讼地位，注明裁判文书案号、裁判日期，便于读者方便快速地查找案件内容。同一个裁判观点涉及多个案例的，称为案件名称Ⅰ、案件名称Ⅱ等。此外，案件名称后括注了判决书文号，及该判决书作出时间。

——**裁判精要**。主要是对案件的裁判理由，即裁判文书的"本院认为"部分节选，是用于提炼裁判规则的核心内容。

——**编者说明**。由编者对提炼的裁判规则进行解释说明，或者指出案件的后续发展情况，或者对涉及的法律依据进行延伸解读。

需要指出的是，本套丛书涉及的案例存在一定的时间跨度，对于同一法律问题，法院在不同时期基于不同的法律规定及司法政策其裁判观点会有一定差异；即使在同一时期，各个法官基于自身对法律法规的不同理解，裁判观点也会出现不一致甚至相左情形。我们只是对个案裁判观点进行梳理和提炼，提醒读者在使用时应结合案例的整体内容进行全面解读，切不可断章取义，更不能盲目照搬。

由于我们掌握的资料和编写能力的局限性，对建设工程和房地产案例的裁判观点提炼得可能不够准确，该套丛书仅供大家在司法实务中参考使用。本套丛书的编辑内容等方面尚有提升之处，望广大读者能够给予批评和指正。

| 目 录 |

第一章 施工合同效力

第一节 法院应当主动审查施工合同效力……003

1. 人民法院审理施工合同纠纷案件,应当首先审查合同效力。对工程存在逾期交付且双方均有过错的情况下,法院根据合同效力和过错程度予以划分责任及作出相应处理。/003

第二节 资质对施工合同效力的影响……005

2. 施工合同虽存在承包人出借资质给没有资质的实际施工人签订、履行的情况,但发包人善意且无过失的,仍应认定施工合同有效。/005
3. 名为劳务分包合同实为案涉工程施工合同的转包,违反法律规定,该劳务承包合同为无效合同。/006
4. 工程总承包合同项下,经发包人同意,总承包方将建筑工程主体结构和土建工程进行分包的,不属于违法分包。/007
5. 被挂靠人认可其与挂靠人之间不存在劳动合同关系,案涉工程实际由挂靠人投资、组织施工、交纳履约保证金、接收工程价款的,符合借用资质关系的法律特征。/008
6. 挂靠人自始参与案涉施工合同的磋商与签订、履行合同义务及行使合同权利的,符合没有资质的个人以其他有资质的施工单位名义承揽工程的情形,应认定为挂靠法律关系。/009
7. 承包人将专业工程分包给专业公司施工,不属于转包,也不属于肢解工程的违法分包,施工分包合同合法有效。/011
8. 涉案工程系施工单位须具备国务院特种设备安全监督管理部门行政许可才能施工的特殊工程,施工单位未取得的,签订的施工合同因违反法律、行政法规的强制性规定而无效。/012

第三节 招投标程序对施工合同效力的影响……013

9. 招标前双方签订协议,对案涉工程项目的工期、结算方式、双方权利义务、违约责任等作出约定,并明确表示在后续招标工作中必须保证施工方中标,且招标内容不得违背协议约定的,应认定为串标。/013
10. 在招标前已与承包人签订施工合同并进行施工,属于串通投标,违反招标投标法的强制法律规定,签订的施工合同无效。/014
11. 依法必须进行招标的项目,双方在招标前已经签订施工合同,中标合同与招标前签订的合同均无效。实际履行的合同可以作为结算工程价款的参照依据,但不能成为合同当事人承担违约责任的

合法依据。/014

12. BT合同属于建设工程施工合同，依法必须招标的项目，未招标或者中标无效的，签订的BT合同应认定为无效。/016

13. 发包人与承包人在招投标前对案涉工程进行实质性磋商的，违反招标投标法的强制性规定，中标合同无效。/017

14. 承包人实际进场施工在前、被确定为中标人在后，足以表明双方在招标前就合同的实质性内容进行了谈判，违反招标投标法的强制性规定，施工合同无效。/019

15. 必须进行招标的项目，在承包人进场施工后进行招标的，属于先定后招。双方未按照中标价签署的协议，也属于无效协议。/019

16. 未招先定违反招标投标法的强制性规定，施工合同无效。/020

17. 明招暗定违反招标投标法的强制性规定，施工合同应认定为无效。/021

18. 案涉项目享受政府财政补贴奖励政策，属于《中华人民共和国招标投标法》规定的全部或者部分使用国有资金投资或者国家融资的项目，必须进行招标，发包人与承包人签订的施工合同未经招标程序，应属无效。/022

19. 合同签订及施工时属于必须招标项目的，即使争议发生时因政策规定修改而不再属于必须招标项目，施工合同仍因违反法律的强制性规定而无效。/023

20. 合同履行完毕后，发包人又以合同未经招投标程序主张合同无效的，不予支持。/024

21. 商品住宅项目在施工合同签订时属于依法必须招标的项目，没有进行招标的，鉴于诉讼时国家发改委新规定不再将其作为必须招标的工程项目，参照新规定应认定施工合同有效。/025

22. 案涉工程施工合同签订时必须进行招投标的公租住房项目但未进行投标的，鉴于诉讼时国家发改委新规定不再将其作为必须招标的工程项目，可以参照新规定认定施工合同有效。/027

23. 在终审判决作出前，根据新颁布的法律、行政法规的规定认定合同有效而根据原有法律、行政法规认定无效的，应根据从宽例外、持续性行为例外的基本法理，适用新颁布的法律、行政法规的规定认定合同效力。/028

第四节　其他影响合同效力的情形 ·· 030

24. 门窗供需及安装合同属于建设工程施工合同，发包人将门窗工程分包给个人的，违反法律法规的强制性规定，合同无效。/030

25. 施工合同因涉案工程在起诉前一直未取得建设工程规划许可证被认定为无效，但承包人主张施工合同有效的，应就发包人能够办理审批手续而未办理的事实承担举证责任。/031

第二章　工程价款

第一节　工程价款结算 ·· 035

26. 施工合同虽然无效，但案涉工程价款的计算方法应当参照合同约定进行。/035

27. 施工合同无效，折价补偿的工程价款应以已完工工程量为准，不能以合同约定的进度款支付节点和比例进行抗辩；但当事人对已完工的工程造价均未申请鉴定的，可以参照合同约定认定工程款。/035

28. 施工合同无效，工程造价仍应按合同约定的上浮率予以上浮。/036

29. 非必须招标项目，当事人采用议标方式签订建设工程施工合同，不适用招标投标法的规定，双

方约定的让利条款有效。/037

30. 合同中约定的让利条款属于结算条款,即使施工合同无效,在建设工程竣工验收合格之后,仍应按约定进行让利。/038

31. 施工合同约定不可竞争费用不计取或一并让利的,应按合同约定计算工程价款。承包人提出因工期延长不予让利的,不应支持。/038

32. 鉴于工程各施工阶段的施工难易程度、施工成本、所获利润等均存在较大差异,未完工程可按照实际完成情况和过错程度酌定让利系数。/039

33. 承包人中途撤场,应对已完工工程的造价负举证责任,经法院释明后又不申请司法鉴定的,应承担举证不能的法律后果。/040

34. 当事人通过会议纪要方式明确发包人逾期未作出审核结果,将送审价款作为结算依据,条件成就时即应按送审价认定工程价款,一方在诉讼中申请鉴定的,不予支持。/042

35. 依法必须招标的工程,标前合同与备案合同均无效,双方对合同无效均存在过错。一方主张以标前合同约定计算工程价款,另一方主张以备案合同计价方式计算工程价款的,结合尊重当事人意思自治和利益衡平的原则,法院可依双方在签订合同时的过错将两份合同的差价折算一定比例予以支持。/043

36. 案涉工程先施工并在竣工工程交付使用后,双方补签施工合同。因发包方未按照约定积极行使结算、审计的合同权利,导致承包方工程款请求权长期无法实现,依据公平原则认定工程竣工后补签的施工合同中所约定的工程价款为决算价款。/044

37. 中标通知书、备案合同与招投标文件载明的工程价款等实质性内容不一致,实际履行的合同与招投标文件一致,应按实际履行的合同结算工程价款。/045

38. 当存在多份施工合同时,法院根据合同文本对于具体权利义务内容的明确程度,确定是否具有可履行性,并结合实际履行情况,根据高度可能性的证据认定规则,认定双方实际履行的合同。/047

39. 当事人之间订立的多份合同均为无效,应结合工程实际开工时间、工程款拨付节点、竣工时间以及结算情况等因素,认定实际履行的合同。/048

40. 两份施工合同均无效,虽然双方当事人实际履行的不是备案合同,但均同意依据备案合同进行结算的,适用意思自治原则。/048

41. 施工合同明确约定竣工验收与结算按照国家有关规定办理,发包人收到承包人递交的结算文件后,在合理期限内未审查的,应视为其认可承包人单方制作的结算文件所确定的工程价款。/049

42. 承包人请求"默示结算条款"成立的前提条件是在合同中有明确的约定,否则其主张将单方制作的竣工结算文件作为工程款结算依据的,不予支持。/050

43. 默示结算条款的适用以双方当事人明确约定为准,未在约定期限内对对方提交的结算资料提出异议的,视为认可。/051

44. 默示结算条款未在合同中明确约定的,当事人单方制作的《建筑工程结算书》不能作为涉案工程的结算依据。/054

45. 双方在合同中没有明确约定默示结算条款,但约定了解决争议可以适用部门规章,在无法鉴定实际工程量的情况下,参照《建设工程价款结算暂行办法》《建筑工程施工发包与承包计价管理办法》的相应规定,发包方逾期未就承包人送达的决算报告提出异议,应视为对该决算报告予以认可。/055

46. 合同中未明确约定"递交结算书后×日内未回复视为认可结算书内容"的,不能视为有效默示结算条款。/056

47. 在无法律规定、当事人约定及不符合双方之间交易习惯的情况下,实际施工人向承包人申请增加工程款,承包人未在实际施工人要求的期限内做出确认的,不应视为承包人对该工程款的认可。/057

48. 非必须招标的工程虽经招投标程序但未发送中标通知书，也未进行备案，而是以实际履行情况重新签订合同的，双方在合同中约定发包人收到承包人结算报告后逾期不答复即视为确认的，该约定无效。/058

49. 施工合同提前终止，未完工部分的文明施工费已在施工前期全部投入的，应予支持。/059

50. 合同约定工程达到相应质量标准给予奖励的，在取得相应证书后，承包人有权按照约定获得相应奖励，不以发包人是否向第三方申请为条件。/060

51. 施工合同无效，不影响合同中约定的关于工程达到主体优良应取得的奖励费用。/061

52. 施工合同无效，实际施工人有权要求参照合同约定结算，根据合同约定，规费和利润均属于工程造价的组成部分的，发包人应予支付。/062

53. 转包人应按合同约定向实际施工人结算工程价款，其要求扣减规费、税金、企业管理费和安全文明施工费但对此无明确约定的，不予支持。/063

54. 税金属于工程价款的组成部分，合同中未明确约定让利的工程价款不包含税金的，不应将税金排除在让利之外。/064

55. 协议无效，工程已经竣工验收，双方关于税费的约定实际属于对工程价款的约定，应当参照履行。/065

56. 建设工程造价计价依据中增值税税率已经由相关规定进行调整，而造价鉴定意见中统一按照调整前的增值税税率计取不当，应根据实际履行情况及税收政策予以调整。/066

57. 在税率发生变化且无法按照不同的税率周期拆分相对应的工程量的情况下，工程款应按照现行税率标准进行计算。/067

58. 转包合同中约定由转包人对税费代缴代扣的，转包人从工程价款中扣除税费符合合同约定，可以扣除。转包人是否实际向税务机关缴纳，应由税务机关依法作出认定和处理。/068

59. 《建设工程工程量清单计价规范》（GB 50500-2013）中关于规费和税金的规定为强制性条文，社会保险费、住房公积金属于规费的范畴，应当计入工程价款。/069

60. 自然人作为实际施工人的，主张工程款不应计取企业管理费；但规费、安全文明施工措施费均是建设工程价格的必要组成部分，应当计取。/070

61. 实际施工人为自然人的，亦有权获取企业管理费及安全文明施工措施费。/071

62. 作为自然人的实际施工人，不具有取得间接费的主体资格（企业管理费和规费）。/071

63. 个人作为实际施工人，在合同无明确约定的情况下无权主张社保费。/072

64. 社会保险费属于建设工程价款组成部分，发包人未向政府主管部门缴纳情况下，应将该款项直接支付给承包人。/073

65. 在发包人未向社保费管理机构缴纳社保费的情况下，发包人应当将社保费列入工程造价直接支付给承包人。/074

66. 建设单位向建设行政主管部门申请拨付社保费的前提是发包人按照规定足额缴纳社保费。未足额缴纳部分，应当直接向发包人进行主张。/074

67. 社保费是建设工程成本的组成部分，根据相关政策，不再由发包人缴纳，应计入工程价款，由发包人支付给承包人。/075

68. 社会保险费作为工程价款的组成部分应当由发包人直接支付给承包人，但应以承包人实际完成的工程总价款按照住建部门发布的计费标准计取。/076

69. 社会保险费等规费属于工程造价的一部分，在结算工程价款时应当予以计取。/077

70. 合同约定的综合优惠率并未将社会保险费排除在优惠让利之外的，社会保险费作为建设工程造价的组成部分，属于当事人自由约定的范围，也应当参与优惠让利。/078

71. 河南省建筑工程标准定额站根据省住建厅授权发布人工指导价并非直接确定人工费，不能作为调整人工费的依据，双方当事人对人工费调整约定明确的，应按约定执行。/079

72. 施工合同中所约定超领甲供材的惩罚性条款属于结算条款，合同无效不影响其效力。/080

73. 施工合同中关于未按合同约定时间并网，导致无法获取光伏上网标杆电价或国家补贴的情况下合同总价如何调整的约定，其性质为结算条款，而非违约责任条款，合同无效亦应参照该约定处理。/080

74. 当事人诉前单方委托造价鉴定的，应符合证据的基本形式要求，否则属于未尽到举证责任。/082

75. 施工合同纠纷案件审理过程中，持有证据的一方不提供证据，应承担不利后果；因内部流转审批导致价款认定未完成的，应承担相应不利后果。/082

76. 项目部资料专用章不仅用于工程项目的资料上，在具有结算性质的资料中多次使用，又以项目部资料专用章超越印章使用范围为由进行抗辩，主张结算无效的，不予支持。/083

77. 双方当事人就工程款形成结算表，并确认应付款项金额，该结算表可以证明双方对施工合同中形成的债权债务关系进行了清算，视为双方均已放弃追究违约责任。/084

78. 发包人对借用资质情况明知或应当知道的，与实际施工人之间成立事实上的施工合同关系，如实际施工人有相反证据证明发包人与出借资质的承包人在实际施工人未参与情况下进行工程价款结算，则该结算结果不能直接约束实际施工人。/085

79. 虽然施工合同已约定结算时由发包方委托第三方咨询机构进行审核，但该审核结果也须经双方确认方能作为最终的结算依据。/086

80. 挂靠人对外分包工程，与分包人之间成立分包合同关系，被挂靠人未参与分包合同签订及结算的，不受挂靠人与分包人合同关系和结算行为的约束。/086

81. 被挂靠人违规出借资质，与借用资质一方基于挂靠关系被下游分包方视为一个整体的，二者应共同履行工程款的支付义务。/087

82. 经发包人确认的进度款审批单，可以作为承包人主张工程进度款的依据，一方申请工程造价鉴定的，不予准许。/088

83. 发包人委任负责基建的人员，一般情况下只能从事与建设本身有关的行为，关于工程价款的变更等对委托人实体权利产生重大影响的事项，必须有委托人的特别授权，否则其行为无效。/089

84. 在施工过程中，监理单位按照规定向施工方下发罚款通知单并有效送达的，相关罚款可以从工程款中予以扣除。/090

85. 人民法院在执行拍卖过程中对工程资产价值进行的市场估价，与工程造价鉴定的鉴定依据、鉴定方法、鉴定内容均不相同，不能作为确定工程造价的依据。/091

86. 招标控制价中分部分项工程量清单及计价表与市场价不符，投标文件中该部分造价与市场价格相差很大，不应作为认定案涉工程造价的依据。不平衡报价法与招标投标法的基本原则相违背，不予采信。/091

87. 在双方均没有提供有效的工程价款结算依据的情况下，法院可参照同案其他工程已结算的金额，并结合案件实际情况，对工程价款进行酌定。/092

88. 当事人主张已通过大额现金的方式支付工程款，仅凭收到条或收款收据不能认定，其应进一步举证予以证明，否则应承担相应不利后果。/093

89. 在非现金交易的情况下，仅持有施工单位开具的收据或发票，不能证明付款已完成。/094

90. "背靠背"条款中对付款方式约定不明的，承包人不能以此为由拒绝向下游分包和分供方支付工程款。/095

91. 施工合同中，一方主张工程存在质量问题而拒付工程款的，应经过必要的法定程序确认工程质量确实存在问题且该质量问题与施工存在因果关系。/095

92. 一方当事人以工程质量不合格为由抗辩不予支付工程款的,应提交质量不合格的初步证明。/ 096

93. 当事人约定工程价款"待房屋预售款到账后结算"的,属于支付时间约定不明,承包人在完成施工后可以随时向发包人主张工程价款。/ 098

94. 合同中约定利息与工程款同步支付,承包人开具的收据或发票上注明工程款的,应视为双方在合同履行过程中以实际行为对支付款项的性质进行了确认。/ 098

95. 连带责任的承担需要有法律明确规定或当事人约定,被挂靠人受挂靠人委托向违法分包人支付工程款的行为,不能被推定为被挂靠人同意承担向违法分包人支付工程款的连带责任。/ 099

96. 原股东以个人名义承诺在发包人不支付工程款时,其个人承担还款责任的,构成一般保证。/ 100

第二节 当事人达成结算协议 101

97. 原合同约定双方签订补充协议加盖与本合同一致印章方可生效,后签订的补充协议系对已完工工程进行的结算,虽仅加盖项目经理部印章及有授权代表签字,仍应认定有效,一方当事人要求按补充协议进行结算的,应予支持。/ 101

98. 对项目工程价款形成结算审核报告后,各方又对工程价款结算、支付及违约责任等达成新协议的,工程价款应以新协议为准。/ 102

99. 补充协议构成独立结算协议的,不因施工合同的无效而无效。/ 103

第三节 固定价合同 104

100. 合同约定固定总价,建设工程未完工的,可由鉴定机构按照同一取费标准计算已完工程造价和工程总价,进而确定二者之间的比例,再以固定总价乘以该比例来确定已完工程造价。/ 104

101. 双方当事人对合同约定的价款确定方式存在争议,但根据合同内容可以认定为固定总价合同的,对承包人申请工程造价司法鉴定不予支持。/ 105

102. 挂靠人借用资质签订总承包合同后,又将工程转包或违法分包给他人施工,虽然总承包合同约定按固定价结算,但挂靠人与实际施工人未签订书面协议,实际施工人主张按鉴定意见结算的,应予支持。/ 106

103. 采用优惠下浮率确定的固定总价施工合同被解除的,应按照实际施工情况及各方过错程度酌情调整下浮比例后确定已完工工程价款。/ 107

第四节 工程量 108

104. 在承包人能提供施工合同且现场存在相对应工程量的情况下,发包人虽不认可现场工程量系承包人所施工,但未提交证明现场工程量系他人施工的相反证据,可以推定该部分工程量系承包人施工。/ 108

105. 承包人提交的证据不足以准确认定其具体施工范围,发包人也提交了足以反驳的证据,此种情况下可按照发包人自认的范围来确认承包人的施工范围。/ 109

106. 鉴定机构认为变更部分属于施工范围,不应另行增加费用;监理单位认为属于工程量变更并签发签证单,应按变更计入工程造价并提交相应证据予以证明,应予支持。/ 110

107. 根据合同相对性原则,转包人不得以业主方未认可工程量的增加为由否认其与实际施工人就工程量变更达成的协议,其辩称应由业主方向实际施工人支付增加工程量的工程款的,亦不予支持。/ 111

108. 承发包双方签订的施工合同所约定的工程量和工程价款对实际施工人不具有约束力,各方就工程价款结算产生争议时,实际施工人的工程量和工程价款应另行进行司法鉴定。/ 112

第五节　审计结论 ... 113

109. 以财政投资审核结论作为结算的依据，必须有合同的明确约定。/ 113
110. 施工合同明确约定了工程最终结算价款以审计后的项目审定总价为准，审计单位出具的结算审计报告应当作为双方的结算依据，无须重新进行司法鉴定。/ 115
111. 虽然合同约定进行审计，工程依法也应接受审计监督，但在审计部门无正当理由长期不出具审计结论的情况下，经当事人申请，人民法院可以通过司法鉴定的方式确定工程价款。/ 115
112. 施工合同虽约定结算审计后支付剩余工程款，但审计时间超过合理期限，承包人起诉主张工程款的，应予支持。/ 116
113. 施工合同约定工程价款的结算应当经审计部门审计确认，但在合同约定期限内未完成审计的，应以双方确认的审定金额认定工程价款。/ 117
114. 合同约定工程价款结算以审计结果为准，但审计单位长期不出具审计结果。诉讼中，法院根据鉴定机构做出的鉴定意见能够确定工程造价的，发包人以案涉工程未进行审计为由进行抗辩的，不能成立。/ 118
115. 审计部门作出的工程竣工决算审核定案表不包括设计变更、材料上涨等费用，但实际施工人有证据证明存在上述费用，且得到发包人、承包人、监理人认可的，应对该部分工程款据实结算。/ 119
116. 发包人在合同约定的结算评审机构外另行委托第三方对承包人已完工程量进行结算审核，且发承包双方对该第三方出具的结算审核报告予以认可的，该审核报告可以作为结算依据。/ 120

第六节　工程款欠款利息 ... 122

117. 发包人所应支付的欠付工程款利息的性质是法定孳息，不因施工合同的效力而发生变化，工程价款的付款时间一旦明确，则产生与之相应的法定孳息。/ 122
118. 施工合同无效，合同所约定逾期付款利息的违约金条款也无效。欠付工程款的利息属于法定孳息，应按照法定计息标准计取。/ 122
119. 因发包人逾期付款，实际施工人在施工过程中向第三人借款，发包人提供担保，由此产生的债务利息应由发包人承担。/ 124
120. 利息和建设工程价款优先受偿权起算时间均为应付工程价款之日，在同一案件中二者起算时间应保持一致。/ 125
121. 工程虽未完工，但双方已解除合同的，应于合同解除之日结算及支付工程价款，并应从合同解除的次日起计算工程款利息。/ 126
122. 工程未施工完毕承包人提前撤场且发包人实际控制工程现场的，虽未达到合同约定的工程款支付节点，可以承包人撤场、发包人控制现场时间为交付时间计算工程款利息。/ 126
123. 未完工工程约定分期付款，每期还款无法区分工程款、保证金和损失，无法确定有多少是应付利息的工程款，参照司法解释关于利息计取条款的规定，酌定利息计算的起点应为当事人起诉之日。/ 127
124. 发包人在未欠付进度款的情况下，承包人诉请解除合同被支持的，提出解除合同之日为剩余工程款应付之日及利息起算日。/ 128
125. 施工合同无效，一方以违约金主张损失，且该违约金系未及时付款的利息损失，当事人在诉讼中明确该违约金为逾期付款利息的，应视为未放弃利息主张。/ 129
126. 当事人因逾期付款已承担约定的固定违约金的，逾期付款部分约定的利息高于市场报价利率的部分不再支持。/ 129

127. 垫资只发生在工程施工期间，工程完工后垫资款的性质就转化为应付工程款。施工合同中将垫资款利息与工程款利息约定为同一利息标准的，人民法院可根据当事人的真实意思及法律规定调整对应的利息标准。/130

128. 发包人与承包人就欠付工程款、利息数额进行确认后支付的款项，如无特别约定，应先冲抵利息。/131

129. 被借用资质的单位对工程款仅负有转付义务，且相关合同中并没有明确约定转付工程款时间的，实际施工人主张工程款利息，不予支持。/132

130. 在被挂靠人拖欠挂靠人工程款的情况下，其出借款项给挂靠人的行为应视为向挂靠人支付工程款，其主张利息的请求不予支持。/132

第七节　履约保证金 ……………………………………………………………… 134

131. 合同无效导致不按期退还履约保证金的违约条款无效，一方要求支付履约保证金罚息的，不应支持。但另一方具有明显过错的，可按公平原则酌定支付利息。/134

132. 承包人将工程违法分包给第三人，双方在合同中约定由第三人承担承包人向发包人交纳保证金的利息，该约定属于结算条款，系对双方清算利益进行的约定，与合同效力无关，第三人应当受该约定约束。/135

133. 承包人请求退还履约保证金，应在查明违约事实的基础上兼顾合同履行情况，准确认定双方责任承担。/135

134. 发包人在施工合同履行过程中所作出的若无法施工即返还保证金并承担逾期违约金的承诺，是具有清算内容的独立协议，不属于补充协议。/136

第八节　工程质量保证金 ……………………………………………………… 138

135. 发包人未与承包人签订书面合同而主张扣留工程质保金的，不予支持。/138

136. 施工合同被认定为无效的，涉案工程的质量保修期应当以《中华人民共和国建筑法》和《建设工程管理条例》的相关规定为准。/138

137. 《建设工程质量保证金管理办法》中关于缺陷责任期的规定，不是质量保证金的返还期限，且该办法不属于强制性规定，双方对质量保证金的返还期限有约定的，仍应按照约定执行。/139

138. 《建设工程质量保证金管理办法》中关于缺陷责任期的规定涉及建筑市场秩序，应理解为效力性强制性规定，当事人约定的质保金退还时间超过两年的，不予支持。/140

139. 质保金的退还以缺陷责任期届满为前提，发包人以质量保修期未届满为由不予退还质保金的，不予支持。/141

140. 因发包人违约导致承包人停工并解除合同，以竣工验收时间来认定退还质保金的期限对承包人明显有失公平。若双方在合同中约定的质保金返还条件短时间内无法成就，应当将质保金予以退还。/143

141. 主张在质保金中扣除维修费用的，应当举证证明其已通知承包人进行维修且承包人拒绝维修，否则不予支持。/144

142. 在无证据证明已通知承包人进行维修以及承包人拒绝维修的情形下，发包人自行委托第三方维修所花费的费用应由其自行承担。/145

143. 在保修期内，发包人没有履行维修通知义务，发包人或者业主自行维修或者委托第三方维修产生的费用，不得从工程款中扣除。/146

第九节　管理费 ... 148

144. 在挂靠法律关系中，施工合同无效，合同中关于管理费和代扣代缴税款的约定属于工程价款结算条款，对双方当事人应参照约定进行处理。/ 148

145. 转包人在已按合同约定进行实际管理的情况下，可以参照合同约定向实际施工人主张管理费或要求在应付工程款中扣除管理费。/ 149

146. 被借用资质单位按照合同约定扣留管理费，并在施工过程中派驻了项目经理且在对工程建设进度、工程质量、生产安全进行监督检查等工作中承担了一定的管理职责，合同无效后，实际施工人请求返还管理费有违诚实信用原则，缺乏法律依据。/ 149

147. 施工合同无效，管理费的约定亦属无效，但承包人在项目中履行了部分管理职责的，法院可以就管理费酌定予以分配。/ 150

148. 代建方与施工单位约定了一定比例的管理费，虽然该约定有效，但代建方未参与工程施工组织、管理、结算的，可以依据行业惯例对管理费适当调减。/ 151

149. 转包合同无效，转包人对实际施工人实施了一定的管理，实际施工人在转包人扣除合同约定的管理费时未提出异议的，其再主张返还管理费不予支持。/ 151

150. 被挂靠人与挂靠人约定的管理费，不属于发包人与实际施工人之间的约定，不应在认定发包人应付工程款时扣除该项费用。/ 152

第十节　其他 ... 154

151. 承包人要求支付工程款，发包人以因承包人破产事由发生前一年的违约行为使承包人获得了债权为由要求抵销的，人民法院应予支持。/ 154

152. 夜间施工增加费是指因工程结构和施工工艺要求，需要在夜间连续施工而增加的施工费用。承包人未能举证证明夜间施工的必要性，仅因政府环保要求不允许白天施工改为夜间施工而主张夜间施工增加费的，不予支持。/ 155

第三章　工程质量

第一节　工程质量责任 ... 159

153. 案涉工程竣工验收后，即便存在质量问题，承包人承担的是质量保修责任，发包人以存在质量问题为由拒付工程款的，不予支持。/ 159

154. 因承包人未按图纸设计及规范要求施工且未对监理方提出的施工问题予以整改，导致工程存在质量瑕疵的，除要求承包人承担维修费用外，发包人据此要求减少支付工程价款的，应予支持。/ 160

第二节　工程竣工验收 ... 162

155. 工程已完工部分虽未经竣工验收，但发包人已将剩余工程交由第三方施工的，视为发包人对已完工部分工程质量的认可。/ 162

156. 合同无效，但建设工程经竣工验收合格，承包人请求参照合同约定支付工程款的，应予支持。/ 162

157. 双方约定以消防验收并取得消防合格证明为支付工程款的条件，在工程已按规定竣工验收并提交消防备案显示未抽中情况下，未取得消防合格证明系行政部门履行职责原因，发包人不得以合同约定的条件未成就为由拒绝支付工程款。/ 164

158. 案涉工程未完工，无法进行竣工验收，发包人应就承包人施工部分质量不合格承担举证责任，否则推定工程质量合格，法院可以依据鉴定意见确定工程造价。/165

第四章　工期

第一节　工期认定 169

159. 实际开工日期早于生效合同约定的开工日期的，开工日期应以合同约定日期为准。/169

第二节　工期延误索赔 171

160. 挂靠法律关系中，发包人请求被挂靠人承担工期延误赔偿责任，而未明确请求实际施工人（挂靠人）承担的，其诉请不予支持。/171

161. 法院在准确判断工程逾期原因的前提下，应按双方过错比例对工程逾期导致的损失进行合理分担。/171

162. 实际施工人单方面停工导致工期延误造成的损失，与承包人转包事实之间不存在因果关系，承包人不因违法转包而承担工期损失赔偿责任。/172

163. 发包人虽然有逾期交付图纸或变更设计的情形，但逾期交付的并非施工当时所必要的图纸或变更设计并不必然导致工程延期，以此主张工期延误的理由不能成立。/173

第五章　赔偿损失

第一节　损失赔偿 177

164. 施工合同因政府规划原因被提前终止，承包人因施工准备所产生的必要支出，发包人应予赔偿，具体金额不能协商一致的，可由司法鉴定予以确定。/177

165. 承包人在没有取得合法依据的情况下即进场施工，不具有合同履行的利益，应自行承担相应的不利后果，除实际完成的工程价款外，主张前期项目管理费和停工损失的，不予支持。/178

166. 发包人在起诉前未取得建设工程规划许可证导致施工合同无效的，工程即便未正式开工，发包人也应赔偿承包人因前期准备工作造成的实际损失。/179

167. 因未取得建设工程规划许可证导致施工合同无效的，发包人应承担过错责任。/181

168. 承包人基于对政府主导项目的信任，已尽到审慎注意义务的，对施工合同无效不存在过错。/182

169. 因发包人原因导致施工合同解除，应当赔偿承包人预期利益损失，但该预期利益损失应当考虑建设工程施工合同履行周期长，正常履行情况下投资成本大、风险因素多等因素，并结合建筑行业的一般利润水平以及当事人在合同履行过程中的过错及违约程度进行认定。/182

170. 施工合同有效且发包人或承包人具有不具备免责条件的当事人可以索赔预期利益损失的违约行为或约定行为时，当事人方具备索赔预期利益的条件。/183

171. 施工合同无效，承包人主张可得利益损失的，不予支持。/184

172. 施工合同终止履行的，控制工地的发包人不履行返还遗留施工机械和材料的后合同义务的，应向承包人承担返还施工设备、物资并赔偿损失的责任。/185

173. 因发包人欠付实际施工人工程款项导致实际施工人未及时支付下游款项而产生的利息等损失，由发包人承担。/186

174. 因发包人欠付工程款导致实际施工人资金短缺而通过贷款施工的,实际施工人由此产生的利息损失可以主张由发包人承担赔偿责任;发包人逾期付款的,其所付款项应当优先冲抵利息。/186

175. 根据工程施工及停工的具体情况,承包人能够预见并及时采取止损措施的合理时间一般为3个月到6个月。超过该期间,承包人没有采取适当措施致使损失扩大的,不得就该扩大损失要求赔偿。/188

176. 在实际施工人未就发包人存在滥用诉讼权利、拖延履行诉讼义务等明显不当行为并造成其损失提交证据时,保全担保费系其基于诉讼风险不确定性而购买的财产责任保险,该费用不属于必然损失,请求发包人承担的,不予支持。/189

177. 财产担保可以采取多种担保方式,保险费并非实现债权所必须支付的费用。在双方当事人对此没有约定的情况下,不应由被申请人承担。/189

178. 双方未签订书面施工合同,财产保全责任保险费不是实现债权所必须支付的费用,不予支持;双方未就工程价款及时进行协商和确定,对工程未予结算均负有责任,应当平均分摊鉴定费用。/190

179. 双方通过书面合同约定由违约方承担诉讼时产生的诉讼费、保全费、律师费等,守约方主张违约方承担保全责任保险费的,应予支持。/190

180. 合同约定发包人不能按时支付工程款及利息所导致诉讼纠纷产生的各项费用由发包人承担,法院可依据施工人申请保全的金额、诉讼主张的金额与实际应得到支持的工程款数额的情况,判令保全保险费、律师费的具体承担金额。/192

第二节 违约金 ································194

181. 约定的逾期付款违约金计算标准较高的,法院可根据公平原则酌情将其调整为全国银行间同业拆借中心公布的同期贷款市场报价利率的四倍。/194

182. 施工合同中关于逾期付款违约金的计算标准约定不明,按照欠付工程款利息的有关规定处理。/194

183. 施工合同被认定无效的,关于违约金约定的条款亦无效,以该条款主张违约金的,不予支持。/196

184. 施工合同中约定的罚款性质上属于违约责任条款,各方当事人在施工管理奖惩措施文件上签字确认,且罚款单有承包人工地负责人签字认可的,罚款金额应当予以认定。/196

185. 发包人未按施工合同所约定节点支付的进度款数额较大的,构成违约,承包人有权据此主张解除施工合同并要求发包人承担违约金及利息。/197

186. 承包人要求支付逾期付款违约金的,应当提供充分证据证明付款节点完工的具体时间以及违约金起算时间。/198

187. 实际付款虽超过约定时间但延迟时间较短,且系正常付款审批流程导致,也未影响工期,违约程度较轻,以此主张延迟付款违约金的,不予支持。/198

第六章 协作义务

第一节 工程资料 ································203

188. 工程资料是工程能够竣工验收及备案的前提条件,向发包人交付施工资料系承包人应当履行的法定义务。/203

189. 施工方向建设方移交施工资料是其义务,案涉工程房屋虽已办理产权证,亦应当移交工程中的施工资料。/204

190. 施工人向发包人交付施工资料系交付合格工程后的附属义务,与发包人支付工程价款不具有对等义务,施工人未履行附属义务,发包人不能拒付工程款。/204

191. 支付工程价款是合同主要义务，移交施工资料属于附随义务，两者不具有对等关系，发包人以未移交施工资料为由拒付工程价款的，不予支持。/205

192. 承包人的合同主要义务是按约施工并交付工程，交付竣工资料是次要义务，发包人的合同主要义务是支付工程款。发包人按合同约定主张承包人未交付竣工资料不付款的，不应予以支持。/206

193. 交付施工资料是承包人（实际施工人）的附随义务，在工程竣工或中途解除合同、撤离施工工地时应予交付。除合同另有约定外，该义务与工程款的支付不具有对价关系，不因发包人未付工程款或工程未竣工验收而免除承包人交付施工资料的义务。/206

194. 施工合同解除后，已经完成的建设工程质量合格的，承包人可以主张全部已完工工程款，发包人将合同约定主张支付工程进度款和承包人未交付施工技术资料作为拒不支付工程款的抗辩理由不成立。/207

195. 承包人以诉讼时效抗辩拒绝交付工程施工资料的，不予支持。/208

196. 发包人未按期支付工程款属违约在先，承包人在未取得剩余工程款的情况下未移交工程资料，系行使先履行抗辩权。/209

第二节　工程款发票..........210

197. 主张发票一方应在诉讼中提起反诉，否则法院不予处理。/210

198. 虽然双方约定在支付工程款前应开具工程发票，但承包人完成施工项目交付合格工程是主要义务，出具工程款发票是附属义务；同样发包人支付工程价款是主要义务，获取发票与支付工程款不具有对等义务，即便承包人未出具发票，发包人也应支付工程款但不承担逾期付款的责任。/211

199. 开具发票和提交竣工资料虽然不属于建设工程合同中的主义务，但在当事人将其特别约定为履行付款义务的条件时，后履行一方有权将其作为不履行义务的抗辩。/211

200. 缴纳税金及开具发票是收款人（承包人）在合同项下的附随义务。收款人（承包人）收到相应款项后未按要求缴纳税金及开具发票的，付款人（发包人）应另行提出主张。/212

第七章　建设工程价款优先受偿权

第一节　权利主体..........217

201. 直接与发包人签署施工合同的自然人享有建设工程价款优先受偿权，但其施工的部分较小，不宜折价、拍卖的除外。/217

202. 非建设工程施工合同承包人的实际施工人无权主张建设工程价款优先受偿权。/218

203. 实际施工人不属于"与发包人订立建设工程施工合同的承包人"，不享有建设工程价款优先受偿权。/218

204. 实际施工人并非与发包人签订施工合同的承包人，无权就承建工程主张优先受偿权。/219

205. 工程价款优先受偿权是承包人的专属权利，实际施工人无权主张。/220

206. 实际施工人（挂靠人）作为有独立请求权的第三人参与诉讼，被挂靠人向发包人主张工程价款及优先权的，因其非实际履行合同的一方，诉请不予支持。/221

第二节　行使条件..........226

207. 案涉工程虽未竣工验收，但欠付工程款数额确定，且发包人未以工程质量不合格提出抗辩的，承包人就其承建工程享有优先受偿权。/226

208. 案涉工程尚未完工和竣工验收，且承包人与发包人并未解除或终止履行案涉工程的施工合同，也未就案涉工程的工程价款进行结算的，承包人行使建设工程价款优先受偿权的条件尚未成就，承包人主张优先受偿权的，不予支持。/ 227

209. 施工合同未解除，承包人针对欠付的工程进度款主张优先受偿权的，不予支持。/ 228

第三节　行使期限 ····· 229

210. 优先受偿权的起算时间应以工程最终总价款确定时间为准。当事人在主张工程进度款的诉讼中未主张优先受偿权，不影响在工程总价款确定后再就其施工的工程主张优先受偿权。/ 229

211. 主张建设工程价款优先受偿权的期限从建设工程竣工之日或者建设工程合同约定的竣工之日起计算的，属违反法律规定，不能得到支持。/ 230

212. 承发包双方约定工程款分期支付的，所约定的最后一笔款项的付款时间应为建设工程价款优先权行使期间的起算点。/ 231

213. 施工合同无效，停工缓建期间发包人终止施工关系，承包人主张建设工程价款优先受偿权的，期限自施工关系终止之日起算。/ 232

214. 案涉项目因发包人原因停工且未竣工及结算，承包人在起诉时请求优先受偿权的，未超过行使期限。/ 233

第八章　实际施工人保护

第一节　实际施工人认定 ····· 237

215. 应从参与合同签订、实际施工行为、施工支配权和工程结算权等方面来认定实际施工人。/ 237

216. 实际施工人的认定要从合同签订、资金来源、项目管理、项目施工、项目结算等方面进行综合考虑。/ 238

217. 在合同无效的情况下，实际投入资金、劳动力、材料、设备，并参与工程管理等的违法分包、转包或借用资质承包的单位或个人，可以被认定为实际施工人。/ 239

218. 对实际施工人进行判断应当以是否完成工程施工、是否进行了投入，并在工程结束后办理结算手续和领取款项等为标准。挂靠人以其为实际签订合同一方并与实际施工人系雇佣关系为由拒付工程款的，人民法院不予支持。/ 240

219. 实际施工人经承包人授权签订施工合同，其能够实际支配工程款项，同时又未与承包人建立劳动关系的，可认定为实际施工人借用资质订立合同。/ 241

220. 实际施工人代表承包人与发包人签订施工合同，且实际施工人非承包人的员工，则实际施工人与承包人之间应认定为借用资质法律关系，而非转包关系。/ 242

第二节　实际施工人的权利 ····· 243

221. 工程虽未完工，但实际施工人的投入已经物化在相关建筑工程中，其有权主张工程价款。/ 243

222. 在挂靠法律关系中，发包人与实际施工人形成了事实上的施工合同法律关系，发包人应直接向实际施工人支付工程价款。/ 243

223. 挂靠人与发包人形成事实上的施工合同法律关系，挂靠人有权向发包人主张工程价款。/ 244

224. 实际施工人虽未完成全部工程，但已完工程已交付发包人占有使用的，可以直接向发包人主张工程价款。/ 246

225. 实际施工人借用资质与发包人签订建设工程施工合同，发包人知道或应当知道系借用资质进行施工的，发包人与实际施工人之间形成事实上的施工合同关系，发包人应向实际施工人承担工程款支付责任。/ 246

226. 实际施工人可以越过挂靠人向发包人和被挂靠人主张工程款，并列挂靠人为第三人，发包人应当在欠付承包人工程款范围内向实际施工人承担支付责任。/ 248

227. 承包人出借资质后，发包人直接向挂靠人支付工程款，在挂靠人已转付款项的情况下，实际施工人向挂靠人主张工程款的，不予支持。实际施工人主张挂靠人和发包人承担支付工程款责任的，发包人在欠付工程款范围内承担连带责任。/ 250

228. 实际施工人向发包人主张在欠付工程款范围内承担付款责任时，应对发包人欠付工程款事项承担举证责任，否则应承担相应后果。/ 251

229. 借用资质的实际施工人不能突破合同相对性向未欠付工程款的发包人主张工程款。/ 252

230. 实际施工人主张发包人在欠付工程款范围内承担责任的司法解释规定，不适用于借用资质的实际施工人。/ 253

231. 借用资质的实际施工人与资质出借人之间不存在建设工程施工合同关系，无权直接向资质出借人主张工程价款。/ 254

232. 挂靠人以被挂靠人名义实施的行为，构成委托代理或表见代理的，实际施工人基于合理信赖请求被挂靠人承担责任的，应予支持。/ 254

233. 在借用资质关系中，出借人应在收取发包人工程款范围内向实际施工人承担转付责任。/ 256

234. 被挂靠人对实际施工人自行签订协议而产生的对外债务不承担连带责任。/ 257

235. 挂靠人将工程违法分包的，违法分包人主张工程款时无权突破合同相对性要求被挂靠人承担连带责任。/ 258

236. 挂靠人再次将工程转包给不具有施工资质的他人施工的，挂靠人应向实际施工人支付工程款，被挂靠人出借资质存在过错，亦应对欠款本息承担连带责任。/ 259

237. 在层层转包、违法分包或借用资质的情况下，法院应当认定实际施工人与承担责任主体之间的法律关系，根据查明的法律关系，判令相应的主体承担责任。若一方怠于行使权利，实际施工人也可以行使代位权主张工程价款。/ 260

238. 在层层转包或违法分包法律关系中，总承包人向实际施工人支付过工程款，实际施工人请求转包人支付欠付工程款、总承包人在欠付转包人工程款范围内承担责任的，应予支持。总承包人已经足额垫付工程款的情况下，无须再承担支付工程款的责任。/ 261

239. 在层层转包法律关系中，实际施工人将各层转包人共同作为被告起诉的，可以判令承包人参照发包人在欠付工程款范围内承担责任的相关规定承担付款责任。/ 263

240. 在层层转包的法律关系中，承包人不是相关规定中可以突破合同相对性的发包人，实际施工人要求承包人承担欠付工程款的责任，不予支持。/ 264

241. 在层层转包的法律关系中，承包人与实际施工人之间无合同关系，亦非发包人，实际施工人主张转包人承担连带责任，于法无据。/ 265

242. 司法解释仅规定实际施工人可以突破合同相对性向发包人主张工程款，并未规定可以向与其无合同关系的转（分）包人主张工程款。/ 266

243. 在工程被多次转包或违法分包的情况下，实际施工人只能向与其合同关系的当事人主张权利。/ 267

244. 发包人已足额向承包人支付工程款、承包人已足额向转包人支付工程款，实际施工人承接工程时明知转包人不属于内部承包，仍仅向发包人和承包人主张工程款的，不予支持。/ 268

245. 转包人将欠付实际施工人的工程款债务转移给第三方，实际施工人同意的，其将无法向发包人

主张权利，只能向第三方主张债权。/269

246. 实际施工人不能突破合同相对性，向与其无合同关系的转包人、分包人主张工程价款。/270
247. 实际施工人可突破合同相对性主张权利的"发包人"是指工程建设单位，而不是工程总承包人或转包人。/270
248. 实际施工人突破合同相对性向发包人主张工程价款的范围为欠付工程款，不包括工程款利息、违约金、损失赔偿等。/271
249. 实际施工人向发包人主张权利，应以查清发包人对承包人的欠付工程款数额为前提，否则，暂不支持。/272
250. 发承包施工合同有效，转包的实际施工人对发承包合同条款知晓并认可的，应受发包人与承包人之间合同的约束。/273
251. 实际施工人将施工合同项下的权利转让给第三方，该第三方有权要求发包人在欠付工程款范围内承担责任。/274

第三节 内部承包人的认定及权利保护……276

252. 内部承包关系中，内部承包人不属于实际施工人，不能以自己的名义向发包人主张权利。/276
253. 在内部承包法律关系中，内部承包人因人工、材料费垫资而向总承包人拆借的款项应与工程款一并处理，不宜以借款纠纷与建设工程合同纠纷不属于同一法律关系为由不予审理。/276

第九章 工程鉴定

第一节 鉴定申请……281

254. 合同约定采用固定单价模式结算工程价款且双方对工程量增加以及施工材料变更有争议，一方可申请人民法院对工程总造价进行司法鉴定。/281
255. 双方合同已约定固定总价结算工程价款，一方当事人申请工程造价鉴定，法院直接作出不予鉴定而未予释明的，并不存在程序违法。/282
256. 双方对施工面积、结算价款等有争议，负有举证责任的一方申请司法鉴定的，法院应当准许。/282
257. 工程竣工验收合格，双方已进行结算，发包人在诉讼中申请工程造价鉴定的，法院不予准许。/283
258. 当事人对已完工程以《会议纪要》和《备忘录》形式形成的结算，可以作为工程款的认定依据，一方对工程价款申请鉴定的，不予准许。/284
259. 造价鉴定费用的分担数额可以根据判决确认的工程造价与承包人主张的工程造价之间的比例进行确定。/285

第二节 鉴定范围……287

260. 因鉴定事项超出鉴定机构资质范围无法对案涉工程进行工程质量鉴定的，无法进行鉴定的法律后果应由申请鉴定人承担。/287
261. 在借用资质的法律关系中，发包人与被挂靠人已对工程价款进行结算，实际施工人对结算价款不予认可并申请鉴定的，仅需对有争议事项进行鉴定。/288

第三节 鉴定意见质证……289

262. 法院应对当事人就鉴定意见提出的异议进行审查判断，不能仅以当事人提出异议为由对鉴定意

见不予采纳。/289

263. 诉讼中一方当事人对另一方当事人单方委托作出的工程造价鉴定意见不予认可，但既未提出相反证据又不申请重新鉴定的，法院可以采信该鉴定意见。/290

264. 一审法院未通知一方当事人对鉴定意见进行质证，二审法院要求该方当事人对鉴定报告发表质证意见的，视为对一审程序不当进行纠正。/290

265. 工程造价鉴定中，现场勘验的鉴定人员与出具鉴定意见的鉴定人员不一致，但现场勘验笔录经双方确认的，不影响鉴定意见的客观性。/291

266. 勘验现场应当制作勘验笔录，未制作勘验笔录的，鉴定意见不予采纳。/292

267. 出具补充鉴定意见的鉴定人员不是原鉴定人员的，鉴定程序违法，该补充鉴定意见不予采纳。/292

268. 在司法鉴定时，法院向鉴定机构出具的委托书应按照鉴定申请人申请鉴定的事项列明鉴定委托事项，因法院鉴定委托事项错误导致鉴定结论与申请不符的，该鉴定意见书不得作为认定案件事实的依据。/293

第十章　争议主体和责任主体

第一节　争议主体······297

269. 被挂靠人与挂靠人之间系借用资质的关系，双方不存在施工合同的权利义务关系，挂靠人向被挂靠人主张工程款的，不予支持。/297

270. 被挂靠方出借资质后怠于履行管理职责的，应对挂靠方欠付下游工程款的行为承担连带责任。/298

271. 在挂靠法律关系中，因挂靠人失踪或死亡等客观原因无法向发包人主张工程价款，被挂靠人存在向挂靠人下游分包分供商支付款项的实际情况，被挂靠人向发包人主张工程价款的，应予支持。/299

272. 即便工程系挂靠施工，被挂靠人仍有权直接起诉主张工程款。/300

273. 挂靠人借用被挂靠人名义进行施工并以被挂靠人名义成立联合体，其在主张工程款的同时要求分配工程投资收益的，不予支持。/301

274. 在借用资质的法律关系中，发包人应就工程款承担直接付款责任，被挂靠人仅在其收款范围内承担付款责任，但挂靠人诉请被挂靠人付款数额应当具体，否则不予支持。/302

275. 借用资质的法律关系中，出借方应当对借用方欠付下游的债务承担连带清偿责任。/303

276. 在借用资质的法律关系中，被借用资质一方向发包人主张工程价款的，诉讼主体适格。/304

277. 工程实际受益人应就发包人对承包人的工程款支付义务承担连带责任。/304

278. 在建工程接收人虽不是施工合同的发包人，但诉讼过程中同意支付工程款的，构成债务加入，其对工程款支付应与发包人承担连带责任。/305

279. 对于政府投资工程，虽然政府设立了临时部门对案涉工程的施工进行统筹安排，但已指定一个主体与施工单位订立施工合同的，仍由签订合同的主体作为诉讼当事人并承担责任。/306

280. 虽然发包人与总承包人签订了施工总承包合同，但总承包人只实施部分工程，剩余工程由发包人自行选定施工单位进行分包施工的，分包人无权要求总承包人向其承担工程款支付责任。/306

281. 建设工程施工合同纠纷，可以将对债务人负有出资义务的股东一并列为被告，判令其在出资义务范围内承担补充赔偿责任。多个股东均未履行出资义务的，相互承担连带责任。/309

282. 实际施工人为多人合伙，其他合伙人委托其中一人主张权利的，该被委托人可以作为原告提起诉讼。/310

283. 土地使用权人虽不是合同的签约主体，但相关事实能够证明其系隐名发包人的，其应当与合同签约的发包人共同承担工程款支付责任。/310

284. 非实际施工人付出了劳务且工程质量经验收合格的，接受劳务一方应当支付劳务费，发包人不对欠付的劳务费承担连带支付责任。/311

285. 一方付款以上游方付款为前提的，属于附付款条件的约定。在上游付款期限已届满时，付款方不能以此作为拒绝付款的条件。/313

286. 没有证据证明被伪造印章的单位参与了施工合同的签订、履行和结算的情况下，仅凭合同中加盖有被伪造印章，不能认定该单位是施工合同的一方当事人。/314

第二节 一人公司股东的责任认定及承担 316

287. 一人公司的股东对公司公章、资产、工程结算、汇款等控制和参与的，视为股东财产与公司财产混同，该股东应当对公司欠付的工程款承担连带责任。/316

288. 一人公司的股东提供了审计报告即完成了股东财产和公司财产独立的初步证明责任，而承包人并未提出公司和股东构成财产混同的证据，亦未指出审计报告中存在构成财产混同的具体事实，仅依据《中华人民共和国公司法》第六十三条规定主张股东承担工程款连带责任的，不予支持。/317

第十一章 诉讼程序

289. 被挂靠人（承包人）与发包人约定了仲裁条款，挂靠人向人民法院起诉请求被挂靠人、发包人支付工程款的，不予受理。/321

290. 仲裁调解协议经法院裁定不予执行后，当事人可重新向人民法院提起诉讼，不构成重复起诉。/322

291. 裁判发生法律效力后，没有新的事实再次提起诉讼的，构成重复起诉，依法驳回其起诉。/322

292. 法院对建设工程施工合同案件中已经查明的无争议欠付工程款，可以先行判决。/324

293. 实际施工人不是必要的共同诉讼当事人，法院对其不予追加的，不属于程序违法。/325

294. 转包人、实际施工人、项目负责人虽共同在施工合同上签字，但项目负责人不是施工合同纠纷中的必要共同诉讼当事人，在能够查清事实的情况下，诉讼中对其不予追加不违反法律的规定。/326

295. 当事人提起多项诉请，其中一项诉请已由生效文书裁判，法院对该项诉请可以裁定驳回起诉，但对其他诉请应进一步审理查明并依法裁判，否则属于遗漏诉讼请求。/326

296. 鉴定费漏判，当事人可另行提起诉讼。/327

297. 对诉讼费用的负担异议不能单独提起上诉和申请再审，当事人可向作出判决的法院申请复核。/327

298. 诉请金额符合一审法院（中级）管辖标的额，实际判决欠付金额未达到一审法院级别管辖标准，一方未提出管辖权异议，一审法院不予审查并无不当。/328

299. 二审中，权利人放弃对一审判令承担责任主体追究责任的，二审对该项判可以直接撤销。部分当事人在二审中达成的诉讼外和解协议，未申请法院制作调解书的，不影响人民法院对二审案件的审理。/329

300. 当事人未经上诉而直接申请再审的，属于滥用再审程序。/329

301. 诉讼保全担保费的支出及负担不涉及案件的基本事实认定、法律适用和审判程序问题，不属于再审的法定事由。/330

302. 诉讼标的是判断是否重复起诉的核心，即便有新证据足以推翻前案判决，也应通过审判监督程序解决，而不能另案诉讼。/331

303. 一审判决未支持诉请且当事人未提起上诉，二审判决亦未改变一审判决内容，再提起申请再审与其未提起上诉的行为相悖，不应再给予特别救济。/332

304. 一审宣判后未提出上诉，但在一、二审庭审中均就同一事由进行抗辩且在二审中提供了相关证据，后又以该事由申请再审，符合法院再审的审理范围。/333

305. 法庭辩论终结前，发包人提出工程质量索赔反诉的，法庭认为本案事实清楚争议不大的，可以告知其另案诉讼解决，不属于违反法定程序。/334

306. 合同约定分期支付工程款的，请求工程价款的诉讼时效应从最后一期履行期限届满之日起计算。/335

307. 当事人提供了生效的民事判决，与本案涉及的事实类似，但本案的判决结果与类案判决结果不一致的，属于对类案不同判，应予纠正。/336

308. "专家论证意见"系法院在审理案件中对专业性问题向专业机构咨询、专业机构组织专家论证后对一审法院的回复，仅供审判人员审理案件了解专业知识参考，并非鉴定等需要质证的证据，并未作为定案依据，不组织质证并无不当。/338

309. 母公司与其全资子公司就多个工程项目分别与同一承包人订立了多份施工合同，母子公司就工程结算合并处理，承包人就多施工合同一并提起诉讼，发包方亦未提出异议的，可以一并审理。/338

附　录......340

附件一：河南省高级人民法院审监庭　建设工程施工合同纠纷事实查明的思路与方法（一）/340

附件二：河南省高级人民法院审监庭　建设工程施工合同纠纷事实查明的思路与方法（二）/347

附件三：河南省高级人民法院民四庭关于建设工程合同纠纷案件疑难问题的解答/355

附件四：河南省高级人民法院关于强化建筑领域纠纷案件实质性化解的工作指引/363

附件五：河南省高级人民法院民二庭关于审理建设工程领域买卖、租赁合同纠纷案件若干疑难问题解答/366

01

第一章
施工合同效力

第一节　法院应当主动审查施工合同效力

1. 人民法院审理施工合同纠纷案件，应当首先审查合同效力。对工程存在逾期交付且双方均有过错的情况下，法院根据合同效力和过错程度予以划分责任及作出相应处理。

📡 案件名称

再审申请人（一审被告、反诉原告、二审上诉人）中意房地产公司与被申请人（一审原告、反诉被告、二审被上诉人）民防建设公司及一审原告徐某峰建设工程施工合同纠纷案［（2021）豫民申7271号，2021.12.23］

🔍 裁判精要[①]

河南省高级人民法院认为，（一）合同的效力应是法院主动审查的范围，即本案应首先审查中意房地产公司与民防建设公司之间签订的《建筑工程施工合同》的效力问题。徐某峰作为一审原告起诉请求中意房地产公司支付工程款、保证金及利息，一审法院认定徐某峰仅是案涉项目的代理人，对其主张不予支持。但结合在卷证据中合同等相关文件的签署、民防建设公司出具的授权委托书、工程款收据、清单等，徐某峰对案涉工程进行组织管理，直接收取工程款，直接与中意房地产公司进行工程结算，享有独立的施工支配权。徐某峰是否为实际施工人，其与民防建设公司之间的关系直接影响着民防建设公司与中意房地产公司签订的合同的效力，因此，应先对案涉施工合同的效力作出认定。若案涉施工合同无效，则双方合同中约定的违约金条款无效，中意房地产公司主张的违约金缺乏依据。若案涉施工合同认定有效，则应对双方是否存在违约及违约责任认定进行查明。（二）合同中明确约定了案涉工程的开工日期和竣工日期及相应的违约责任。案涉工程存在逾期交付，

---

① 受案件发生及审理时间影响，本书裁判精要部分所涉及法律法规存在修订（修正）及废止等情况，相关内容以现行规定为准。

且从原审查明情况来看双方均存在一定责任。原审仅以双方均存在过错为由，对于责任比例和造成逾期的具体责任不予划分属于事实认定不清，再审中应予进一步查明。（陈维刚整理）

第二节　资质对施工合同效力的影响

2. 施工合同虽存在承包人出借资质给没有资质的实际施工人签订、履行的情况，但发包人善意且无过失的，仍应认定施工合同有效。

案件名称Ⅰ

再审申请人（一审原告、二审上诉人）李某盛与被申请人（一审被告、二审被上诉人）天瑞圣源建设工程公司、奚某军、张某及原审被告国家新能源示范城市暨自治区和谐生态城区和城乡一体化吐鲁番示范区管理委员会建设工程施工合同纠纷案[（2021）最高法民申2345号，2021.6.10]

裁判精要

最高人民法院认为，在处理无资质企业或个人挂靠有资质的建筑企业承揽工程时，应区分内部和外部关系，挂靠人与被挂靠人之间的协议因违反法律的禁止性规定，属无效协议。而挂靠人以被挂靠人名义对外签订合同效力，应根据合同相对人在签订协议时是否善意、是否知道挂靠事实来作出认定。

案件名称Ⅱ

上诉人（原审原告）徐某卿、徐某和上诉人（原审被告）江西公路工程公司与被上诉人（原审被告）弘阳公司建设工程施工合同纠纷案[（2021）豫民终716号，2022.4.2]

裁判精要

河南省高级人民法院认为，关于涉案合同的效力，徐某卿、徐某主张案涉《连霍高速公路洛阳至三门峡（豫陕界）段改扩建土建工程施工合同文件（TJ-1合同段）》（以下简称《改扩建施工合同》）协议书系无效合同。徐某卿、徐某系借用江西公路工程公司资质签订合同并组织施工，根据《最高人民法院关于审理建设工程施工合同纠纷案件适用法律问题的解释》第一条第二项的规定，《改扩建施工合同》

应为无效合同。一审认定有效错误。弘阳公司则认为案涉施工合同有效。对此，本院认为，本案中，《改扩建施工合同》的双方系弘阳公司与江西公路工程公司，弘阳公司通过招投标的方式将案涉工程发包给具备相应资质的江西公路工程公司，后龙驰公司借用江西公路工程公司的资质进行施工。各方提供的现有证据均不能证明弘阳公司明知龙驰公司借用江西公路工程公司资质。根据《中华人民共和国民法总则》第一百四十三条的规定，在弘阳公司善意且无过失的情况下，弘阳公司与江西公路工程公司签订的案涉《改扩建施工合同》应为有效。

编者说明

施工合同中存在挂靠情形的，该合同通常会被认定为无效。本案在考虑发包人善意无过失的情况下认定合同有效，符合发包人关于签订和履行合同秩序的合理预期。（杨贺飞整理）

3. 名为劳务分包合同实为案涉工程施工合同的转包，违反法律规定，该劳务承包合同为无效合同。

案件名称

再审申请人（一审原告、二审上诉人）王某杰、博达公司与被申请人（一审被告、二审上诉人）林州二建公司、开封市市政管理处建设工程施工合同纠纷案［（2019）豫民再316号，2019.6.28］

裁判精要

河南省高级人民法院认为，关于案涉几份合同的效力问题，市政管理处通过招投标程序将案涉工程发包给林州二建，不违反法律的强制性规定，该承包合同为有效合同。对于林州二建与博达公司签订的劳务承包合同，该合同约定工程范围是总承包合同图纸中的全部劳务、机械等工程量，博达公司法定代表人程某亮也自认带机械进场作业，且总承包合同约定林州二建的现场项目经理为杨某东，但事实上杨某东从未到过工地，是博达公司的王某涛冒用杨某东名义行使项目经理的职责。故该劳务承包合同工程范围与总承包合同相同，博达公司还负责机械设备、现场管理等，不符合劳务合同的法律特征，是名为劳务分包合同实为案涉工程的转包，违反法律规定，该劳务承包合同为无效合同。（郭红春整理）

4. 工程总承包合同项下，经发包人同意，总承包方将建筑工程主体结构和土建工程进行分包的，不属于违法分包。

案件名称

再审申请人（一审原告、反诉被告、二审上诉人）中机公司与再审申请人（一审被告、反诉原告、二审上诉人）郑建工公司建设工程施工合同纠纷案〔（2019）豫民申5894号，2019.11.12〕

裁判精要

河南省高级人民法院认为，关于中机公司和郑建工公司分包合同的性质和效力，确定该合同性质和效力的基础是中机公司和中益公司之间《EPC总承包合同》的性质和效力。根据《EPC总承包合同》第一条工程概况中关于工程范围的约定，本合同为建造总承包工程（EPC），包括设计、制造、采购、建设与施工、安装等所有工作；另根据第十条约定，总承包人在本工程的建筑及安装施工主要分包要经过发包方认可。上述约定内容显示，《EPC总承包合同》的性质应为工程总承包，而非施工总承包。二审法院认为中机公司将建筑工程主体结构和土建工程分包给郑建工公司，违反了《中华人民共和国合同法》第二百七十二条第三款和《中华人民共和国建筑法》第二十九条第一款的规定，属于违法分包。本院认为，从前述两个法律条款的内容看，对总承包人和承包人、建筑工程总承包和施工总承包均进行了明确区分，对于建设工程主体结构的分包限制仅限于施工总承包人和承包人，截至目前，并没有对建筑工程总承包人分包建设工程主体结构的禁止性规定。郑建工公司在其提交的答辩状中，未对中机公司主张合同有效进行否认；在询问和代理意见中，郑建工公司主张合同无效的主要理由：一是中机公司作为建设工程总承包方，将设计、土建、安装全部分包，明显有违EPC总承包的制度原则；二是依据1997年《国家基本建设大中型项目实行招标投标的暂行规定》第二十八条的规定，中标合同不得转让和合同分包量不得超过中标合同价的30%；三是分包合同违反《中华人民共和国招标投标法》等强制性规定情形。对于中机公司是否将设计、土建、安装全部分包，原审中并未涉及该问题，郑建工公司申请再审主张中机公司全部分包的证据并不充分；《国家基本建设大中型项目实行招标投标的暂行规定》已于2004年被《国家发展和改革委员会决定废止的招标投标规章和规范性文件目录》废止；分包合同采取的是工程量清单报价招标方式，招投标过程不违反强制性规定，且该

EPC工程已经竣工验收履行完毕,并被评定为中国建设工程鲁班奖,因此中机公司作为工程总承包方,经发包方中益公司对郑建工公司单位资质审查报审同意后,将土建工程进行分包,涉案的总包和分包合同均应合法有效。原审法院关于涉案合同效力的认定错误,中机公司的该申请再审理由有法律依据和事实依据,本院予以采信。

编者说明

住房和城乡建设部《关于进一步推进工程总承包发展的若干意见》(建市〔2016〕93号)规定:"(十)工程总承包项目严禁转包和违法分包。工程总承包企业应当加强对分包的管理,不得将工程总承包项目转包,也不得将工程总承包项目中设计和施工业务一并或者分别分包给其他单位。工程总承包企业自行实施设计的,不得将工程总承包项目工程主体部分的设计业务分包给其他单位。工程总承包企业自行实施施工的,不得将工程总承包项目工程主体结构的施工业务分包给其他单位。"

住房和城乡建设部、国家发展改革委《关于印发〈房屋建筑和市政基础设施项目工程总承包管理办法〉的通知》(建市规〔2019〕12号)中明确了工程总承包的概念。即第三条规定:"本办法所称工程总承包,是指承包单位按照与建设单位签订的合同,对工程设计、采购、施工或者设计、施工等阶段实行总承包,并对工程的质量、安全、工期和造价等全面负责的工程建设组织实施方式。"该办法第二十七条规定:"工程总承包单位和工程总承包项目经理在设计、施工活动中有转包违法分包等违法违规行为或者造成工程质量安全事故的,按照法律法规对设计、施工单位及其项目负责人相同违法违规行为的规定追究责任。"该办法细化了《中华人民共和国建筑法》《中华人民共和国招标投标法》《建设工程质量管理条例》《建设工程安全生产管理条例》等现有法律法规对转包、违法分包情形的规定,使得对工程总承包中的违法行为进行查处有法可依。(郑舒文整理)

5. 被挂靠人认可其与挂靠人之间不存在劳动合同关系,案涉工程实际由挂靠人投资、组织施工、交纳履约保证金、接收工程价款的,符合借用资质关系的法律特征。

案件名称

再审申请人(一审原告、反诉被告、二审上诉人)八建公司与被申请人(一审

被告、反诉原告、二审上诉人）达世通公司建设工程施工合同纠纷案〔（2021）豫民申9619号，2021.12.27〕

🔍 裁判精要

河南省高级人民法院认为，根据《最高人民法院关于审理建设工程施工合同纠纷案件适用法律问题的解释》（法释〔2004〕14号）第一条的规定，没有资质的实际施工人借用有资质的建筑施工企业名义签订的建设工程施工合同无效。本案中，达世通公司主张案外人马某洪系借用八建公司资质的实际施工人；八建公司认可其与马某洪之间不存在劳动合同关系，案涉工程实际由马某洪投资、组织施工、交纳履约保证金、接收工程价款等，八建公司仅派遣技术人员协助马某洪管理工程；马某洪以八建公司代理人身份实际参与了案涉施工补充合同的签订。故马某洪与八建公司之间符合借用资质关系的法律特征，马某洪借用资质签订的案涉施工合同均应无效。（陈维刚整理）

6. 挂靠人自始参与案涉施工合同的磋商与签订、履行合同义务及行使合同权利的，符合没有资质的个人以其他有资质的施工单位名义承揽工程的情形，应认定为挂靠法律关系。

📡 案件名称

上诉人（原审原告）刘某、刘某生、（原审被告）元筑公司与被上诉人（原审原告）昌鼎公司建设工程施工合同纠纷案〔（2019）豫民终1469号，2019.12.17〕

🔍 裁判精要

河南省高级人民法院认为：一、关于刘某应否向元筑公司主张工程款，涉及案涉工程为刘某借用资质还是违法转包的问题。按照住房和城乡建设部《建筑工程施工发包与承包违法行为认定查处管理办法》第十条的规定，没有资质的单位或个人借用其他施工单位的资质承揽工程的，属于挂靠行为。所称承揽工程，包括参与投标、订立合同、办理有关施工手续、从事施工等活动。本案中，从元筑公司与昌鼎公司订立合同的情况看，刘某自始便以元筑公司委托代理人名义参与案涉协议的磋商与签订，并非在元筑公司从昌鼎公司承包后另行转包；从履约保证金的支付情况看，系由刘某直接向昌鼎公司缴纳；从工程建设的情况看，涉案工程的施工建设均由刘某负责，作为合同相对人的元筑公司并未实际从事现场施工工作；从工程款的支付情况看，昌鼎公司多次直接向刘某支付工程款，说明昌鼎公司对于刘某作为实际施工人的身份亦是明知的。综合以上情况，刘某参与了涉案施工合同的签订、履行合同义务及行使合同权利的全过程，符合没有资质的个人以其他有资质的施工单位名义承揽工程的情形，与被借用资质的元筑公司之间形成挂靠关系。刘某作为涉案施工合同的实际相对人及实际施工人，有权请求作为发包人的昌鼎公司承担支付工程款的责任。原审认定刘某从元筑公司转包涉案建设项目，属于事实错误。元筑公司上诉称刘某借用其资质承揽工程，应由昌鼎公司直接承担支付工程款的责任，具有相应事实依据，本院依法予以支持。

编者说明

一般而言，区分转包和挂靠主要应从实际施工人（挂靠人）有没有参与招投标和合同订立等缔约磋商阶段的活动加以判断。

转包是指承包人承接工程后将工程的权利义务概括转移给实际施工人，转包中的实际施工人一般并未参与招投标和总承包合同的订立等活动，转包一般发生在总承包合同签订之后。而挂靠是承包人出借资质给实际施工人，挂靠关系中的挂靠人在招投标和合同订立阶段一般已经参与，甚至就是其以被挂靠人的代理人或代表的名义与发包人签订建设工程施工合同。因此，应当综合考虑投标保证金的缴纳主体和资金来源、实际施工人（挂靠人）是否以承包人的委托代理人身份签订合同，实际施工人（挂靠人）有没有与发包人就合同事宜进行磋商，有没有负责项目现场管理、工人的招用、项目结算的办理等因素，审查认定属于挂靠还是转包。

《建筑工程施工发包与承包违法行为认定查处管理办法》（建市规〔2019〕1号）对转包、挂靠有比较明确的规定，该办法第七条规定："本办法所称转包，是指承包单位承包工程后，不履行合同约定的责任和义务，将其承包的全部工程或者将其承包的全部工程肢解后以分包的名义分别转给其他单位或个人施工的行为。"第八条规定："存在下列情形之一的，应当认定为转包，但有证据证明属于挂靠或者其他违法行为的除外：（一）承包单位将其承包的全部工程转给其他单位（包括母公司承接建筑工程后将所承接工程交由具有独立法人资格的子公司施工的情形）或个人施工的；（二）承包单位将其承包的全部工程肢解以后，以分包的名义分别转给其他单位或个人施工的；（三）施工总承包单位或专业承包单位未派驻项目负责人、技术负责人、质量管理负责人、安全管理负责人等主要管理人员，或派驻的项目负责人、技术负责人、质量管理负责人、安全管理负责人中一人及以上与施工单位没有订立劳动合同且没有建立劳动工资和社会养老保险关系，或派驻的项目负责人未对该工程的施工活动进行组织管理，又不能进行合理解释并提供相应证明的；（四）合同约定由承包单位负责采购的主要建筑材料、构配件及工程设备或租赁的施工机械设备，由其他单位或个人采购、租赁，或施工单位不能提供有关采购、租赁合同及发票等证明，又不能进行合理解释并提供相应证明的；（五）专业作业承包人承包的范围是承包单位承包的全部工程，专业作业承包人计取的是除上缴给承包单位'管理费'之外的全部工程价款的；（六）承包单位通过采取合作、联营、个人承包等形式或名义，直接或变相将其承包的全部工程转给其他单位或个人施工的；（七）专业工程的发包单位不是该工程的施工总承包或专业承包单位的，但建设单位依约作为发包单位的除外；（八）专业作业的发包单位不是该工程承包单位的；（九）施工合同主体之间没有工程款收付关系，或者承包单位收到款项后又将款项转拨给其他单位和个人，又不能进行合理解释并提供材料证明的。两个以上的单位组成联合体承包工程，在联合体分工协议中约定或者在项目实际实施过程中，联合体一方不进行施工也未对施工活动进行组织管理的，并且向联合体其他方收取管理费或者其他类似费用的，视为联合体一方将承包的工程转包给联合体其他方。"第九条规定："本办法所称挂靠，是指单位或个人以其他有资质的施工单位的名义承揽工程的行为。前款所称承揽工程，包括参与投标、订立合同、办理有关施工手续、从事施工等活动。"第十条规定："存在下列情形之一的，属于挂靠：（一）没有资质的单位或个人借用其他施工单位的资质承揽工程的；（二）有资质的施工单位相互借用资质承揽工程的，包括资质等级低的借用资质等级高的，资质等级高的借用资质等级低的，相同资质等级相互借用的；（三）本办法第八条第一款第（三）至（九）项规定的情形，有证据证明属于挂靠的。"（曹代鑫整理）

7. 承包人将专业工程分包给专业公司施工，不属于转包，也不属于肢解工程的违法分包，施工分包合同合法有效。

📡 案件名称

再审申请人（一审被告、上诉人）天萌医药科技公司与被申请人（一审原告、被上诉人）汇安建设工程公司建设工程施工合同纠纷案［（2018）豫民申9354号，2019.2.14］

🔍 裁判精要

河南省高级人民法院认为，关于汇安建设工程公司是否违法转包钢结构主体工程问题，钢结构工程需要专门的资质，汇安建设工程公司与许昌市德天钢结构工程有限公司签订《钢结构加工与安装合同》，仅将钢结构所含部分（不含：土建、水、电、消防、税）交德天钢结构公司施工，属于将专业工程分包给专业公司施工，并不违法；原审认定汇安建设工程公司将钢结构工程分包，不属于转包，也不属于肢解违法分包，并无不当。（赵静整理）

8. 涉案工程系施工单位须具备国务院特种设备安全监督管理部门行政许可才能施工的特殊工程，施工单位未取得的，签订的施工合同因违反法律、行政法规的强制性规定而无效。

📶 案件名称

再审申请人（一审被告、反诉原告、二审上诉人）目标安装工程公司与被申请人（一审原告、反诉被告、二审被上诉人）绿源汽车燃气公司建设工程施工合同纠纷案［（2019）豫民申271号，2019.3.18］

🔍 裁判精要

河南省高级人民法院认为，关于合同效力问题，国务院颁布的《特种设备安全监察条例》第十四条规定：锅炉、压力容器、电梯、起重机械、客运索道、大型游乐设施及其安全附件、安全保护装置的制造、安装、改造单位，以及压力管道用管子、管件、阀门、法兰、补偿器、安全保护装置等的制造单位和场（厂）内专用机动车辆的制造、改造单位，应当经国务院特种设备安全监督管理部门许可，方可从事相应的活动。涉案工程系CNG加气站安装工程，应由取得国务院特种设备安全监督管理部门颁发的特种设备工程许可证的单位进行施工。原国家质量监督检验检疫总局颁布的《压力容器安装改造维修许可规则》第九条规定"压力容器安装、改造、维修许可的一般工作程序包括申请、受理、鉴定评审、审批和发证"。目标安装工程公司提交的《压力管道安装许可鉴定评审协议书》《开封市化工装备协会函》，不能证明目标安装工程公司已取得国务院特种设备安全监督管理部门的行政许可证。涉案工程施工合同违反法律、行政法规的强制性规定，应属无效合同，原审对合同效力的认定正确。（赵静整理）

第三节　招投标程序对施工合同效力的影响

9. 招标前双方签订协议，对案涉工程项目的工期、结算方式、双方权利义务、违约责任等作出约定，并明确表示在后续招标工作中必须保证施工方中标，且招标内容不得违背协议约定的，应认定为串标。

📡 案件名称

上诉人（原审原告、反诉被告）中亿丰公司与上诉人（原审被告、反诉原告）郭医公司及被上诉人（原审被告）圆融颈肩腰腿痛医院公司建设工程施工合同纠纷案［（2021）豫民终426号，2022.1.18］

🔍 裁判精要

河南省高级人民法院认为，《中华人民共和国招标投标法》第五十五条规定："依法必须进行招标的项目，招标人违反本法规定，与投标人就投标价格、投标方案等实质性内容进行谈判的，给予警告，对单位直接负责的主管人员和其他直接责任人员依法给予处分。前款所列行为影响中标结果的，中标无效。"本案中，在案涉工程招投标之前，郭医公司与中亿丰公司已经于2016年6月签订了《许昌郭医颈肩腰腿痛医院工程合作协议》，对案涉工程项目的工期、结算方式、双方权利义务、违约责任等作出了约定，并明确表示郭医公司在后续的招标工作中必须保证中亿丰公司中标，且招标内容不得违背该合作协议。郭医公司与中亿丰公司之间的行为符合上述法律所规定的中标无效的情形。《最高人民法院关于审理建设工程施工合同纠纷案件适用法律问题的解释》第一条规定："建设工程施工合同具有下列情形之一的，应当根据合同法第五十二条第（五）项的规定，认定无效：……（三）建设工程必须进行招标而未招标或者中标无效的。"据此，郭医公司与中亿丰公司依据中标结果所签订的《建设工程施工合同》应属于无效合同。双方于2016年6月签订的《许昌郭医颈肩腰腿痛医院工程合作协议》因存在串标行为，违反了《中华人民共和国招标投标法》的强制性规定，扰乱了招投标市场竞争秩序，也应属于无效合

同。（陈维刚整理）

10. 在招标前已与承包人签订施工合同并进行施工，属于串通投标，违反招标投标法的强制性法律规定，签订的施工合同无效。

案件名称

上诉人（原审原告、反诉被告）六建公司与上诉人（原审被告、反诉原告）空港公司建设工程施工合同纠纷案［（2021）豫民终437号，2022.3.20］

裁判精要

河南省高级人民法院认为，关于合同的效力问题，《中华人民共和国招标投标法》第四十三条规定，在确定中标人前，招标人不得与投标人就投标价格、投标方案等实质性内容进行谈判。虽然空港公司于2011年5月在许昌市招标投标交易中心就案涉工程进行招投标程序，但是六建公司在此次招投标之前，已就案涉工程签订施工合同并进行施工，违反了《中华人民共和国招标投标法》上述强制性法律规定，故双方签订的《建设工程施工合同》《施工协议书》均为无效合同。一审判决对施工合同效力的认定正确，本院予以确认，空港公司认为合同有效的上诉理由不能成立。（阮崇翔整理）

11. 依法必须进行招标的项目，双方在招标前已经签订施工合同，中标合同与招标前签订的合同均无效。实际履行的合同可以作为结算工程价款的参照依据，但不能成为合同当事人承担违约责任的合法依据。

案件名称 I

上诉人（原审被告）盛仁投资公司与被上诉人（原审原告）伟基建设公司及原审被告滁州城市职业学院建设工程施工合同纠纷案［（2017）最高法民终518号，2021.4.28］

裁判精要

最高人民法院认为，案涉工程项目为滁州城市职业学院新校区建设项目，合同暂定价为2.805亿元，且为政府融资采购项目，属于《中华人民共和国招标投标法》

第一章 施工合同效力

第三条及国家发展和改革委员会《工程建设项目招标范围和规模标准规定》第七条规定的必须进行招投标的工程。该工程项目于2012年3月8日公开开标，2012年3月9日伟基建设公司收到中标通知书。而在此之前的2012年2月16日，盛仁投资公司与伟基建设公司已就案涉工程签订了《建筑工程施工合同》，对施工范围、开工日期、工程价款和违约责任等内容进行了详细约定。2012年3月12日，盛仁投资公司与伟基建设公司又签订《滁州城市职业学院新校区一期工程补充协议》，该协议明确约定"双方的工程履行范围、规模和滁州城市学院新校区一期工程结算均以2012年2月16日双方签署的滁州城市学院新校区工程《建筑工程施工合同》为准"。二审庭审中，盛仁投资公司亦承认中标通知书是为了办理施工许可证手续委托招标公司办理的。可见，双方在进行招投标程序之前已经对案涉工程进行了实质性内容的磋商，并签订《建筑工程施工合同》，招投标只是双方根据主管部门的要求履行的形式上的手续。双方的上述行为明显违反了《中华人民共和国招标投标法》的强制性规定，所签订的《建筑工程施工合同》及《滁州城市职业学院新校区一期工程补充协议》均应认定为无效。上诉人盛仁投资公司关于案涉合同有效的上诉理由没有法律依据。

案件名称Ⅱ

再审申请人（一审被告、二审上诉人）河南七建公司与被申请人（一审原告、二审被上诉人）利达置业公司建设工程施工合同纠纷案［(2020)豫民申6382号，2021.4.28］

裁判精要

河南省高级人民法院认为，《中华人民共和国招标投标法》第五十五条规定："依法必须进行招标的项目，招标人违反本法规定，与投标人就投标价格、投标方案等实质性内容进行谈判的，给予警告，对单位直接负责的主管人员和其他直接责任人员依法给予处分。前款所列行为影响中标结果的，中标无效。"本案中，利达置业公司就涉案的一处庭院（东院）3#楼和地下车库工程进行了招标，并根据中标结果与河南七建公司签订了备案的《建设工程施工合同》。但在此之前，双方已经于2013年8月5日签订了《一处庭院（东院）3#5#住宅楼和地下车库工程施工合同》。依据上述法律规定，河南七建公司的中标无效，双方就一处庭院（东院）3#楼和地下车库工程所签订的《建设工程施工合同》及《一处庭院（东院）3#5#住宅楼和地下车库工程施工合同》均应属于无效合同。《一处庭院（东院）3#5#住宅楼和地下车库工程施工合同》作为双方实际履行的合同，虽然依据《最高人民法院关于审理建设工程施工合同纠纷案件适用法律问题的解释（二）》第十一条的规定可以作为结算工程价款的参照依据，但因其属于无效合同，故不能成为合同当事人承担违约责任的合法依据。生效判决认定《一处庭院（东院）3#5#住宅楼和地下车库工程施工合同》合法有效，并依据该合同的约定判令河南七建公司承担违约责任不当。

编者说明

《最高人民法院关于审理建设工程施工合同纠纷案件适用法律问题的解释（一）》（法释〔2020〕25号）第一条第一款规定："建设工程施工合同具有下列情形之一的，应当依据民法典第一百五十三条第一款的规定，认定无效：（一）承包人未取得建筑业企业资质或者超越资质等级的；（二）没有资质的实际施工人借用有资质的建筑施工企业名义的；（三）建设工程必须进行招标而未招标或者中标无效的。"因此，必须招标的建设工程项目未经招投标程序，签订的施工合同无效。如果经过了招投标程序，但中标结果无效的，建设工程施工合同亦无效。依据《中华人民共和国招标投标法》第五十五条的规定，依法必须进行招标的项目，招标人违反本法规定，与投标人就投标价格、投标方案等实质性内容进行谈判，最终影响了中标结果的，中标无效。在招标程序开始前，发包人已经与承包人签订了施工合同的，应认定为对实质性内容进行谈判。即使工程最终又进行了招投标程序，选定了前述承包人，该中标依然无效。（曹亚伟整理）

12. BT合同①**属于建设工程施工合同，依法必须招标的项目，未招标或者中标无效的，签订的BT合同应认定为无效。**

案件名称

原告浙商城建投资公司与被告通许县人民政府建设工程施工合同纠纷案〔（2018）豫民初110号，2020.12.14〕

裁判精要

河南省高级人民法院认为，《中华人民共和国招标投标法》第三条规定："在中

---

① BT是Build-Transfer的缩写，也就是建设、移交。是基础设施项目建设领域中采用的一种投资建设模式。

华人民共和国境内进行下列工程建设项目包括项目的勘察、设计、施工、监理以及与工程建设有关的重要设备、材料等的采购，必须进行招标：（一）大型基础设施、公用事业等关系社会公共利益、公众安全的项目；（二）全部或者部分使用国有资金投资或者国家融资的项目；（三）使用国际组织或者外国政府贷款、援助资金的项目。前款所列项目的具体范围和规模标准，由国务院发展计划部门会同国务院有关部门制订，报国务院批准。法律或者国务院对必须进行招标的其他项目的范围有规定的，依照其规定。"《最高人民法院关于审理建设工程施工合同纠纷案件适用法律问题的解释》第一条规定："建设工程施工合同具有下列情形之一的，应当根据合同法第五十二条第（五）项的规定，认定无效：……（三）建设工程必须进行招标而未招标或者中标无效的。"本案涉诉工程使用国有资金、投资规模上亿，而且关系社会公共利益及公众安全，根据上述法律规定，属于必须进行招标投标的建设工程项目。但是，通许县人民政府与浙江中希投资有限公司（以下简称中希投资公司）于2010年2月5日签订的BT合同并未履行招标投标程序，故该BT合同因违反法律的效力性强制性规定而无效。中希投资公司为履行该BT合同设立的项目公司浙商城建投资公司分别于2010年5月14日、2011年4月29日、2013年6月6日签订的后续三份BT合同补充协议，因其内容均为对该BT合同的补充和变更，并不涉及双方对既存债权债务关系的结算和清理，故三份补充协议具有从属性而不具有独立性，也均为无效合同。但前述合同中的清理结算条款是具有独立性的约定，双方结算可以参照前述合同中的相关约定。（阮崇翔整理）

13. 发包人与承包人在招投标前对案涉工程进行实质性磋商的，违反招标投标法的强制性规定，中标合同无效。

📡 案件名称

上诉人（原审原告）长沙市政公司、（原审被告）醴陵市政府、（原审被告）新城公司与被上诉人（原审被告）渌江集团建设工程施工合同纠纷案［（2019）最高法民终1459号，2019.12.12］

🔍 裁判精要

最高人民法院认为，关于案涉《框架协议》《道路工程施工合同》《补充协议》的合同效力问题，根据《中华人民共和国招标投标法》第三条、第五十五条，

《最高人民法院关于审理建设工程施工合同纠纷案件适用法律问题的解释》第一条第三项的规定，大型基础设施、公用事业等关系社会公共利益、公共安全的工程建设项目，必须进行招标；依法必须进行招标的项目，招标人违反法律规定，与投标人就投标价格、投标方案等实质性内容进行谈判，且其行为影响中标结果的，中标无效；中标无效的，相应的建设工程合同也无效。本案中，争议工程位于湖南省醴陵市长庆示范区，详细规划指标由醴陵市政府确定，具体包括经醴陵市政府认可的道路等建设施工内容；该工程属依法应招投标的涉及公共利益的大型基础设施项目。2012年9月14日会议纪要载明，醴陵市政府授权新城公司采取公开招标方式确定案涉工程建设主体；三天后，醴陵市政府即与长沙市政公司签订《框架协议》；同年10月31日，长沙市政公司就案涉项目递交投标文件；同年11月6日，新城公司和招标代理人共同向长沙市政公司发出《中标通知书》。其后，新城公司根据醴陵市政府的授权，就《框架协议》所涉项目进行招投标。2013年7月8日，新城公司与招标代理人再次向长沙市政公司发出《中标通知书》；2014年9月2日，新城公司与长沙市政公司签订《道路工程施工合同》；2015年11月2日，新城公司与长沙市政公司签订《补充协议》。与《道路工程施工合同》及《补充协议》的内容相比，《框架协议》已明确就案涉工程内容、建设模式、总投资额、付款方式、融资数额及利息、违约责任等进行了约定。一审法院据此认为醴陵市政府、新城公司、长沙市政公司在案涉项目招标前即进行实质性磋商并影响到最终中标结果，故中标无效，《框架协议》《道路工程施工合同》《补充协议》三合同亦属无效的处理意见，事实根据和法律依据充分，本院予以认可。

编者说明

大型基础设施、公用事业等关系社会公共利益、公共安全的工程建设项目，必须进行招标；依法必须进行招标的项目，招标人违反法律规定，与投标人就投标价格、投标方案等实质性内容进行谈判，且其行为影响中标结果的，中标无效。根据《最高人民法院关于审理建设工程施工合同纠纷案件适用法律问题的解释》第一条第三项的规定，中标无效的，相应的建设工程合同也无效。（曹代鑫整理）

14. 承包人实际进场施工在前、被确定为中标人在后，足以表明双方在招标前就合同的实质性内容进行了谈判，违反招标投标法的强制性规定，施工合同无效。

📡 案件名称

上诉人（原审原告、反诉被告）中航天公司与上诉人（原审被告、反诉原告）远兴公司建设工程施工合同纠纷案［（2019）豫民终768号，2019.11.14］

🔍 裁判精要

河南省高级人民法院认为，关于案涉建设工程施工合同的效力问题。案涉工程2011年4月29日确定中航天公司中标，在确定中标人前，中航天公司已于2011年3月30日进场施工，足以表明双方就合同的实质性内容进行了谈判，双方的行为违反了《中华人民共和国招标投标法》第四十三条、第五十三条以及《中华人民共和国招标投标法实施条例》第六十七条的规定，属于《最高人民法院关于审理建设工程施工合同纠纷案件适用法律问题的解释》第一条第三项规定的情形，一审判决认定双方签订的建设工程施工合同无效适用法律并无不当。（郑舒文整理）

15. 必须进行招标的项目，在承包人进场施工后进行招标的，属于先定后招。双方未按照中标价签署的协议，也属于无效协议。

📡 案件名称

再审申请人（一审原告、反诉被告、二审上诉人）长通公司与被申请人（一审被告、反诉原告、二审上诉人）集聚区管委会建设工程施工合同纠纷案［（2019）豫民再121号，2019.6.27］

🔍 裁判精要

河南省高级人民法院认为，根据《中华人民共和国招标投标法》第三条之规定，案涉工程属于必须进行招投标的工程。集聚区管委会虽然通过招投标将案涉工程发包给长通公司，但在招投标前，长通公司即已开始施工，案涉工程存在"先定后招"的情形，且双方未依据招投标结果订立建设工程施工合同，而是变更中标价后于2012年3月16日重新签订《框架协议》。故根据《最高人民法院关于审理建设工程施工合同纠纷案件适用法律问题的解释》第一条之规定，《框架协议》为无效合同。虽然《框架协议》无效，但案涉工程已经竣工验收合格，根据上述司法解释第二条之规定，承包人请求参照合同约定支付工程价款的，应予支持，故长通公司请求集聚区管委会参照合同约定支付工程款具有事实和法律依据。（郭红春整理）

16. 未招先定违反招标投标法的强制性规定，施工合同无效。

案件名称

再审申请人（一审原告、二审被上诉人）广西建工公司与被申请人（一审被告、二审上诉人）景华公司建设工程施工合同纠纷案［（2021）最高法民申1759号，2021.9.3］

裁判精要

最高人民法院认为，《中华人民共和国招标投标法》第四十三条规定："在确定中标人前，招标人不得与投标人就投标价格、投标方案等实质性内容进行谈判。"第五十五条规定：依法必须进行招标的项目，招标人违反本法规定，与投标人就投标价格、投标方案等实质性内容进行谈判的，其行为影响中标结果的，中标无效。根据原审查明的事实，广西建工公司与景华公司签订了两份《建设工程施工合同》，一份是签订于2012年12月12日没有备案的实际履行合同，另一份是签订于2013年12月10日的备案合同。广西建工公司在签订了实际履行合同后，于2013年7月1日进场施工，于2013年12月10日中标案涉工程。可见，广西建工公司早在案涉工程招标之前，就与招标人景华公司签订了实际履行合同，并进场施工，存在明显的串标行为，违反了《中华人民共和国招标投标法》中有关禁止未招先定、串通招标的效力性强制性规定，一、二审判决认定案涉两份《建设工程施工合同》均无效，并无不当。

编者说明

《中华人民共和国招标投标法》第五十三条规定了"投标人相互串通投标或者与招标人串通投标的，投标人以向招标人或者评标委员会成员行贿的手段谋取中标的，中标无效"。《最高人民法院关于审理建设工程施工合同纠纷案件适用法律问题的解释（一）》第一条第一款规定："建设工程施工合同具有下列情形之一的，应当依据民法典第一百五十三条第一款的规定，认定无效：……（三）建设工程必须进行招标而未招标或者中标无效的。"司法实践中通常将"先进场施工后进行招投标""先签订施工合同后进行招投标"等认定为招标人与投标人之间存在串通投标行为。另外，即便一些工程不属于依法必须进行招投标的项目，但双方当事人既然选择了以招投标方式确定施工人，就应当平等适用规制招标投标行为的法律规定，受招投标相关法律规定的约束。（王兴整理）

17. 明招暗定违反招标投标法的强制性规定，施工合同应认定为无效。

案件名称

上诉人（一审原告、反诉被告）中煤集团、中煤陕西分公司与被上诉人（一审被告、反诉原告）宏兴公司建设工程施工合同纠纷案［（2018）最高法民终33号，2018.6.29］

裁判精要

最高人民法院认为：宏兴公司与中煤陕西分公司于2014年1月6日签订《施工合同》，该合同虽然经过招投标，但招标之前宏兴公司与中煤陕西分公司已经签订《承包协议》，约定工程由中煤陕西分公司承包，建筑面积约170000平方米，工程造价以最终竣工结算为准，还约定由宏兴公司负责招投标，中煤陕西分公司配合等。中煤陕西分公司于2013年7月2日至2013年9月9日分6次将1300万元保证金打入宏兴公司指定账户，并于2013年8月开始施工。以上事实说明，招投标之前宏兴公司与中煤陕西分公司已就投标价格、投标方案等实质性内容进行谈判，达成合意，双方之间招投标属于明招暗定，影响中标结果，依据上述规定，中标无效。《最高人民法院关于审理建设工程施工合同纠纷案件适用法律问题的解释》第一条规定"建设工程必须进行招标而未招标或者中标无效的，应当根据合同法第五十二条第（五）项的规定，认定无效"。《承包协议》未中标，《施工合同》中标无效，均应当认定为无效。

编者说明

在明招暗定的情况下，招标人与投标人之间的合同关系存在两种可能：

一是招标人与投标人之间只有一份施工合同，也就是说，招标人与投标人在招投标前已经私下确定了施工合同内容，且最终通过招标投标程序确定的施工合同与私下确定的施工合同内容相同。《中华人民共和国招标投标法》第四十三条规定："在确定中标人前，招标人不得与投标人就投标价格、投标方案等实质性内容进行谈判。"第五十五条规定："依法必须进行招标的项目，招标人违反本法规定，与投标人就投标价格、投标方案等实质性内容进行谈判的，给予警告，对单位直接负责的主管人员和其他直接责任人员依法给予处分。前款所列行为影响中标结果的，中标无效。"据此，招标人与投标人之间的施工合同应认定为无效。

二是招标人与投标人之间有两份施工合同，一份在招投标之前私下签订，另一份通过招投标程序签订，这两份施工合同构成"黑白合同"都属无效。对于在招投标之前签订的合同，即"黑合同"，因工程必须招标而未经招标，应确定为无效合同。对于通过招投标程序签订的合同，即"白合同"，根据上述《中华人民共和国招标投标法》第五十五条的规定，也应当认定为无效。（郭俊利整理）

18. 案涉项目享受政府财政补贴奖励政策，属于《中华人民共和国招标投标法》规定的全部或者部分使用国有资金投资或者国家融资的项目，必须进行招标，发包人与承包人签订的施工合同未经招标程序，应属无效。

案件名称

再审申请人（一审被告、二审上诉人）达昌公司与被申请人（一审原告、二审上诉人）万基公司建设工程施工合同纠纷案［（2021）豫民申1508号，2021.5.14］

裁判精要

河南省高级人民法院认为，达昌公司提供的《许昌市人民政府关于加快市区农产品市场体系建设的意见》和该公司与许昌经济技术开发区经济发展局签订的《项目合作协议书》能够证明，案涉项目享受政府财政补贴奖励政策，属于《中华人民共和国招标投标法》规定的"全部或者部分使用国有资金投资或者国家融资的项目"，必须进行招标，达昌公司与万基公司签订的施工合同未经招标程序，应属无效。但案涉工程已经投入使用，根据《最高人民法院关于审理建设工程施工合同纠纷案件适用法律问题的解释》的规定，万基公司有权请求参照合同约定支付工程价款。生效判决对合同效力判断有误，但处理结果正确。

编者说明

在该案件中，项目的发包人许昌达昌商贸有限公司系民营企业，河南省高级人民法院认为许昌达昌商贸有限公司与许昌经济技术开发区经济发展局签订的《项目合作协议书》中明确了该项目是政府惠民工程，享受政府财政补贴奖励政策。因此，该工程属于《中华人民共和国招标投标法》规定的"全部或者部分使用国有资金投资或者国家融资的项目"，应进行招投标程序。由此可以看出，河南省高级人民法院对"全部或者部分使用国有资金投资或者国家融资的项目"的认定倾向于从实质审查其是否使用国有资金。

但最高人民法院在（2016）最高法民再78号判决书中认为，必须进行招标的应当是项目投资主体为政府、国有单位等组织的项目。因此，若工程的建设单位并非政府、国有单位等组织的，不适用前述规定。即民营企业作为工程发包人或建设方的工程项目，即使享受了政府的补助，也不应适用"全部或者部分使用国有资金投资或者国家融资的项目必须进行招标"的规定。该判决书相关原文如下："本院认为，根据招标投标法第三条关于'在中华人民共和国境内进行下列工程建设项目包括项目的勘察、设计、施工、监理以及与工程建设有关的重要设备、材料等的采购，必须进行招标：……（二）全部或者部分使用国有资金投资或者国家融资的项目'的规定，必须进行招标的应当是项目投资主体为政府、国有单位等组织的项目。宏昌公司是民营企业，其获得的资金属于政府对宏昌公司的补助资金，案涉工程的权利人仍然是宏昌公司，而不是山东省人民政府或北川县人民政府。《建设工程施工合同》发包方为宏昌公司，其资金来源不影响合同效力。所以，《中华人民共和国招标投标法》及《工程建设项目招标范围和规模标准规定》的相关规定不适用于本案，《建设工程施工合同》应为有效。"（曹亚伟整理）

19. 合同签订及施工时属于必须招标项目的，即使争议发生时因政策规定修改而不再属于必须招标项目，施工合同仍因违反法律的强制性规定而无效。

案件名称

上诉人（原审原告）甘肃第一建设集团有限责任公司与上诉人（原审被告）靖远昌泰源房地产有限公司建设工程施工合同纠纷案［（2022）最高法民终118号，2022.6.9］

裁判精要

最高人民法院认为，2000年4月4日国务院批准、2000年5月1日原国家发展计划委员会发布的《工程建设项目招标范围和规模标准规定》第三条规定，关系社会公共利益、公众安全的公用事业项目的范围包括商品住宅；第七条规定，本规定第二条至第六条规定范围内的各类工程建设项目，包括项目的勘察、设计、施工、监理以及与工程建设有关的重要设备、材料等的采购，达到下列标准之一的，必须进行招标：（一）施工单项合同估算价200万元人民币以上的。本案中，案涉工程为商品住宅项目，且施工单项合同价格超过200万元，故根据上述规定，案涉工程属于必须招投标的工程。虽然《工程建设项目招标范围和规模标准规定》已于2018年废止，2018年6月1日生效实施的《必须招标的工程项目规定》和2018年6月6日生效实施的《必须招标的基础设施和公用事业项目范围规定》将商品住宅项目从必须招标的工程项目范围内删除。但案涉《建设工程施工合同》及《补充协议》签订于2014年和2016年，案涉工程也于2017年8月交付，案涉工程施工期限早于《必须招标的工程项目规定》和《必须招标的基础设施和公用事业项目范围规定》的颁布实施日，一审法院依据行为时的相关法律规定认定案涉工程属于必须进行招标的项目并无不当。

20. 合同履行完毕后，发包人又以合同未经招投标程序主张合同无效的，不予支持。

案件名称

再审申请人（一审被告、二审上诉人）北方公司与被申请人（一审原告、二审被上诉人）歌山公司建设工程施工合同纠纷案［（2019）最高法民申901号，2019.5.14］

裁判精要

最高人民法院认为，北方公司与歌山公司签订《龙城工程承包协议》《建设工程施工合同》及两份《补充协议》，双方已经按照协议履行，且呼和浩特市建设工程招投标管理办公室已要求建设单位北方公司补办报建时，提交相关资料，原判决认定为有效合同，并无不当。北方公司作为发包方，负有办理招投标手续的主要义务，其未办理招投标手续，反而借此主张施工合同无效，以免除施工合同约定的违约责任，属于从自己的不法行为中获利，法院不应予以支持。原判决未支持北方公司关于合同无效的主张，并无不当。

编者说明

"任何人不因不法行为获利"是一句著名的法律格言，包含着任何人不能通过违法犯罪行为谋取利益的基础法理。

《中华人民共和国民法典》第七条规定："民事主体从事民事活动，应当遵循诚信原则，秉持诚实，恪守承诺。"（王兴整理）

21. 商品住宅项目在施工合同签订时属于依法必须招标的项目，没有进行招标的，鉴于诉讼时国家发改委新规定不再将其作为必须招标的工程项目，参照新规定应认定施工合同有效。

案件名称Ⅰ

上诉人（原审原告、反诉被告）和昌房地产公司、和昌置业公司与上诉人（原审被告、反诉原告）葛洲坝建设公司、葛洲坝建筑公司建设工程施工合同纠纷案［（2019）最高法民终1668号，2020.3.17］

裁判精要

最高人民法院认为，《中华人民共和国招标投标法》第三条规定："在中华人民共和国境内进行下列工程建设项目包括项目的勘察、设计、施工、监理以及与工程建设有关的重要设备、材料等的采购，必须进行招标：（一）大型基础设施、公用事业等关系社会公共利益、公众安全的项目；（二）全部或者部分使用国有资金投资或者国家融资的项目；（三）使用国际组织或者外国政府贷款、援助资金的项目。前款所列项目的具体范围和规模标准，由国务院发展计划部门会同国务院有关部门制订，报国务院批准。法律或者国务院对必须进行招标的其他项目的范围有规定的，依照其规定。"依据该条规定，国家发改委制定了《必须招标的工程项目规定》（经国务院批准，自2018年6月1日起施行）。与此同时，2000年4月4日国务院批准、2000年5月1日原国家发展计划委员会发布的《工程建设项目招标范围和规模标准规定》同时废止。与2000年《工程建设项目招标范围和规模标准规定》相比，《必须招标的工程项目规定》大幅限缩了必须招标的工程的范围，将原规定中民间资本投资较多的商品住宅项目、科教文卫体和旅游项目等从必须招标的工程项目范围中删除。本案中，案涉工程属于民间资本投资的商品住宅项目，不属于必须招标的工程，故和昌房地产公司、和昌置业公司与葛洲坝建设公司签订的《建设工程施工补充协议》是双方真实意思表示，内容不违反法律和行政法规的强制性规定，合法有效。

案件名称Ⅱ

上诉人（一审原告、反诉被告）河南龙辰置业有限公司与被上诉人（一审被告、反诉原告）河南三建建筑工程有限公司建设工程施工合同纠纷案［（2021）豫民终255号，2021.5.28］

裁判精要

河南省高级人民法院认为，关于涉案合同的效力问题，涉案商品住宅工程是关系社会公共利益、公众安全的公用事业项目，在当时是依法必须招标的工程项目。但该项目工程属于民营投资的商品住宅项目，2018年6月1日施行的《必须招标的工程项目规定》中未将民营投资的商品住宅项目纳入必须招标范围，但该规定同时要求"不属于本规定第二条、第三条规定情形的大型基础设施、公用事业等关系社会公共利益、公众安全的项目，必须招标的具体范围由国务院发展改革部门会同国务院有关部门按照确有必要、严格限定的原则制订，报国务院批准"。2018年6月6日国家发改委颁布的《必须招标的基础设施和公用事业项目范围规定》第二条规定"不属于《必须招标的工程项目规定》第二条、第三条规定情形的大型基础设施、公用事业等关系社会公共利益、公众安全的项目，必须招标的具体范围"中不包含商品住宅楼。本案工程依据当时签订合同时的相关法律法规属于应当招标的工程，该工程合同未经招投标程序而签订，但该行为的方式已不绝对地损害国家利益或者社会公共利益。参照《最高人民法院关于适用〈中华人民共和国合同法〉若干问题的解释（一）》第三条"人民法院确认合同效力时，对合同法实施以前成立的合同，适用当时的法律合同无效而适用合同法合同有效的，则适用合同法"的规定精神，涉案合同应认定有效。

编者说明

《中华人民共和国招标投标法》第三条规定了"在中华人民共和国境内进行下列工程建设项目包括项目的勘察、设计、施工、监理以及与工程建设有关的重要设备、材料等的采购，必须进行招标：（一）大型基础设施、公用事业等关系社会公共利益、公众安全的项目"；《工程建设项目招标范围和规模标准规定》（2000年5月1日施行，现已失效）第三条规定了"关系社会公共利益、公众安全的公用事业项目的范围包括……（五）商品住宅，包括经济适用住房"，第七条规定了"本规定第二条至第六条规定范围内的各类工程建设项目，包括项目的勘察、设计、施工、监理以及与工程建设有关的重要设备、材料等的采购，达到下列标准之一的，必须进行招标：（一）施工单项合同估算价在200万元人民币以上的；（二）重要设备、材料等货物的采购，单项合同估算价在100万元人民币以上的；（三）勘察、设计、监理等服务的采购，单项合同估算价在50万元人民币以上的；（四）单项合同估算价低于第（一）、（二）、（三）项规定的标准，但项目总投资额在3000万元人民币以上的"。据此，上述涉案工程均属于必须进行招标的项目。但根据2018年6月6日实施的《必须招标的基础设施和公用事业项目范围规定》第二条，商品房住宅工程已不再属于必须招标的项目。参照《最高人民法院关于适用〈中华人民共和国合同法〉若干问题的解释（一）》（已失效）第三条"人民法院确认合同效力时，对合同法实施以前成立的合同，适用当时的法律合同无效而适用合同法合同有效的，则适用合同法"及《最高人民法院关于适用〈中华人民共和国民法典〉时间效力的若干规定》第八条"民法典施行前成立的合同，适用当时的法律、司法解释的规定合同无效而适用民法典的规定合同有效的，适用民法典的相关规定"等规定精神，从保护市场交易秩序和安全稳定考虑，案涉项目是否必须经招投标程序应适用新的规定。因此，在案涉商品房住宅工程不属于必须招投标的项目时，案涉施工合同即使未履行招投标程序，也不应认定为无效合同。（曹亚伟整理）

22. 案涉工程施工合同签订时必须进行招投标的公租住房项目但未进行投标的，鉴于诉讼时国家发改委新规定不再将其作为必须招标的工程项目，可以参照新规定认定施工合同有效。

案件名称

再审申请人（一审原告、二审上诉人）成飞公司与被申请人（一审被告、二审被上诉人）大发公司建设工程施工合同纠纷案［（2019）最高法民申6227号，2019.12.19］

裁判精要

最高人民法院认为，大发公司与成飞公司于2013年6月20日签订的《珍发二期上善居工程施工合同》合法有效。虽然《工程建设项目招标范围和规模标准规定》第三条规定，关系社会公共利益、公众安全的公共事业项目的范围包括商品住宅（包括经济适用住房）。但是《必须招标的基础设施和公用事业项目范围规定》（发改法规〔2018〕843号）（以下简称843号规定）第二条规定了大型基础设施、公用事业等关系社会公共利益、公众安全的项目，必须招标的具体范围，将民间资本投资较多的商品住宅项目等从必须招标的工程项目范围中删除。实际上在843号规定实施后，《工程建设项目招标范围和规模标准规定》同时废止。虽然《珍发二期上善居工程施工合同》签订于2013年6月20日，在时间上早于843号规定，适用当时生效的《工程建设项目招标范围和规模标准规定》，案涉项目属于依法必须进行招投标的工程，《珍发二期上善居工程施工合同》因未进行招投而无效；但是适用843号规定，案涉项目已不属于必须进行招投标的工程，此时《珍发二期上善居工程施工合同》有效。参照适用《最高人民法院关于适用〈中华人民共和国合同法〉若干问题的解释（一）》第三条的规定，本案应适用843号规定，故大发公司与成飞公司于2013年6月20日签订的《珍发二期上善居工程施工合同》合法有效。

23. 在终审判决作出前，根据新颁布的法律、行政法规的规定认定合同有效而根据原有法律、行政法规认定无效的，应根据从宽例外、持续性行为例外的基本法理，适用新颁布的法律、行政法规的规定认定合同效力。

案件名称

上诉人（原审原告、并案被告）亿祥公司与上诉人（原审被告、并案原告）星宇公司建设工程施工合同纠纷案〔（2018）豫民终1958号，2019.10.28〕

裁判精要

河南省高级人民法院认为，星宇公司与亿祥公司签订《亿祥美郡施工总承包合同》时，依照当时的法律及行政法规，案涉工程属于必须进行招投标的工程，但双方并没有按照法律规定履行招投标手续。在本案一审期间，国家发展和改革委员会制定的《必须招标的工程项目规定》（自2018年6月1日开始施行）及《必须招标的基础设施和公用事业项目范围规定》（自2018年6月6日开始施行）。案涉民间资本投资的商品住宅项目不再属于必须招投标的项目。关于合同效力的认定，原则上应适用行为发生时的法律和行政法规的规定，但如果在终审判决作出前，根据新颁布的法律、行政法规的规定认定合同有效而根据原法律、行政法规认定无效的，应根据从宽例外、持续性行为例外的基本法理，适用新颁布的法律、行政法规的规定认定合同效力，故双方签订的《亿祥美郡施工总承包合同》应认定为有效合同。本案中，星宇公司停工撤场，亿祥公司已将涉案工程发包给第三方施工，双方对前述合同已经终止履行的事实均无异议，故针对亿祥公司要求确认合同解除的诉讼请求，应予支持。原审对合同效力的认定属适用法律错误，本院予以纠正。（郑舒文整理）

第四节　其他影响合同效力的情形

24. 门窗供需及安装合同属于建设工程施工合同，发包人将门窗工程分包给个人的，违反法律法规的强制性规定，合同无效。

📡 案件名称

再审申请人（一审被告、二审上诉人）鑫容装饰部、杨某艳与再审申请人（一审原告、二审被上诉人）凯达公司建设工程施工合同纠纷案〔（2020）豫民申6277号，2020.12.16〕

🔍 裁判精要

河南省高级人民法院认为，本案系建设工程施工合同纠纷，鑫容装饰部与凯达公司签订的涉案《门窗供需及安装合同》虽系双方真实意思表示，但因装饰部系个体工商户，无涉案工程的施工企业资质，生效判决认定涉案的两份《门窗供需及安装合同》因违反法律的强制性规定而为无效合同，并无不当。

✏️ 编者说明

实践中对门窗供需及安装合同属于建设工程施工合同还是承揽合同存在诸多争议，一种观点认为门窗供需及安装属于建筑幕墙安装工程，因此门窗供需及安装合同属于建设工程安装工程合同。另一种观点则认为门窗供需及安装合同属于承揽合同。该案例为个例，门窗供需及安装合同性质的确定须根据案件的具体情况。（郭俊利整理）

25. 施工合同因涉案工程在起诉前一直未取得建设工程规划许可证被认定为无效，但承包人主张施工合同有效的，应就发包人能够办理审批手续而未办理的事实承担举证责任。

案件名称

上诉人（原审原告）河南六建公司与被上诉人（原审被告）国基美都公司、（原审第三人）某某路街道办事处建设工程施工合同纠纷案［（2019）豫民终1239号，2019.11.15］

裁判精要

河南省高级人民法院认为，关于涉案合同的效力，对于涉案工程未取得建设工程规划许可证即开工以及至今尚未取得建设工程规划许可证的事实，双方均无异议。河南六建公司上诉主张合同有效的主要理由一是涉案工程是惠民工程，存在政府行政行为等不可抗拒因素，并举出合村并城的相关文件，但上述文件并没有合村并城无须经过规划审批的内容，该主张缺乏否认涉案合同无效的法律依据和事实依据，本院不予支持；二是依据《最高人民法院关于审理建设工程施工合同纠纷案件适用法律问题的解释（二）》第二条第二款的规定，国基美都公司能够办理审批手续而未办理，其主张合同无效人民法院应不予支持。根据2011年《四方协议》第4.1条、第5.6条和第9条违约责任的约定，国基美都公司负责本项目土地征收、立项、规划、出让、建设等各项审批手续的办理并承担土地出让金及相关税费；某某路街道办事处及其下辖的小贺庄村委会对国基美都公司办理上述手续时给予一定的协助。依照上述约定内容，国基美都公司是办理审批手续的责任人，某某路街道办事处及小贺庄村委会仅具有协助义务。同时，河南六建公司所举证据不能证明国基美都公司、某某路街道办事处有能够办理审批手续而未办理的事实，因此原审法院认定涉案合同无效并无不当，河南六建公司的该上诉请求没有事实依据和法律依据，本院不予支持。（郑舒文整理）

02

第二章
工程价款

第一节 工程价款结算

26. 施工合同虽然无效，但案涉工程价款的计算方法应当参照合同约定进行。

案件名称

上诉人（原审原告、反诉被告）中航天建设工程集团有限公司与上诉人（原审被告、反诉原告）河南远兴置业有限公司建设工程施工合同纠纷案［（2019）豫民终768号，2019.11.14］

裁判精要

河南省高级人民法院认为，双方签订的《建设工程施工合同》专用条款第23.2条明确约定"本工程采用固定价格合同（完全综合固定总价）方式确定，一次包死。计算公式为：完全综合固定总价＝完全综合固定单价×建筑施工图纸总说明中所示的建筑面积数"，虽然合同无效，但案涉工程价款的计算方法应当参照合同约定，因此，应当以建筑施工图纸总说明中所示的建筑面积数作为计算3#、4#、7#、8#楼工程造价的依据，一审判决按照鉴定报告确定的总建筑面积计算缺乏合同依据，本院予以纠正。建筑施工图纸总说明中所示的建筑面积为41890.60m²，相应地，3#、4#、7#、8#楼工程造价应为：46079660元。（郑舒文整理）

27. 施工合同无效，折价补偿的工程价款应以已完工工程量为准，不能以合同约定的进度款支付节点和比例进行抗辩；但当事人对已完工的工程造价均未申请鉴定的，可以参照合同约定认定工程款。

案件名称

再审申请人（一审原告、二审上诉人）饶某国与被申请人（一审被告、二审上诉人）吴某秀、宋某兴、（一审被告、二审被上诉人）河南省鑫河建设有限公司建设工程施工合同纠纷案［（2019）豫民申2886号，2019.9.25］

🔍 裁判精要

河南省高级人民法院认为，饶某国与吴某秀、宋某兴签订的《建设工程劳务承包合同》中，第三条约定饶某国的施工范围为主体结构、二次结构和加气块砌筑、内外墙及楼梯粉刷、台阶、室内地面清理拉毛等图纸范围内的土建工程。第四条承包单价中，约定"主体结构封顶后按320元的价格付80%。竣工验收后付总工程的95%、剩余款的5%为保修金"。该条应当理解为现金结算标准、进度款支付节点和支付标准的约定。即饶某国施工至主体封顶时的进度款支付标准为工程总价80%。但进度款和实际工程价款并非同一概念，进度款仅仅是合同履行过程中临时支付的暂定款，与当事人的实际施工量并不完全对应。根据原审查明事实，饶某国施工至主体结构部分完成，因发包人资金链断裂，导致合同无法继续履行。现饶某国主张其施工部分对应的劳务费用，而非进度款。生效判决依据双方合同进度款约定认定饶仁国施工价值对应款项，认定事实不清。

✏️ 编者说明

本案河南省高级人民法院指令郑州市中级人民法院再审。再审认为，因涉案工程停工，饶某国施工至主体结构封顶，河南天欣实业有限公司并未以房屋抵押方式支付吴某秀、宋某兴工程款，对于饶某国施工的主体结构工程价款，应当通过工程造价鉴定方式确定，而一审、二审及再审中饶某国均未提出工程造价鉴定申请，故本院二审判决参照合同约定，按照合同约定的320元的价格付总工程款的80%，即 $89268m^2 \times 320$ 元$/m^2 \times 80\% = 22852608$ 元，扣除吴某秀、宋某兴已付工程款920万元及政府代付工程款290万元，判令吴某秀、宋某兴支付饶某国尚欠工程款10752608元并无不当。（郑舒文整理）

28. 施工合同无效，工程造价仍应按合同约定的上浮率予以上浮。

📶 案件名称

上诉人（原审原告）宏欣泰公司与上诉人（原审被告）汉丰公司建设工程施工合同纠纷案［（2019）豫民终1353号，2020.8.31］

🔍 裁判精要

河南省高级人民法院认为，工程造价是否应当按照合同约定上浮5%。依据《最高人民法院关于审理建设工程施工合同纠纷案件适用法律问题的解释》第二条的规定，建设工程施工合同无效，但建设工程经竣工验收合格，承包人请求参照合同约定支付工程价款的，应予支持。本案双方签订的《建设工程施工合同》虽然因宏欣泰公司不具备资质而无效，但因案涉工程已经交付汉丰公司使用，支付工程价款的条件已经成就，故宏欣泰公司请求参照该合同约定支付工程价款，予以支持。根据双方签订的《建设工程施工合同》第三部分专用条款第23.2条约定，合同价款采用建筑装饰安装工程套用2008版《河南省建筑装饰安装工程综合基价》上浮5%。宏欣泰公司参照该合同条款计算工程价款，本院予以支持。（徐润浈整理）

29. 非必须招标项目，当事人采用议标方式签订建设工程施工合同，不适用招标投标法的规定，双方约定的让利条款有效。

案件名称

上诉人（一审原告）安徽电建二公司与被上诉人（一审被告）魏桥铝电公司、长山实业公司建设工程施工合同纠纷案［（2019）最高法民终1490号，2020.6.29］

裁判精要

最高人民法院认为，关于工程价款的让利标准如何确定的问题，各方当事人均确认，就案涉工程只签订了一份《施工合同》。安徽电建二公司上诉称，案涉工程"议标"程序违法导致中标无效及《施工合同》无效，应按照最终投标报价计算工程造价。本院认为，案涉工程系长山实业公司自行投资、使用的非对外工程，不属于国家发改委印发的《必须招标的基础设施和公用事业项目范围规定》第二条规定的必须进行招投标的基础设施项目范畴。二审期间，安徽电建二公司主张案涉工程存在"议标"等导致中标无效的情形，但并未提交证据证明。《施工合同》可以作为案涉工程价款结算的依据，一审法院按照《施工合同》中约定的工程让利标准即土建4%、安装16%确定案涉工程的让利数额，并无不当。

编者说明

《最高人民法院关于审理建设工程施工合同纠纷案件适用法律问题的解释（二）》已失效，2021年1月1日生效的《最高人民法院关于审理建设工程施工合同纠纷案件适用法律问题的解释（一）》第二条第二款规定："招标人和中标人在中标合同之外就明显高于市场价格购买承建房产、无偿建设住房配套设施、让利、向建设单位捐赠财物等另行签订合同，变相降低工程价款，一方当事人以该合同背离中标合同实质性内容为由请求确认无效的，人民法院应予支持。"上述条款仅适用于采用招投标方式签订的建设工程施工合同。（胡玉芹整理）

30. 合同中约定的让利条款属于结算条款，即使施工合同无效，在建设工程竣工验收合格之后，仍应按约定进行让利。

案件名称

上诉人（原审原告）河南国安建设集团有限公司与上诉人（原审被告）河南亚星置业集团有限公司建设工程施工合同纠纷案［(2018)豫民终1502号，2019.12.30］

裁判精要

河南省高级人民法院认为，关于工程造价是否应该优惠5%的问题，《最高人民法院关于审理建设工程施工合同纠纷案件适用法律问题的解释》第二条规定："建设工程施工合同无效，但建设工程经竣工验收合格，承包人请求参照合同约定支付工程价款的，应予支持。"本案中，涉案建设工程已经竣工验收，虽然合同无效，但是支付工程价款的条件已经成就。《补充协议3》约定按税前工程造价下浮让利5%确定工程预算价、结算价，系双方当事人的真实意思表示，故应当按照合同约定采信《鉴定意见书》中让利的数额确定本案的工程价款。一审判决采信未让利的工程价款数额不符合法律规定，应予纠正。（李亚宇整理）

31. 施工合同约定不可竞争费用不计取或一并让利的，应按合同约定计算工程价款。承包人提出因工期延长不予让利的，不应支持。

案件名称

原告（反诉被告）方正公司与被告（反诉原告）和盛公司建设工程施工合同纠纷案［(2018)豫民初43号，2020.6.8］

裁判精要

河南省高级人民法院认为：关于住房公积金，双方在签订的《建设工程施工合同》通用条款第26.1条第3款中约定："不可竞争费用中工程定额测定费、工程排污费、社会保险费、住房公积金不计取。"据此，瑞君鉴定公司未将住房公积金计入工程造价符合合同约定。方正公司要求将住房公积金计入工程造价与合同约定不符，本院依法不予支持。关于安全文明施工费和规费的让利问题，2016年5月18日的《平顶山和盛时代广场（一期）项目补充协议》第3条明确约定："根据总包合同乙方承诺最终结算造价优惠税前让利6.8%。"该约定并未将安全文明施工费和规费排除在让利价款之外，故瑞君鉴定公司按照双方约定进行让利计算并无不当。方正公司要求将该部分让利计入工程造价不符合合同约定。关于工程总造价的让利问题，和盛公司与方正公司在《建设工程施工合同》及《平顶山和盛时代广场（一期）项目补充协议》中对工程造价让利问题均作出了明确约定，该约定是双方的真实意思表示，应对双方具有法律约束力。现方正公司以工期延误为由主张取消让利不符合合同约定，和盛公司也不同意，故方正公司关于该项让利应计入工程款的异议不能成立。（陈维刚整理）

32. 鉴于工程各施工阶段的施工难易程度、施工成本、所获利润等均存在较大差异，未完工程可按照实际完成情况和过错程度酌定让利系数。

案件名称 I

上诉人（原审原告、反诉被告）新兴公司、（原审被告、反诉原告）盛仁公司与被上诉人（原审被告）滁州城市职业学院建设工程施工合同纠纷案［（2018）最高法民终305号，2018.12.19］

裁判精要

最高人民法院认为，关于工程价款结算的让利系数问题。盛仁公司主张对新兴公司的已完工程价款，应当按照双方约定的让利系数下浮13.6%计算。虽然盛仁公司与新兴公司签订的《建筑工程施工合同》约定工程价款按审核后下浮13.6%确定，但该让利系数适用的前提是新兴公司依约将施工范围内的工程全部施工完毕，工程款整体下浮13.6%。鉴于案涉工程为未完工程，且工程各施工阶段的施工难易程度、施工成本、所获利润等均存在较大差异，一审法院依据新兴公司的实际施工进度及本案的具体情况，按照已完工程造价与合同约定工程款总额的占比，酌定让利系数为3.52%，符合实际，并无不妥。

📡 案件名称Ⅱ

上诉人（原审原告）现代公司与上诉人（原审被告）富邦公司及原审第三人马某旗、新景建筑劳务公司建设工程施工合同纠纷案〔（2019）豫民终1736号，2020.6.24〕

🔍 裁判精要

河南省高级人民法院认为，关于工程价款让利问题，富邦公司与现代公司在《建设工程施工合同》及补充协议中约定的有关工程价款让利6.5%、8%的合同内容是双方当事人的真实意思表示，且不违反法律、行政法规的强制性规定，应当对双方当事人具有法律约束力。但考虑到现代公司作出让利承诺是在其对工程项目全部施工完毕所能够获得的利润基础之上，而在合同实际履行过程中，现代公司并未全部完成合同约定的工程内容，且富邦公司存在欠付工程款的客观事实，对合同未能履行完毕存在过错，故本院将工程价款下浮让利的比例酌情调整为3%。故现代公司所施工的工程结算价款应为62449872.84元〔64381312.21元×（1-3%）〕。

✏️ 编者说明

通常承包单位做出让利承诺是基于其对工程项目全部施工完毕所能够获得的利润，但鉴于工程各施工阶段的施工难易程度、施工成本、所获利润等均存在较大差异，对于未完工工程，参照已完工工程计算让利有失公平。法院有权针对个案具体情况酌定让利系数。（郭俊利整理）

33. 承包人中途撤场，应对已完工工程的造价负举证责任，经法院释明后又不申请司法鉴定的，应承担举证不能的法律后果。

📡 案件名称

上诉人（原审被告、反诉原告）浑南置业公司与被上诉人（原审原告、反诉被告）河南国基公司及原审被告沈阳泰莱控股集团公司、沈阳中久投资公司建设工程施工合同纠纷案〔（2019）辽民终1653号，2019.12.18〕

🔍 裁判精要

辽宁省高级人民法院认为，关于涉案工程造价的举证责任分配问题，经审查，河南国基公司在本诉中主张浑南置业公司应向其支付工程尾款,而浑南置业公司在反诉中主张河南国基公司应向其返还多付的工程款,故无论是河南国基公司,还是浑南置业公司,依法均应对自己的主张承担举证义务。在以本案现有证据无法认定涉案工程造价,无法确定浑南置业公司是欠付抑或超付涉案工程款的情况下,一审法院就涉案工程造价的举证责任及鉴定问题进行了充分释明和询问,完全符合法律规定,已尽到审理职责。一审法院对涉案工程造价的举证责任分配,并无不当。

编者说明

《最高人民法院关于适用〈中华人民共和国民事诉讼法〉的解释》(2020年修正,现行为2022年修正)第九十条规定:"当事人对自己提出的诉讼请求所依据的事实或者反驳对方诉讼请求所依据的事实,应当提供证据加以证明,但法律另有规定的除外。在作出判决前,当事人未能提供证据或者证据不足以证明其事实主张的,由负有举证证明责任的当事人承担不利的后果。"第九十一条规定:"人民法院应当依照下列原则确定举证证明责任的承担,但法律另有规定的除外:(一)主张法律关系存在的当事人,应当对产生该法律关系的基本事实承担举证证明责任;(二)主张法律关系变更、消灭或者权利受到妨害的当事人,应当对该法律关系变更、消灭或者权利受到妨害的基本事实承担举证证明责任。"本案中,关于涉案工程的结算数额,一审中河南国基公司表示其已向浑南置业公司送交结算书,已完工工程的造价应按该结算书的鉴定结论计算;而浑南置业公司提出应以政府审计的数额并扣除其他后续施工范围后确定。虽然双方当事人在《尚盈丽景项目工程施工总承包工程施工合同》中约定了竣工结算的方式和金额,但河南国基公司未按合同约定在规定时间内完成全部工程的施工,撤场时仍有部分工程未予施工,且涉案建设工程合同已因双方的实际行为被解除。所以,本案工程结算无法适用上述合同中约定的竣工结算方式。根据《中华人民共和国合同法》(已失效)第九十三条第一款规定的"当事人协商一致,可以解除合同"及第九十七条规定的"合同解除后,尚未履行的,终止履行;已经履行的,根据履行情况和合同性质,当事人可以要求恢复原状、采取其他补救措施、并有权要求赔偿损失",双方当事人应就河南国基公司已施工的工程部分进行结算,并依据结算结果履行各自的义务。

双方当事人在河南国基公司撤场时未对已完工工程量进行确认,且双方对河南国基公司已施工工程量意见不一,亦均对对方主张的结算数额提出异议,故在双方当事人并未对河南国基公司已施工完成部分的工程造价结算达成一致的情况下，应各自承担相应的举证责任。一审法院已询问双方当事人是否申请鉴定并垫付鉴定费用，并释明了不申请鉴定及不垫付鉴定费用的法律后果，浑南置业公司仍表示不申请鉴定，且不垫付鉴定费用。虽然河南国基公司申请鉴定，但未在鉴定机构规定的期限内交纳鉴定费用，导致鉴定机构退卷。因此，在本案工程造价存在争议且无法确定的情况下，无论是河南国基公司主张浑南置业公司尚有部分工程尾款未支付，还是浑南置业公司主张河南国基公司应予返还部分工程款项，均未提供相应的证据予以证明。河南国基公司及浑南置业公司均应承担举证不能的相应不利后果，因此，对双方当事人关于给付工程款及返还工程款的诉讼请求，一审法院不予支持。（曹代鑫整理）

34. 当事人通过会议纪要方式明确发包人逾期未作出审核结果，将送审价款作为结算依据，条件成就时即应按送审价认定工程价款，一方在诉讼中申请鉴定的，不予支持。

案件名称

上诉人（原审被告、反诉原告）商丘永商公司与被上诉人（原审原告、反诉被告）河南城建公司、（原审第三人）张某华、张某光及吴某伟建设工程施工合同纠纷案［（2021）豫民终174号，2022.1.18］

裁判精要

河南省高级人民法院认为，案涉2018年6月17日《会议纪要》第6条约定："针对以上第4条河南城建上报的（房建部分）工程造价应在2018年8月30日前商丘永商公司审核出结果，如未按该期限审核出结果，则按其上报的110669944.40元金额确定执行支付，如双方对审核结果有争议则双方根据事实协商，双方不得借故拖延，执行按2008年河南定额不下浮。"《会议纪要》第6条是双方针对工程款的结算问题达成的协议，系工程款支付的清算条款，是双方当事人的真实意思表示，合法有效，对双方当事人具有约束力。一审法院未准许商丘永商公司的鉴定申请，符合法律规定，按照《会议纪要》的约定将河南城建公司的《送审报告》作为认定房建工程总造价的依据符合诚实信用原则。（陈维刚整理）

35. 依法必须招标的工程，标前合同与备案合同均无效，双方对合同无效均存在过错。一方主张以标前合同约定计算工程价款，另一方主张以备案合同计价方式计算工程价款的，结合尊重当事人意思自治和利益衡平的原则，法院可依双方在签订合同时的过错将两份合同的差价折算一定比例予以支持。

案件名称

再审申请人（一审被告、二审上诉人）豫宏公司与被申请人（一审原告、二审被上诉人）中科公司建设工程施工合同纠纷案［（2019）豫民再561号，2019.11.25］

裁判精要

河南省高级人民法院认为，本案再审争议的焦点是案涉工程结算价款是参照中标前《施工协议书》还是参照备案《建设工程施工合同》作为结算依据，原审认定的工程款数额是否适当。关于案涉工程能否参照《建设工程施工合同》作为结算依据的问题。本案在原审时讼争工程属于依法必须公开招投标工程项目，中科公司作为投标人在工程正式招标之前和招标人豫宏公司针对案涉工程的施工内容、投标价格等合同实质性内容进行协商，并签订了《施工协议书》，该行为违反《中华人民共和国招标投标法》第五十五条之规定，中科公司的中标无效，按照《最高人民法院关于审理建设工程施工合同纠纷案件适用法律问题的解释》（以下简称《建设工程司法解释》）第一条规定，中标无效的，备案的《建设工程施工合同》亦应认定为无效合同。因此，原审认定《建设工程施工合同》为无效合同并无不当，应予确认。《建设工程司法解释》第二十一条规定："当事人就同一建设工程另行订立的建设工程施工合同与经过备案的中标合同实质性内容不一致的，应当以备案的中标合同作为结算工程价款的依据。"该解释规定适用的前提是备案的中标合同应为合法有效的合同，而本案双方签订的备案合同为无效合同，因此《建设工程施工合同》不能作为结算案涉工程款的依据。2012年8月24日，豫宏公司与中科公司签订《施工协议书》是作为中科公司率先进场施工、工程款支付的依据，因此能够认定该协议为双方实际履行的合同。就本案而言，在《施工协议书》违反《中华人民共和国招标投标法》的强制性规定而无效且利益失衡的情况下，也不宜当然作为结算工程价款的依据。根据已认定的事实，豫宏公司与中科公司先后签订两份无效合同，对此双方应当是明知且共同故意为之的行为，双方应对无效行为后果承担同等的责任。经查，两份合同内容产生较大差额的主要原因是，参照《施工协议书》约定，人工工日92035.02个，按53元/工日调整，多层优惠8%，高层优惠9%，安全文明措施费按5元/m²，而参照《建设工程工程量清单计价规范》《河南省建设工程工程量清单综合单价》《信阳市建设工程造价信息》，人工工日92035.02个，按66元/工日调整，多层、高层均无优惠，安全文明措施费按相关规定计取。如果本案完全参照标前合同（《施工协议书》）作为结算依据，那么标前合同的工程价款数额与参照法律法规和造价标准计价方法所得出的工程价款数额相差高达3337472.32元。本院认为，考虑到当时的实际情况，在标前合同与备案合同均无效的情形下，原审未完全参照标前合同认定工程价款，也并无不妥。《中华人民共和国合同法》第五十八条规定："合同无效或者被撤销后，因该合同取得的财产，应当予以返还；不能返还或者没有必要返还的，应当折价补偿。有过错的一方应当赔偿对方因此所受到的损失，双方都有过错的，应当各自承担相应的责任。"结合本案实际，既要尊重当事人意思自治，也要考虑到利益衡量及双方当事人的过错等综合因素，以豫宏公司与中科公司对上述工程价款的差额各承担50%的责任为宜，即3337472.32元×50%=1668736.16元。中科公司应得工程价款为参照《施工协议书》的鉴定价加上上述差额的50%，再扣除已付工程款。

编者说明

本案一审由平桥区人民法院判决按照标前《施工协议书》的约定计算工程价款，二审维持原判。再审由河南省高级人民法院提审并作出以上判决。（姚池整理）

36. 案涉工程先施工并在竣工工程交付使用后，双方补签施工合同。因发包方未按照约定积极行使结算、审计的合同权利，导致承包方工程款请求权长期无法实现，依据公平原则认定工程竣工后补签的施工合同中所约定的工程价款为决算价款。

案件名称

再审申请人（一审被告、二审上诉人）漯河移动公司与被申请人（一审原告、二审被上诉人）瑞兴科技公司建设工程施工合同纠纷案［(2019)豫民申6612号，2019.6.20］

裁判精要

河南省高级人民法院认为，关于事实认定问题，1.本案所涉工程均系瑞兴科技公司先施工并将竣工工程交付漯河移动公司投入运营使用后，漯河移动公司才与瑞兴科技公司就已竣工投入使用的工程签订书面施工合同。在工程已竣工交付使用、理应进行工程款结算的情形下，双方补签的施工合同中所约定的预算价实为已经双方确认的、有明确的工程量、单价、金额的工程价款。双方虽有关于合同结算价以实际完成工程量计算，工程竣工验收后经发包人审计确定工程价款的约定，但漯河移动公司未提供任何证据证明其按照约定积极行使了结算、审计的合同权利，导致瑞兴科技公司工程款请求权长期无法实现，生效判决依据公平原则认定工程竣工后补签的施工合同中所约定的工程价款为决算价款并无不当。2.银河湾小区工程、舞阳扁担赵等12个宽带项目工程同为瑞兴科技公司先行施工建设并竣工交付使用的工程，证人牟某民的证言及电子邮件电脑截屏也证明瑞兴科技公司将上述两处工程的竣工资料交给了漯河移动公司工程相关负责人，漯河移动公司已经接收工程并已投入使用，且瑞兴科技公司已提供完整的竣工图纸资料、结算文件，漯河移动公司在进行正常配合即可完成工程款结算确认的情况下，仍以从未收到瑞兴科技公司提供的竣工及结算资料、工程量及合同价款未经第三方审计等理由申请再审与事实不符，依法不能成立。（郭红春整理）

37. 中标通知书、备案合同与招投标文件载明的工程价款等实质性内容不一致，实际履行的合同与招投标文件一致，应按实际履行的合同结算工程价款。

案件名称

上诉人（原审原告、反诉被告）建总公司与上诉人（原审被告、反诉原告）金程公司建设工程施工合同纠纷案［（2019）豫民终916号，2019.12.24］

裁判精要

河南省高级人民法院认为，关于双方工程款的结算依据，根据原审查明事实，2010年1月22日，金程公司对外发布建设工程施工招标文件显示，第二标段包括2号楼、3号楼及地下室范围除消防等分包工程以外的所有土建及安装工程。2010年2月9日，建总公司向金程公司递交的第二标段投标文件中的范围和招标文件一致，其中，2号楼、3号楼面积为19508.72平方米，车库4001平方米，结构层数含地下一层，投标报价2590万元。2010年2月22日，金程公司向建总公司发出《中标通知书》确定第二标段中标。建筑面积19508.72平方米，中标价1890万元，中标范围仅为2号楼、3号楼，不包括地下车库。由此可见，中标通知书改变了招投标文件约定的施工范围，在此基础上，建总公司与金程公司于2010年3月1日签订的《建设工程施工合同》在建设主管部门进行了备案。因此，原审法院认定只有备案的《建设工程施工合同》工程量、工程承包范围、工程价款与招标通知书等招投标文件一致错误。2010年3月1日双方签订的未备案的《建设工程施工合同》和《补充协议》关于施工范围的约定与招投标文件一致。《中华人民共和国招标投标法》第五十九条规定："招标人与中标人不按照招标文件和中标人的投标文件订立合同的，或者招标人、中标人订立背离合同实质性内容的协议的，责令改正；可以处中标项目金额千分之五以上千分之十以下的罚款。"据此，金程公司向建总公司发出的中标通知书对价款和施工范围做出了实质性变更，违反了招标投标法的强制性规定，该中标通知书及备案的中标合同均无效。且河南省高级人民法院（2018）豫民终866号民事裁定明确认定，金程公司和建总公司在涉案的《建设工程施工合同》中，对发包人逾期不予答复视为认可承包人提交的竣工结算文件并无明确的特别约定，一审判决仍将建总公司提交的竣工结算文件作为认定地下车库工程价款的依据缺乏事实和法律依据。因此，双方工程款的结算依据应为实际履行的合同确定的固定价款2553.8万元。同时，对于建总公司举证的材料上涨《通知》及22份现场签证单，加盖有双方及监理单位等三方签章，应视为金程公司认可，也符合施工合同调整价款的约定。因此，本案诉争工程总价款为27737737.57元（25538000元+394465元+1805272.57元）。

✎ 编者说明

《中华人民共和国招标投标法》第五十九条规定："招标人与中标人不按照招标文件和中标人的投标文件订立合同的，或者招标人、中标人订立背离合同实质性内容的协议的，责令改正；可以处中标项目金额千分之五以上千分之十以下的罚款。"本案中，金程公司向建总公司发出的中标通知书与招投标文件不符，前者对价款和施工范围做出了实质性变更，后续签订的中标备案合同也是根据中标通知书载明的内容制定，中标通知书与备案合同文件的制定违反了招标投标法的强制性规定，该中标通知书及备案的中标合同均为无效。同时，根据《最高人民法院关于审理建设工程施工合同纠纷案件适用法律问题的解释（一）》第二十四条"当事人就同一建设工程订立的数份建设工程施工合同均无效,但建设工程质量合格,一方当事人请求参照实际履行的合同关于工程价款的约定折价补偿承包人的,人民法院应予支持"的规定,本案中金程公司与建总公司签订备案合同的同时签订了《建设工程施工合同》和《补充协议》,《建设工程施工合同》和《补充协议》与招投标文件内容一致且已实际履行,应将《建设工程施工合同》和《补充协议》作为结算的依据。(曹代鑫整理)

38. 当存在多份施工合同时,法院根据合同文本对于具体权利义务内容的明确程度,确定是否具有可履行性,并结合实际履行情况,根据高度可能性的证据认定规则,认定双方实际履行的合同。

案件名称

上诉人(一审被告)云鹤公司与被上诉人(一审原告)宏图公司建设工程施工合同纠纷案〔(2020)豫民终992号,2021.3.4〕

裁判精要

河南省高级人民法院认为,关于本案双方实际履行合同的认定问题,本案存在宏图公司与云鹤公司于2016年4月19日和2016年4月25日签订的两份《施工合同》,且合同文本内容并无实质差别,根据签订时间顺序,应视为2016年4月25日《施工合同》是对2016年4月19日《施工合同》的总体确认和个别变更。对于宏图公司与云鹤公司于2016年4月25日签订的《施工合同》和《备案合同》,虽然两份合同约定的工程项目、工程内容、工期、合同价款等条款基本一致,但《施工合同》对工程范围、建设工期、工程价款及支付、工程质量以及双方权利义务的约定内容详细具体明确,具有可履行性,而《备案合同》为建设工程施工合同示范文本的格式和内容,且对工程范围、工程质量无明确界定,对合同价格形式及工程款支付无明确约定,对违约责任没有约定。并且,结合双方2017年6月6日签订的《协议》及2017年12月18日签订的《补充协议》内容来看,双方存在节点付款,而《备案合同》对此并无约定;双方约定的价格形式为协议全包价而《备案合同》为总价合同,且《协议》和《补充协议》的约定内容与《施工合同》约定一致。据此,根据高度可能性的证据认定规则,本院认定2016年4月25日《施工合同》为双方实际履行的合同。一审判决认定《备案合同》为双方实际履行的合同不妥,本院予以纠正。(丁一整理)

39. 当事人之间订立的多份合同均为无效，应结合工程实际开工时间、工程款拨付节点、竣工时间以及结算情况等因素，认定实际履行的合同。

▶ 案件名称

再审申请人（一审原告、二审上诉人）建总公司与被申请人（一审被告、二审上诉人）鼎诚公司建设工程施工合同纠纷案〔（2019）豫民申1655号，2019.10.10〕

🔍 裁判精要

河南省高级人民法院认为，2012年9月12日，双方签订《建设施工合同》后，建总公司即入驻工地开工。在签订备案合同前召开的工地例会中显示土方开挖已基本完成，护坡已经完成。该合同第47.13条约定此合同解释顺序优先于在开封市建设工程招标投标管理办公室签订的备案合同。2012年10月8日，建总公司与鼎诚公司进行了招投标程序并于10月21日签订《建设工程施工合同》进行备案。对于两份施工合同，生效判决结合工程实际开工时间、工程款拨付节点、竣工时间以及建总公司制作的结算报告认定双方履行的是2012年9月12日签订的合同，以该合同作为双方结算工程价款的依据，并无不当。（郑舒文整理）

40. 两份施工合同均无效，虽然双方当事人实际履行的不是备案合同，但均同意依据备案合同进行结算的，适用意思自治原则。

▶ 案件名称

上诉人（原审原告、反诉被告）中亿丰公司与上诉人（原审被告、反诉原告）郭医公司及被上诉人（原审被告）圆融颈肩腰腿痛医院公司建设工程施工合同纠纷案〔（2021）豫民终426号，2022.1.18〕

🔍 裁判精要

河南省高级人民法院认为，根据郭医公司与中亿丰公司于2017年11月2日形成的《会议纪要》，双方实际履行的是2016年6月签订的《许昌郭医颈肩腰腿痛医院工程合作协议》，因此应将《许昌郭医颈肩腰腿痛医院工程合作协议》作为结算案涉工程价款的参照依据。同时，鉴于中亿丰公司在二审庭审中明确表示"对一审判决依据备案合同约定的计价方式认定工程价款不再提出异议"，双方当事人均同意依据备案的《建设工程施工合同》所约定的计价方法来认定案涉工程造价,根据当事人意思自治原则,本院对案涉工程造价不再重新启动鉴定程序,并依据《建设工程施工合同》约定的计价方法对案涉工程造价依法作出认定。根据《关于调整河南省建设工程安全文明施工措施费计取办法的通知》及该通知所附《安全文明施工实际投入一览表》可知,建设工程安全文明施工措施费是保障建设工程安全生产和改善施工作业条件所必需的费用,其计价标准划分为安全生产费、文明施工措施费两部分,其中文明施工的项目内容包括:(1)现场围挡;(2)五板一图;(3)场区道路、场容场貌;(4)材料堆放、操作加工棚;(5)办公、生活用房;(6)其他相关费用。本案鉴定人员在一审出庭时明确表示,上述六项文明施工的项目是施工前期都要投入进去的。中亿丰公司在一审时也提供了供需合同、供货单、结算单、发票等证据,证明其按照国家规定实际采取了保障案涉工程文明施工的相关措施,因此,未完工程部分的文明施工措施费717815.66元应当计入案涉工程造价。(陈维刚整理)

41. 施工合同明确约定竣工验收与结算按照国家有关规定办理,发包人收到承包人递交的结算文件后,在合理期限内未审查的,应视为其认可承包人单方制作的结算文件所确定的工程价款。

案件名称

再审申请人(一审被告、反诉原告、二审上诉人)孟津粮食库与被申请人(一审原告、反诉被告、二审被上诉人)万方公司建设工程施工合同纠纷案〔(2019)豫民申8496号,2020.3.12〕

裁判精要

河南省高级人民法院认为,一、因双方对合同价款为中标价加合同变更签证价的事实均不持异议,故案涉工程款的确定主要涉及变更签证部分价款应如何确定的问题。万方公司提交的合同变更签证单有万方公司负责人与监理单位负责人签名,故对于变更签证单中载明的工程量应予认可。孟津粮食库并不否认前述变更签证单已经提交其单位现场负责人员,但其单位对变更签证所涉工程款的计算迟迟未提出反馈意见,从万方公司提起诉讼至今仍未能给予回复。关于结算价款,孟津粮食库与万方公司所签订的《建设施工合同》专用条款第九条约定,竣工验收与结算按照国家有关规定办理。2001年12月1日实施的《建筑工程施工发包与承包计价管理办法》（中华人民共和国建设部令第107号）第十六条规定，发包方应当在收到结算文件后的约定期限内予以答复。逾期未答复的竣工结算文件视为已被认可。如发包方、发承包在合同中对上述事项的期限没有明确约定的，可认定约定期限为28日。万方公司在2013年5月22日向孟津粮食库提交了第三方出具的结算书，孟津粮食库在28日内未予答复，可视为其认可万方公司单方制作的结算书所确定的价款，故原审法院对案涉工程造价的认定正确。（李亚宇整理）

42. 承包人请求"默示结算条款"成立的前提条件是在合同中有明确的约定，否则其主张将单方制作的竣工结算文件作为工程款结算依据的，不予支持。

案件名称

上诉人（原审原告、反诉被告）天河公司与上诉人（原审被告、反诉原告）聚尔溢公司建设工程施工合同纠纷案［（2018）豫民终867号，2019.2.12］

裁判精要

河南省高级人民法院认为，本案应否依据天河公司提交的竣工结算文件认定工程价款问题。1.《最高人民法院关于审理建设工程施工合同纠纷案件适用法律问题的解释》第二十条规定："当事人约定，发包人收到竣工结算文件后，在约定期限内不予答复，视为认可竣工结算文件的，按照约定处理。承包人请求按照竣工结算文件结算工程价款的，应予支持。"针对该条规定在司法实践中的适用问题，最高人民法院在（2005）民一他字第23号《关于如何理解和适用〈最高人民法院关于审理建设工程施工合同纠纷案件适用法律问题的解释〉第二十条的复函》中进一步明确："适用该司法解释第二十条的前提条件是当事人之间约定了发包人收到竣工结算文件后，在约定期限内不予答复，则视为认可竣工结算文件……建设部制定的建设工程施工合同格式文本中的通用条款第33条第3款的规定，不能简单地推论出，双方当事人具有发包人收到竣工结算文件一定期限内不予答复，则视为认可承包人提交的竣工结算文件的一致意思表示，承包人提交的竣工结算文件不能作为工程款结算的依据。"根据该复函的内容可以看出，将不作为默示认定为当事人的意思表示的，必须在当事人之间有特别约定，该特别约定应体现在合同的专用条款中，而且该约定的内容应当是明确的。而本案中，天河公司与聚尔溢公司仅在《建设工程施工合同》通用条款第14.2（1）条第2款中约定："发包人在收到××（天河公司）

提交竣工结算申请书后28天内未完成审批且未提出异议的,视为发包人认可××(天河公司)提交的竣工结算申请单,并自发包人收到××(天河公司)提交的竣工结算申请单后第29天起视为已签发竣工付款证书。"《建设工程施工合同》的专用条款第14.2条仅显示"发包人审批竣工付款申请单的期限：60天",并没有约定聚尔溢公司在60日内没有完成审批,视为认可竣工结算文件。据此,一审判决认定双方在合同专用条款中没有关于发包人收到竣工结算文件后在约定期限内不予答复视为认可的约定具有事实依据。天河公司依据《建设工程施工合同》通用条款的约定,要求按照其单方制作的竣工结算文件认定工程价款不符合法律规定,一审判决依据鉴定结论认定工程价款并无不当。2.因天河公司提交的竣工结算文件不能作为认定工程价款的依据,故不论天河公司是否向聚尔溢公司合法送达了该竣工结算文件均不影响本案的实体判决。综上,天河公司的上诉理由不能成立,对其上诉请求,本院依法不予支持。(赵静整理)

43. 默示结算条款的适用以双方当事人明确约定为准,未在约定期限内对对方提交的结算资料提出异议的,视为认可。

案件名称Ⅰ

再审申请人(一审被告、反诉原告、二审上诉人)鼎仁公司与被申请人(一审原告、反诉被告、二审上诉人)长和公司建设工程施工合同纠纷案[(2021)最高法民申4972号,2021.9.27]

裁判精要

最高人民法院认为,鼎仁公司的再审申请事由均不能成立。理由如下:

本案的核心焦点在于能否援引《补充协议三》第四条的约定,将长和公司报送的结算价认定为长和公司所施工内容的最终造价。《补充协议三》第四条约定,在承包人承包范围内的工程全部完工并通过综合验收合格后28天内,承包方应向发包方提交完整的结算资料,发包方收到《工程结算书》在3个月内完成工程结算审核,如果超过3个月视为发包人认可该工程结算书的所有内容。

鼎仁公司并未举证证明该公司在长和公司提交结算资料后的3个月内就长和公司提交的结算资料明确提出异议,包括明确表示不认可长和公司报送的价格、明确表示长和公司提交的结算资料不完整等,故鼎仁公司提出的关于长和公司报送的结算资料不完整、双方协商进度款支付的过程使该公司有理由相信双方仍然在办理结算的再审申请理由依据不足。至于鼎仁公司提出的长和公司报送的结算价格中存在虚增项目、虚增工程量、价格虚高等情况，由于鼎仁公司未在约定的期限内就长和公司报送的价格完成审核，按约定应视为鼎仁公司认可长和公司报送的内容，故即便鼎仁公司的该项主张成立，所产生的不利后果也应由鼎仁公司自行承担。（胡玉芹整理）

编者说明

《最高人民法院关于审理建设工程施工合同纠纷案件适用法律问题的解释（一）》第二十一条［《最高人民法院关于审理建设工程施工合同纠纷案件适用法律问题的解释》（第二十条）］规定："当事人约定，发包人收到竣工结算文件后，在约定期限内不予答复，视为认可竣工结算文件的，按照约定处理。承包人请求按照竣工结算文件结算工程价款的，人民法院应予支持。"其中，"当事人约定的内容"即建设工程领域中常见的默示结算条款，该条款多出现在《建设工程施工合同（示范文本）》的通用条款中。

《建设工程施工合同（示范文本）》（GF-1999-0201，已失效）通用条款第三十三条第三款为"发包人收到竣工结算报告及结算资料后28天内无正当理由不支付工程竣工结算价款，从第29天起按承包人同期向银行贷款利率支付拖欠工程价款的利息，并承担违约责任"。最高人民法院《关于如何理解和适用最高人民法院〈关于审理建设工程施工合同纠纷案件适用法律问题的解释第二十条〉的复函》明确："适用该司法解释第二十条的前提条件是当事人之间约定了发包人收到竣工结算文件后，在约定期限内不予答复，则视为认可竣工结算文件。承包人提交的竣工结算文件可以作为工程款结算的依据。建设部制定的建设工程施工合同格式文本中的通用条款第33条第3款的规定，不能简单地推论出，双方当事人具有发包人收到竣工结算文件一定期限内不予答复，则视为认可承包人提交的竣工结算文件的一致意思表示，承包人提交的竣工结算文件不能作为工程款结算的依据。"因此，当事人使用1999年版及以前的示范文本时，未在专用条款中就默示结算条款进行明确约定，法院不予支持。

现行有效的《建设工程施工合同（示范文本）》（GF-2017-0201）通用条款第十四条第二款第一项对默示结算条款进行了更加明确的表述："发包人在收到承包人提交竣工结算申请书后28天内未完成审批且未提出异议的，视为发包人认可承包人提交的竣工结算申请单，并自发包人收到承包人提交的竣工结算申请单后第29天起视为已签发竣工付款证书。"该通用条款中的默示结算条款是否可以视为当事人之间对默示结算条款进行了明确约定，进而达到默认结算的效力，司法实践中尚有争议。但为了以防默示结算条款不被认可，当事人在使用任何版本签订施工合同时，建议在专用条款中对默示结算条款再进行明确约定。（王兴整理）

案件名称Ⅱ

再审申请人（一审原告、二审上诉人）马某尧、王某定与被申请人（一审被告、二审被上诉人）禹州市水利局建设工程施工合同纠纷案［（2021）豫民申3767号，2021.9.9］

裁判精要

河南省高级人民法院认为，根据《最高人民法院关于适用〈中华人民共和国民法典〉时间效力的若干规定》第一条第二款的规定，本案法律事实引起的纠纷发生于民法典实施之前，应适用当时的法律、司法解释的规定。马某尧、王某定主张根据《建设工程价款结算暂行办法》第十六条规定，禹州市水利局对马某尧、王某定提交的建设工程结算书未进行答复，应视为认可结算书。但《建设工程价款结算暂行办法》仅为部门规章，《最高人民法院关于审理建设工程施工合同纠纷案件适用法律问题的解释》第二十条规定："当事人约定，发包人收到竣工结算文件后，在约定期限内不予答复，视为认可竣工结算文件的，按照约定处理。承包人请求按照竣工结算文件结算工程价款的，应予支持。"另，最高人民法院《关于如何理解和适用〈最高人民法院关于审理建设工程施工合同纠纷案件适用法律问题的解释〉第二十条的复函》［（2005）民一他字第23号］明确："适用该司法解释第二十条的前提条件是当事人之间约定了发包人收到竣工结算文件后，在约定期限内不予答复，则视为认可竣工结算文件。承包人提交的竣工结算文件可以作为工程款结算的依据。建设部制定的建设工程施工合同格式文本中的通用条款第33条第3款的规定，不能简单地推论出，双方当事人具有发包人收到竣工结算文件一定期限内不予答复，则视为认可承包人提交的竣工结算文件的一致意思表示，承包人提交的竣工结算文件不能作为工程款结算的依据。"以上司法解释明确规定了"默示结算条款"的适用前提条件是当事人之间在专用条款中对此进行明确的约定。本案中，马某尧、王某定未提交充分证据证明其与禹州市水利局明确约定了"默示结算条款"，根据"谁主张、谁举证"的原则，一、二审法院多次向马某尧、王某定释明需对案涉增加工程量进行鉴定，但马某尧、王某定不同意鉴定，生效判决未支持马某尧、王某定的相关诉讼请求并为其保留了诉权符合证据规则，并无不当。综上，马某尧、王某定的再审申请不符合《中华人民共和国民事诉讼法》第二百条规定的情形。

编者说明

《河南省高级人民法院民四庭关于建设工程合同纠纷案件疑难问题的解答》对默示结算条款规定的适用问题进行了解答：

19.当事人在施工合同中约定，发包人收到竣工结算文件后应在约定的期限内答复，但却没有约定逾期不答复的法律后果的，能否适用《最高人民法院关于审理建设工程施工合同纠纷案件适用法律问题的解释（一）》第二十一条规定认定工程款？

答：《最高人民法院关于审理建设工程施工合同纠纷案件适用法律问题的解释（一）》第二十一条规定："当事人约定，发包人收到竣工结算文件后，在约定期限内不予答复，视为认可竣工结算文件的，按照约定处理。承包人请求按照竣工结算文件结算工程价款的，人民法院应予支持。"从文义解释看，工程款结算中的默示条款，不仅包括发包人收到竣工结算文件后在约定期限内不予答复的默示行为，还必须包括默示行为的法律后果，即发包人在约定期限内逾期不结算的，视为认可竣工结算文件的明确意思表示。双方当事人没有约定默示行为后果的，即没有明确约定"视为认可承包人提交的结算文件"的，发包人逾期不予答复的仅构成违约，不能适用该解释规定。需要说明的是，最高人民法院也专门就此出台答复意见，该解释规定的默示条款不包括住建部示范合同文本中的通用条款的约定内容。（李振锋整理）

44. 默示结算条款未在合同中明确约定的，当事人单方制作的《建筑工程结算书》不能作为涉案工程的结算依据。

案件名称

再审申请人（一审原告、二审被上诉人）淮滨县鸿剑房地产开发有限公司、孔某明、王某坤、李某与被申请人（一审被告、二审被上诉人）刘某建设工程施工合同纠纷案［（2019）豫民申2225号，2019.6.25］

裁判精要

河南省高级人民法院认为，最高人民法院《关于如何理解和适用〈最高人民法院关于审理建设工程施工合同纠纷案件适用法律问题的解释〉第二十条的复函》规定,"适用该司法解释第二十条的前提是当事人之间约定了发包人收到竣工结算文件后,在约定期限内不予答复,则视为认可竣工结算文件。承包人提交的竣工结算文件可以作为工程款结算的依据。建设部制定的建设工程施工合同格式文本中的通用条款第33条第3款的规定,不能简单地推论出,双方当事人具有发包人收到竣工结算文件一定期限内不予答复,则视为认可承包人提交的竣工结算文件的一致意思表示,承包人提交的竣工结算文件不能作为工程款结算的依据";本案中,双方当事人并未在涉案施工合同中约定发包人收到竣工结算文件后在约定期限内不予答复则视为认可竣工结算文件,故刘某单方制作的《建筑工程结算书》不能作为涉案工程的结算依据;且在审查过程中,经刘某认可的涉案工程监理公司的监理工程师周某飞证明涉案工程只是进行分户验收,还未进入工程自检阶段,更不能进行最终竣工验收,故原审对于涉案工程的工程量认定不清,适用法律不当。(郭红春整理)

45. 双方在合同中没有明确约定默示结算条款,但约定了解决争议可以适用部门规章,在无法鉴定实际工程量的情况下,参照《建设工程价款结算暂行办法》《建筑工程施工发包与承包计价管理办法》的相应规定,发包方逾期未就承包人送达的决算报告提出异议,应视为对该决算报告予以认可。

案件名称

再审申请人(一审被告、二审上诉人)鸿德房地产公司与被申请人(一审原告、二审被上诉人)金羽建筑公司建设工程施工合同纠纷案〔(2019)豫民再19号,2019.6.12〕

裁判精要

河南省高级人民法院认为,对于鸿德房地产公司应付金羽建筑公司工程款数额,双方各自作出结算书,该两份结算书关于已施工工程量及相应工程款的确认差距较大,在诉讼中双方互不认可。对该问题的认定,第一,金羽建筑公司于2013年1月18日解除合同前,对其已完工程造价作出决算报告送达鸿德房地产公司。鸿德房地产公司于2013年3月6日向金羽建筑公司送达解除合同告知函时,才主张核定验收已完工程,实际至2013年11月21日才单方作出结算书。鸿德房地产公司不认可金羽建筑公司的决算报告,未会同金羽建筑公司进行核定验收,发生纠纷后亦未在原一审、二审及重审一审时申请鉴定,在二审驳回其鉴定申请的情况下,再审时仍未申请对双方争议的施工工程量及相应工程价款进行鉴定,致使该基本事实未能确定。第二,在本院询问时,双方对于案涉工程是否仍具备鉴定条件争议较大。鸿德房地产公司主张具备鉴定条件的理由,是以双方合同约定的工程造价及其会同南阳中鑫建材开发有限公司、南阳市城建监理所对金羽建筑公司未施工工程量的核定为依据。因金羽建筑公司施工中对合同约定的施工范围有变更,且对于鸿德房地产公司核定的未完工程,金羽建筑公司未参与、不认可,以该种方式核算已完工程的依据不客观,也是双方分歧所在,鸿德房地产公司认为仍具备鉴定条件的理由不予采信。此外,对已完工程量的鉴定,双方提交作为鉴定依据的材料,对于金羽建筑公司,仍是其赖以作出结算并移交给鸿德房地产公司的材料;对于鸿德房地产公司,仍是上述其辩称具备鉴定条件的材料。而这些是双方分歧的根本原因,因双方未及时共同对已完工程及未完工程进行核定,缺乏双方认可的基本材料,即使启动鉴定,仍不能解决双方的分歧。故,可以视为本案已不具备鉴定条件。第三,在无法鉴定金羽建筑公司实际施工量的情况下,因施工人金羽建筑公司在解除合同前已向鸿德房地产公司送达决算报告,虽然双方合同中未明确约定发包人收到结算文件后不予答复视为认可的相应期限,本案不能直接适用建设工程司法解释第二十条的规定。但根据双方合同约定解决争议可以适用部门规章,一、二审参照《建设工程价款结算暂行办法》《建筑工程施工发包与承包计价管理办法》的相应规定,认为鸿德房地产公司逾期未提出异议,应视为对该决算报告予以认可,符合双方合同约定,一、二审据此作出认定和处理妥当。鸿德房地产公司的再审申请理由不能成立,本院不予支持。(郭红春整理)

46. 合同中未明确约定"递交结算书后×日内未回复视为认可结算书内容"的,不能视为有效默示结算条款。

案件名称

再审申请人(一审被告、二审上诉人)十一建公司与被申请人(一审原告、二审上诉人)明泰公司建设工程施工合同纠纷案〔(2020)豫民申6689号,2020.11.23〕

裁判精要

河南省高级人民法院认为,一、在原审诉讼中,明泰公司所提供的工程量签证单只能证明其施工工程量,不能证明工程造价,其举证的《项目工程费用汇总表》以及预算书系其单方制作,亦不能证明其工程价款。二、在原审诉讼中,十一建公司提供两份明泰公司2018年制作并向十一建公司递交的数额共计6433527.25元的工程结算书，十一建公司的举证目的系该结算书记载的数额错误，要求从中扣减200余万元，并非十一建公司认可该结算书所记载数额，而且明泰公司与十一建公司之间并无关于明泰公司向十一建公司递交结算书后几日内若十一建公司未予回复，则视为认可结算书内容的约定，因此，原审以该结算书为依据直接认定工程造价为6433527.25元，处理不当。

编者说明

关于此案，河南省孟津县①人民法院认为，在合同签订后，明泰公司所实施的工程是依照十一建公司指示进行的零星工程，其施工是在各项工程完工后，由十一建公司现场相关工作人员进行核实，并在工程量的签证单上签字确认施工的工程量，故而签证单是双方结算的主要依据。明泰公司在诉讼中提供了工程量签证单、结算计算依据等证据，用以证明其施工的工程内容及工程量，并结合双方签订的合同及行业计价标准，主张已完成的工程价款为6433527.25元，并于2018年1月及5月向十一建公司送达结算书。十一建公司在收到结算文件后，既未在合理期限内进行答复，也不认可明泰公司提交的结算值，在审理中也没有向法院申请工程造价鉴定，故一审法院结合本案查明的事实，认定工程总价款应为6433527.25元。十一建公司上诉至洛阳市中级人民法院，该院维持原判。十一建公司向河南省高级人民法院申请再审。河南省高级人民法院认为明泰公司与十一建公司之间并无若明泰公司向十一建公司递交结算书几日内十一建公司未予回复，则视为认可结算书内容的约定，因此，原审以该结算书为依据直接认定工程造价为6433527.25元，处理不当。河南省高级人民法院指令河南省洛阳市中级人民法院再审本案。（苗卉整理）

47. 在无法律规定、当事人约定及不符合双方之间交易习惯的情况下，实际施工人向承包人申请增加工程款，承包人未在实际施工人要求的期限内做出确认的，不应视为承包人对该工程款的认可。

案件名称

上诉人（一审被告、反诉原告）黑龙江建工公司与被上诉人（一审原告、反诉

---

① 2021年3月，国务院批复同意撤销孟津县，设立洛阳市孟津区。

被告）李某强及原审第三人汪某泉建设工程施工合同纠纷案〔（2019）豫民终1446号，2019.11.22〕

🔍 **裁判精要**

河南省高级人民法院认为，关于鉴定意见单列造价"安装工程人工费补助造价1075763.78元"应否计取的问题。根据《中华人民共和国民法总则》第一百四十条第二款规定，沉默只有在有法律规定、当事人约定或者符合当事人之间的交易习惯时，才可以视为意思表示。李某强主张黑龙江建工公司签收其申请增加人工费补助的报告后，未按报告要求在3日内确认，应视为同意调增人工费补助。该项主张缺乏法律和合同依据，亦不符合双方之间的交易习惯。现李某强不能举证证明其与黑龙江建工公司另行就该事宜进行协商并达成一致意见，故该项人工费补助造价不应计取。（郑舒文整理）

48. 非必须招标的工程虽经招投标程序但未发送中标通知书，也未进行备案，而是以实际履行情况重新签订合同的，双方在合同中约定发包人收到承包人结算报告后逾期不答复即视为确认的，该约定无效。

📡 **案件名称**

上诉人（原审原告、反诉被告）河南建筑公司与上诉人（原审被告、反诉原告）洛阳龙泽公司（原洛阳龙泽焦化有限公司）建设工程施工合同纠纷案〔（2019）豫民终750号，2019.5.28〕

🔍 **裁判精要**

河南省高级人民法院认为，根据双方的上诉理由和本案案情，双方争议的主要问题为：涉案煤塔工程虽以招投标形式进行，但没有中标通知书，也没有进行中标合同备案，且涉案工程也非招标投标法规定的必须招投标的工程项目。实际中，虽由河南建筑公司向洛阳龙泽公司投标，但双方根据涉案工程实际情况签订了施工合同。故洛阳龙泽公司主张涉案煤塔工程违反招标投标法规定以及应以投标价为认定工程价款依据的理由，不能成立。关于河南建筑公司2011年10月2日编制的三份工程预算书能否作为本案工程价款结算依据的问题。1.经审查，河南建筑公司2011年10月2日编制的《龙泽焦化集团煤塔装饰工程决算书》《龙泽焦化集团煤塔主体工程决算书》《天泽集团龙泽焦化钢结构工程决算书》均有洛阳龙泽公司相关人员张某臣签字注明"请公司对该工程项目进行造价核定"。张某臣签字注明的内容表明涉案煤塔工程已经结束，但洛阳龙泽公司并未对涉案煤塔的工程量及工程价款进行核算和决算。并且，洛阳龙泽公司提交的河南建筑公司2011年10月5日编制的《龙泽焦化集团煤塔主体工程预算书》《天泽集团龙泽焦化钢结构工程决算书》均有河南建筑公司相关人员张某涛签字注明"经甲方（洛阳龙泽公司）审核后编制的"，也说明河南建筑公司2011年10月2日编制的三份工程预算书并未经过双方审核和决算，不能作为本案煤塔工程价款结算的依据。同时，河南建筑公司主张依据的双方所签订的建筑施工合同第25条约定"工程师收到承包人报告后7天内未进行计量，从第8天起，承包人报告中开列的工程量即被视为确认，作为工程款支付的依据"，该约定为双方对涉案煤塔的工程量进行确认，并非对工程价款进行结算确认。因此，河南建筑公司以此为据认为洛阳龙泽公司逾期不答复应按其2011年10月2日编制的三份工程预算书确定的工程量及工程款支付工程价款的理由，不能成立。2.在河南建筑公司编制的三份工程决算书不能作为工程价款结算依据的情况下，一审法院明确告知河南建筑公司应申请对涉案工程造价进行鉴定，但遗憾的是河南建筑公司坚持不申请鉴定，应视为其放弃申请鉴定的权利，同时亦应承担举证不能的法律后果。同时，原审在无法鉴定的情况下，根据涉案煤塔工程价款916万元，扣除15.5米以下工程款3039926元及已付工程款5878962.15元，判决以241111.85元为洛阳龙泽公司所欠工程款并计算利息，已经充分保护了河南建筑公司的合法权益。因此，河南建筑公司主张的一审以其未申请鉴定为由判令其承担不利后果存在错误的理由，不能成立。（姚池整理）

49. 施工合同提前终止，未完工部分的文明施工费已在施工前期全部投入的，应予支持。

案件名称

上诉人（原审原告、反诉被告）中亿丰公司、（原审被告、反诉原告）郭医公司与被上诉人（原审被告）许昌圆融颈肩腰腿痛医院公司建设工程施工合同纠纷案［（2021）豫民终426号，2022.1.18］

裁判精要

河南省高级人民法院认为，郭医公司与中亿丰公司于2017年11月2日形成的《会议纪要》的内容显示，双方实际履行的是2016年6月签订的《许昌郭医颈肩腰腿痛医院工程合作协议》，因此应将《许昌郭医颈肩腰腿痛医院工程合作协议》作为结算案涉工程价款的参照依据。同时鉴于中亿丰公司在二审庭审中明确表示"对一审判决依据备案合同约定的计价方式认定工程价款不再提出异议"，双方当事人均同意依据备案的《建设工程施工合同》所约定的计价方法来认定案涉工程造价，根据当事人意思自治原则，本院对案涉工程造价不再重新启动鉴定程序，并依据《建设工程施工合同》约定的计价方法对案涉工程造价依法作出认定。根据《关于调整河南省建设工程安全文明施工措施费计取办法的通知》及该通知所附《安全文明施工实际投入一览表》可知，建设工程安全文明施工措施费是保障建设工程安全生产和改善施工作业条件所必要的费用，其计价标准划分为安全生产费、文明施工措施费两部分，其中文明施工的项目内容包括：（1）现场围挡；（2）五板一图；（3）场区道路、场容场貌；（4）材料堆放、操作加工棚；（5）办公、生活用房；（6）其他相关费用。本案鉴定人员在一审出庭时明确表示，上述六项文明施工的项目是施工前期都要投入进去的。中亿丰公司在一审时也提供了供需合同、供货单、结算单、发票等证据，证明其按照国家规定实际采取了保障案涉工程文明施工的相关措施，因此，未完工程部分的文明施工措施费717815.66元应当计入案涉工程造价。（陈维刚整理）

50. 合同约定工程达到相应质量标准给予奖励的，在取得相应证书后，承包人有权按照约定获得相应奖励，不以发包人是否向第三方申请为条件。

案件名称

上诉人（原审原告）丰李公司与上诉人（原审被告）杜康公司建设工程施工合同纠纷案［（2021）豫民终202号，2021.12.29］

裁判精要

河南省高级人民法院认为，关于杜康公司应否支付丰李公司工程奖励款1428480.95元的问题，双方施工合同第47.2条约定：本工程争创省级（含）以上质量奖励，若争创成功,发包人报请县政府参照豫建〔2007〕59号文件给予承包人适当奖励。因涉案工程已竣工验收,且取得了洛阳市优质结构工程证书和河南省结构中州杯工程证书,虽然发包方杜康公司没有报请县政府给予奖励,但不应影响丰李公司应得的奖励款项,原审根据河南省关于建设工程实行优质优价的建设单位按建安工作量的2%给施工企业予以奖励的通知,判决杜康公司支付丰李公司奖励款1428480.95元并无不当。杜康公司上诉称丰李公司没有向杜康公司申请,杜康公司也没有根据申请向县政府上报,丰李公司无权超越流程直接向杜康公司主张工程奖励款的理由不能成立。另外,因该项费用杜康公司没有及时向政府申报,导致丰李公司不能及时得到该款,故原审将该款与工程款一并计算利息并无不当。(陈维刚整理)

51. 施工合同无效,不影响合同中约定的关于工程达到主体优良应取得的奖励费用。

案件名称

再审申请人(一审被告、反诉原告、二审上诉人)力达公司与被申请人(一审原告、反诉被告、二审上诉人)李某江建设工程施工合同纠纷案〔(2019)豫民申4156号,2019.12.26〕

裁判精要

河南省高级人民法院认为:关于主体优良工程奖问题。虽然涉案建设工程施工合同因系李某江借用资质签订被认定无效,但双方围绕施工合同的订立、履行形成法律关系,并基于这些法律关系产生债权请求权。双方在合同中约定工程必须达到主体优良,奖惩办法同二期即每平方米奖励5元。该约定系双方真实意思表示,李某江所建工程实际也被评定为优质结构工程,且李某江实际支出了评定招待费、检测费8000元,生效判决根据诚实信用原则判决力达公司按照合同约定支付李某江主体优良工程奖并无不当,且符合公平原则。根据双方均通过诉讼主张权利和认可三期工程价款未结算的事实,李某江主体优良工程奖的诉请并未超过诉讼时效。

编者说明

《最高人民法院关于审理建设工程施工合同纠纷案件适用法律问题的解释》(法释〔2004〕14号,已于2021年1月1日失效)第二条规定:"建设工程施工合同无效,但建设工程经竣工验收合格,承包人请求参照合同约定支付工程价款的,应予支持。"建设施工合同中的奖励条款不仅影响工程价款的认定,同时也能鼓励承包人提升建设质量、建造优质项目。(曹代鑫整理)

52. 施工合同无效,实际施工人有权要求参照合同约定结算,根据合同约定,规费和利润均属于工程造价的组成部分的,发包人应予支付。

案件名称

上诉人(原审原告、反诉被告)鲁某与上诉人(原审被告、反诉原告)祈福明天公司及原审第三人建安建筑公司建设工程施工合同纠纷案〔(2021)豫民终472号,2021.12.27〕

裁判精要

河南省高级人民法院认为,关于鲁某应否赔偿祈福明天公司因逾期交工造成的部分过渡费损失,鲁某一审提交的证据能够证明,存在祈福明天公司未按期下达开工令、未及时取得建设工程审批手续、设计变更、增加工程量以及分包工程问题等不可归责于鲁某的原因,导致工期延误。且祈福明天公司提交的损失证据不能证明其所支出的过渡费与鲁某所施工的5#楼及附属工程存在关联。故一审对祈福明天公司反诉的损失赔偿未予支持正确。关于社会保险费、利润应否计入工程造价。根据《最高人民法院关于审理建设工程施工合同纠纷案件适用法律问题的解释》(法释〔2004〕14号)第二条规定,建设工程合同无效,但建设工程经竣工验收合格,承包人请求参照合同约定支付工程价款的应予支持。鲁某与祈福明天公司签订的补充协议、施工合同虽然被确认无效,但案涉工程已经交付使用,视为祈福明天公司对建筑工程质量认可,鲁某请求参照合同约定支付工程价款,应予支持。双方未就工程价款进行结算,鉴定机构根据鲁某的申请对其施工范围工程造价作出鉴定意见,合同约定的计价模式为定额计价和固定综合单价,两种计价方式均包含规费和利润,社会保险费属于规费。祈福明天公司未提供代缴社会保险费的证据,社会保险费与利润均属于工程造价的组成部分,鉴定机构将该两项计入工程造价符合合同约定和计价规范。祈福明天公司主张该两部分费用不应计入工程造价的理由不能成立,本院不予支持。

编者说明

关于工程造价项目费用约定的问题,《河南省高级人民法院民四庭关于建设工程合同纠纷案件疑难问题的解答》在第20问中作出了解答：

20.实际施工人为自然人时能否取得建设工程造价中的规费？施工合同中约定安全文明措施费、社保费不计取的，实际施工人为自然人主张时应否支持？

答：工程造价定额标准仅是提供给当事人确定工程款的推荐性、参考性标准。工程造价定额标准中的规费、措施费、社保费、税金仅是确定工程款的组价项目。当事人在确定工程款时，可以约定其中的个别组价费用项目不计取，如约定社保费、安全文明措施费等不计取，规费按照某一年度标准计取等。当事人约定对工程造价定额标准中的个别组价费用项目不计取的，应为双方对工程款的约定或者为承包人对发包人的让利，对双方当事人具有约束力。当事人约定按照工程造价定额标准结算工程款的，工程规费、措施费、社保费、税金等均属于工程款的组成部分，则上述造价费用均属于当事人应得的工程款，而无须考虑实际施工人是自然人或者是有施工资质的企业。（陈维刚整理）

53. 转包人应按合同约定向实际施工人结算工程价款，其要求扣减规费、税金、企业管理费和安全文明施工费但对此无明确约定的，不予支持。

案件名称

再审申请人（一审原告、反诉被告、二审上诉人）豫泰公司与被申请人（一审被告、反诉原告、二审上诉人）张某义及二审被上诉人（一审被告、反诉第三人）宋某强建设工程施工合同纠纷案［（2021）豫民申8500号，2021.12.27］

裁判精要

河南省高级人民法院认为，《最高人民法院关于审理建设工程施工合同纠纷案件适用法律问题的解释》（法释〔2004〕14号）第二条规定："建设工程施工合同无效，但建设工程经竣工验收合格，承包人请求参照合同约定支付工程价款的，应予支持。"可见，我国立法对于无效建设工程施工合同采取折价补偿原则，即应当参照合同约定确定折价补偿款。本案中，豫泰公司将案涉工程转包给没有建筑资质的个人张某义施工，合同无效。《施工补充协议书》约定："工程竣工结算：依据2008

版预算定额中的安装工程量清单和现场实际施工情况据实编制……乙方并按结算造价款让利10%给甲方。凡是相关工程的所有费用全部由乙方承担。"关于豫泰公司主张的规费、税金、企业管理费和安全文明施工费应否在工程价款中扣减的问题。第一，一审阶段，根据张某义的申请，经双方当事人共同选择，一审法院依法委托河南远大建设工程管理有限公司对案涉工程进行鉴定，鉴定工程价款为2600456.47元，该鉴定意见套取2008版定额标准，符合合同约定；第二，实际施工人张某义对案涉工程进行了实际施工和管理，张某义主张的规费、税金、企业管理费和安全文明施工费均属于2008版定额工程造价的组成部分；第三，《施工补充协议书》中的工程竣工结算条款虽约定"凡是相关工程的所有费用全部由乙方承担"，但双方并未明确约定在结算工程款时将规费、税金、企业管理费和安全文明施工费从工程造价款中予以扣除。上述费用应由张某义缴纳和承担，豫泰公司未提交证据证明上述费用实际已由该公司承担，豫泰公司如有证据证明其垫付了上述费用，可持相关票据向张某义主张权利，二审判决结果并无不当。（陈维刚整理）

54. 税金属于工程价款的组成部分，合同中未明确约定让利的工程价款不包含税金的，不应将税金排除在让利之外。

案件名称 I

再审申请人（一审原告、二审上诉人）屹峰公司与被申请人（一审被告、二审被上诉人）耀鑫公司及一审第三人朱某友建设工程施工合同纠纷案〔（2018）最高法民申4058号，2018.10.30〕

裁判精要

最高人民法院认为，关于工程款是否应当按鉴定的实际施工造价让利6%问题，屹峰公司主张应按实际价格结算，综合单价与总价不同，不包含税金、规费、措施费、取费等，即便让利也应当按综合单价让利6%；耀鑫公司主张按江苏苏南建设集团有限公司的投标价结算。对此，本院认为，由于本案客观上存在无法按照合同约定的固定单价方式结算，双方对综合单价又无法达成一致的情况，二审未采信任何一方的单方主张，参考合同让利6%的约定，按鉴定的实际施工造价让利6%，结论客观公允，并无不当。

案件名称Ⅱ

再审申请人（一审被告、二审上诉人）南阳市汇融物流发展有限公司与被申请人（一审原告、二审被上诉人）苏某林及原审第三人河南开宇建筑有限公司（以下简称开宇公司）建设工程施工合同纠纷案〔（2020）豫民申4088号，2020.11.2〕

裁判精要

河南省高级人民法院认为，关于工程款让利计算依据问题。双方所签订的合同明确约定让利比率为4%，按照通常的理解，该4%应当是工程总造价的4%，对此双方也没有异议。因双方未在合同中明确约定让利的工程造价不包含税金，根据建筑工程造价的相关规定，工程总造价应当包含税款金额，原审判决以税款非苏某林所得款项为由，扣减税款后计算让利没有事实和法律依据。

编者说明

指令河南省南阳市中级人民法院再审本案。（苗卉整理）

55. 协议无效，工程已经竣工验收，双方关于税费的约定实际属于对工程价款的约定，应当参照履行。

案件名称

上诉人（一审原告）余某富、罗某辉、朱某超与上诉人（一审被告）泰宏公司、新密市中医院及一审第三人张某福、程某学、张某祥建设工程施工合同纠纷案〔（2019）豫民终1596号，2020.11.27〕

裁判精要

河南省高级人民法院认为，关于泰宏公司代缴的税款应否由余某富等三人承担。泰宏公司主张其代缴税款1442941.49元（企业所得税、保障金、地方教育附加），应由余某富等三人承担。根据泰宏公司与张某祥签订的内部承包协议，因案涉工程产生的税费应由张某祥承担。该内部承包协议属于挂靠协议，因违反禁止挂靠的相关法律法规而无效，但因案涉工程已经竣工验收，双方关于税费的约定实际属于对工程价款的约定，应当参照履行。余某富等三人系承接了张某祥的合同权利义务，亦应受此合同条款的约束。但因泰宏公司提供的证据不能证明其主张的税款系案涉工程项目而产生，且由于新密市中医院尚未完全支付工程款，部分税款尚未实际发生，泰宏公司可依据实际缴纳的税款另行向余某富等三人主张。（丁一整理）

56. 建设工程造价计价依据中增值税税率已经由相关规定进行调整，而造价鉴定意见中统一按照调整前的增值税税率计取不当，应根据实际履行情况及税收政策予以调整。

案件名称

上诉人（原审原告、反诉被告）河南诚宸建设工程有限公司与上诉人（原审被告、反诉原告）拓丰公司建设工程施工合同纠纷案〔（2021）豫民终260号，2021.12.5〕

裁判精要

河南省高级人民法院认为，关于税率计算问题，鉴定机构泓昇咨询公司在对案涉工程造价进行鉴定时统一按照11%的增值税税率，鉴定意见为：鉴定造价为204339429.98元，其中确定部分造价为169049019.03元，争议部分造价为35290410.95元。根据增值税纳税义务发生时间为收到款项的当天之规定，结合拓丰公司提交的16份案涉合同增值税专用发票及河南省住房和城乡建设厅《关于调整建设工程计价依据增值税税率的通知》（豫建设标〔2018〕22号）、住房和城乡建设部办公厅发布的《关于重新调整建设工程计价依据增值税税率的通知》（建办标函〔2019〕193号）的规定，鉴定机构泓昇咨询公司和一审法院对案涉工程造价统一按照11%增值税税率进行计价不当，本院予以纠正。具体计算方法为：1.确定部分鉴定造价未支付金额=确定部分造价169049019.03元–79188000元=89861019.03元；确定部分鉴定造价未支付部分不含税金额89861019.03元/（1+11%）=80955873元；11%税额=80955873元×11%=8905146.03元；9%税额=80955873元×9%=7286028.57元；确定部分鉴定造价应扣减税额=8905146.03元–7286028.57元=1619117.46元。2.争议部分造价未支付金额4341601.55元（3277611.05元+1063990.50元）；争议部分造价未支付不含税金额4341601.55元/（1+11%）=3911352.75元；11%税额=3911352.75元×11%=430248.80元；9%税额=3911352.75元×9%=352021.75元；争议部分造价应扣减税额=430248.80元–352021.75元=78227.05元。确定与争议部分合计应扣减税额=1619117.46元+78227.05元=1697344.51元。

编者说明

河南省住房和城乡建设厅《关于调整建设工程计价依据增值税税率的通知》（豫建设标〔2018〕22号）第一条规定："我省工程造价计价依据中一般计税方法时增值税税率由11%调整为10%。工程造价=税前工程造价×（1+10%）……"该通知自2018年5月1日起开始执行。

2019年3月26日，住房和城乡建设部办公厅《关于重新调整建设工程计价依据增值税税率的通知》（建办标函〔2019〕193号）规定，将之前规定的工程造价计价依据中增值税税率由10%调整为9%。（吴利波整理）

57. 在税率发生变化且无法按照不同的税率周期拆分相对应的工程量的情况下，工程款应按照现行税率标准进行计算。

案件名称

上诉人（原审原告、反诉被告）河南诚宸建设工程有限公司与上诉人（原审被告、反诉原告）郑州拓丰置业有限公司建设工程施工合同纠纷案〔（2021）豫民终259号，2021.7.28〕

裁判精要

河南省高级人民法院认为，关于税率计算问题，鉴定机构泓昇咨询公司在对案涉工程造价进行鉴定时统一按照11%增值税税率，鉴定意见为：鉴定造价为165410067.53元，其中确定部分造价为155095688.70元，不确定部分造价为10314378.83元。诚宸公司、拓丰公司均认可拓丰公司已向诚宸公司支付工程款并开具增值税专用发票的金额为88518430元。根据增值税纳税义务发生时间为收到款项的当天的规定，结合拓丰公司提交的16份案涉合同增值税专用发票及河南省住房和城乡建设厅《关于调整建设工程计价依据增值税税率的通知》（豫建设标〔2018〕22号）、住房和城乡建设部办公厅发布的《关于重新调整建设工程计价依据增值税税率的通知》（建办标函〔2019〕193号）的规定，鉴定机构泓昇咨询公司和一审法院对案涉工程造价统一按照11%增值税税率进行计价不当，本院予以纠正。具体计算方法为：1.确定部分鉴定造价未支付金额=确定部分造价155095688.70元−88518430元=

66577258.70元；确定部分鉴定造价未支付不含税金额66577258.70元/（1+11%）=59979512.34元；11%税额=59979512.34元×11%=6597746.36元；9%税额=59979512.34元×9%=5398156.11元；确定部分鉴定造价应扣减税额=6597746.36–5398156.11元=1199590.25元。2.不确定部分造价未支付金额243222.76元；不确定部分造价未支付不含税金额243222.76元/（1+11%）=219119.6元；11%税额=219119.6元×11%=24103.16元；9%税额=219119.6元×9%=19720.76元；不确定部分造价应扣减税额=24103.16元–19720.76元=4382.4元。确定与不确定部分合计应扣减税额=1199590.25元+4382.4元=1203972.65元。

58. 转包合同中约定由转包人对税费代缴代扣的，转包人从工程价款中扣除税费符合合同约定，可以扣除。转包人是否实际向税务机关缴纳，应由税务机关依法作出认定和处理。

案件名称

再审申请人（一审原告、二审上诉人）王某志与被申请人（一审被告、二审被上诉人）天鹏公司、煌朝公司建设工程施工合同纠纷案［（2021）豫民申564号，2021.4.8］

裁判精要

河南省高级人民法院认为，关于代扣代缴税款问题，天鹏公司与王某志在《天鹏晟景项目工程管理目标责任书》第四条第一项中明确约定"税费由甲方（天鹏公司）代缴代扣"，同时在第十条中约定"税款随工程款扣缴"。据此，生效判决从工程价款中扣除税费符合合同约定。至于天鹏公司、煌朝公司是否实际向税务机关缴纳税款，应由税务机关依法作出认定和处理，与本案不属于同一法律关系。

编者说明

司法实践中，部分法院对于税费的承担问题会以其属于税务部门管理为由不予处理。也有部分法院以税费尚未实际发生为由对代扣税费不予支持。如最高人民法院在（2018）最高法民终587号判决书中认为："七冶公司上诉主张应按照15%扣除税费7034537.42元，周某军认为七冶公司并未证明已向税务机关代缴了税金，且即便扣除税金，由于案涉项目是之前的老项目，税率也仅为3%而非15%。经审查，《建设工程内部承包合同》第三部分专用条款第42条补充条款第4款载明,'该工程除建设单位应承担的费用外,其余如税收、民工工资、保证金及其施工许可证办理费用等均由承包人承担,发包人协助办理'。故最终的税费应由周某军承担,周某军对此亦不持异议。但前述税金并未实际发生,七冶公司没有主张并举示证据其已为周某军代缴,具体的税率和税费均有待税收征缉机关核算确定,七冶公司主张在现阶段即按15%从应付工程款中扣除税费,与实际相悖,不能得到支持。"(曹亚伟整理)

59.《建设工程工程量清单计价规范》(GB 50500-2013)[①]中关于规费和税金的规定为强制性条文,社会保险费、住房公积金属于规费的范畴,应当计入工程价款。

案件名称

上诉人(原审原告)河南国安建设集团有限公司与上诉人(原审被告)河南亚星置业集团有限公司建设工程施工合同纠纷案[(2018)豫民终1502号,2019.12.30]

裁判精要

河南省高级人民法院认为,关于社会保险费16814035.4元是否应当计取的问题,规费是指按照国家法律、法规规定,由省级政府和省级有关权力部门规定必须缴纳或计取的费用,主要包括社会保险费(五险)、住房公积金、工程排污费以及其他应列而未列入的规费。《建设工程工程量清单计价规范》(GB 50500-2013)第3.1.6条规定:规费和税金必须按照国家或省级、行业建设主管部门的规定计算,不得作为竞争性费用,该条款在规范中明确表示为强制性条文。社会保险费用属于规费的范畴,系对施工人员缴纳的社会保险费,是施工企业的法定义务,涉及施工人员的人身利益,应当足额计取。亚星公司已经按照规定向行政管理机关缴纳了相应的社保费用14351060元,一审判决已经作为已付工程款予以扣除。因为实际工程价款比签订合同时的价款有所增加,社保费的数额也会相应增加,一审判决按照《鉴定意见书》确定社保费用,扣除已经缴纳的费用并无不当。虽然在《补充协议》中约定了仅计取人身伤害保险费,但是在《补充协议3》中双方已经协商改变了整体

---

① 《建设工程工程量清单计价标准》(GB/T50500-2024)自2025年9月1日起实施。原国家标准《建设工程工程量清单计价规范》(GB50500-2013)同时废止。后文同。

计费方式，且不计取社会保险费与保障施工人员法定权益的社会价值取向不符，故亚星公司认为社保费不应计取的上诉理由不能成立。关于住房公积金3821371.68元是否应当支付的问题。住房公积金亦属于规费的范畴，如上所述，住房公积金与社会保险费一样，应当计取，一审判决未予支持不当，应予纠正，住房公积金3821371.68元应当计入工程价款。（李亚宇整理）

60. 自然人作为实际施工人的，主张工程款不应计取企业管理费；但规费、安全文明施工措施费均是建设工程价格的必要组成部分，应当计取。

案件名称

再审申请人（一审原告、二审上诉人）陈某明与再审申请人（一审被告、二审上诉人）河南鑫邦贵金属投资咨询有限公司及一审被告马某、王某、王某占建设工程施工合同纠纷案［（2020）豫民再551号，2021.3.5］

裁判精要

河南省高级人民法院认为，关于案涉工程是否应计收企业管理费、规费、安全文明施工措施费问题，企业管理费、规费属于构成建设工程价款的间接费。企业管理费是指建筑安装企业组织施工生产和经营管理所需要的费用，是构成建设工程价款的间接费。规费是指政府和有关部门规定必须缴纳的费用包括工程排污费、工程定额测定费、社会保险费等。本案中的企业管理费是指分部分项管理费和技术措施项目管理费；规费主要是指工程排污费、社会保险费、住房公积金、工伤保险、低价格调节基金。该两项费用是鉴定人在对工程进行鉴定时依照规定计取的费用，其蕴含在各项施工项目中，并非施工人员实际缴纳的款项。安全文明施工措施费是指现场安全文明施工措施费，是构成建设工程价款的直接费，是指为完成工程项目施工，发生于该工程施工前和施工过程中非工程实体项目的费用。主要包括安全生产费、文明施工措施费和扬尘污染防治费。鉴定人在原审中已出具意见，证明本次鉴定是按照有相应资质、正规施工企业进行考虑计取的费用。结合本案，陈某明借用河南建安公司资质，作为实际施工人主张工程款，对其施工工程按照有相应资质、正规施工企业计取其企业管理费缺乏事实根据。所以，案涉景观广场工程和管网工程价款中的企业管理费应从鉴定工程价款总额中扣减。规费是有关部门规定必须缴纳的费用，不应以当事人是否实际缴纳为依据，该部分费用应该作为工程价款的组成部分而计取费用。安全文明施工措施费属施工直接费，是建设工程价格的必要组成部分，无论企业、个人还是其他组织施工都会产生的必要费用。陈某明施工的工程应计取该费用。（丁一整理）

61. 实际施工人为自然人的，亦有权获取企业管理费及安全文明施工措施费。

案件名称

再审申请人（一审原告、二审上诉人）河南安信建设集团有限公司与被申请人（一审被告、二审上诉人）王某停建设工程施工合同纠纷案［（2020）豫民申5706号，2020.11.30］

裁判精要

河南省高级人民法院认为，鉴定意见载明，甲供材为零，工程造价一览表中不显示钢筋、水泥、沙土等价格，王某停2020年4月21日提交的鉴定差额表中，对比了砌砖、混凝土、钢筋、外墙油漆、保温线条的实际支付价格与鉴定价格存在差额，差额款项为823452元。由此来看，主材是由王某停购买，则王某停不仅仅是承担劳务的劳务分包人，还是案涉二次砌体砌筑、外墙粉刷等项目的实际施工人，故其有权取得企业管理费及安全文明施工措施费。（程卫强整理）

62. 作为自然人的实际施工人，不具有取得间接费的主体资格（企业管理费和规费）。

案件名称

再审申请人（一审被告、二审上诉人）鹤壁鑫泽建筑工程有限公司与被申请人（一审原告、二审上诉人）石某梅、（一审被告、二审被上诉人）鹤壁翔宇置业有限公司建设工程施工合同纠纷案［（2019）豫民申8455号，2020.2.17］

裁判精要

河南省高级人民法院认为，关于鑫泽公司所提出的石某梅不具有施工资质，不应当获取间接费（企业管理费和规费）的问题，石某梅虽然不具有取得间接费的主体资格，但原审法院按照双方约定已将石某梅应交纳的1.5%的管理费、6%的让利在应付工程款中予以扣减，平衡了双方利益，鑫泽公司也没有举证证明其承担了这些费用，故其主张扣减间接费没有依据。原审对于间接费的处理并无不当。

编者说明

关于当事人对工程造价项目费用约定的问题，《河南省高级人民法院民四庭关于建设工程合同纠纷案件疑难问题的解答》在第20问中作出了解答：

20.实际施工人为自然人时能否取得建设工程造价中的规费？施工合同中约定安全文明措施费、社保费不计取的，实际施工人为自然人主张时应否支持？

工程造价定额标准仅是提供给当事人确定工程款的推荐性、参考性标准。工程造价定额标准中的规费、措施费、社保费、税金仅是确定工程款的组价项目。当事人在确定工程款时，可以约定其中的个别组价费用项目不计取，如约定社保费、安全文明措施费等不计取，规费按照某一年度标准计取等。当事人约定对工程造价定额标准中的个别组价费用项目不计取的，应为双方对工程款的约定或者为承包人对发包人的让利，对双方当事人具有约束力。当事人约定按照工程造价定额标准结算工程款的，工程规费、措施费、社保费、税金等均属于工程款的组成部分，则上述造价费用均属于当事人应得的工程款，而无须考虑实际施工人是自然人或者是有施工资质的企业。（李亚宇整理）

63. 个人作为实际施工人，在合同无明确约定的情况下无权主张社保费。

案件名称

再审申请人（一审原告、反诉被告、二审上诉人）崔某、（一审被告、反诉原告、二审上诉人）神火建安公司与被申请人（一审被告、二审被上诉人）万利建工公司及一审被告徐州市贾汪城市建设投资有限公司建设工程施工合同纠纷案〔（2019）豫民再207号，2019.8.29〕

裁判精要

河南省高级人民法院认为，关于崔某主张的社保费问题，一般情况下，在定额计价模式范围内，建设工程价款由直接费、间接费、利润和税金四部分组成。间接费由规费、企业管理费组成，而社保费属于规费的内容之一，社保费具体包括养老保险费、失业保险费、医疗保险费、住房公积金、危险作业意外伤害保险，主要是指企业按照国家规定标准为职工缴纳的相关费用。而本案崔某个人作为实际施工人，在没有合同约定的情况下，向神火建安公司主张社保费应作为工程款向其支付，没有事实和法律依据，二审对该项作出相应扣除并无不当。

64. 社会保险费属于建设工程价款组成部分，发包人未向政府主管部门缴纳情况下，应将该款项直接支付给承包人。

案件名称

上诉人（原审被告）水城公司、鑫城公司与被上诉人（原审原告）聊建集团公司建设工程施工合同纠纷案 [（2020）鲁民终2283号，2020.10.9]

裁判精要

山东省高级人民法院认为，关于一审对养老保障金的认定是否正确的问题，第一，水城公司、鑫城公司主张双方就案涉工程结算总价款包含养老保障金，依据为案涉合同附件4备注1载明的"包含一切费用"的约定。对此，本院认为，案涉合同附件4备注1并未明确包含养老保障金，且双方就案涉工程结算总价款协商一致形成的结算汇总表明确载明，工程总造价不含社会保险费。故水城公司、鑫城公司的该项上诉主张依据不足，且与双方合意形成的结算汇总表的内容相悖。第二，水城公司、鑫城公司主张水城公司已经实际缴纳案涉工程养老保障金，依据为2011年6月24日山东省非税收入收款收据。对此，本院认为，该收款收据显示的收款单位并非聊城市建筑企业养老保障金相关管理单位，载明的收费项目为包干规费，也非养老保障金，水城公司、鑫城公司亦未提供证据证明该包干规费的具体组成。故水城公司、鑫城公司的该项上诉主张依据亦不足。第三，根据双方提交的规范性文件，养老保障金系水城公司应当向主管部门缴纳的、确定工程造价时应当计入的相关费用。在双方结算总价款未包括养老保障金且水城公司提供的证据不足以证明其已经实际缴纳养老保障金的情况下，一审对聊建集团关于养老保障金的主张予以支持，并无不当。因此，水城公司、鑫城公司关于一审对养老保障金认定错误的上诉理由均不能成立，本院不予支持。

编者说明

社会保险费属于规费，系建设工程价款组成部分之一，各地政府曾先后出具文件采用不同程度监管模式，导致发包人实际支付对象在一定时期内并非承包人本身。但如发包人未实际缴纳和支出该费用，则应据实向承包人支付。（杨贺飞整理）

65. 在发包人未向社保费管理机构缴纳社保费的情况下，发包人应当将社保费列入工程造价直接支付给承包人。

案件名称

上诉人（原审原告）河阳公司与被上诉人（原审被告）九嘉房地产开发公司及原审第三人国安建设集团公司建设工程施工合同纠纷案〔（2020）豫民终728号，2021.6.29〕

裁判精要

河南省高级人民法院认为，一审中，鉴定意见将社保费单列，该费用应当作为工程造价的组成部分支付给河阳公司（承包人），一审判决未予支持不当。

编者说明

根据2013年7月1日实施的《建筑安装工程费用项目组成》规定，建筑安装工程费用项目按费用构成要素组成划分为人工费、材料费、施工机具使用费、企业管理费、利润、规费和税金。为指导工程造价专业人员计算建筑安装工程造价，将建筑安装工程费用按工程造价形成顺序划分为部分项目工程费、措施项目费、其他项目费、规费和税金。根据《河南省住房和城乡建设厅关于废止〈加强建设工程费用计价项目中社会保障费管理的意见〉（豫建建〔2012〕76号）的通知》（豫建建〔2016〕62号）规定，建设劳保费属于规费，是不可竞争费用，是建设工程成本的组成部分。同时规定，自2016年9月7日起，凡已招标但未计取建设劳保费，也未向当地建设劳保费管理机构缴纳相应费用的项目，由发包人按照建设劳保费计价标准直接支付给承包方。（李振锋整理）

66. 建设单位向建设行政主管部门申请拨付社保费的前提是发包人按照规定足额缴纳社保费。未足额缴纳部分，应当直接向发包人进行主张。

案件名称

再审申请人（一审原告、反诉被告、二审上诉人）振华公司与被申请人（一审

被告、反诉原告、二审上诉人）呈轩公司建设工程施工合同纠纷案［（2021）豫民申10261号，2022.3.9］

🔍 **裁判精要**

河南省高级人民法院认为，关于社保费如何认定的问题，社保费属于工程规费，按照涉案施工合同签订时的社保费缴纳政策规定，发包人应按规定向建设行政主管部门缴纳工程社保费，工程竣工结算时，由建设单位向建设行政主管部门申请拨付社保费。但是，建设单位向建设行政主管部门申请拨付社保费的前提是发包人按照规定足额缴纳社保费。未足额缴纳部分，应当直接向施工单位支付。原审未查明涉案工程中发包人已缴纳社保费的数额以及是否足额缴纳涉案工程社保费的情况，仅以当时社保费缴纳政策规定的施工单位应向行政主管部门申请拨付为由不予认定，并不妥当。（阮崇翔整理）

67. 社保费是建设工程成本的组成部分，根据相关政策，不再由发包人缴纳，应计入工程价款，由发包人支付给承包人。

📡 **案件名称**

上诉人（原审原告）通盛达公司与被上诉人（原审被告）誉洲联合公司建设工程施工合同纠纷案［（2019）鲁民终1515号，2019.9.30］

🔍 **裁判精要**

山东省高级人民法院认为，关于焦点二养老保障金的问题，根据2019年1月1日起实施的山东省住房和城乡建设厅、山东省财政厅《关于停止实施主管部门代收、代拨建筑企业养老保障金制度的通知》（鲁建建管字〔2018〕17号）要求，2019年1月1日起，全省各级住房城乡建设部门停止代收建筑企业养老保障金，停用"山东省建筑企业养老保障金专用票据"；新开工项目的"社会保险费"由建设单位按照额定费率直接向施工企业支付。"社会保险费"应当足额计取，不得作为竞争性费用。2019年1月1日前采取分期缴纳建筑企业养老保障金的项目，未缴纳部分不再代收，由建设单位根据工程进度将未缴纳部分直接足额支付给施工企业。2019年1月1日前已经代收但尚未拨付或尚未完成拨付的，由项目所在地住房城乡建设部门按照现行拨付规定和标准一次性拨付给施工企业。建设单位和施工企业应根据公告，核算无误后，签订补充合同，明确建设单位向施工企业应支付金额、支付期限和支付责任；明确施工企业履行施工合同的责任，因其他原因不能履行施工合同的，应根据工程完成量向建设单位退回相应比例的建筑企业养老保障金。施工企业凭补充合同到项目所在地住房城乡建设部门办理建筑企业养老保障金拨付手续。以上工作应于2019年5月31日前完成。住房城乡建设部门要加强跟踪监督，督促建设单位按照项目进度将养老保障金及时足额支付给施工企业。对于不及时、不足额支付的建设单位，按拖欠工程款处理，并记入不良信用信息，实行信用惩戒，切实维护好建筑施工企业的合法权益。本案中，誉洲联合公司当时未按规定向当地住房城乡建设部门缴纳建筑企业养老保障金，按照山东省住房和城乡建设厅、山东省财政厅发布的上述通知要求，建设单位应根据工程进度将未缴纳部分直接足额支付给施工企业，由于合同中约定的"养老保障金"已由"社会保险费"替代，故誉洲联合公司应向通盛达公司支付社会保险费2882964.67元。

编者说明

根据《住房城乡建设部 财政部关于印发〈建筑安装工程费用项目组成〉的通知》（建标〔2013〕44号）第一条《费用组成》调整的主要内容第一款的规定，建筑安装工程费用项目按费用构成要素组成划分为人工费、材料费、施工机具使用费、企业管理费、利润、规费和税金。根据该通知附件一《建筑安装工程费用项目组成（按费用构成要素划分）》第六条的规定，规费：是指按国家法律、法规规定，由省级政府和省级有关权力部门规定必须缴纳或计取的费用。包括：（1）社会保险费：养老保险费、失业保险费、医疗保险费、生育保险费、工伤保险费；（2）住房公积金；（3）工程排污费。社会保险费是建设工程成本的组成部分，是政府和有关部门规定必须缴纳的规费，属于不可竞争费用，应当根据各地具体政策规定，计入工程价款，由发包人支付给施工单位，再由施工单位缴纳。（曹代鑫整理）

68. 社会保险费作为工程价款的组成部分应当由发包人直接支付给承包人，但应以承包人实际完成的工程总价款按照住建部门发布的计费标准计取。

案件名称

再审申请人（一审被告、二审上诉人）亚泰公司与被申请人（一审原告、二审

上诉人）丰李公司建设工程施工合同纠纷案［（2019）豫民申8503号，2020.3.30］

裁判精要

河南省高级人民法院认为，社会保险费作为工程价款的组成部分应当由发包方直接支付给承包方。关于社会保险费的数额，虽然洛阳华瑞工程造价咨询有限公司出具的工程标底附表中载明建设工程社保费约为210万元，但是该数额系根据招标文件等预估的金额。根据一、二审查明的事实，丰李公司就案涉工程有部分项目未施工，最终工程总价款与中标价存在较大差额。二审未依据双方最终工程总价款按照住建部门发布的计费标准计取社会保险费而是直接认定社会保险费为210万元明显不当。

编者说明

本案指令河南省洛阳市中级人民法院再审。（李亚宇整理）

69. 社会保险费等规费属于工程造价的一部分，在结算工程价款时应当予以计取。

案件名称

上诉人（原审被告、反诉原告）鑫地公司与被上诉人（原审原告、反诉被告）华一公司（原河南省广厦建设工程有限公司）建设工程施工合同纠纷案［（2019）豫民终758号，2019.12.2］

裁判精要

河南人高级人民法院认为，关于案涉工程的总造价问题。根据双方签署的结算协议，11#楼最终结算总价款为15648226.71元，除鑫地公司上诉所称的合同审定金额14883982.71元外，还包括一次性增加费用100000元、退还履约保证金734244元、扣减超工期罚款70000元三项费用。一审认定11#楼工程价款正确，鑫地公司的上诉理由明显与决算协议不符，不能成立。关于3#楼的工程造价，双方签订的协议约定总包配合费需要另行计价，但汇总签认表中并未计取，属于漏项；同时汇总签认表将社保费等规费予以扣除，鑫地公司对此解释称暂不计取，但是社会保险费等规费属于工程造价的一部分，在结算工程价款时应当予以计取，因此双方2016年9月27日签订的汇总签认表存在漏项和应当计取的费用而未计取的情况，因双方无法达成一致，一审根据华一公司的申请进行鉴定，并按照鉴定意见确定3#楼工程造价为18002479.87元并无不当。关于1#楼的工程价款，虽然徐某正作为项目负责人在2014年5月6日出具过承诺书，但是双方又于2017年12月25日对1#楼工程款进行了结算，应当视为双方以实际行为变更了此前的承诺，因此鑫地公司主张华一公司放弃了1#楼的工程价款的上诉理由不能成立，一审认定1#楼工程价款为830905.71元并无不当。综上，一审认定工程总价款为34481612.29元正确。（曹代鑫整理）

70. 合同约定的综合优惠率并未将社会保险费排除在优惠让利之外的，社会保险费作为建设工程造价的组成部分，属于当事人自由约定的范围，也应当参与优惠让利。

案件名称Ⅰ

再审申请人（一审原告、二审上诉人）中晖公司与被申请人（一审被告、二审上诉人）神木房管办、（一审被告）神木市人民政府建设工程施工合同纠纷案［（2021）最高法民申2480号，2021.6.30］

裁判精要

最高人民法院认为，关于原判决未支持中晖公司主张的劳保统筹费是否存在错误的问题。劳保统筹费系建筑行业劳动保险费应由施工单位向社会保障机构缴纳。根据原判决查明的事实，案涉招标文件及补充条款中明确载明劳保统筹费不计取，双方当事人已明确约定劳保统筹费不计入工程造价，该约定不违反法律、行政法规的强制性规定。中晖公司主张神木房管办向其支付劳保统筹费没有事实与法律的依据，原判决未支持中晖公司该项主张，并无不当。

案件名称Ⅱ

上诉人（原审原告）鼎泰公司、（原审被告）华中国电公司与被上诉人（原审被告）郑州航空港区国有资产经营管理有限公司建设工程施工合同纠纷案［（2020）豫民终485号，2021.4.15］

裁判精要

河南省高级人民法院认为，社会保险费虽属于不可竞争费用，必须按照规定的数额向有关部门缴纳，但在建设施工合同当事人之间，按照意思自治原则，社会保险费作为建设工程造价的组成部分，属于当事人自由约定的范围。本案中，华中国电公司与建设方港区国有资产公司在《电力工程施工框架协议》中约定"项目工程造价协议综合优惠率22%"，该约定并未将社会保险费排除在优惠让利之外。根据上述合同约定，社会保险费应当参与22%的优惠让利。故对鼎泰公司要求华中国电公司向其支付社会保险费优惠让利部分款项的上诉请求，本院依法不予支持。

编者说明

劳保费全称劳动保险费，《住房城乡建设部 财政部关于印发〈建筑安装工程费用项目组成〉的通知》（建标〔2013〕44号），将曾经的劳保费用以社会保险费用的形式并入工程造价。（曹亚伟整理）

71. 河南省建筑工程标准定额站根据省住建厅授权发布人工指导价并非直接确定人工费，不能作为调整人工费的依据，双方当事人对人工费调整约定明确的，应按约定执行。

案件名称

上诉人（原审原告、反诉被告）六建公司与上诉人（原审被告、反诉原告）空港新城置业公司建设工程施工合同纠纷案〔（2021）豫民终437号，2022.3.20〕

裁判精要

河南省高级人民法院认为，关于本案人工费应当如何调整的问题。六建公司上诉认为人工费应按河南省标准定额站发布的人工费指导价予以调整。双方第二标段施工协议第4.1条约定，人工费调整按53元/工日。第三标段施工协议约定，人工费调整按照河南省住房和城乡建设厅的文件执行，河南省建筑工程标准定额站发布的人工费调整文件不作为人工费调整的依据，因此应按照河南省住房和城乡建设厅公布的定额人工费53元/工日计算，不应按照河南省建筑工程标准定额站发布的人工费指导价格进行调整。2011年10月14日河南省住房和城乡建设厅发布《关于进一步明确建设工程人工费计价问题的通知》（豫建设标〔2011〕45号）授权河南省建筑工程标准定额站发布人工指导价，并非直接确定人工费。双方协议对人工费调整约定明确，六建公司上诉理由缺乏合同依据。（阮崇翔整理）

72. 施工合同中所约定超领甲供材的惩罚性条款属于结算条款，合同无效不影响其效力。

案件名称

上诉人（原审原告、反诉被告）河南六建公司建筑集团有限公司、上诉人（原审被告、反诉原告）许昌空港新城置业有限公司建设工程施工合同纠纷案〔（2021）豫民终437号，2022.3.20〕

裁判精要

河南省高级人民法院认为，关于超领的甲供材是否应当按照1.2倍扣除的问题。虽然施工协议中第12.1.2项内容约定"甲方按乙方的计划供应材料，若实际用量超过预算标准，超额部分乙方负担甲方的采购运输费和资金占用费，甲方按实际发生价的1.2倍从乙方的工程款中扣除，同时甲方不再负责回收超供材料"，该条款是对于超领的甲供材计算方法的约定，包含采购运输费和资金占用费等成本，应当予以尊重。一审判决未按实际发生价格的1.2倍扣除不当，本院予以纠正，中兴豫公司鉴定意见认定六建公司超领2658986.05元，该超领部分数额的0.2倍（531797.21元）应当扣减。（阮崇翔整理）

73. 施工合同中关于未按合同约定时间并网，导致无法获取光伏上网标杆电价或国家补贴的情况下合同总价如何调整的约定，其性质为结算条款，而非违约责任条款，合同无效亦应参照该约定处理。

案件名称

上诉人（原审原告）中机国能公司与被上诉人（原审被告）平煤北控公司、镇江新华电公司、平北公司建设工程施工合同纠纷案〔（2021）豫民终374号，2021.10.28〕

裁判精要

河南省高级人民法院认为，关于合同价款应否下调的问题。中机国能公司与平煤北控公司、镇江新华电公司签订的《PC承包合同》附件1第2条约定："无法按要求获取光伏上网标杆电价或余电上网国家补贴的罚则：如本项目未按合同约定时间并网，导致无法获取0.85元/kWh光伏上网标杆电价或0.42元/kWh国家补贴，电价每下降0.01元/kWh，合同总价相应下调0.082元/w（标准见具体项目约定）。但因非承包人的原因造成本项目并网时间超过2018年4月30日的，则承包方无须向发包人承担责任。"对该合同条款如何理解，是应否根据合同履行情况对合同价款予以调整的关键。争议解决条款，是指合同当事人事先就合同争议解决的方式、程序和法律适用等事项安排的约定。中机国能公司与平煤北控公司、镇江新华电公司已在合同专用条款第17条对争议解决的方式作出约定，即向合同签订地人民法院起诉。而合同附件1第2条的内容明显不属于对争议解决的方式、程序和法律适用等事项的约定。一审法院依据《中华人民共和国合同法》第五十七条有关争议解决条款的规定，对合同价款作出调整，属于适用法律错误，应予纠正。中机国能公司上诉主张该条款系违约条款，因合同无效而应被认定无效，不应被适用。平煤北控公司、镇江新华电公司、平北公司则主张该条款为结算条款，在合同无效时仍应适用。双方对合同条款的理解存在争议，应当按照合同所使用的词句，结合相关条款、行为的性质和目的、习惯以及诚信原则，确定意思表示的含义。案涉项目系光伏发电工程，受国家补贴政策影响大，对工期要求高，在双方签订的《PC承包合同》中均有所体现。合同专用条款第14.1条合同价款和付款条款中，双方对工程于2018年4月30日前全部建设完成及并网发电情形下的合同单价及合同总价的计算方式作出了约定，但对未在该时点前建设完成及并网发电如何结算没有约定。附件1第2条虽然表述为"无法按要求获取光伏上网标杆电价或余电上网国家补贴的罚则"，但具体内容是关于对未按合同约定时间并网，导致无法获取光伏上网标杆电价或国家补贴的情况下，合同总价如何调整的约定，而非对违约形态、违约责任承担方式等的约定，系对专用条款第14.1条的补充，性质应属结算条款，而非违约条款。根据《最高人民法院关于审理建设工程施工合同纠纷案件适用法律问题的解释》（法释〔2004〕14号）第二条的规定，建设工程施工合同无效，但建设工程经竣工验收合格，承包人请求参照合同约定支付工程价款的，应予支持。案涉《PC承包合同》因非法转包被确认无效，但建设工程经竣工验收合格，参照合同约定确定工程价款数额符合签约时双方当事人的真实意思表示。一审法院对合同条款的性质认定错误，但依据合同约定对工程价款予以下调正确。中机国能公司关于案涉《PC承包合同》附件1第2条系违约条款，因合同无效而无效，不应据此下调合同价款的上诉理由不能成立，本院对其相关上诉请求不予支持。（吴利波整理）

74. 当事人诉前单方委托造价鉴定的，应符合证据的基本形式要求，否则属于未尽到举证责任。

案件名称

再审申请人（一审原告、二审上诉人）建发公司与被申请人（一审被告、二审被上诉人）河南佛教学院建设工程施工合同纠纷案［（2021）豫民申7913号，2021.12.17］

裁判精要

河南省高级人民法院认为，建发公司在本案诉前自行委托鉴定机构出具的《工程预算书》，无建设单位及施工单位名称、无编制人员及审核人员签名、无编制日期、未附编制单位和编制人员的资质证书，且佛教学院对该《工程预算书》所依据的签单提出了实质性、合理性异议，建发公司提供的证据不具有合法性，不足以证明其事实主张，生效判决认定《工程预算书》不能作为本案定案依据并无不当。由于建发公司提供的鉴定意见本身不具有合法性，不足以证明其事实主张，故建发公司尚未尽到举证责任，此时的举证责任并未转移，仍应由建发公司承担。一、二审法院均已向建发公司释明本案重新鉴定的责任在建发公司，但建发公司拒绝申请重新鉴定，由此引发的不利诉讼后果应由其自行承担，生效判决驳回建发公司的诉讼请求并无不当。（陈维刚整理）

75. 施工合同纠纷案件审理过程中，持有证据的一方不提供证据，应承担不利后果；因内部流转审批导致价款认定未完成的，应承担相应不利后果。

案件名称

上诉人（原审原告、反诉被告）鲁某与上诉人（原审被告、反诉原告）祈福明天公司及原审第三人郑州建安建筑工程有限公司建设工程施工合同纠纷案［（2021）豫民终472号，2021.12.27］

裁判精要

河南省高级人民法院认为，（一）关于绿化管网及道路部分工程的工程款。该部分工程为合同外工程，鲁某一审中提供了情况说明、施工现场签证单及施工图纸等证据，祈福明天公司成本部工作人员在情况说明上签字确认，能够证明鲁某对该部分工程实际进行了施工。鉴定机构经过现场询问核实，也确认鲁某施工了部分室外工程，但认为该部分为合同外工程，情况说明中祈福明天公司工程部签字意见为"情况属实，请成本部核准"，而祈福明天公司成本部无签字，无法判断760188元是否为双方确认一致金额，因双方均未提供此部分的相关资料，其无法核实，故鉴定意见中未包含此部分工程造价。祈福明天公司怠于将该部分工程价款交由其成本部核准，不应由鲁某承担不利后果，在祈福明天公司未举证证明该工程价款不准确的情况下，应当对该部分工程价款760188元予以认定。（二）关于未鉴定的12项甲分包工程配合费。甲分包配合费根据合同约定及2018年8月15日《工作联系单301》计取，应由发包方祈福明天公司提供鲁某施工范围内的分包工程造价。经鉴定机构多次催告，祈福明天公司未提供相关证据，除电梯工程外的分包配合费因为关键性证据缺失，鉴定机构无法鉴定。祈福明天公司主张各分包单位在实际施工中已经向鲁某支付了配合费，但未提供证据证明，鲁某不予认可，本院不予采信。二审中，本院再次要求祈福明天公司提供相关事实证据，祈福明天公司仍未提交和作出合理解释。祈福明天公司负有举证责任但拒不提供分包工程造价的证据，应当承担不利后果，一审法院对双方举证责任的分配不当，对鲁某主张未鉴定的12项甲分包工程配合费全部未予支持错误，应予纠正。鲁某主张未鉴定的12项甲分包工程配合费为569500元，本院酌情支持20万元。（陈维刚整理）

76. 项目部资料专用章不仅用于工程项目的资料上，在具有结算性质的资料中多次使用，又以项目部资料专用章超越印章使用范围为由进行抗辩，主张结算无效的，不予支持。

案件名称

再审申请人（一审原告、二审上诉人）刘某华与被申请人（一审被告、二审被上诉人）中铁十八局集团有限公司建设工程施工合同纠纷案〔（2021）豫民再499号，2021.11.24〕

裁判精要

河南省高级人民法院认为，从《结算凭证》内容看，《结算凭证》首页抬头注明"由刘某华借给班组款、垫付材料款、欠工资款"，内容详细列明了工人工资及材料款使用情况，最后一页明确载明"合计开支2462505元，应由中铁十八局支付给刘某华"，并加盖郑州华强文化科技产业基地项目部资料专用章予以确认。中铁十八局虽不认可该《结算凭证》，但并未提供充分证据否定《结算凭证》中项目部资料专用章的真实性。同时，刘某华在再审审查期间提供的《证明》《工资汇总表》《工程量申报表》《刘某华班组借支列表》等证据均加盖郑州华强文化科技产业基地项目部资料专用章，中铁十八局对该证据的真实性无异议。由此可知，涉案项目中郑州华强文化科技产业基地项目部资料专用章并非仅用于工程项目的资料上，其在具有结算性质的《工资汇总表》《刘某华班组借支列表》等资料中亦多次使用，中铁十八局以在《结算凭证》上加盖项目部资料专用章超越印章的使用范围为由进行抗辩与实际情况不符，本院不予支持。（吴利波整理）

77. 双方当事人就工程款形成结算表，并确认应付款项金额，该结算表可以证明双方对施工合同中形成的债权债务关系进行了清算，视为双方均已放弃追究违约责任。

案件名称

再审申请人（一审原告、反诉被告、二审上诉人）鸿达电梯公司与被申请人（一审被告、反诉原告、二审上诉人）应元公司建设工程施工合同纠纷案〔（2020）豫民申3199号，2020.12.29〕

裁判精要

河南省高级人民法院认为，本案系电梯安装工程施工合同纠纷，鸿达电梯公司的诉讼请求是解除于2012年10月17日签订的《上海爱登堡电梯产品安装合同》；判令应元公司支付违约金589000元。生效判决根据查明的事实认为，王某才在鸿达设备公司、鸿达电梯公司与应元公司的业务往来中的签字行为，足以认定王某才系鸿达设备公司、鸿达电梯公司的表见代理人。2015年7月22日，王某才在《应元地产分包结算表》上签字，也应视为鸿达电梯公司的行为。该结算表对涉案设备款和安装款进行了结算，并约定在确认后由应元公司付清剩余款项，该结算表的内容可以证明双方对施工合同中形成的债权债务关系进行了清算，双方都未互相主张承担违约责任，视为双方均已放弃追究违约责任。该结算表是双方权利义务关系的终止，双方应受其约束，现鸿达电梯公司以应元公司违法解除合同为由请求应元公司支付违约金，使已经形成的经济秩序重新陷入诉讼纠纷，其诉讼请求不应予以支持。生效判决结果并无不当，鸿达电梯公司申请再审提出生效判决认定事实错误的理由不能成立。（吴利波整理）

78. 发包人对借用资质情况明知或应当知道的，与实际施工人之间成立事实上的施工合同关系，如实际施工人有相反证据证明发包人与出借资质的承包人在实际施工人未参与情况下进行工程价款结算，则该结算结果不能直接约束实际施工人。

案件名称

再审申请人（一审原告、二审上诉人）范某辉因与被申请人（一审被告、二审上诉人）鑫豪公司、（一审第三人、二审上诉人）宇昊公司建设工程施工合同纠纷案［（2022）豫民申733号，2022.4.12］

裁判精要

河南省高级人民法院认为，二审判决认定发包人鑫豪公司与承包人宇昊公司之间存在建设工程施工合同纠纷，宇昊公司与范某辉之间存在挂靠合同关系，且已生效的2642号判决也认定，范某辉与宇昊公司之间系借用资质进行施工，并非发包与承包的关系。借用资质的挂靠施工情形，并不适用《最高人民法院关于审理建设工程施工合同纠纷案件适用法律问题的解释》第二十六条规定的工程转包和分包的情形。如果鑫豪公司对范某辉借用宇昊公司资质挂靠施工的情况是明知或应当知道的，应认定鑫豪公司与范某辉之间成立事实上的施工合同关系，范某辉可以直接向鑫豪公司主张工程价款……如鑫豪公司与范某辉成立事实上的施工合同关系，鑫豪公司与宇昊公司在范某辉未能参与的情况下进行工程价款结算，则不宜排除范某辉有相反证据后另行主张工程价款结算的权利。

编者说明

本案由河南省高级人民法院指令河南省洛阳市中级人民法院再审。实践中，发包人明知或应当知道挂靠事实的，与实际施工人之间成立事实上的施工合同关系，基于此，工程价款的最终结算应当由发包人和实际施工人共同进行。（杨贺飞整理）

79. 虽然施工合同已约定结算时由发包方委托第三方咨询机构进行审核，但该审核结果也须经双方确认方能作为最终的结算依据。

案件名称

再审申请人（一审被告、二审上诉人）地质调查院与被申请人（一审原告、二审被上诉人）三建公司建设工程施工合同纠纷案［（2020）豫民申6885号，2020.11.29］

裁判精要

河南省高级人民法院认为，关于河南华豫正大工程咨询有限公司出具的竣工结算审核报告书是否可以作为结算依据的问题。首先，上述结算审核报告书系地质调查院单方委托第三方机构作出，其并未提交有效证据证实该竣工结算审核报告书所依据的相关资料经三建公司核实。其次，地质调查院并未提交有效证据证实《工程结算审定表》与竣工结算审核报告书之间的实质性差异，而且一审判决也明确指出了结算审核报告书中存在明显问题。最后，虽然《建设工程施工合同》中约定结算时由地质调查院委托第三方咨询机构进行审核，但该审核结果也须经双方确认方能作为最终的结算依据。（程卫强整理）

80. 挂靠人对外分包工程，与分包人之间成立分包合同关系，被挂靠人未参与分包合同签订及结算的，不受挂靠人与分包人合同关系和结算行为的约束。

案件名称

再审申请人（一审原告、二审被上诉人）朱某亮与被申请人（一审被告、二审上诉人）锦豪实业公司、（一审被告、二审被上诉人）冠名置业公司、（一审被告、二审被上诉人）陈某同建设工程施工合同纠纷案［（2020）豫民申6779号，2020.11.30］

裁判精要

河南省高级人民法院认为，朱某亮与案外人叶某旭签订劳务分包协议后对案涉工程实际进行了施工，陈某同以个人身份出具声明书承诺将工程价款直接支付给朱某亮，并最终与朱某亮对工程价款进行了结算，据此可以认定双方之间存在分包合同关系，朱某亮知道与其履行合同的相对人是陈某同而非锦豪实业公司，根据合同的相对性原则其应当向陈某同主张双方结算的工程价款。虽然锦豪实业公司与陈某同之间存在挂靠关系，但锦豪实业公司并未参与陈某同和朱某亮之间的合同签订及结算，不受双方合同关系和结算行为的约束。锦豪实业公司向朱某亮转账支付部分工程价款，系根据陈某同的委托履行的代为支付行为，不能据此推定锦豪实业公司认可陈某同与朱某亮结算的工程价款并愿意承担全部支付责任。连带责任的承担需要有法律明确规定或当事人约定，朱某亮主张锦豪实业公司与陈某同向其连带支付工程价款，缺乏事实和法律依据，生效判决对其该项诉讼请求未予支持正确。（李亚宇整理）

81. 被挂靠人违规出借资质，与借用资质一方基于挂靠关系被下游分包方视为一个整体的，二者应共同履行工程款的支付义务。

案件名称

再审申请人（一审被告、二审被上诉人）九州公司与被申请人（一审被告、二审被上诉人）弦发公司、（一审被告、二审上诉人）李某及原审被告沈某发和原审原告胡某保建设工程施工合同纠纷案［（2019）豫民申2219号，2019.6.24］

裁判精要

河南省高级人民法院认为，九州公司与弦发公司之间既存在合作开发关系，也存在建设工程施工合同法律关系。九州公司提交的新证据弦发公司法定代表人向其出具的承诺书系基于合作协议中的约定所作出，不影响合作协议相对方以外的胡某保向九州公司行使追讨工程款的权利。基于九州公司违规向无资质的沈某发、李某出借资质，收取管理费、税费，实际参与九州公司的结算，并向管理单位出具承诺书自认案涉项目施工单位等事实，对于胡某保而言，沈某发、李某和九州公司基于挂靠关系实际上被视为一个整体。生效判决判令九州公司与沈某发、李某向分包工程的胡某保履行付款义务符合本案的实际情况。需要说明的是，二审判决认定九州公司与沈某发、李某之间系转包关系与原审查明的事实不符，但二审判决实体处理并无明显不当。（郭红春整理）

82. 经发包人确认的进度款审批单，可以作为承包人主张工程进度款的依据，一方申请工程造价鉴定的，不予准许。

📡 案件名称

再审申请人（一审原告、反诉被告、二审上诉人）泰宏公司与被申请人（一审被告、反诉原告、二审被上诉人）河南贝迪新能源制冷工业有限公司建设工程施工合同纠纷案〔（2021）豫民申9080号，2022.4.14〕

🔍 裁判精要

河南省高级人民法院认为，关于《济源泰宏置业有限公司对外付款审批单》的性质问题以及原审认定工程款数额是否正确的问题。首先，2014年7月8日的该审批单，系经贝迪公司申请，由泰宏公司各部门负责人及副总经理签字确认，双方对该证据的真实性并无实质分歧，只是对该证据的内容存在不同理解和认识。其次，当事人对该审批单内容的理解有争议的，应当按照该审批单所使用的词句、该审批单的形成过程及目的，结合双方交易习惯以及诚实信用原则，确定该审批单内容的真实意思。从该审批单上显示的"根据现场工程部、成本部、监理及施工单位共同确认工程量，共计价1134.37万元，按合同约定应付70%为794.06万元"，泰宏公司工程部签署的"工程完成情况属实"，成本部签署的"总进度款应付794万元，本期应付90.5万元"等内容看，该款项支付与双方施工协议约定的进度款支付比例及审批情况相符，且签署有明确的"总进度款"支付的内容。从审批单形成过程看，该审批单与其他对外付款审批单均为双方对进度款支付审批过程中形成的，且涉案工程未进行竣工验收，也未达到竣工结算的工程进度。从双方诉请主张情况看，泰宏公司据此审批单主张已经超付进度款，贝迪公司据此审批单主张合同内工程款，另行保留变更增加工程量的诉权，也说明双方并未进行最终竣工结算。因此，该审批单应为双方对贝迪公司已完成工程量应付进度款的支付结算。最后，虽然工程进度款支付结算仅是支付工程进度款的依据，但双方也认可贝迪公司在2014年7月8日之后未再施工，泰宏公司也于2014年10月1日在工程未经竣工结算的情形下启用了空调设备。故在涉案工程长期不能进行竣工结算，明显损害贝迪公司期限利益的情况下，原审判决根据贝迪公司的诉请依据该审批单载明的贝迪公司已完成工程量认价数额判令泰宏公司支付相应未付工程价款，具有相应的事实依据，并无不当。关于原审程序是否违法的问题。如前所述，该审批单仅为双方对贝迪公司已完成工程量应付进度款的支付结算，而非双方最终的竣工结算。本案中，贝迪公司反诉诉请的工程款数额也是依据该审批单载明的贝迪公司已完成工程量认价数额，减去泰宏公司已付工程进度款而提出的，并不需要对涉案工程全部工程量进行造价鉴定。故泰宏公司申请对涉案工程进行造价鉴定与本案争议事实无关联，原审判决不予准许并无不当。

编者说明

经发包人确认的进度款审批单不能直接作为认定工程结算价款的依据，但可以作为承包人依据合同约定主张进度款的依据。承包人有权依据合同约定主张进度款，工程造价鉴定并非必要条件。（杨贺飞整理）

83. 发包人委任负责基建的人员，一般情况下只能从事与建设本身有关的行为，关于工程价款的变更等对委托人实体权利产生重大影响的事项，必须有委托人的特别授权，否则其行为无效。

案件名称

再审申请人（一审原告、二审上诉人）西城公司与被申请人（一审被告、二审被上诉人）自然资源规划局建设工程施工合同纠纷案［（2019）豫民再267号，2019.6.28］

裁判精要

河南省高级人民法院认为，本案中案涉工程的造价如何计算是双方主要分歧所在，西城公司主张案涉工程应当按照工程预算价即每平方米766.28元进行结算。自然资源规划局抗辩认为西城公司的主张没有合同及事实依据。对于上述分歧，本院结合本案实际情况分析如下，西城公司诉讼中未能提交充分有效证据证明双方曾签订书面合同约定案涉工程造价以766.28元每平方米计算。西城公司提交施工图预算书支持其主张，但预算书并非双方签订的建筑工程合同，不能作为实际结算依据。证人曹某虽是经自然资源规划局委任负责基建的人员，但从委任负责基建的职责范围来看，一般情况下负责基建的人员只能从事与建设本身有关的行为，关于工程价款的变更等对委托人实体权利产生重大影响的事项，必须有委托人的特别授权，否则其行为无效，更不能仅凭曹某的证言就能证明价格变更的事实。因此，原审对曹某的证言未予采信，并无不当。根据原审卷宗相关书面证据，可以证实施工方在施工过程中，因材料价格上涨等因素，自然资源规划局已将案涉工程价款予以相应调整。经查，邓州市审计局对案涉两个工程造价以每平方米620元予以审计结算。西城公司认可并已实际领取了工程款项，西城公司领取工程款的行为，在无相反证据证明的情况下，应视为对工程价款的一种认可。结合上述分析，西城公司提交的书面证据及证人证言，不能充分证明其与自然资源规划局已协议变更工程价款为每平方米766.28元。再审中，西城公司也未能提供足以推翻原审判决的新证据，据此，根据证据优势规则，西城公司关于案涉工程应当按照工程预算价766.28元每平方米进行结算的主张依据不足，不能成立，一、二审均未予支持，并无不当。（郭红春整理）

84. 在施工过程中，监理单位按照规定向施工方下发罚款通知单并有效送达的，相关罚款可以从工程款中予以扣除。

案件名称

上诉人（一审原告）万利公司与上诉人（一审被告）华程公司建设工程施工合同纠纷案［（2020）最高法民终774号，2020.12.11］

裁判精要

最高人民法院认为，关于罚款问题。一审中已经查明，万利公司认可监理公司开具的罚款，该数额为47700元；万利公司虽不认可华程公司有权罚款，但万利公司已在华程公司出具的共计11000元罚款单上签章或签字，且该罚款也系万利公司施工不规范所致。因此，原审认定该部分罚款总计58700元从应付工程款中扣除并无不当。万利公司关于此节的上诉请求不能成立，本院不予支持。

编者说明

通常所说的"罚款"，是指有权国家机关对违法行为追究法律责任的一种方式，多出现于行政执法活动中。从严格意义上来说，工程的发包方不具有行政执法部门的职权，无权对承包方进行罚款。民商事法律调整的是平等民事主体之间的法律关系，双方在建设工程施工合同中约定，施工方违反工期、未达到约定质量标准等行为应承担一定数额的"罚款"，虽然在文字上载明为"罚款"，但该"罚款"的性质并不属于行政处罚的范畴，实际上是要求承包人承担违约责任的一种方式。

85. 人民法院在执行拍卖过程中对工程资产价值进行的市场估价，与工程造价鉴定的鉴定依据、鉴定方法、鉴定内容均不相同，不能作为确定工程造价的依据。

案件名称

上诉人（原审被告）远策公司与被上诉人（原审原告）大成公司建设工程施工合同纠纷案［（2020）豫民终819号，2021.1.8］

裁判精要

河南省高级人民法院认为，关于一审判决认定的涉案工程造价是否正确的问题。远策公司上诉认为，一审认定大成公司已完工工程造价43021287.22元明显过高，应根据开封市中级人民法院在另案中委托评估的涉案工程评估价值2525.29万元进行认定。首先，开封市中级人民法院另案委托评估作出的涉案工程评估报告，是开封市中级人民法院在执行拍卖过程中对涉案工程资产价值进行的市场估价，与工程造价的鉴定依据、鉴定方法、鉴定内容均不相同。并且，该评估报告仅涉及涉案工程中的A2、A6两个车间和A9一个动力中心的评估价格，并不包含全部涉案工程项目，故不能作为确定涉案工程造价的依据。其次，在涉案工程施工期间，双方组织对涉案工程造价及损失赔偿问题进行核算，并签署形成决算核定单，属于双方对工程造价达成的结算协议，一审据此认定涉案工程造价并无不当。

编者说明

资产评估和工程造价鉴定的用途及计算方法均不同，资产评估价值是资产一定时期价值的反映和体现，而工程造价鉴定是对建设工程本身的建设成本和投入按一定方法进行计算，二者最终结果的选用须根据案件具体需要进行确定。（杨贺飞整理）

86. 招标控制价中分部分项工程量清单及计价表与市场价不符，投标文件中该部分造价与市场价格相差很大，不应作为认定案涉工程造价的依据。不平衡报价法与招标投标法的基本原则相违背，不予采信。

案件名称

上诉人（一审原告）中建六局与上诉人（一审被告）内黄县人民医院建设工程

施工合同纠纷案[(2020)豫民终903号,2021.1.28]

🔍 裁判精要

河南省高级人民法院认为,关于案涉外墙保温工程造价如何确定的问题,中建六局上诉认为涉案工程采取不平衡报价法,应依据双方合同约定的单价计算外墙保温工程造价,即每平方米793.79元,主张按照四方公司作出的造价鉴定意见书中价格最高的意见认定工程造价。本院认为,招标投标活动应当遵循公开、公平、公正和诚实信用的原则,投标人不得与招标人串通投标,损害国家利益、社会公共利益或者他人的合法权益。本案中,双方当事人均认可该项工程市场综合价格为每平方米80元左右,内黄县人民医院招标控制价中分部分项工程量清单及计价表与市场价不符,中建六局制定的投标文件中该部分造价亦与市场价格相差很大,不应作为认定案涉工程造价的依据。诚德公司出具的审核报告客观真实,一审法院据此认定案涉工程造价并无不当。中建六局认为涉案工程招投标系采取不平衡报价法的理由没有法律和事实依据,且与招标投标法的基本原则相违背,本院依法不予采信。(丁一整理)

87. 在双方均没有提供有效的工程价款结算依据的情况下,法院可参照同案其他工程已结算的金额,并结合案件实际情况,对工程价款进行酌定。

📡 案件名称

再审申请人(一审被告、二审被上诉人)李某芝、谢某东与被申请人(一审原告、二审上诉人)鲍某及二审被上诉人(一审被告)息县孙庙乡孙庙村村民委员会建设工程施工合同纠纷案[(2020)豫民再401号,2020.11.26]

🔍 裁判精要

河南省高级人民法院认为,关于欠付工程数额问题。1.根据李某芝、谢某东与鲍某签订的欠款协议,李某芝、谢某东就案涉横三路已向鲍某支付100000元工程款,还欠100000元未付。2.案涉纵三路工程款尚未支付。依据工程决算书,鲍某主张李某芝、谢某东应付案涉纵三路工程款684022.69元。该决算书系鲍某所挂靠的市政公司单方面制作,李某芝、谢某东未参与,亦不认可,故该决算书不能作为鲍某主张工程款的依据。原审采信该决算书不妥,予以纠正。李某芝、谢某东与鲍某约定,李某芝、谢某东就横三路向鲍某总计应支付工程款200000元。与横三路相比,纵三路路面宽，工程量要大，结合本案实际情况等，本院酌定李某芝、谢某东应付纵三路工程款为300000元。

编者说明

针对本案，一审法院以双方没有合同约定，无法查明事实，鲍某要求李某芝、谢某东支付工程款的证据不足为由驳回了鲍某的诉请。二审法院在审理时，依据一方单方面制作的工程结算书支持了鲍某的诉请。李某芝、谢某东不服二审判决向河南省高级人民法院申请再审。河南省高级人民法院认为，一方单方面制作的工程结算书不能作为主张工程款的依据，参照同案横三路的工程价款200000元，并结合争议工程量的实际情况，酌定李某芝、谢某东应付有争议的纵三路工程款为300000元。（苗卉整理）

88. 当事人主张已通过大额现金的方式支付工程款，仅凭收到条或收款收据不能认定，其应进一步举证予以证明，否则应承担相应不利后果。

案件名称

上诉人（原审原告、反诉被告）中十冶华东分公司与上诉人（原审被告）中兴建安公司及上诉人（原审被告、反诉原告）德圣公司建设工程施工合同纠纷案[（2017）最高法民终462号，2018.1.3]

裁判精要

最高人民法院认为，关于中兴建安公司已经支付中十冶华东分公司款项数额问题。根据双方的交易惯例，收款收据并不足以证明款项的实际支付，还应有转账凭证或者其他付款凭证。一审法院多次组织双方对付款数额进行对账，并要求中兴建安公司和德圣公司提供实际付款的证据，中兴建安公司和德圣公司未能提交，应承担举证不能的责任。中兴建安公司和德圣公司二审时提交的证据并不足以证明其实际付款超出一审判决确认的付款数额。中十冶华东分公司亦未提交充分证据推翻其一审中自认的收款数额，一审判决认定的已付工程款数额，并无不当。

编者说明

通过大额现金的方式支付工程款，根据双方的交易惯例，收款收据或收到条并

不足以证明款项的实际支付，还应有转账凭证或者其他付款凭证。（雷军整理）

89. 在非现金交易的情况下，仅持有施工单位开具的收据或发票，不能证明付款已完成。

📶 案件名称

申诉人（一审原告、反诉被告、二审被上诉人、再审申请人）大连昊源建筑工程有限公司与被申诉人（一审被告、反诉原告、二审上诉人、被申请人）大连康达房屋开发有限公司建设工程施工合同纠纷案〔（2013）民提字第46号，2013.9.30〕

🔍 裁判精要

最高人民法院认为，关于发票能否作为康达公司付清全部工程款的依据问题。本案中，昊源公司的建筑施工活动已经完成，根据施工合同向康达公司主张给付剩余工程款，而康达公司主张工程款已全部给付完毕，双方已结算清楚。2011年《最高人民法院关于民事诉讼证据的若干规定》第五条第二款规定"对合同是否履行发生争议的，由负有履行义务的当事人承担举证责任"。康达公司主张其已经履行了付款义务，应当负有对该主张举证加以证明的责任。发票具有结算功能，但在非现金交易的情况下仅持有发票并不能作为付款已完成的依据。发票持有人应该提供支付款项的支票存根、转账记录、银行对账单等对付款事实加以证明，因此康达公司仅以持有发票而主张付清全部工程款依据不足。

✏️ 编者说明

发票、收据具有结算功能，但在非现金交易的情况下，仅持有发票、收据并不能证明付款已完成。发票、收据持有人应该提供支付款项的支票存根、转账记录、银行对账单等对付款事实加以证明，否则仅以持有发票、收据而主张付清全部工程款依据不足。

虽然发票、收据是发生的成本、费用或收入的原始凭证，且具有结算功能，但是作为承包人，若交付发票、收据给发包人时，尚未完成付款，则应该在发票、收据签单上注明"尚未付款"；若在交付发票后的一定期限内仍未收到款项，则应当向发包人发送催款函，并保留送达的相关证据。（郭俊利整理）

90. "背靠背"条款中对付款方式约定不明的,承包人不能以此为由拒绝向下游分包和分供方支付工程款。

📡 案件名称

再审申请人(一审被告、二审上诉人)浙江深大公司与被申请人(一审原告、二审被上诉人)河南金玉公司建设工程施工合同纠纷案[(2020)豫民申7013号,2020.11.28]

🔍 裁判精要

河南省高级人民法院认为,浙江深大公司主张其与河南金玉公司之间应当按照《鸡公山项目工程综合布线及设备安装调试合同》的约定结算工程款。该合同约定"本合同项下产品验收合格正常使用且甲方收到业主方的相应货款后10个工作日内,甲方向乙方支付最终结算金额的95%,作为项目验收款"。结合本案实际来看,工程验收表能够证明,案涉工程已于2017年12月25日验收完毕。本案双方在上述合同中所表述的"相应货款"内容并不具体明确,且浙江深大公司在本案诉讼中亦未能提供充分有效的证据证明其与信阳鸡公山公司就案涉工程进行结算的具体情况,原审结合信阳鸡公山公司出具的书面材料以及其他相关证据认定浙江深大公司应支付河南金玉公司工程款923844.05元及相应利息并无不当。(程卫强整理)

91. 施工合同中,一方主张工程存在质量问题而拒付工程款的,应经过必要的法定程序确认工程质量确实存在问题且该质量问题与施工存在因果关系。

📡 案件名称

再审申请人(一审被告、反诉原告、二审上诉人)张某水与被申请人(一审原告、反诉被告、二审上诉人)孙某民及一审被告、二审被上诉人湖北江汉良机石化工程集团有限公司建设工程施工合同纠纷案[(2021)豫民申7977号,2021.12.17]

🔍 裁判精要

河南省高级人民法院认为,关于二审判决张某水向孙某民支付工程款是否正确的问题。本案中,张某水与孙某民达成的口头转包协议,因违反法律、行政法规的强制性规定,应属无效,但孙某民有权参照双方达成的约定主张工程价款。张某水提交的《1#2#轧机基础问题汇总》能够证明孙某民的施工存在质量问题，但该文件签订于2019年10月16日，而徐某领等证人出庭证明孙某民已按照《1#2#轧机基础问题汇总》进行修复施工，且双方签订《神隆宝鼎项目1#、2#轧机基础及相关工程量清单》是在2019年10月21日，故《神隆宝鼎项目1#、2#轧机基础及相关工程量清单》应认定为双方之间达成的结算协议，孙某民据此向张某水主张施工费用于法有据，应予支持。张某水另行提交的神隆宝鼎新材料有限公司和中国建筑第七工程有限公司就轧机地下室渗漏封堵事宜的相关证据，因缺少必要的法定程序确认工程质量是否存在问题、产生的修复费用数额、与孙某民的施工之间是否存在因果关系等情况，且未向法院提出鉴定申请，故生效判决对其该主张不予支持并无不当。再者，张某水实际承担本案工程款支付责任，并不影响其在取得有效证据后另案主张权利。至于张某水提供的新证据，不能推翻生效判决，且与查明事实不符，其主张不能成立。（陈维刚整理）

92. 一方当事人以工程质量不合格为由抗辩不予支付工程款的，应提交质量不合格的初步证明。

案件名称 I

上诉人（一审被告）恒昇公司与被上诉人（一审原告）南通二建公司建设工程施工合同纠纷案［（2020）最高法民终1225号，2021.1.28］

裁判精要

最高人民法院认为，关于质保金是否应予扣除的问题，恒昇公司主张案涉工程部分区域存在诸多质量问题，南通二建公司拒不履行维修义务的行为已经构成违约，恒昇公司有权拒付案涉工程款5%的质保金，具体金额为4969151.819元。《最高人民法院关于审理建设工程施工合同纠纷案件适用法律问题的解释》第十一条规定："因承包人的过错造成建设工程质量不符合约定，承包人拒绝修理、返工或者改建，发包人请求减少支付工程价款的，应予支持。"第十三条规定："建设工程未经竣工验收，发包人擅自使用后，又以使用部分质量不符合约定为由主张权利的，不予支持；但是承包人应当在建设工程的合理使用寿命内对地基基础工程和主体结构质量承担民事责任。"本案中，恒昇公司主张存在施工质量问题，但其提交的《工程质量整改通知单》《督促函》《违约责任告知函》《告知函》《关于重申D区地下室施工要求的函》《工作联系函》等均系恒昇公司单方出具，部分无南通二建公司盖章或工作人员签字，部分有签字但无法证明系南通二建公司的工作人员所签认。因此，一审法院认定在南通二建公司不予认可的情况下，上述证据材料的真实性无法确认，无法证明南通二建公司拒不履行维修义务，并无不当。另外，恒昇公司主张从2014年1月起即发现案涉工程存有质量问题，但在2014年1月至2014年9月恒昇公司与南通二建公司就案涉工程款结算问题进行会议协商及对账工作期间，以及2015年至2016年向南通二建公司支付工程款期间，恒昇公司始终未对工程质量提出过任何异议，且恒昇公司自认交付时间为2013年11月8日，已超过最长5年的质保期。因此，恒昇公司关于应从工程款数额中扣除4969151.819元质保金的上诉理由，缺乏事实依据，本院不予支持。

编者说明

工程质量不合格是指施工单位完成的建设工程产品不符合工程勘察设计文件的要求或者不符合国家建筑工程质量验收标准及相关专业验收规范的规定，不能通过工程质量验收。

根据一般施工程序，工程完工经竣工预验收并整改完毕后，施工单位应向建设单位提交工程竣工验收申请报告，申请工程竣工验收；建设单位收到工程竣工验收申请报告后，由建设单位组织监理、施工、设计、勘察等单位进行单位工程验收。在建设工程施工合同纠纷中，通常是由开发商提出工程质量不合格的抗辩。在验收程序众多，验收规范严格的情况下，如不能提供工程质量不合格的初步证明，则抗辩观点很难被采信。（王兴整理）

案件名称 II

上诉人（一审原告）德汇公司与上诉人（一审被告）中煤建公司及一审第三人汇申丰投资公司建设工程施工合同纠纷案［（2020）豫民终1398号，2021.3.23］

裁判精要

河南省高级人民法院认为，涉案工程是否存在工程质量不合格的情形，是否应当进行工程质量鉴定。就涉案工程质量问题，中煤建公司在一审中两次申请鉴定均因客观原因无法鉴定而被退回，且涉案工程停工至今已不具备对停工时质量进行鉴定的条件。二审中，中煤建工公司也未提交涉案工程存在质量问题的初步证据，而现有证据也不足以证明涉案工程存在质量不合格的情形。中煤建工公司仅以德汇公司没有市政道路施工资质而推断涉案工程质量不合格，缺乏事实依据。并且，涉案工程因停工而未能完工并竣工验收，故无法通过竣工验收来确定工程质量是否合格，而导致工程停工的主要原因在于中煤建工公司未能依约支付工程款，亦应由其承担相应不利的法律后果。鉴于此，中煤建工公司主张的涉案工程质量不合格应进行工程质量鉴定以及无证据证明工程质量合格之前不应支付工程款的理由不能成立，本院不予采信。（丁一整理）

93. 当事人约定工程价款"待房屋预售款到账后结算"的，属于支付时间约定不明，承包人在完成施工后可以随时向发包人主张工程价款。

案件名称

再审申请人（一审被告、二审上诉人）实力公司与被申请人（一审原告、二审被上诉人）广进公司建设工程施工合同纠纷案［（2019）豫民申2844号，2019.9.27］

裁判精要

河南省高级人民法院认为，关于支付工程价款的时间问题。实力公司与广进公司虽然约定工程价款"待房屋预售款到账后结算"，但对何时预售及如何支付未作出明确约定，属于对合同的履行约定不明，根据合同法的规定，广进公司在完成施工后可以随时要求实力公司支付工程价款。生效判决对广进公司支付工程价款的请求予以支持，并无不当。（郑舒文整理）

94. 合同中约定利息与工程款同步支付，承包人开具的收据或发票上注明工程款的，应视为双方在合同履行过程中以实际行为对支付款项的性质进行了确认。

案件名称

上诉人（原审原告）平煤公司与上诉人（原审被告）永基公司建设工程施工合同纠纷案［（2020）豫民终808号，2021.3.30］

裁判精要

河南省高级人民法院认为，关于在计算工程款及利息时应否采用先息后本抵充顺序的问题。虽然双方在合同中有"利息与工程款同步支付"的约定，但永基公司已明确表示放弃按照补充协议第五条第一项的约定主张单项工程完工后的垫资利息，故不能再依据该项约定主张先支付利息。而在永基公司向平煤公司付款时，平煤公司开具的收据或者发票上均注明为工程款，应视为双方在合同履行过程中以实际行为对支付款项的性质进行了确认。平煤公司主张应当在冲抵利息后再清偿工程款本金没有事实和法律依据，本院不予支持。

编者说明

《中华人民共和国民法典》第五百六十一条规定："债务人在履行主债务外还应当支付利息和实现债权的有关费用，其给付不足以清偿全部债务的，除当事人另有约定外，应当按照下列顺序履行：（一）实现债权的有关费用；（二）利息；（三）主债务。"（曹亚伟整理）

95. 连带责任的承担需要有法律明确规定或当事人约定，被挂靠人受挂靠人委托向违法分包人支付工程款的行为，不能被推定为被挂靠人同意承担向违法分包人支付工程款的连带责任。

案件名称

再审申请人（一审原告、二审被上诉人）朱某亮与被申请人（一审被告、二审上诉人）锦豪实业公司、（一审被告、二审被上诉人）冠名置业公司、（一审被告、二审被上诉人）陈某同建设工程施工合同纠纷案［（2020）豫民申6779号，2020.11.30］

裁判精要

河南省高级人民法院认为，朱某亮与案外人叶某旭签订劳务分包协议后对案涉工程实际进行了施工，陈某同以个人身份出具声明书承诺将工程价款直接支付给朱某亮，并最终与朱某亮对工程价款进行了结算，据此可以认定双方之间存在分包合同关系，朱某亮知道与其履行合同的相对人是陈某同而非锦豪实业公司，根据合同的相对性原则其应当向陈某同主张双方结算的工程价款。虽然锦豪实业公司与陈某同之间存在挂靠关系，但锦豪实业公司并未参与陈某同和朱某亮之间的合同签订及结算，不受双方合同关系和结算行为的约束。锦豪实业公司向朱某亮转账支付部分工程价款，系根据陈某同的委托而履行的代为支付，不能据此推定锦豪实业公司认可陈某同与朱某亮结算的工程价款并愿意承担全部支付责任。连带责任的承担需要有法律明确规定或当事人约定，朱某亮主张锦豪实业公司与陈某同向其连带支付工程价款，缺乏事实和法律依据，生效判决对其该项诉讼请求未予支持正确。（李亚宇整理）

96. 原股东以个人名义承诺在发包人不支付工程款时，其个人承担还款责任的，构成一般保证。

案件名称

上诉人（原审原告）左某国、（原审被告）宋基华锐公司与被上诉人（原审被告）杨某全、（原审第三人）林九建设公司建设工程施工合同纠纷案〔（2021）豫民终68号，2022.1.7〕

裁判精要

河南省高级人民法院认为，关于杨某全应否承担连带清偿责任的问题。左某国和宋基华锐公司在2017年12月10日签订的协议书中约定了"如因甲方外在因素不能履行时，将由杨某全同志个人承担"，杨某全签字确认；2017年12月20日，杨某全与左某国签订协议书约定："现甲方杨某全对乙方左某国作出以下承诺：如因甲方所属公司（信阳宋基华锐置业有限公司）法人或股东变更、破产或公司变卖给他人等情况导致宋基华锐置业有限公司欠左某国工程款不能得到清偿，则甲方杨某全承担全部还款责任。"杨某全虽为宋基华锐公司原全资股东，但其在上述协议中明确承诺在宋基华锐公司不能清偿所欠左某国的工程价款时，其个人自愿承担全部还款责任，符合《中华人民共和国担保法》第十七条规定的一般保证，其应当按照承诺承担责任。根据《最高人民法院关于适用〈中华人民共和国担保法〉若干问题的解释》第一百二十五条的规定，杨某全为一般保证人，在对宋基华锐公司的财产依法强制执行后仍不能履行债务时，由杨某全承担保证责任。杨某全承担保证责任后，有权向宋基华锐公司追偿。一审法院认为杨某全系履行职务行为，行为后果应由宋基华锐公司承担，未判令杨某全承担责任错误，应予纠正。（陈维刚整理）

第二节 当事人达成结算协议

97. 原合同约定双方签订补充协议加盖与本合同一致印章方可生效，后签订的补充协议系对已完工工程进行的结算，虽仅加盖项目经理部印章及有授权代表签字，仍应认定有效，一方当事人要求按补充协议进行结算的，应予支持。

案件名称

上诉人（原审被告）中铁北京公司与被上诉人（原审原告）何某、（原审被告）中铁公司及原审第三人定州公司建设工程施工合同纠纷案［（2020）豫民终913号，2020.12.4］

裁判精要

河南省高级人民法院认为，关于《蒙华隧道工程》补充协议是否生效。中铁公司与定州公司2015年10月14日签订的《工程劳务分包合同》于2016年4月30日终止，2016年5月1日中铁公司和定州公司达成《合同封账协议》，对定州公司在2016年4月30日前施工的工程决算完毕。中铁北京公司与定州公司于2016年5月5日又签订一份《工程劳务分包合同》，对工程名称、合同分包内容、价款等详细内容进行了约定。该合同第19.22条款约定"合同未尽事宜，双方可另行签订补充协议，若签订补充协议盖章与本合同一致方生效"。何某挂靠定州公司对合同约定的工程进行施工，2018年1月15日中铁北京公司项目经理部一分部与定州公司签署《关于〈蒙华隧道工程〉的补充协议》，中铁北京公司的奚某峰代表北京公司在该补充协议上签名并加盖项目经理部一分部印章。该协议对何某系实际施工人的身份进行确认，并对2018年1月15日前合同外工程变更、增加工程以及损失等费用与何某协商一致，共计补偿何某1450万元。《工程劳务分包合同》约定双方另行签订的补充协议加盖公章须与该合同一致，应当是指对合同范围、工程价款等与该合同约定不一致的事项需要另行签订协议。本案的补充协议是双方对何某完工的工程等事项进行的结算，该结算由中铁北京公司的奚某峰签字确认，该项目经理部一分部也系中铁北京公司所设立，有权代表中铁北京公司与实际施工人进行结算，故北京公司主张该补充协议未生效不能成立。

📝 编者说明

构成表见代理，即能够认定"相对人有理由相信行为人有代理权"。这需要满足两个条件，一是客观上形成具有代理权的表象，二是相对人不知道行为人行为时没有代理权，且无过失。（雷军整理）

98. 对项目工程价款形成结算审核报告后，各方又对工程价款结算、支付及违约责任等达成新协议的，工程价款应以新协议为准。

📡 案件名称

上诉人（原审被告）元通公司与被上诉人（原审原告）国基公司建设工程施工合同纠纷案〔（2019）豫民终290号，2019.12.20〕

🔍 裁判精要

河南省高级人民法院认为，关于应付工程价款的认定问题。元通公司提供的《结算审核报告》于2018年1月26日作出，元通公司、国基公司以及姜某生、高某文、童某军于2018年2月4日签订《补充协议》，该《补充协议》形成于《结算审核报告》之后，应为元通公司和国基公司的最终结算协议。国基公司称《结算审核报告》系为备案使用，应以《补充协议》为结算依据，元通公司则主张应以《结算审核报告》为结算依据。元通公司不能对《结算审核报告》作出之后又签订《补充协议》对工程结算事宜进行具体约定作出合理解释。该协议对工程价款决算、工程价款支付、违约责任、担保等作出约定，元通公司称该协议仅为解决付款方式而形成的理由明显不能成立。一审法院根据优势证据原则认定《补充协议》为双方的工程价款结算依据，符合法律规定。《补充协议》约定：国基公司施工的3#、4#场馆，2#、3#楼；2#商业，地下，地下建筑部分工程的"工程结算金额与变更签证总额为2亿元整"；元通公司向国基公司支付的工程款"约为1.7245亿元""最终数额以甲乙双方财务核算的金额为准"。其中工程价款总额2.22亿元具体确定，并非元通公司所称系约数。虽然协议中对已付工程价款确认为约1.7245亿元，但该数额与元通公司提供的付款明细中的数额减去双方争议的2100万元后的数额基本相符，且元通公司并未提供证明该数额经双方核算后作出变更的证据。双方争议主要在于元通公司向国基公司支付款项中的2100万元是否为国基公司施工部分工程价款。《补充协议》约定的工程分为两部分，一部分为国基公司施工的3#、4#场馆，2#、3#楼；2#商业，地下，地下建筑部分工程分为童某军施工的1#、2#场馆，元通大厦，地下，地下建筑部分工程，××楼商业，幼儿园。《补充协议》对国基公司施工部分和童某军施工部分的工程总价款和已付工程价款分别作出确认，其中国基公司施工部分已付工程价款并不包含争议的2100万元。童某军在一审中认可国基公司已将该款项转付于其本人，该款项系支付其施工部分的工程价款，《补充协议》已约定童某军施工部分由元通公司与童某军另行协商处理。故元通公司主张该2100万元系支付国基公司施工部分的工程价款与事实明显不符，一审法院未予采信正确。综上，一审判决认定的涉案工程价款和已付工程价款事实依据充分，元通公司该项上诉理由不能成立，本院不予采纳。（曹代鑫整理）

99. 补充协议构成独立结算协议的，不因施工合同的无效而无效。

案件名称

上诉人（原审原告）国安公司与上诉人（原审被告）亚星公司建设工程施工合同纠纷案〔（2018）豫民终1502号，2019.12.30〕

裁判精要

河南省高级人民法院认为，国安公司与亚星公司于2012年8月21日签订的《补充协议4》约定："1.乙方（国安公司）截至2012年8月20日累计向甲方（亚星公司）借款贰亿叁仟万元整，按照《补充协议3》约定的施工合同付款方式及付款节点，按双方借款协议约定，经双方核准，截至2012年9月30日，乙方应支付甲方利息1268.34万元，双方协商约定，该利息按1200万元计取。乙方对该利息计算方式无异议。2.利息支付方式：甲方在2012年9月之前的节点应付工程进度款中扣除800万元利息，剩余400万元利息，如乙方在2013年6月30日前工程整体按期交工，则甲方不再收取，作为对乙方的奖励，如乙方不能全部按时交工，则甲方在工程竣工决算款中予以扣除，乙方对此约定完全理解并无任何异议。"该《补充协议4》是一份关于部分借款结算的协议，与《建设工程施工合同》相对独立，施工合同无效，结算协议并不当然无效，一审判决认定《补充协议4》无效不当，应予纠正。（李亚宇整理）

第三节 固定价合同

100. 合同约定固定总价，建设工程未完工的，可由鉴定机构按照同一取费标准计算已完工程造价和工程总价，进而确定二者之间的比例，再以固定总价乘以该比例来确定已完工程造价。

案件名称

再审申请人（一审被告、反诉原告、二审被上诉人）华瑞公司与被申请人（一审原告、反诉被告、二审上诉人）汇晔公司及原审第三人赵某玉建设工程施工合同纠纷案［（2020）豫民申4244号，2020.9.7］

裁判精要

河南省高级人民法院认为，关于已完工工程款数额的问题。1.华瑞公司与汇晔公司签订建设工程施工合同，约定施工范围以及合同价1938816元，在专用条款价款调整一项中约定钢材基价为4200元/T，除钢材外，其他不因价格波动而调整。固定总价合同系指当事人对约定的施工范围内的合同价格在风险范围内工程总价款不作调整，而案涉合同当事人在明确约定了施工范围、合同价款的前提下约定对钢材价格进行调整，符合固定价款合同的要求，因此华瑞公司关于案涉合同非固定价款合同的主张不能成立。2.华瑞公司并未完成案涉工程，原审根据华瑞公司的申请委托鉴定机构进行工程造价鉴定以确定已完工工程造价，鉴定意见载明：该项目应施工工程造价为3480672.45元，已完成工程量的工程造价为1023397.21元，已完成工程量的工程造价占应施工工程造价的比例为29.4%，该项目合同价为1938816元，已完成工程量的同比合同工程造价为570011.90元。鉴定机构采用的计算方法并无不当，且华瑞公司对该鉴定意见的具体内容并未提出实质性异议，故将该57万余元认定为华瑞公司对案涉工程的已完工程造价更加符合双方合同约定，因合同价过低导致的商业风险应由华瑞公司负担。3.虽然2017年12月30日赵某玉出具的明细单不是工程价款结算单，但是鉴于汇晔公司认可华瑞公司已完工程造价为797928元，该数额高于鉴定结论的工程造价，因此原审根据汇晔公司的自认采纳该79万余元作为已完工程造价，从已付工程款中予以扣除，并未增加华瑞公司的负担。综上，华瑞公司的再审申请理由不能成立。（徐润浈整理）

101. 双方当事人对合同约定的价款确定方式存在争议，但根据合同内容可以认定为固定总价合同的，对承包人申请工程造价司法鉴定不予支持。

案件名称

再审申请人（一审原告、二审上诉人）正岩公司与被申请人（一审被告、二审被上诉人）长葛市人民法院建设工程施工合同纠纷案[（2021）豫民再331号，2021.11.22]

裁判精要

河南省高级人民法院认为，关于本案工程应否进行司法鉴定的问题。根据案涉《施工合同》专用条款第23.2条约定，合同价款采用固定单价方式确定。双方当事人对该"固定单价"的含义存在不同理解。正岩公司认为固定单价不是固定总价，不是"包死价"，仅是固定工程单价，总工程价款依工程量的不同而变动。长葛市人民法院认为该约定是指固定总价。根据查明事实，结合《施工合同》的内容，该工程首先在协议书部分约定了工程内容是投标工程量清单中包含的项目建设内容，该清单是确定的，其次又约定了合同价款，没有约定合同价款可以调整或者据实结算的内容。虽该《施工合同》专用条款部分约定的是固定单价，从文字表面来看，属于单价固定工程量可变的非固定总价，但是从合同内容综合来看，合同中工程量清单明确，工程内容是清单包含的施工内容，按照工程量清单计算的工程价款约定为合同价款，又不存在据实结算的约定，在其他条款中，对于可认定为工程量的行为进行了明确约定，对于能否计入工程价款的可变项进行了明确约定，所以原审判决认定案涉合同属固定总价合同适当，本院予以确认。基于此，原审中对于工程变更项目已进行处理，对于工程总价进行司法鉴定没有事实根据，也无鉴定必要。所以，正岩公司申请再审称应进行司法鉴定的理由不成立，本院对此不予采信。（吴利波整理）

102. 挂靠人借用资质签订总承包合同后，又将工程转包或违法分包给他人施工，虽然总承包合同约定按固定价结算，但挂靠人与实际施工人未签订书面协议，实际施工人主张按鉴定意见结算的，应予支持。

案件名称

再审申请人（一审被告、反诉原告、二审被上诉人）张某成、（一审被告、二审被上诉人）达成公司、（一审原告、反诉被告、二审上诉人）孙某与被申请人（一审被告、二审被上诉人）润华美丽谷房地产开发公司、（二审被上诉人、一审被告）河南润华置业有限公司及一审原告侯振亮、一审第三人孙振宇建设工程施工合同纠纷案［（2019）豫民再691号，2020.5.8］

裁判精要

河南省高级人民法院认为，关于孙某所施工工程的工程款应如何认定的问题。张某成、达成公司与孙某对工程款结算方式存在分歧，孙某主张按口头约定据实结算；张某成、达成公司主张应按上手合同约定的固定价结算，称从"交易习惯、常理与逻辑"推断，张某成不可能在上手合同为固定价且未经利润核算的情况下，便与实际施工人约定据实结算，双方未签书面合同的原因是同意按上手合同履行等。张某成、达成公司的推理对于实际施工人孙某并不能成立，在未经成本、利润核算时，作为最终实际投入成本进行建设的实际施工人便同意按上手合同的固定价结算，不符合客观现实。达成公司的该推理不符合实际施工人的"常理与逻辑"，且事实上固定价与实际工程造价差距巨大。约定的达成需双方合意，张某成、达成公司基于自己立场所作推定，并不能表明系双方合意的形成。即使在孙某第一次起诉时举出案涉两份书面合同作为己方证据，因无其他证据佐证，也不能当然认为双方口头约定按该两份合同约定的固定价结算工程款。因此，在双方合同关系无效、案涉工程经验收为合格工程、双方对工程价款如何结算无明确约定，且从现有证据不能得出双方口头约定按上手合同履行的情况下，二审按照鉴定意见认定案涉工程造价为15069480.66元，本院对此予以确认。

编者说明

鉴定意见载明案涉工程总价款为15069480.66元，而前手合同约定案涉工程固定价为8985237.3元，二者差距过大。在双方合同关系无效、案涉工程经验收为合格工程、双方对工程价款如何结算无明确约定，且从现有证据不能得出双方口头约定按上手合同履行的情况下，应按照鉴定意见确定工程总价款。（胡玉芹整理）

103. 采用优惠下浮率确定的固定总价施工合同被解除的，应按照实际施工情况及各方过错程度酌情调整下浮比例后确定已完工工程价款。

案件名称

再审申请人（一审被告、反诉原告、二审上诉人）久鼎公司与被申请人（一审原告、反诉被告、二审上诉人）坤成公司建设工程施工合同纠纷案［（2019）豫民申3102号，2019.9.21］

裁判精要

河南省高级人民法院认为，久鼎公司与坤成公司2014年12月8日签订的《建设工程施工合同》系双方真实意思表示并已经实际履行的合同，应当作为结算工程价款的依据。关于让利优惠问题。首先，生效民事判决已经确认，案涉工程不能正常施工系因前期缺少政府行政主管部门要求的施工文件，久鼎公司不存在违约行为。其次，因建设工程存在不平衡的利润结构，对于前期投入较大但利润较少的工程，如仍按照原合同约定的较高下浮比例结算，将导致当事人之间利益失衡，不利于彻底解决纠纷。本案中，双方约定的合同总价为固定合同价，是依据合同所附预算书优惠11.31%后确定的价格。久鼎公司在合同解除前完成的基本为土建工程，生效民事判决按照合同总价让利优惠率确定该部分工程价款有失公平，应当按照九鼎公司对工程的实际投入情况酌情对下浮率进行调整。（王兴整理）

第四节 工程量

104. 在承包人能提供施工合同且现场存在相对应工程量的情况下，发包人虽不认可现场工程量系承包人所施工，但未提交证明现场工程量系他人施工的相反证据，可以推定该部分工程量系承包人施工。

案件名称

再审申请人（一审被告、二审上诉人）骏化公司与被申请人（一审原告、二审被上诉人）徐某军及第三人建业公司建设工程施工合同纠纷案［（2021）豫民申8464号，2022.3.28］

裁判精要

河南省高级人民法院认为，骏化公司申请称徐某军并非案涉工程实际施工人，但徐某军提交了15份工程施工合同，该15份工程施工合同中建业公司盖章处均有徐某军签名。第三人建业公司原审中亦认可其与骏化公司所签订的案涉施工合同均由徐某军实际垫资、施工、负责结算，徐某军与建业公司之间实质为挂靠关系，原审认定徐某军为15份工程施工合同的实际施工人并无不当。关于骏化公司应付徐某军工程款的数额认定问题。徐某军提交的15份工程施工合同，工程总价款合计2437500元，前述合同所涉工程，一审法院与三方当事人进行了现场踏勘，对工程进行了确认，骏化公司虽不认可系徐某军施工，但未提交证据证明徐某军指认项目系他人施工建设，或者提交其他相反证据证明徐某军所述不实，故原审法院扣除骏化公司已付工程款，判令骏化公司向徐某军支付1667500元工程款亦无不当。

编者说明

《最高人民法院关于适用〈中华人民共和国民事诉讼法〉的解释》第一百零八条规定："对负有举证证明责任的当事人提供的证据，人民法院经审查并结合相关事实，确信待证事实的存在具有高度可能性的，应当认定该事实存在。对一方当事人为反驳负有举证证明责任的当事人所主张事实而提供的证据，人民法院经审查并结合相关事实，认为待证事实真伪不明的，应当认定该事实不存在。法律对于待证事实所应达到的证明标准另有规定的，从其规定。"在承包人有施工合同、现场有相应工程量的情况下，发包人若不认可工程量系承包人施工，应当承担证明系其他人施工等情况的责任，否则应承担举证不能的不利后果。（杨贺飞整理）

105. 承包人提交的证据不足以准确认定其具体施工范围，发包人也提交了足以反驳的证据，此种情况下可按照发包人自认的范围来确认承包人的施工范围。

案件名称

再审申请人（一审原告、反诉被告、二审被上诉人）恒兴公司与被申请人（一审被告、反诉原告、二审上诉人）宏岳公司及一审被告姚某祥、新乡市育才小学建设工程施工合同纠纷案〔（2020）豫民申1543号，2020.8.26〕

裁判精要

河南省高级人民法院认为，关于如何采信鉴定意见的问题。一审法院依据恒兴公司的申请，委托河南众惠工程鉴定服务有限公司对涉案工程进行了鉴定，出具的鉴定意见为：1.结合现场勘验结果、恒兴公司所述，恒兴公司实际完成的工程价款为409971.68元；2.结合现场勘验结果、宏岳公司所述，恒兴公司实际完成的工程价款为349640.57元。鉴定意见书中第一项意见和第二项意见差距产生的主要原因为：在现场勘查中，恒兴公司称"教学楼中除上述双方确认的未施工部位砌体以外的砌体均已施工；讲台处砌体全部施工；除个别过梁压顶未施工外，其余混凝土二次构件均已施工"，而宏岳公司称"教学楼中除上述双方确认未施工部位砌体、西楼9轴、10轴/A轴处一层外墙砌体未砌筑以外，其余所有砌体只完成80%；除双方确认砌体未砌筑部位构造柱、过梁、压顶未施工外，其余构造柱、过梁、压顶只完成80%"。在宏岳公司对恒兴公司具体施工范围并不完全认可的情况下，恒兴公司作为施工方应对其已施工的具体范围承担举证责任。在其提交的证据不足以准确认定恒兴公司具体施工范围而宏岳公司又提交了足以反驳的证据的情况下，二审判决按照宏岳公司自认的范围确认恒兴公司的施工范围，采用鉴定意见第二项并无不当。

编者说明

承包人应就其主张的工程价款提交证据加以证明，该证据须达到高度盖然性的证明标准。承包人承担的此种举证责任，为结果意义上的举证责任，是实体法规范已然确定的举证责任，不受当事人主张的牵引、不发生转移。如果承包人提交的证据没有达到高度盖然性的证明标准，或者承包人提交的证据被发包人提交的证据有效反驳，则承包人应继续举证，包括向法院申请启动工程造价司法鉴定，以使工程价款待证事实最终达到高度盖然性的证明标准，进而完成其承担的结果意义上的举证责任。否则，承包人将承担举证不能的法律后果，面临诉讼请求不被法院支持的风险。（郭俊利整理）

106. 鉴定机构认为变更部分属于施工范围，不应另行增加费用；监理单位认为属于工程量变更并签发签证单，应按变更计入工程造价并提交相应证据予以证明，应予支持。

案件名称

上诉人（一审被告）云鹤公司与被上诉人（一审原告）宏图公司建设工程施工合同纠纷案［（2020）豫民终992号，2021.3.4］

裁判精要

河南省高级人民法院认为，对于云鹤公司上诉主张的安装设计施工签证变更部分的工程造价152331.32元的认定问题。对于该部分争议中的设计变更签证部分工程造价9834.19元，宏图公司已在二审质证中同意不计入涉案工程造价，本院予以确认。对于该部分争议中的施工变更签证部分工程造价142497.13元，虽然鉴定机构出具的鉴定说明认为该费用属于施工范围，不应另行增加，但宏图公司提交了监理公司签章的施工现场签证单，能够证明安装施工变更工程量的存在，且施工范围内的工程变更亦属于工程量变更，故一审判决据实认定计入涉案工程造价并无不当。（丁一整理）

107. 根据合同相对性原则，转包人不得以业主方未认可工程量的增加为由否认其与实际施工人就工程量变更达成的协议，其辩称应由业主方向实际施工人支付增加工程量的工程款的，亦不予支持。

📡 案件名称

上诉人（一审被告）路桥集团二公司与被上诉人（一审原告）崔某发、（一审被告）路桥集团公司、（一审被告）中铁隧道集团一处、（一审被告）平榆高速公路公司建设工程施工合同纠纷案［（2018）豫民终869号，2019.5.18］

🔍 裁判精要

河南省高级人民法院经再审认为，（一）关于工程价款的认定。关于工程是否存在变更增加问题。（1）崔某发与路桥集团二公司于2010年3月16日签订的《施工补充协议》明确记载："项目经理部承诺：①桩基及土、石方增加量向业主申请……③对原投标差价较大的钢筋、砼调整至工程成本。""在原合同基础上牵涉到项目经理部承诺对工程成本补偿，工程变更增加等有关事宜，由乙方配合甲方向项目经理部协商解决"，以上约定内容证实路桥集团二公司认可涉案工程存在变更增加，并同意对材料差价进行调整的事实。现路桥集团二公司称涉案工程不存在变更增加与其在《施工补充协议》中认可的事实不符。（2）因崔某发与中铁隧道集团一处之间并不存在直接的合同关系，故路桥集团二公司以中铁隧道集团一处对工程变更增加未予认可为由主张涉案工程不存在变更增加及应由业主向崔某发承担变更增加费用的上诉理由不能成立。（二）关于路桥集团二公司应否承担向崔某发支付工程款及利息的问题。路桥集团二公司与崔某发签订的《工程联合合作协议书》虽因崔某发不具有相应的施工资质而被一审判决认定无效，但该合同已经实际履行，崔某发在涉案工程项目中投入了大量的人力、物力、财力，涉案工程项目也已经施工完毕并交付使用。根据《最高人民法院关于审理建设工程施工合同纠纷案件适用法律问题的解释》第二条、第二十六条的规定，一审判决判令转包人路桥集团二公司向实际施工人崔某发支付工程款及利息于法有据。路桥集团二公司以双方签订的《工程联合合作协议书》无效为由主张免责不符合法律规定，本院依法不予支持。

（姚池整理）

108. 承发包双方签订的施工合同所约定的工程量和工程价款对实际施工人不具有约束力，各方就工程价款结算产生争议时，实际施工人的工程量和工程价款应另行进行司法鉴定。

案件名称

再审申请人（一审被告）齐某运与被申请人（一审原告、二审被上诉人）孙某德、（一审被告、二审上诉人）豫龙公司建设工程施工合同纠纷案〔（2018）豫民再1534号，2019.3.25〕

裁判精要

河南省高级人民法院经再审认为，关于原审委托鉴定机构对案涉工程的造价进行鉴定是否违反程序的问题。经原审查明，齐某运以黄龙公司的名义和豫龙公司签订《田堤湾平房建筑施工协议》等合同，承建案涉田堤湾管护基地建设工程。双方约定工程总造价为1176409.6元。后齐某运将上述工程及附加工程全部转包给孙某德实际施工，双方未另行签订合同，也未约定工程量及工程价款。对以上事实，豫龙公司、齐某运及孙某德均无异议。虽然齐某运与豫龙公司签订的合同中对案涉工程的固定总价进行了约定，但该合同不能直接对孙某德产生约束力。孙某德为案涉工程的实际施工人，所施工工程已完工，经验收为合格工程，故孙某德要求据实结算，由发包方支付工程款应予支持。因合同约定的固定价格的工程量与实际不符，各方对工程价款的结算不能达成一致意见，一审法院为查明事实，保护施工人利益，根据孙某德的申请，依照法律规定委托具有鉴定资质的鉴定机构对案涉工程的工程量及造价进行鉴定并无不当，该鉴定意见依据当事人之间签订的合同、施工图纸及施工资料，对工程的实际工程量核算工程造价，符合客观实际，亦不违反法律规定，故原审采纳该鉴定意见作为认定工程款的依据正确，齐某运再审称原审程序违法的主张，本院不予采纳。（姚池整理）

第五节　审计结论

109. 以财政投资审核结论作为结算的依据，必须有合同的明确约定。

📶 案件名称Ⅰ

再审申请人（一审被告、二审被上诉人）原阳一中与被申请人（一审原告、二审上诉人）城镇建筑公司建设工程施工合同纠纷案［（2019）豫民申8022号，2019.12.27］

🔍 裁判精要

河南省高级人民法院经再审认为，关于计价方法的问题，根据最高人民法院（2001）民一他字第2号、（2008）民一他字第4号的答复意见，财政部门对财政投资的评定审核是国家对建设单位基本建设资金的监督管理，不影响建设单位与城建单位的合同效力及履行，只有在建设合同中明确约定以财政投资的审核结论作为结算依据的，审核结论才可作为结算依据。本案中原阳一中与城镇建筑公司签订的合同中未明确约定以审计报告结论作为结算依据。原阳一中认为双方对合同约定价进行了变更，但未提供充分证据证明双方对变更合同价款达成一致意见。故生效判决认为应当按照双方合同约定的计价方法计算工程款数额并无不当。

📶 案件名称Ⅱ

再审申请人（一审原告、二审上诉人）圣奇公司与被申请人（一审被告、二审上诉人）黔西县①政府及一审第三人黔西县交通运输局建设工程施工合同纠纷案［（2018）最高法民申5190号，2018.11.29］

---

① 经国务院批准，民政部批复同意，撤销黔西县，设立县级黔西市，自2021年5月10日起正式更名。为便于理解，本案例中仍使用案件审理时的名称。

裁判精要

最高人民法院认为，本案中，圣奇公司与黔西县政府签订的《框架协议》第五条明确约定"工程竣工后，根据审计出具的审计决算为最终造价……"；圣奇公司与黔西县交通局签订的《工程承包合同》第五条第二款明确约定"工程价款结算支付方式按与政府签订的协议执行"；其后的《工程承包补充协议》中，亦手书注明造价以审计为准。因此，按照审计结果确定的价款作为工程价款结算的依据是圣奇公司与黔西县政府、黔西县交通局协商一致的结果，是双方当事人真实意思的表示，该约定合法有效，原判决予以认可并无不当。

圣奇公司申请再审实际上是主张按照黔西县审计局的《审计报告》而不是毕节市审计局《专项审计调查报告》认定的金额来结算案涉工程价款。但根据圣奇公司与黔西县政府及黔西县交通局签订的相关合同及协议，各方仅约定按照审计决算确定的金额作为案涉工程价款决算的依据，并未约定按照黔西县审计局审计结果确定的金额作为案涉工程价款决算的依据。而《中华人民共和国审计法实施条例》第四十三条第一款赋予了上级审计机关对下级审计机关的审计业务依法进行监督的权力，第二款进一步规定下级审计机关作出的审计决定违反国家有关规定的，上级审计机关可以责成下级审计机关予以变更或者撤销，也可以直接作出变更或者撤销的决定；审计决定被撤销后需要重新作出审计决定的，上级审计机关可以责成下级审计机关在规定的期限内重新作出审计决定，也可以直接作出审计决定。本案中，黔西县审计局出具《审计报告》后，其上级审计机关毕节市审计局以《审计报告》结果存在重大失实为由，撤销了该《审计报告》，后作出《专项审计调查报告》。因黔西县审计局的《审计报告》已被撤销，以该《审计报告》作为确定案涉工程价款的依据已无事实基础。在此情况下，原判决以毕节市审计局的《专项审计调查报告》作为确定案涉工程价款的依据，并无不当。

编者说明

财政审计监管部门对属于财政投资的工程结算进行审核，是国家对建设单位基本建设资金的监督管理，不影响建设单位与承建单位的合同效力及履行。若建设施工合同是双方当事人的真实意思表示且合法有效，则合同中对以财政投资的审核结论作为结算依据的约定明确，审核结论可作为结算依据，行政监管与民事行为之间不存在矛盾。（曹代鑫整理）

110. 施工合同明确约定了工程最终结算价款以审计后的项目审定总价为准的，审计单位出具的结算审计报告应当作为双方的结算依据，无须重新进行司法鉴定。

案件名称

上诉人（原审原告）河南七建公司与被上诉人（原审被告）中原文化研究会建设工程施工合同纠纷案［（2019）豫民终1070号，2019.11.19］

裁判精要

河南省高级人民法院认为，关于竣工结算审核书能否作为结算依据的问题。双方签订的合同专用条款第33.4条约定，中间工程付款数据只代表工程形象进度，最终结算价款以××审计后的项目审定总价为准。根据河南七建公司提供的工程结算资料，中原文化研究会委托汇龙工程咨询有限公司进行结算审计，并作出了结算审核报告。审计单位具有相应审计资质，作出的审核报告已由双方质证，应予采信，河南七建公司主张审核报告不能作为结算依据与双方合同约定不符。竣工结算审核书明确载明"未尽事宜，以结算审核书为准"，因此河南七建公司主张的竣工结算审核书说明部分与情况一览表不一致的理由不能成立。审计机构审计时间较长属实，但这不属于对审计结果不采信的法定事由。因此，双方对工程价款的结算方法已经明确约定，根据双方约定进行的审计已经作出，工程价款可以据此确定，河南七建公司申请重新进行司法鉴定缺乏法律依据，一审不予准许并无不当。（郑舒文整理）

111. 虽然合同约定进行审计，工程依法也应接受审计监督，但在审计部门无正当理由长期不出具审计结论的情况下，经当事人申请，人民法院可以通过司法鉴定的方式确定工程价款。

案件名称

再审申请人（一审原告、反诉被告、二审上诉人）路创公司与被申请人（一审被告、二审上诉人）龙丰公司、（一审被告、反诉原告、二审上诉人）金达莱公司建设工程施工合同纠纷案［（2021）豫民申7443号，2021.11.29］

> **裁判精要**

河南省高级人民法院认为：案涉项目涉及政府采购，必须接受审计机关的审计监督。2018年10月5日路创公司和金达莱公司签订的《补充协议》明确约定，工程最终结算价为审计价的93%，该约定是双方当事人真实意思表示，双方当事人均应遵照履行。《政府投资项目审计规定》第九条规定："审计机关对列入年度审计计划的竣工结算审计项目，一般应当在审计通知书确定的审计实施日起3个月内出具审计报告。确需延长审计期限时，应当报经审计计划下达机关批准。"案涉项目2019年1月已经竣工验收并投入使用，关于审计结论迟迟未能出具的原因各方当事人说法不一，但金达莱公司也未提交充分证据证明是路创公司导致审计不能进行。在审计部门无正当理由长期不出具审计结论的情况下，经当事人申请，人民法院可以通过司法鉴定的方式确定工程价款。一审审理中，路创公司提交了单方委托所作出的《结算报告》，金达莱公司并不认可，根据《最高人民法院关于审理建设工程施工合同纠纷案件适用法律问题的解释（二）》第十三条的规定"当事人在诉讼前共同委托有关机构、人员对建设工程造价出具咨询意见，诉讼中一方当事人不认可该咨询意见申请鉴定的，人民法院应予准许，但双方当事人明确表示受该咨询意见约束的除外"，该竣工结算报告不能作为路创公司与金达莱公司之间的结算依据。在此种情况下，原审法院应向双方当事人释明，双方可选定鉴定机构，并由人民法院委托司法鉴定以确定工程造价。二审法院在未查明审计结论长期无法形成的原因，又未向路创公司释明的情况下，径行以审计尚未结束，审计结论未最终确定为由驳回路创公司的起诉属于适用法律错误。（陈维刚整理）

112. 施工合同虽约定结算审计后支付剩余工程款，但审计时间超过合理期限，承包人起诉主张工程款的，应予支持。

> **案件名称**

上诉人（原审原告）黄某忠与上诉人（原审被告）郴投公司及原审第三人华盛建设工程（集团）公司、格塘建筑工程公司建设工程施工合同纠纷案［（2020）最高法民终630号，2020.10.21］

裁判精要

最高人民法院认为，关于采用政府审核价格还是鉴定价格的问题。一般而言，当事人约定以审计部门的审计结果作为工程款结算依据的，应当按照约定处理。但审计部门无正当理由长期未出具审计结论，经当事人申请，且具备进行司法鉴定条件的，人民法院可以通过司法鉴定方式确定工程价款。本案中，郴投公司于2014年1月7日向郴州市审计局出具《关于郴州市苏仙湖、王仙湖项目竣工结算报送审计的函》后，至黄某忠2017年提起本案诉讼，郴州市审计局始终未作出审计结论，原审法院根据黄某忠的申请，委托进行造价鉴定，并无不当。（杨贺飞整理）

113. 施工合同约定工程价款的结算应当经审计部门审计确认，但在合同约定期限内未完成审计的，应以双方确认的审定金额认定工程价款。

案件名称

再审申请人（一审被告、二审上诉人）达昌公司与被申请人（一审原告、二审上诉人）万基公司建设工程施工合同纠纷案［（2021）豫民申1508号，2021.5.14］

裁判精要

河南省高级人民法院认为，虽然双方在合同中约定工程价款的结算应当经政府财政审计部门审计确认，但同时约定工程决算审计三个月内完成。在双方未按照合同约定的期限进行审计确认的情况下，生效判决依据项目管理单位许昌经济技术开发区发展改革局、建设单位达昌公司、施工单位万基公司、审核单位河南远大建设工程管理有限公司四方审定的金额认定案涉工程价款，并无不当。

编者说明

司法实践中，合同约定工程价款的结算应当以政府财政审计部门审计为准，但在合同约定的期限内未完成审计的，经当事人申请，可以对工程造价进行司法鉴定，但司法鉴定也仅是确定工程造价的一种方式，当事人之间就工程价款共同审定的金额，只要不违反法律、行政法规的规定，亦可以作为确认工程造价的依据。（曹亚伟整理）

114. 合同约定工程价款结算以审计结果为准，但审计单位长期不出具审计结果。诉讼中，法院根据鉴定机构做出的鉴定意见能够确定工程造价的，发包人以案涉工程未进行审计为由进行抗辩的，不能成立。

📶 案件名称

上诉人（原审原告）鼎泰公司、（原审被告）华中国电公司与被上诉人（原审被告）郑州航空港区国有资产经营管理有限公司建设工程施工合同纠纷案〔（2020）豫民终485号，2021.4.15〕

🔍 裁判精要

河南省高级人民法院认为，关于鼎泰公司要求支付工程款的条件是否成就的问题。《电力工程施工框架协议》第八条"结算方式"虽然约定"最终结算价以郑州航空港区管理委员会投资评审中心评审结果为准"，但涉案工程自竣工验收合格之日起至今已达五年，却一直未予审计。在本案诉讼过程中，经一审法院委托，对涉案工程的造价进行了司法鉴定，涉案工程的造价根据《工程造价鉴定意见书》已经能够予以确定。在此情况下，华中国电公司再以涉案工程未进行审计为由主张支付工程款的条件未成就不能成立。一审判决判令华中国电公司向鼎泰公司支付下欠的工程款并无不当。

✏️ 编者说明

《最高人民法院关于建设工程承包合同案件中双方当事人已确认的工程决算价款与审计部门审计的工程决算价款不一致时如何适用法律问题的电话答复意见》："河南省高级人民法院，你院'关于建设工程承包合同案件中双方当事人已确认的工程决算价款与审计部门审计的工程决算价款不一致时如何适用法律问题的请示'收悉。经研究认为，审计是国家对建设单位的一种行政监督，不影响建设单位与承建单位的合同效力。建设工程承包合同案件应以当事人的约定作为法院判决的依据。只有在合同明确约定以审计结论作为结算依据或者合同约定不明确、合同约定无效的情况下，才能将审计结论作为判决的依据。"（曹亚伟整理）

115. 审计部门作出的工程竣工决算审核定案表不包括设计变更、材料上涨等费用，但实际施工人有证据证明存在上述费用，且得到发包人、承包人、监理人认可的，应对该部分工程款据实结算。

案件名称

再审申请人（一审原告、二审上诉人）何某与被申请人（一审被告、二审上诉人）河南高速项目部、开封通达公司建设工程施工合同纠纷案［（2020）豫民申8129号，2020.12.14］

裁判精要

河南省高级人民法院认为，本案系建设工程施工合同纠纷，河南高速项目部作为发包人将工程发包给具备相应资质的开封通达公司施工，开封通达公司随后违法转包给不具备相应建筑资质的何某，虽然双方未签订书面合同，但形成了事实上的合同关系，该事实上的合同关系违反了法律的强制性规定，应认定为无效。但根据《最高人民法院关于审理建设工程施工合同纠纷案件适用法律问题的解释（二）》第二十四条的规定，实际施工人以发包人为被告主张权利的，人民法院应当追加转包人或者违法分包人为本案第三人，在查明发包人欠付转包人或者违法分包人建设工程价款的数额后，判决发包人在欠付建设工程价款范围内对实际施工人承担责任。原审中，各方对欠付工程款657811.45元及质保金3573428元没有争议，但对何某主张的设计变更工程款、原材料上涨费用及停工损失，一审、二审法院基于不同认识作出了不同判决。一审中，何某提交的证据即河南高速项目部、开封通达公司以及监理签章确认的签证单，能够证明工程存在设计变更价款，其提交的2011年9月25日达成的会议纪要和2011年11月21日申报审批表，能够证明存在材料上涨费用的事实，且河南高速项目部也认可对部分上涨费用予以了补偿，但审计部门作出的工程竣工决算审核定案表并不包括以上费用。在何某作为实际施工人有证据证明且得到河南高速项目部和开封通达公司及监理方认可本案工程存在设计变更工程价款及材料上涨费用的情况下，应对工程款据实结算，二审判决对该部分费用不予支持，证据不足。（曹代鑫整理）

116. 发包人在合同约定的结算评审机构外另行委托第三方对承包人已完工工程量进行结算审核，且发承包双方对该第三方出具的结算审核报告予以认可的，该审核报告可以作为结算依据。

案件名称

上诉人（原审原告）鄢陵金盾公司、（原审被告）莲庄镇政府与被上诉人（原审被告）宜阳文旅公司建设工程施工合同纠纷案［（2020）豫民终377号，2020.6.8］

裁判精要

河南省高级人民法院认为，关于《宜阳七彩莲花山休闲农业园景观工程竣工结算审核报告》能否作为结算依据的问题。《"七彩花海"农业观光园项目施工协议书》虽然无效，但鄢陵金盾公司已经按照合同约定实际实施了涉案工程项目，并经验收合格。《最高人民法院关于审理建设工程施工合同纠纷案件适用法律问题的解释》第二条规定："建设工程施工合同无效，但建设工程经竣工验收合格，承包人请求参照合同约定支付工程价款的，应予支持。"本案双方当事人在《"七彩花海"农业观光园项目施工协议书》第四条第一项中约定："最后工程项目结算以宜阳县财政局评审中心评审结果来决算。"因此，莲庄镇政府要求以宜阳县财政局评审中心的评审结果作为双方结算的依据具有合同依据和法律依据。但涉案项目已于2017年10月25日竣工验收合格，至2020年1月9日一审判决作出前，宜阳县财政局评审中心仍未完成对涉案工程项目的评审。在二审中，莲庄镇政府仍未提供宜阳县财政局评审中心对涉案工程项目完整的评审结果。而在2018年10月11日，莲庄镇政府又委托中昕国际项目管理有限公司作出了《宜阳七彩莲花山休闲农业园景观工程竣工结算审核报告》，该审核报告得到了莲庄镇政府和鄢陵金盾公司的签章认可。莲庄镇政府上诉称该审核报告系为了和新业主进行谈判使用，该上诉理由缺乏证据证明，鄢陵金盾公司也不予认可，且该审核报告并非双方当事人之间的自行结算，而是莲庄镇政府委托第三方审核机构审定的，其客观公正性应当得到确认。同时，该结算审核报告所审定的工程结算价格在《宜阳七彩莲花山休闲农业园景观工程移交证书》中再次得到了双方的签章认可。因此，在宜阳县财政局评审中心的评审结果迟迟不能出具的情况下，一审法院将双方认可的《宜阳七彩莲花山休闲农业园景观工程竣工结算审核报告》作为认定涉案工程价款的依据并无不当。莲庄镇政府的该项上诉理由不能成立，本院不予支持。

编者说明

当事人约定以审计部门的审计结果作为工程价款结算依据的,应当按照约定处理。但审计部门无正当理由长期未出具审计结论,经当事人申请,且具备进行司法鉴定条件的,人民法院可以通过司法鉴定方式确定工程价款。(郭俊利整理)

第六节　工程款欠款利息

117. 发包人所应支付的欠付工程款利息的性质是法定孳息，不因施工合同的效力而发生变化，工程价款的付款时间一旦明确，则产生与之相应的法定孳息。

案件名称

再审申请人（一审原告、二审上诉人）郭某银与被申请人（一审被告、二审被上诉人）博爱新华书店及一审第三人铭源公司建设工程施工合同纠纷案〔（2021）豫民申5562号，2021.11.12〕

裁判精要

河南省高级人民法院认为，关于生效判决未支持郭某银要求博爱新华书店支付工程款利息是否正确的问题。发包人支付欠付工程款利息，其性质是法定孳息，依附于实际施工人的工程款而存在。实际施工人向发包人主张工程价款，理应包含工程价款的法定孳息，且该收益并不因施工合同的效力而发生变化。本案郭某银与博爱新华书店存在事实上的建设工程施工合同法律关系，即使合同无效，工程价款的付款时间一旦明确，则产生与之相应的法定孳息。原一、二审法院并未查明博爱新华书店应付工程款时间，均以郭某银主张工程利息以博爱新华书店与铭源公司所签订的建设施工合同为依据不符合法律规定，不予支持不当。（吴利波整理）

118. 施工合同无效，合同所约定逾期付款利息的违约金条款也无效。欠付工程款的利息属于法定孳息，应按照法定计息标准计取。

案件名称

上诉人（原审原告）鄢某牯与上诉人（原审被告）欣荣房地产公司及上诉人（原审被告）欣荣建筑公司建设工程施工合同纠纷案〔（2020）赣民终723号，2020.11.27〕

裁判精要

江西省高级人民法院认为，关于欣荣房地产公司、欣荣建筑公司是否应向鄢某轱支付九层以上（含九层）的工程款利息及如何计算的问题。《承包合同》约定，欣荣房地产公司、欣荣建筑公司应按工程进度向鄢某轱支付九层以上建筑的工程款，故其主张九层以上建筑的工程款系垫资款的理由不成立。本案中，欣荣房地产公司、欣荣建筑公司未按合同约定支付上述工程价款而实际受益，其应向鄢某轱支付相应工程款的利息。《最高人民法院关于审理建设工程施工合同纠纷案件适用法律问题的解释》第十七条规定"当事人对欠付工程价款利息计付标准有约定的，按照约定处理；没有约定的，按照中国人民银行发布的同期同类贷款利率计息"，故一审法院根据《承包合同》中付款方式有关"如甲方资金不足，不能及时支付工程款，甲方应从应付款之日起按月利息2分向乙方支付利息"的约定，对九层以上（含九层）的工程进度款按《13#、14#楼已完成合同工程结算表》中应付款为基数及施工日记载明的施工进度，计算利息至2018年9月5日双方办理交接手续之日止并无不妥。欣荣房地产公司、欣荣建筑公司主张案涉《承包合同》无效，上述条款系违约金条款而无效，不应按照月息2%计算工程款利息的理由不成立。因双方对工程交接后利息未作约定，故一审法院依照中国人民银行同期同类贷款利率及全国银行间同业拆借中心公布的贷款市场报价利率计算此后工程款的有关利息并无不当，鄢某轱认为此后利息应按月息2%计算的主张，本院不予支持。

编者说明

关于无效施工合同中的质量标准、付款时间、逾期付款违约金以及质量保证金返还期限等约定如何适用问题，《河南省高级人民法院民四庭关于建设工程合同纠纷案件疑难问题的解答》中有如下论述：

1.在施工合同无效的情况下，合同中约定的质量标准、付款时间等条款如何适用？

答：《中华人民共和国民法典》第七百九十三条规定："建设工程施工合同无效，但是建设工程经验收合格的，可以参照合同关于工程价款的约定折价补偿承包人。"《最高人民法院关于审理建设工程施工合同纠纷案件适用法律问题的解释（一）》第六条规定："建设工程施工合同无效，一方当事人请求对方赔偿损失的，应当就对方过错、损失大小、过错与损失之间的因果关系承担举证责任。损失大小无法确定，一方当事人请求参照合同约定的质量标准、建设工期、工程价款支付时间等内容确定损失大小的，人民法院可以结合双方过错程度、过错与损失之间的因果关系等因素作出裁判。"因此，在建设工程施工合同无效的情况下，施工合同中关于工程款、付款时间、质量标准、建设工期等内容可以参照适用。

2.在施工合同无效的情况下，合同中约定的逾期付款违约金或者逾期付款利息如何适用？

答：在施工合同无效的情况下，如果当事人主张按照合同约定支付逾期付款违约金或者逾期付款利息，应向其释明主张合同无效后的逾期付款损失赔偿，并可以参照合同中约定的逾期付款违约金或者逾期付款利息等内容，结合双方过错程度确定逾期付款损失的大小。

3.在施工合同无效的情况下，合同中约定的质量保证金返还期限能否参照适用？

答：建设工程质量保证金具有担保性质，根据建设工程质量保证金管理制度规定，建设工程施工合同无效后并不免除承包人的工程质量缺陷责任，故施工合同中约定的质量保证金返还期限可以参照适用。（曹代鑫整理）

119.因发包人逾期付款，实际施工人在施工过程中向第三人借款，发包人提供担保，由此产生的债务利息应由发包人承担。

案件名称

再审申请人（一审原告、二审上诉人）泽鑫公司与被申请人（一审被告、二审被上诉人）大成公司、李某建设工程施工合同纠纷案〔（2021）豫民再446号，2021.12.27〕

裁判精要

河南省高级人民法院认为，关于合同效力及相关权利主体的问题，从一审查明的情况来看，虽然与泽鑫公司签订施工合同的是大成公司，但大成公司并未进行施工，而是由李某组织人员施工。根据一审中大成公司及李某的陈述，案涉的3022000元履约保证金也是李某交纳的。从大成公司与李某所签订的内部承包协议书来看，李某对其所承包工程自主经营、自负盈亏，并向大成公司交纳一定数额的管理费，其实质是通过内部承包形式来达到借用施工资质的目的。且在施工过程中，泽鑫公司也将部分工程款直接支付给了李某，说明泽鑫公司对李某借用大成公司的施工资质对诉争工程实际组织施工是知情的。一审法院据此认定大成公司与李某属挂靠关系，李某与泽鑫公司形成建设工程施工合同关系，李某系案涉工程的实际施工人，该建设工程施工合同关系因违反了法律的禁止性规定而无效，该认定并无不当。关于泽鑫公司作为担保人代李某偿还李某借案外人朱某超、徐某旦借款利息的问题，因诉争工程已于2013年10月交付泽鑫公司，根据《最高人民法院关于审理建设工程施工合同纠纷案件适用法律问题的解释》的规定，本案中，泽鑫公司应于2013年10月向李某支付全部工程款，而泽鑫公司未支付，致使李某向案外人朱某超借款5000000元、徐某旦借款1100000元。一审法院据此认定该6100000元借款本金所产生的利息即2147800元不应当从工程款中扣除，并无不当。（陈维刚整理）

120. 利息和建设工程价款优先受偿权起算时间均为应付工程价款之日，在同一案件中二者起算时间应保持一致。

案件名称

再审申请人（一审被告、反诉原告、二审上诉人）聚龙公司与被申请人（一审原告、反诉被告、二审被上诉人）中天公司建设工程施工合同纠纷案［（2021）豫民申9705号，2022.3.17］

裁判精要

河南省高级人民法院认为，关于利息和建设工程价款优先受偿权起算时间的问题。根据《最高人民法院关于审理建设工程施工合同纠纷案件适用法律问题的解释》第十八条的规定，利息从应付工程价款之日计付。当事人对付款时间没有约定或者约定不明的，建设工程已实际交付的，交付之日视为应付款时间。《最高人民法院关于审理建设工程施工合同纠纷案件适用法律问题的解释（二）》第十七条规定，与发包人订立建设工程施工合同的承包人，根据《中华人民共和国合同法》第二百八十六条规定请求其承建工程的价款就工程折价或者拍卖的价款优先受偿的，人民法院应予支持。第二十二条规定，承包人行使建设工程价款优先受偿权的期限为六个月，自发包人应当给付建设工程价款之日起算。即按照相关法律规定，利息和建设工程价款优先受偿权起算时间均为应付工程价款之日。本案二审法院在认定利息起算时间时，将工程交付之日作为发包人聚龙公司应支付工程款之日，而在认定中天公司享有建设工程价款优先受偿权时，未明确聚龙公司应支付工程款时间，且未考量中天公司享有建设工程价款优先受偿权的期限。因此，原审在审理利息和

建设工程优先受偿权问题中,对在认定应付工程款时间不一致似有不妥,请再审期间对上述期限予以核实。(阮崇翔整理)

121. 工程虽未完工,但双方已解除合同的,应于合同解除之日结算及支付工程价款,并应从合同解除的次日起计算工程款利息。

📶 **案件名称**

上诉人(一审原告、反诉被告)水木清华公司与上诉人(一审被告、反诉原告)博爱县供电公司建设工程施工合同纠纷案〔(2020)豫民终662号,2020.11.18〕

🔍 **裁判精要**

河南省高级人民法院认为,水木清华公司从2012年4月开工后,一直持续施工,2017年2月10日博爱县供电公司向水木清华公司发出解除合同通知书,此时博爱县供电公司应当向水木清华公司结算并支付工程价款。水木清华公司主张从主体封顶的时间计算工程款利息缺乏依据,应当从博爱县供电公司解除合同的次日起计算工程款利息。

✏️ **编者说明**

本案一审法院认为,在水木清华公司起诉前,涉案工程未交付,工程价款未结算。博爱县供电公司应当承担自水木清华公司2017年3月29日起诉之日至工程价款付清之日欠付工程款的利息。水木清华公司上诉至河南省高级人民法院。省高院认为,涉案工程虽未完工,但双方已解除合同的,应当于合同解除之日进行结算并支付工程价款,且从该时间次日起计算工程款利息。(苗卉整理)

122. 工程未施工完毕承包人提前撤场且发包人实际控制工程现场的,虽未达到合同约定的工程款支付节点,可以承包人撤场、发包人控制现场时间为交付时间计算工程款利息。

📶 **案件名称**

上诉人(一审原告)罗某雄与上诉人(一审被告)钢建公司、遵义开投公司建设工程施工合同纠纷案〔(2021)最高法民终394号,2021.6.30〕

裁判精要

最高人民法院认为，钢建公司和罗某雄之间就案涉工程建立合同关系，虽然双方的《项目内部承包合同》约定参照钢建公司和发包人遵义开投公司签订的《建设工程施工合同》执行，但罗某雄系施工过程中被钢建公司清退出场，并未完成全部工程的施工。钢建公司在罗某雄2018年8月31日彻底退场后，实质上接手了案涉工程，应视为罗某雄将其施工的部分交付给钢建公司。根据2004年《最高人民法院关于审理建设工程施工合同纠纷案件适用法律问题的解释》第十八条的规定"利息从应付工程价款之日计付。当事人对付款时间没有约定或者约定不明的，下列时间视为应付款时间：（一）建设工程已实际交付的，为交付之日；（二）建设工程没有交付的，为提交竣工结算文件之日；（三）建设工程未交付，工程价款也未结算的，为当事人起诉之日"。罗某雄完全退场后，钢建公司实质上完全接手案涉工程即意味着钢建公司应对案涉工程款承担支付责任，意味着对双方之间结算条款的变更。因此，一审法院确认2018年8月31日为罗某雄请求工程款的应支付之日，并认定案涉工程价款的利息起算点为2018年9月1日，并无不当。（杨贺飞整理）

123. 未完工工程约定分期付款，每期还款无法区分工程款、保证金和损失，无法确定有多少是应付利息的工程款，参照司法解释关于利息计取条款的规定，酌定利息计算的起点应为当事人起诉之日。

案件名称

上诉人（原审原告）中电建公司与上诉人（原审被告）昌昇公司建设工程施工合同纠纷案[（2017）豫民终917号，2019.1.31]

裁判精要

河南省高级人民法院认为，关于中电建公司上诉主张的利息问题。一审对损失部分不支持中电建公司的利息主张，处理适当，本院予以维持。本案系未全面完成工程，《还款计划表》虽约定应付工程款时间为2016年5月至2017年4月一年间，分为12期，但其中应还款项包括工程款、保证金和损失，每期还款中无法确定有多少是应付利息的工程款。在不能区分昌昇公司每月欠付中电建公司工程款具体数额的情况下，本院参照《最高人民法院关于审理建设工程施工合同纠纷案件适用法律问题的解释》第十八条关于"利息从应付工程价款之日计付。当事人对付款时间没有约定或者约定不明的,下列时间视为应付款时间:(三)建设工程未交付,工程价款也未结算的,为当事人起诉之日"的规定,结合中电建公司提起本案诉讼时间在一年付款期内的具体情况,酌定从2016年9月19日中电建公司提起本案诉讼之日起,计算小高层和商业部分工程款利息。本案双方当事人对欠付工程款利息计付标准没有约定,应按照中国人民银行发布的同期同类贷款利率计息。一审判决小高层和商业部分工程款起息日为2017年5月1日不当,本院予以调整。(赵静整理)

124. 发包人在未欠付进度款的情况下,承包人诉请解除合同被支持的,提出解除合同之日为剩余工程款应付之日及利息起算日。

案件名称

上诉人(一审被告)大唐公司与被上诉人(一审原告)金尚公司建设工程施工合同纠纷案〔(2019)豫民终784号,2019.7.10〕

裁判精要

河南省高级人民法院认为,关于双方争议的欠付工程款利息起算时间的问题。《最高人民法院关于审理建设工程施工合同纠纷案件适用法律问题的解释》第十八条第三项适用于当事人对付款时间没有约定或约定不明的,建设工程未交付,工程价款也未结算的,当事人起诉之日视为应付款时间,利息自起诉之日起计付。本案中双方签订有《付款补充协议》,对付款节点有明确约定,大唐公司是否逾期支付工程款应当按照协议约定确定。金尚公司于2016年11月9日向一审法院起诉时,按照金尚公司起诉时认可的已付工程款数额7900万元,已经达到双方《付款补充协议》关于支付工程款节点约定的数额,在金尚公司未诉求解除《建筑工程施工合同》的情况下,金尚公司要求大唐公司支付其已完成工程的全部价款不符合合同约定。在本案发回重审后,金尚公司于2018年1月28日变更诉求,明确要求解除双方签订的《建筑施工合同》,并要求支付工程款及利息,因此大唐公司应付工程款之日应是金尚公司提出解除合同之日,欠付工程款的利息亦应自金尚公司要求解除合同之日即2018年1月28日起算。一审判决确定大唐公司支付欠付工程款的利息自2016年11月9日起算确有不当,本院予以纠正。(郭红春整理)

125. 施工合同无效，一方以违约金主张损失，且该违约金系未及时付款的利息损失，当事人在诉讼中明确该违约金为逾期付款利息的，应视为未放弃利息主张。

案件名称

上诉人（原审被告）双强公司与被上诉人（原审原告）马某军及原审被告济源市人民政府北海街道办事处、济源市文化旅游投资集团有限公司建设工程施工合同纠纷案［（2020）豫民终1177号，2021.1.11］

裁判精要

河南省高级人民法院认为，一审判决支持工程款利息是否超出马某军的请求范围。马某军一审请求双强公司支付工程款2968.20万元和违约金1010.77万元。双方签订《内部承包协议书》中约定"公司未按规定向施工队及时支付工程款的，每逾期一日，公司须向施工队赔付应付而未付项目工程款的0.03%的违约金"。该违约金系指双强公司未及时付款给马某军造成的损失。马某军虽没有请求工程款利息，将逾期支付工程款的损失表述为违约金，其二审答辩称"马某军主张的违约金即为逾期付款利息，马某军以约定的'违约金'名义起诉"，由此表明马某军并没有放弃工程款利息的请求，且一审判决按照同期银行贷款利率支持工程款利息并无不当。（吴利波整理）

126. 当事人因逾期付款已承担约定的固定违约金的，逾期付款部分约定的利息高于市场报价利率的部分不再支持。

案件名称

上诉人（原审原告）安阳建工公司与被上诉人（原审被告）强基公司、苏氏公司、邦能盛高公司、裕京公司建设工程施工合同纠纷案［（2021）豫民终474号，2022.1.12］

裁判精要

河南省高级人民法院认为，安阳建工公司与强基公司在案涉还款协议书中约定强基公司未能按照约定的付款期限支付工程款，需支付安阳建工公司违约金1000万元，并支付2018年7月31日后的利息，按照月息2分计算。由于违约金和逾期付款利息均是基于强基公司违约需要承担的责任，且违约金和逾期付款利息亦均是承担违约责任赔偿损失的形式，在我国违约责任制度中违约当事人赔偿损失是以赔偿损失为主，惩罚性赔偿为辅，故在强基公司已承担1000万元违约金的前提下，再按月息2分计算工程款利息，强基公司赔偿损失的数额明显过高，且安阳建工公司亦未举证证明其损失数额已超出1000万元违约金及一审法院认定的利息损失数额。同时，国家为了支持实体经济的发展，减轻企业融资成本过高的现实情况，相关部门已经出台相关法律和政策降低了诸如民间借贷的利率标准等，采取切实措施鼓励、支持和保护实体经济的健康稳定发展。作为司法审判部门的人民法院，肩负着服务、保障社会经济稳定、高质量发展的重任，理应在审判实践中及时回应社会的关切和服务国家大局，故一审法院兼顾安阳建工公司的实际损失、合同履行情况、当事人过错程度等因素，按照中国人民银行发布的同期同类贷款利率和全国银行间同业拆借中心公布的贷款市场报价利率计算利息，符合法律规定和社会现实需要，并无不当。（陈维刚整理）

127. 垫资只发生在工程施工期间，工程完工后垫资款的性质就转化为应付工程款。施工合同中将垫资款利息与工程款利息约定为同一利息标准的，人民法院可根据当事人的真实意思及法律规定调整对应的利息标准。

案件名称

上诉人（原审原告、反诉被告）华兴公司、（原审被告、反诉原告）欣网视讯公司与被上诉人（原审被告）马某平、沈某及原审被告投资咨询公司、通信服务公司、通讯设备公司和原审第三人长江公司建设工程合同纠纷案〔（2021）最高法民终1241号，2022.1.24〕

裁判精要

最高人民法院认为，《最高人民法院关于审理建设工程施工合同纠纷案件适用法律问题的解释》（法释〔2004〕14号）第六条规定："当事人对垫资和垫资利息有约定，承包人请求按照约定返还垫资及其利息的，应予支持，但是约定的利息计算标准高于中国人民银行发布的同期同类贷款利率的部分除外。"第十七条规定："当事人对欠付工程价款利息计付标准有约定的，按照约定处理；没有约定的，按照中国人民银行发布的同期同类贷款利率计息。"案涉合作协议第3.3.7条约定："欣网视讯公司、马某平、沈某按年15%的融资费率向华兴公司支付财务费用，该财务费用以工程造价形式体现。"案涉2017备忘录第三条进一步约定融资费用结算仍按合作协议约定的原则和方案执行。本案中，案涉工程项目由华兴公司负责融资，案涉工程造价分为施工过程中的工程进度款与竣工验收后的工程结算款，对于以工程进度款体现的融资费性质应当认定为垫资和垫资利息，对于以工程结算款体现的融资费性质应当认定为工程款和工程款利息。因此，一审认定案涉工程欠款利息计算标准为年利率15%，对于华兴公司主张垫资年利率15%高于中国人民银行发布的同期同类贷款利率的部分不予支持，并无不当。此外，由于各方就融资费用支付、逾期竣工违约责任分别作出约定，故欣网视讯公司关于其不应承担工期延误期间的垫资利息的上诉主张，缺乏事实与法律依据，本院亦不予采信。

编者说明

在上述案例中，最高人民法院并未直接认定在工程完工后垫资便转化为应付工程款。但最高人民法院认为，以工程进度款体现的融资费性质应当认定为垫资和垫资利息，以工程结算款体现的融资费性质应当认定为工程款和工程款利息。因此，以施工期间产生的工程进度款体现的融资费应当认定为垫资，但在工程竣工验收合格并结算完成后，承包人垫付的款项转化为发包人应向承包人支付的工程价款，此时该款项应当认定为工程欠款。（曹亚伟整理）

128. 发包人与承包人就欠付工程款、利息数额进行确认后支付的款项，如无特别约定，应先冲抵利息。

案件名称

再审申请人（一审原告、二审上诉人）胡某强、（一审被告、二审上诉人）润发公司、（一审被告、二审上诉人）润发公司鹿邑分公司与被申请人（一审被告、二审被上诉人）林州二建集团建设有限公司建设工程施工合同纠纷案［（2019）豫民申6886号，2020.3.11］

裁判精要

河南省高级人民法院认为，关于润发公司已支付的工程款是否应先冲抵利息的问题。根据涡之阳府邸1#楼6层以下工程款确认书记载的内容，工程款双方约定包含工程量价款、工程量价款利息、材料机械摊销、保证金四部分内容，二审判决润发公司已支付的工程款应先冲抵利息并无不当。故润发公司、润发公司鹿邑分公司的再审申请理由不能成立。（李亚宇整理）

129. 被借用资质的单位对工程款仅负有转付义务，且相关合同中并没有明确约定转付工程款时间的，实际施工人主张工程款利息，不予支持。

案件名称

再审申请人（一审原告、二审上诉人）徐某彪与被申请人（一审被告、二审被上诉人）建工集团、常某建设工程施工合同纠纷案［（2021）豫民申4896号，2021.11.3］

裁判精要

河南省高级人民法院认为，关于工程款利息问题。建工集团作为被借用资质单位，对工程款仅负有转付的义务，徐某彪与建工集团在双方签订的《工程项目管理承包合同》中并没有对建工集团转付工程款的时间作出明确约定。且建工集团已将发包人支付的大部分工程款转付给了徐某彪，部分扣留款项已用于解决拖欠农民工工资问题。因此，生效判决对徐某彪主张的欠付工程款利息不予支持并无不当。（吴利波整理）

130. 在被挂靠人拖欠挂靠人工程款的情况下，其出借款项给挂靠人的行为应视为向挂靠人支付工程款，其主张利息的请求不予支持。

案件名称

上诉人（原审被告）黑龙江建工集团与被上诉人（原审原告）汪某全、（原审被告）河南仁信置业有限公司建设工程施工合同纠纷案［（2020）豫民终604号，2020.12.29］

裁判精要

河南省高级人民法院认为，……（二）关于借款利息应否计入已付工程款的问题。黑龙江建工集团与汪某全签订的《建设工程施工内部承包合同》虽然无效，但黑龙江建工集团作为发包人,仍负有按照合同约定及时、足额支付工程款的法定义务。但在合同履行过程中,黑龙江建工集团一方面以扣留履约保证金的名义扣留应支付给汪某全的工程款,另一方面却以借款的形式向汪某全收取支付款项的利息,黑龙江建工集团向汪某全出借款项是以双方之间存在建设工程分包关系为基础的,涉案借款实质上为黑龙江建工集团应向汪某全支付的工程款,黑龙江建工集团向汪某全主张借款利息缺乏事实和法律依据,依法不应支持。退一步讲,即使黑龙江建工集团与汪某全之间的借款关系成立,在黑龙江建工集团拖欠汪某全工程款的情况下,汪某全应支付的借款利息也属于黑龙江建工集团拖欠工程款给汪某全造成的损失,依法最终也应由黑龙江建工集团承担。故一审判决将黑龙江建工集团实际支付的款项,包括黑龙江建工集团主张的借款,均认定为黑龙江建工集团的已付工程款并无不当。对黑龙江建工集团上诉所主张的借款利息,本院依法不予支持。(李振锋整理)

第七节　履约保证金

131. 合同无效导致不按期退还履约保证金的违约条款无效，一方要求支付履约保证金罚息的，不应支持。但另一方具有明显过错的，可按公平原则酌定支付利息。

案件名称

上诉人（一审原告）电建公司与被上诉人（一审被告）宁电公司及一审第三人中正电力公司建设工程施工合同纠纷案[（2020）豫民终942号，2020.11.24]

裁判精要

河南省高级人民法院认为，电建公司与宁电公司在总承包合同中约定"承包方需向发包方支付2000万元履约保证金，发包方保证在2018年6月1日前归还2000万元履约保证金，如发包方未按上述要求退还履约保证金，发包方须向承包方另支付年化12%的罚息，以实际发生天数为准"。该约定系宁电公司不按期退还履约保证金的违约条款，由于涉案工程的总承包合同无效，该条款也无效，故电建公司要求按照该约定标准支付罚息不应支持。但关于本案总承包合同，宁电公司在没有经过招投标，且在未解除与电建公司合同的情况下另行发包，具有明显过错，其如果按照同期银行贷款利率支付利息对电建公司明显不公，故本院酌定宁电公司按照年息8%的标准向电建公司支付迟延退还履约保证金的利息。

编者说明

一审法院的判决支持了电建公司要求宁电公司返还2000万元履约保证金的诉请，对电建公司主张的宁电公司以年利率12%的标准支付罚息不予支持，电建公司上诉至河南省高级人民法院。河南省高级人民法院认为，涉案工程是新能源基础设施建设工程，属于必须招投标的工程，该工程没有进行招投标，涉案《EPC总承包合同》无效。对于电建公司请求宁电公司按照合同约定支付履约保证金的利息应否支持的问题，因宁电公司没有对该总承包合同进行招投标，且在未解除与电建公司合同的情况下另行发包，具有明显过错，如按照同期银行贷款利率支付利息对电建公司显失公平，故酌定按年利率8%计息。（苗卉整理）

132. 承包人将工程违法分包给第三人，双方在合同中约定由第三人承担承包人向发包人交纳保证金的利息，该约定属于结算条款，系对双方清算利益进行的约定，与合同效力无关，第三人应当受该约定约束。

案件名称

上诉人（一审原告）韩某武与上诉人（一审被告）金建公司建设工程施工合同纠纷案［（2020）豫民终151号，2020.7.31］

裁判精要

河南省高级人民法院认为，关于保证金利息问题255000元（对账表一第7项），合同无效，双方关于结算的条款并不必然无效，双方在《内部管理补充约定书》中约定金建公司洛阳分公司向乾坤公司交纳的保证金的利息由项目负责人承担，该约定系对双方清算利益进行的约定，系结算条款，韩某武在该补充约定书上签字确认，应当受其约束。而且韩某武于2013年3月26日向金建公司洛阳分公司出具了收据一份，写明"（保证金利息）255000元，作为工程款"，故一审判决认定韩某武不应承担保证金利息的理由不能成立，本院予以纠正，从应付工程款中扣除保证金利息255000元。（徐润溦整理）

133. 承包人请求退还履约保证金，应在查明违约事实的基础上兼顾合同履行情况，准确认定双方责任承担。

案件名称

再审申请人（一审被告、二审被上诉人）茗耀置业公司与被申请人（一审原告、二审上诉人）江苏一建公司建设工程施工合同纠纷案［（2020）豫民申6937号，2020.11.25］

裁判精要

河南省高级人民法院认为，茗耀置业与江苏一建签订的建设工程施工合同补充协议合法有效，双方均应按照约定全面履行自己的义务，一方不履行合同义务或者履行合同义务不符合约定的，应当承担相应的违约责任，双方约定的履约保证金即为保证合同的全面正确履行。二审法院已经查明江苏一建依约进场为开工做前期准备工作后又自动离场的事实，但未查明江苏一建离场的具体原因和双方的违约责任，仅以江苏一建未进行实质性开工、合同主要内容未开始履行为由判令茗耀置业全部返还履约保证金，明显不妥。再审时，应在查明违约事实的基础上，兼顾合同履行情况，准确认定双方的责任承担。

编者说明

指令河南省郑州市中级人民法院再审本案。（苗卉整理）

134. 发包人在施工合同履行过程中所作出的若无法施工即返还保证金并承担逾期违约金的承诺，是具有清算内容的独立协议，不属于补充协议。

案件名称

再审申请人（一审原告、二审上诉人）江西建工集团与被申请人（一审被告、二审被上诉人）泓源置业公司、张某立、郑州铁路置业公司建设工程施工合同纠纷案［（2021）豫民再583号，2021.12.17］

裁判精要

河南省高级人民法院认为，1.泓源置业公司、张某立于2017年11月1日向江西建工集团出具的《承诺书》中明确表示："我司（注：泓源置业公司）承诺在2017年11月底将完善相关土地及规划手续，……确保工程正常进行。不论在任何情况下，如果出现贵司（注：江西建工集团）无法施工的情况，贵司进场后所实施的所有工程所花费用，及因此产生的一切损失（包括但不限于直接损失、间接损失等），将由我司及本人（注：张某立）全部承担，并且在十天内双倍返还贵司交来的工程保证金，并且工程保证金从转入我司开始就按银行同期贷款利率四倍承担利息。"泓源置业公司在承诺书上加盖印章，张某立在承诺书上签名。

泓源置业公司、张某立在承诺书中表示，若出现江西建工集团无法施工（涉案建设工程施工合同无法履行）的情况，泓源置业公司、张某立同意双倍返还保证金，并按银行同期贷款利率四倍承担利息。该承诺书系泓源置业公司、张某立针对若出现涉案建设工程施工合同无法履行情况，所做的具有清算内容的承诺，该承诺不依附于当事人签订的建设工程施工合同，具有相对的独立性，其效力不受建设工程施工合同效力的影响。该承诺系当事人真实意思表示，不违反法律行政法规的禁止性规定，应为有效承诺。张某立在承诺书中关于同意偿还债务的意思表示明确，其本人已构成债务加入人。现涉案建设工程施工合同已无法履行，泓源置业公司、张某立应承担连带返还保证金责任。一审以张某立系泓源置业公司法定代表人，其承诺系职务行为为由未判决张某立承担责任；二审以承诺书无效为由未判决张某立承担责任均有不妥，本院予以纠正。（陈维刚整理）

第八节 工程质量保证金

135. 发包人未与承包人签订书面合同而主张扣留工程质保金的，不予支持。

案件名称

上诉人（原审原告、反诉被告）钱某辉、吴某飞、刘某与上诉人（原审被告、反诉原告）枫润公司建设工程施工合同纠纷案［（2021）豫民终109号，2022.1.14］

裁判精要

河南省高级人民法院认为，钱某辉、吴某飞、刘某在涉案工程施工中停工，后枫润公司将涉案工程另行发包他人完成施工，故双方之间的事实上的施工合同关系已经终止，枫润公司负有返还保证金和支付折价工程款的义务。鉴于双方已经无法按照正常施工进行工程交付和结算，且也未能进行工程交付和结算，枫润公司主张应按工程款5%扣除质保金，因双方并无合同约定，且双方之间的事实上的施工合同关系已经终止，故其主张的该理由缺乏依据，不能成立。（陈维刚整理）

136. 施工合同被认定为无效的，涉案工程的质量保修期应当以《中华人民共和国建筑法》和《建设工程管理条例》的相关规定为准。

案件名称

再审申请人（一审被告、二审上诉人）丰泽公司与被申请人（一审原告、二审被上诉人）华福公司建设工程施工合同纠纷案［（2020）豫民申2587号，2020.8.20］

裁判精要

河南省高级人民法院认为，关于丰泽公司应否承担支付维修费的责任及二审判决支付维修费的数额是否正确的问题。丰泽公司与华福公司之间签订的《建设工程施工合同》已被生效判决认定为无效合同，涉案工程的质量保修期应当以《中华人民共和国建筑法》和《建设工程管理条例》的规定为准。丰泽公司作为涉案工程的建设方,在涉案工程的质量保修期内,华福公司对于涉案工程出现的裂缝、漏水、外墙脱落及墙体脱落等质量问题发函通知丰泽公司予以维修,因丰泽公司未予维修,华福公司委托第三方进行维修支付的费用及因外墙砖脱落砸坏小区业主车辆、电脑的损失应由丰泽公司承担。

编者说明

《河南省高级人民法院民四庭关于建设工程合同纠纷案件疑难问题的解答》第3问:在施工合同无效的情况下,合同中约定的质量保证金返还期限能否参照适用?

答:建设工程质量保证金具有担保性质,根据建设工程质量保证金管理制度规定,建设工程施工合同无效后并不免除承包人的工程质量缺陷责任,故施工合同中约定的质量保证金返还期限可以参照适用。(郭俊利整理)

137.《建设工程质量保证金管理办法》中关于缺陷责任期的规定,不是质量保证金的返还期限,且该办法不属于强制性规定,双方对质量保证金的返还期限有约定的,仍应按照约定执行。

案件名称

原告(反诉被告)方正公司与被告(反诉原告)和盛公司建设工程施工合同纠纷案〔(2018)豫民初43号,2020.6.8〕

裁判精要

河南省高级人民法院认为,和盛公司与方正公司在2012年1月19日签订的《建设工程施工合同》所附《房屋建筑工程质量保修书》中约定:"工程质量保修金为结算价款的5%。自乙方将合格工程交付甲方之日起,质量保修期满一年,工程无任何质量问题且承包人无违反本协议约定情况,甲方向乙方支付三分之一的质量保修金;质量保修期满两年,工程无任何质量问题且乙方不存在违反本协议约定的情况,甲方向乙方支付三分之一的质量保修金;余款待五年质量保修期满后,无息返还。"在2012年12月26日签订的《建筑工程施工合同补充协议》中,双方又约定"(工程款)剩余5%作为工程保修金(不计息),按国家有关规定执行,各项保修期满后,甲方在12个工作日内将相应质保金返还乙方"。因我国目前尚无关于质保金返还的强制性规定，《建设工程质量保证金管理办法》第二条第三款规定"缺陷责任期一般为1年，最长不超过2年，由发、承包双方在合同中约定"。在双方于2012年12月26日签订的《建筑工程施工合同补充协议》中对质保金的返还约定不明的情况下，本院认定质保金的返还仍应按照双方在《房屋建筑工程质量保修书》中的约定执行。涉案工程于2016年11月28日验收合格并交付使用，和盛公司应于2017年11月28日向方正公司返还质保金3792465.6元，于2018年11月28日向方正公司返还质保金3792465.6元，剩余3792465.58元质保金因在方正公司提起本案诉讼时尚未达到双方约定的返还期限，故对方正公司要求返还该质保金的诉讼请求，本院不予支持。和盛公司应对逾期返还的质保金承担支付利息的违约责任。（陈维刚整理）

138.《建设工程质量保证金管理办法》中关于缺陷责任期的规定涉及建筑市场秩序，应理解为效力性强制性规定，当事人约定的质保金退还时间超过两年的，不予支持。

案件名称

上诉人（原审原告、反诉被告）三建建设集团公司与上诉人（原审被告、反诉原告）凯创公司及原审被告林凯置业发展公司建设工程施工合同纠纷案〔（2020）最高法民终483号，2020.12.30〕

裁判精要

最高人民法院认为，凯创公司主张从工程造价中扣减4%的质量保证金，一审法院未支持，凯创公司提起上诉。本院认为，建设工程司法解释二第八条第一款第一项规定，当事人约定的工程质量保证金返还期限届满，承包人请求发包人返还工程质量保证金的，人民法院应予支持。《建设工程质量保证金管理办法》第二条第三款规定，缺陷责任期一般为1年，最长不超过2年，由发包方和承包方在合同中约定。本案中，双方约定了各项工程的质量保修期，并约定质量保证金为合同造价的4%，在工程竣工结算时预留，土建、安装、防水工程各自保修期限到期后，按造价比例自保修满后14日内分别无息退还承包人。其他保修项目由承包人负责直至保修期满后无息退还，地下车库工程预留质量保证金待质保期满后30日内，一次性付清。2015年4月7日，凯创公司收回工程，质量缺陷责任期应自该日起计算。按照《建设工程质量保证金管理办法》的规定，以及双方的约定，截至一审判决作出时间2019年12月27日，本案各项工程均已过保修期，已扣留的质量保证金应予退还，并支付保修金利息。一审对质量保证金的处理正确，凯创公司此项上诉请求缺乏事实和法律依据，本院不予支持。

编者说明

实践中，对认定《建设工程质量保证金管理办法》为效力性强制性规定的裁判观点存在争议。除上述案例中的裁判观点外，另有裁判观点认为，《建设工程质保金管理办法》中关于缺陷责任期的规定并非效力性强制性规定，当事人在施工合同中约定退还质保金期限超过2年的，应遵从当事人意思自治原则，认定为有效约定。（杨贺飞整理）

139. 质保金的退还以缺陷责任期届满为前提，发包人以质量保修期未届满为由不予退还质保金的，不予支持。

案件名称

上诉人（原审原告）中化四建公司与被上诉人（原审被告）潞安树脂公司、潞安矿业公司建设工程施工合同纠纷案［（2019）最高法民终710号，2019.12.4］

裁判精要

最高人民法院认为，潞安树脂公司应当返还46875278.04元质量保证金。本案质量保证金的返还期限已经届满。其一，中化四建公司于2013年12月9日申请潞安树脂公司竣工验收，潞安树脂公司表示，其受资金条件和市场行情的影响，至今未投料试车，故而未竣工验收；其在二审庭审中也表示没有竣工验收主要是因为市场原因没有投产，质量问题并非主要原因。建设工程竣工验收需发包人与承包人互相配合进行。发包人潞安树脂公司由于自身原因未配合进行竣工验收，潞安树脂公司应承担不利后果。发包人原因导致工程无法按规定期限进行竣工验收的，在承包人提交竣工验收报告90天后，工程自动进入缺陷责任期。本案宜自2013年12月9日的90天后，即2014年3月10日起计算缺陷责任期。其二，潞安树脂公司与中化四建公司虽在《建设工程施工合同》中约定，保修期满视工程质量情况返还保证金，同时就屋面防水、供热与供冷系统、设备安装、给排水设施等工程约定了不同的保修期限。保修期制度与质量保证金的缺陷责任期制度不是同一种法律制度，潞安树脂公司以保修期的相关约定来确定质量保证金的缺陷责任期，缺少法律依据。《最高人民法院关于审理建设工程施工合同纠纷案件适用法律问题的解释（二）》第八条第一款第三项规定，因发包人原因建设工程未按约定期限进行竣工验收的，自承包人提交工程竣工验收报告九十日后起当事人约定的工程质量保证金返还期限届满；当事人未约定工程质量保证金返还期限的，自承包人提交工程竣工验收报告九十日后起满二年。本案中，因为质量保证金的缺陷责任期自2014年3月10日起计算，所以至2016年3月9日止，潞安树脂公司应当向中化四建公司返还质量保证金。质量保证金返还后，并不影响案涉工程在保修期内出现质量问题时潞安树脂公司向中化四建公司主张保修的权利。

编者说明

缺陷责任期与工程质保期

缺陷责任期：《建设工程质量保证金管理办法》第二条规定："本办法所称建设工程质量保证金（以下简称保证金）是指发包人与承包人在建设工程承包合同中约定，从应付的工程款中预留，用以保证承包人在缺陷责任期内对建设工程出现的缺陷进行维修的资金。缺陷是指建设工程质量不符合工程建设强制性标准、设计文件，以及承包合同的约定。缺陷责任期一般为1年，最长不超过2年，由发、承包双方在合同中约定。"第八条规定："缺陷责任期从工程通过竣工验收之日起计。由于承包人原因导致工程无法按规定期限进行竣工验收的，缺陷责任期从实际通过竣工验收之日起计。由于发包人原因导致工程无法按规定期限进行竣工验收的，在承包人提交竣工验收报告90天后，工程自动进入缺陷责任期。"第十条规定："缺陷责任期内，承包人认真履行合同约定的责任，到期后，承包人向发包人申请返还保证金。"

工程质保期：《建设工程质量管理条例》第四十条规定："在正常使用条件下，建设工程的最低保修期限为：（一）基础设施工程、房屋建筑的地基基础工程和主体结构工程，为设计文件规定的该工程的合理使用年限；（二）屋面防水工程、有防水要求的卫生间、房间和外墙面的防渗漏，为5年；（三）供热与供冷系统，为2个采暖期、供冷期；（四）电气管线、给排水管道、设备安装和装修工程，为2年。其他项目的保修期限由发包方与承包方约定。建设工程的保修期，自竣工验收合格之日起计算。"

关于工程质保金的返还期限问题，《河南省高级人民法院民四庭关于建设工合同纠纷案件疑难问题的解答》第22问作出如下论述：

施工合同中对工程质保金返还期限约定不明，承包人起诉主张支付工程款时工程竣工已超过2年不满5年，工程质保金如何处理？

答：建设工程质量缺陷责任期与保修期，是两个有关联但并不相同的概念。缺陷责任期，是指承包人按照合同约定承担工程质量缺陷修复义务、发包人保留工程质量保证金的期限。在责任期结束后，承包人可依法依约收回质保金。缺陷责任期的时间一般不超过2年。而保修期是指承包人对自己所完成工程的保修期限，超过保修期，承包人无义务实施保修。《建设工程质量管理条例》规定，基础设施工程、房屋建筑的地基基础工程和主体结构工程，为设计文件规定的该工程的合理使用年限；屋面防水工程、有防水要求的卫生间、房间和外墙面的防渗漏，为5年；供热与供冷系统，为2个采暖期、供冷期；电气管线、给排水管道、设备安装和装修工程，为2年。

《最高人民法院关于审理建设工程施工合同纠纷案件适用法律问题的解释（一）》第十七条规定："有下列情形之一，承包人请求发包人返还工程质量保证金的，人民法院应予支持：（一）当事人约定的工程质量保证金返还期限届满；（二）当事人未约定工程质量保证金返还期限的，自建设工程通过竣工验收之日起满二年；（三）因发包人原因建设工程未按约定期限进行竣工验收的，自承包人提交工程竣工验收报告九十日后当事人约定的工程质量保证金返还期限届满；当事人未约定工程质量保证金返还期限的，自承包人提交工程竣工验收报告九十日后起满二年。发包人返还工程质量保证金后，不影响承包人根据合同约定或者法律规定履行工程保修义务。"因此，工程质保金的返还以工程缺陷责任期届满为条件，并不以工程保修期限届满为条件。在当事人对工程质保金的返还期限没有约定或约定不明时，可按照该条第一款第二项、第三项规定处理，无须考虑工程保修期限。当然，如果当事人明确约定质保期满退还质保金的，应当按照约定时间返还。（郭俊利整理）

140. 因发包人违约导致承包人停工并解除合同，以竣工验收时间来认定退还质保金的期限对承包人明显有失公平。若双方在合同中约定的质保金返还条件短时间内无法成就，应当将质保金予以退还。

案件名称

上诉人（原审原告）二建公司与上诉人（原审被告）港区裕鸿公司及原审被告

裕鸿置业公司建设工程施工合同纠纷案［（2021）豫民终675号，2022.2.17］

🔍 裁判精要

河南省高级人民法院认为，关于本案质保金是否返还的问题。本案《建设工程施工合同》约定质保金为5%，竣工验收满一年、两年后各返还2%质保金，五年后返还剩余1%质保金。该返还条件是公司工程竣工验收合格，但是案涉工程已于2019年底停止施工，至今未能竣工验收。因港区裕鸿公司违约未按照合同和调解协议支付工程款，造成二建公司停工，合同解除，并由此导致竣工时间不能确定，故以竣工验收来认定退还质保金的期限对二建公司明显不公平。另根据河南省郑州航空港经济综合实验区人民法院2021年10月12日作出的（2021）豫0192破申4号决定书，已决定对港区裕鸿公司启动预重整程序。综上，鉴于港区裕鸿公司违约导致停工至今已逾两年之久，双方在合同中约定的质保金返还条件短时间内无法成就，结合本案实际情况，应当将质保金予以退还。虽然《建设工程施工合同》解除，质保金在本案中不予暂扣，但在法律和合同约定的质保期内二建公司仍负有质量保证的法定义务，如果该部分工程出现质量问题，港区裕鸿公司仍可向二建公司主张权利。（阮崇翔整理）

141. 主张在质保金中扣除维修费用的，应当举证证明其已通知承包人进行维修且承包人拒绝维修，否则不予支持。

📶 案件名称

上诉人（一审被告）家美公司与被上诉人（一审原告）海天公司建设工程施工合同纠纷案［（2019）最高法民终564号，2019.6.27］

🔍 裁判精要

最高人民法院认为，家美公司主张，海天公司退场后，其已通知海天公司案涉工程存在质量问题并要求维修，但是其提供的主要证据即监理公司出具的《情况说明》，仅陈述海天公司工作人员留在工地以及家美公司维修至2016年底，并未说明问题产生的原因及维修责任方，亦未证明家美公司曾向海天公司主张权利，且海天公司明确予以拒绝。相反，2017年1月12日，家美公司仍发函认可一审认定的本案工程款101257649.26元。因此，一审未予支持家美公司关于扣除维修费的主张，并无不当。

编者说明

关于发包人擅自使用建设工程的问题,《河南省高级人民法院民四庭关于建设工程合同纠纷案件疑难问题的解答》第23问、第24问中有如下表述:

第23问:建设工程未经竣工验收,发包人以经营需要为由使用是否属于擅自使用?部分使用建设工程能否认定为擅自使用?其他未使用部分的质量问题,发包人能否主张权利?

答:其一,未经竣工验收合格的建设工程不得交付使用。发包人以经营需要为由使用建设工程的情况属于擅自使用。其二,发包人仅对其擅自使用部分的建设工程,不能再以工程质量不符合约定为由主张权利,而对于未使用部分的建设工程,发包人仍可以主张权利。其三,发包人擅自使用行为仅产生推定工程质量合格的法律效果。如果在发包人擅自使用前就发现工程存在质量问题,也已要求承包人修理,但承包人拒绝修理的,发包人使用后仍可向承包人主张权利。其四,如果建设工程的地基基础工程和主体结构工程存在质量问题,承包人应当在建设工程的合理使用年限内承担民事责任,不受建设工程是否竣工验收及发包人是否擅自使用的影响。

第24问:承包人主张工程款时建设工程尚未超过保修期,发包人主张将在工程保修期内自行维修或委托第三方维修支出的维修费用从工程款中扣除的,是在工程款中予以扣除,还是告知双方待保修期届满后另行按工程质量保修处理?

答:发包人承认拖欠承包人工程款,但以建设工程存在质量问题产生维修费用为由扣除相关维修费用,实质上是主张减少支付工程款,并未超过承包人的诉讼请求范围,属于同一法律关系,应当认定为抗辩。发包人在工程保修期内已通知承包人维修而承包人拒绝修复的,发包人可以依据支出维修费用的有效证据主张减少支付工程款,并在承包人主张工程款的案件中一并处理。(杨贺飞整理)

142. 在无证据证明已通知承包人进行维修以及承包人拒绝维修的情形下,发包人自行委托第三方维修所花费的费用应由其自行承担。

案件名称

上诉人(一审被告)长垣医院与上诉人(一审原告)河北建工责任公司建设工程施工合同纠纷案[(2020)豫民终1166号,2021.5.31]

裁判精要

河南省高级人民法院认为，关于长垣医院所称支付给第三方的工程款应否扣减及欠付工程数额的问题。河北建工公司、王某国、长垣医院均认可长垣医院向河北建工公司账户支付案涉工程款36980000元。另外，王某国认可长垣医院代为支付材料款2000000元、借支10000元及电费，因此一审认定长垣医院已经支付的工程款为36980000元＋材料款2000000元＋借支10000元＋电费4299.74元＝38994299.74元。长垣医院上诉主张后期其委托第三方施工及维修共支付第三方工程款7046762.2元，该款应当从应付工程款中扣减的意见，经查，长垣医院虽然在2013年3月向河北建工公司发函，对于剩余工程由长垣医院自行组织施工并支付工程款，河北建工公司在该函件上加盖印章。但长垣医院并未举证证明其组织施工及支付工程款部分均在王某国施工范围内，且该函件明确约定施工工程量需经监理方签字确认，但长垣医院提交的部分施工工程量没有监理方签字，部分支付凭证无法证明与本案工程相关，部分维修费用未提交证据证明在委托第三方维修前通知河北建工公司，河北建工公司拒绝履行维修义务；故除王某国自认的1990631.14元外，本院对其他款项不予支持。（李振锋整理）

143. 在保修期内，发包人没有履行维修通知义务，发包人或者业主自行维修或者委托第三方维修产生的费用，不得从工程款中扣除。

案件名称

上诉人（原审原告）国安公司与上诉人（原审被告）亚星公司建设工程施工合同纠纷案〔（2018）豫民终1502号，2019.12.30〕

裁判精要

河南省高级人民法院认为，首先，根据案涉合同约定，不同分项工程在保修期内产生的维修义务由国安公司履行，对于超出保修期的质量责任，亚星公司应当提供证据证明质量问题与国安公司的施工之间存在因果关系，方由国安公司承担赔偿责任。案涉工程于2013年12月27日竣工验收，除主体工程外，保修期分为2年和5年不等，亚星公司主张后期维修费用由国安公司承担，应当证明维修项目是否系国安公司施工、是否在保修期内、是否与国安公司的施工存在因果关系，亚星公司没有完成上述举证责任。其次，根据《房屋建筑工程质量保修办法》第九条的规定："房屋建筑工程在保修期限内出现质量缺陷，建设单位或者房屋建筑所有人应当向施工单位发出保修通知。施工单位接到保修通知后，应当到现场核查情况，在保修书约定的时间内予以保修。"根据合同附件4《工程质量保修书》的约定，"属于保修范围和内容的项目，国安公司应在接到修理通知之日后3天内派人修理。国安公司不在约定期限内派人修理，亚星公司或亚星公司委托的物业公司可委托其他人员修理，保修费用从质量保修金内扣除"。无论从法律规定还是从本合同约定的内容看，在保修期内，如发生保修事项，发包方应当首先履行书面通知义务，保证施工方到场确认现场情况以明确质量责任，如果没有履行通知义务，无法分辨产生质量问题的原因，那么建设方或者业主自行维修或者委托第三方维修产生的费用不得从工程款中扣除。从亚星公司提交的证据看，虽然有维修事项的发生，但是亚星公司在二审庭审中陈述称进行了口头通知，没有提交其履行了书面通知义务的证据，也有一部分维修工程发生在质保期满之后，无法确认维修项目与国安公司施工之间是否存在因果关系，还有一部分维修工程涉及防盗门、电梯维修等分包工程，一审判决判令国安公司全部承担2305640元后期维修费用依据不足，应予纠正。经国安公司确认，在2305640元的维修单据中有745108元发生在质保期后，有544819元系分包工程范围内的维修费用，国安公司不予认可。国安公司仅认可1015713元的维修工程量与本案有关，但认为并非施工原因引起，而是国安公司的原因造成。鉴于该部分费用是实际发生的维修支出，故本院酌定由国安公司承担1015713元的50%，即507856.5元。如亚星公司有证据证明其他维修费用与国安公司的施工存在因果关系，可另行主张赔偿。（李亚宇整理）

第九节 管理费

144. 在挂靠法律关系中，施工合同无效，合同中关于管理费和代扣代缴税款的约定属于工程价款结算条款，对双方当事人应参照约定进行处理。

📡 案件名称

上诉人（原审被告）黑龙江建工集团公司与被上诉人（原审原告）汪某全及原审被告河南仁信置业公司建设工程施工合同纠纷案［（2020）豫民终604号，2020.12.29］

🔍 裁判精要

河南省高级人民法院认为，涉案建设工程施工合同虽然无效，但建设工程经竣工验收合格，不影响其作为双方当事人结算的参照依据。根据《最高人民法院关于审理建设工程施工合同纠纷案件适用法律问题的解释》第十六条的规定，当事人对建设工程的计价标准或者计价方法有约定的，按照约定结算工程价款。合同中关于管理费和代扣代缴税款的约定与工程价款结算有关，双方当事人应予以参照执行。根据黑龙江建工集团提交的证据，黑龙江建工集团对案涉工程实施有管理行为，故黑龙江建工集团向汪某全支付工程款时可以参照合同及补充协议约定扣除2%的管理费。黑龙江建工集团代扣代缴符合税法规定，且在黑龙江建工集团支付工程进度款时，双方当事人已明确确认代扣代缴税率为5.84%，对于双方当事人认可的计算方式，予以采信，故黑龙江建工集团向汪某全支付工程款时可以参照合同约定和双方当事人共同确认，结算时扣除5.84%的税款。其中管理费为6600632.62元（330031631.23元×2%=6600632.62元），税费为19273847.26元（330031631.23元×5.84%=19273847.26元），印花税为13487元，由汪某全签字确认，应予认定。（李振锋整理）

145. 转包人在已按合同约定进行实际管理的情况下，可以参照合同约定向实际施工人主张管理费或要求在应付工程款中扣除管理费。

📡 案件名称

上诉人（原审原告、反诉被告）基础公司、（原审被告、反诉原告）兵建公司与被上诉人（原审被告）卓越房地产公司、园区投建公司建设工程施工合同纠纷案［（2020）最高法民终860号，2020.12.11］

🔍 裁判精要

最高人民法院认为，根据兵建公司与基础公司签订的《分包合同》的约定，基础公司需按照工程价款的一定比例向兵建公司支付管理费，其中小高层按照比例为2%，多层为3%。虽然《分包合同》无效，但兵建公司在基础公司施工过程中配合其与发包方、材料供应商、劳务单位等各方进行资金、施工资料的调配和结算，并安排工作人员参与案涉工程现场管理，其要求基础公司参照原约定支付管理费，一审判决予以支持，并无不当。

✏️ 编者说明

转包合同无效的，实际施工人获取的工程款性质为折价补偿费用，转包人实际参与管理的，有权收取一定的管理费用。（杨贺飞整理）

146. 被借用资质单位按照合同约定扣留管理费，并在施工过程中派驻了项目经理且在对工程建设进度、工程质量、生产安全进行监督检查等工作中承担了一定的管理职责，合同无效后，实际施工人请求返还管理费有违诚实信用原则，缺乏法律依据。

📡 案件名称

再审申请人（一审原告、二审上诉人）徐某彪与被申请人（一审被告、二审被上诉人）建工集团公司、常某建设工程施工合同纠纷案［（2021）豫民申4896号，2021.11.3］

裁判精要

河南省高级人民法院认为，关于管理费问题。建工集团与徐某彪之间虽因存在借用建筑资质关系，导致双方签订的《工程项目管理承包合同》无效，但在实际施工过程中，建工集团就案涉工程项目派驻了项目经理，对案涉工程的建设进度、工程质量、生产安全进行监督检查，并对农民工工资纠纷进行处理，承担了一定的管理职责。且在建工集团按照合同约定扣留管理费时，徐某彪并未提出异议。现徐某彪在本案诉讼中要求建工集团返还已经扣留的管理费，不仅缺乏法律依据，而且有违民法最基本的诚实信用原则，生效判决对其该项请求不予支持并无不当。（吴利波整理）

147. 施工合同无效，管理费的约定亦属无效，但承包人在项目中履行了部分管理职责的，法院可以就管理费酌定予以分配。

案件名称

上诉人（一审原告）余某富、罗某辉、朱某超与上诉人（一审被告）泰宏公司、新密市中医院及一审第三人张某福、程某学、张某祥建设工程施工合同纠纷案［（2019）豫民终1596号，2020.11.27］

裁判精要

河南省高级人民法院认为，关于泰宏公司的管理费应否得到支持。泰宏公司主张余某富、罗某辉、朱某超三人应当按照张某祥与泰宏公司签订联营施工意向书、内部承包协议的约定，以工程结算总造价的1%向泰宏公司缴纳管理费。本院认为，张某祥与泰宏公司签订的内部承包协议属于挂靠协议，因违反禁止挂靠的相关法律法规而无效，其中关于管理费的约定亦属无效。对于无效合同中约定的管理费，人民法院应当根据合同履行情况在当事人之间酌定予以分配。考虑到泰宏公司在案涉项目的建设实施了部分管理职责，泰宏公司主张的管理费率也属于合理的范围，余某富、罗某辉、朱某超三人应当予以支付，原审不予支持不当，本院依法予以纠正。（丁一整理）

148. 代建方与施工单位约定了一定比例的管理费，虽然该约定有效，但代建方未参与工程施工组织、管理、结算的，可以依据行业惯例对管理费适当调减。

📡 案件名称

上诉人（一审原告）鑫中联公司、（一审被告）新开元公司与被上诉人（一审被告）郑州市上街区城市开发建设投资公司、郑州市上街区人民政府建设工程施工合同纠纷案［（2019）豫民终1610号，2020.9.18］

🔍 裁判精要

河南省高级人民法院认为，关于新开元公司扣除的管理费是否应当返还的问题。根据鑫中联公司与新开元公司实施合同的约定以及实际履行情况，新开元公司不仅未参与工程施工的组织、管理，亦未参与工程价款的结算，其收取工程价款4%的管理费超出合理限度。根据建筑行业惯例，本院酌定新开元公司的管理费为合同总价款的1%。

✏️ 编者说明

本案一审判决依据鑫中联公司与新开元公司签订的实施合同第四条第二款管理费的约定，认为新开元公司有权依据合同中管理费用为合同总价款的4%的比例向原告收取管理费，鑫中联公司上诉至河南省高级人民法院。省高院认为约定的管理费比例过高，并根据行业惯例酌情予以调减。（苗卉整理）

149. 转包合同无效，转包人对实际施工人实施了一定的管理，实际施工人在转包人扣除合同约定的管理费时未提出异议的，其再主张返还管理费不予支持。

📡 案件名称

再审申请人（一审原告、二审上诉人）蒋某兵与被申请人（一审被告、二审上诉人）南通公司及一审被告（二审上诉人）广泽房地产公司和一审被告南通分公司建设工程施工合同纠纷案［（2021）最高法民申4125号，2021.8.24］

裁判精要

最高人民法院认为，根据蒋某兵的再审申请理由，本案主要审查的问题是南通公司收取项目管理费的数额应为多少。南通分公司与蒋某兵签订的《项目经济责任承包协议书》属于将建筑主体工程非法转包，违反了《最高人民法院关于审理建设工程施工合同纠纷案件适用法律问题的解释》的规定，原审法院认定协议无效正确。双方在该协议中约定"乙方（蒋某兵）按项目结算开票总额计算净上交甲方的项目服务费，即土建4.0%，安装10.0%"。虽然合同无效，但因建筑工程已竣工验收，施工方依然按约取得工程价款。南通公司对案涉工程进行实际管理，付出劳动，收取一定比例的管理费符合公平原则。原审法院按照双方约定确定管理费，并无明显不当。

编者说明

司法实践中，在合同无效的情形下，法院对管理费大多以"维持现状"的方式进行处理，即已支付的不再退还，未支付的不再支付；因为合同无效后，管理费的约定亦属于无效条款。但在上述案例中，最高人民法院更关注是否投入管理，如投入了管理，则可支持管理费，该种处理更符合公平原则。因此，对主张管理费的一方而言，要想诉请获得法院的支持，就要留存好自身对案涉工程进行了一定管理工作的证据。（曹亚伟整理）

150. 被挂靠人与挂靠人约定的管理费，不属于发包人与实际施工人之间的约定，不应在认定发包人应付工程款时扣除该项费用。

案件名称

上诉人（原审原告）赵某海与上诉人（原审被告）新恒顺公司、恩菲公司建设工程施工合同纠纷案［（2020）豫民终1215号，2021.11.4］

裁判精要

河南省高级人民法院认为，关于恩菲公司与赵某海约定的管理费是否应当从赵某海的应收工程款中扣除的问题。1.如前所述，赵某海借用恩菲公司名义与新恒顺公司签订的案涉一系列《建设工程施工合同》，系赵某海与新恒顺公司的真实意思表示，是二者之间的合意，赵某海与新恒顺公司系案涉建设工程施工合同的真实当事人，即使合同无效，新恒顺公司仍有义务参照案涉施工合同向赵某海支付工程款，而关于管理费的约定，不属于赵某海与新恒顺公司之间的约定内容，而系恩菲公司与赵某海之间的约定，因此在认定新恒顺公司与赵某海之间的债权债务数额时不应扣除管理费，原审扣除1%管理费117.13786158万元错误。2.恩菲公司与赵某海、新恒顺公司与赵某海之间存在的法律关系不同，恩菲公司与新恒顺公司的责任亦不同。如前所述，赵某海关于恩菲公司应在未转付工程款范围内承担付款责任的诉讼请求，本院未予支持，在未判决恩菲公司向赵某海承担支付工程款责任，且恩菲公司亦未就管理费提出独立诉求的情形下，恩菲公司关于应当依据《内部承包经营责任书》在赵某海工程价款中扣除3%管理费的主张不能成立，本院不予支持。双方关于管理费的纠纷，可另行解决。（吴利波整理）

第十节 其他

151. 承包人要求支付工程款，发包人以因承包人破产事由发生前一年的违约行为使承包人获得了债权为由要求抵销的，人民法院应予支持。

🔊 案件名称

上诉人（一审原告、反诉被告）天工钢构公司管理人与被上诉人（一审被告、反诉原告）山东国风公司、山东国风南阳分公司建设工程施工合同纠纷案〔（2018）豫民终690号，2019.5.27〕

🔍 裁判精要

河南省高级人民法院认为，关于山东国风公司、山东国风南阳分公司对天工钢构公司享有的债权与所负债务能否抵销的问题。《中华人民共和国企业破产法》第四十条规定："债权人在破产申请受理前对债务人负有债务的，可以向管理人主张抵销。但是，有下列情形之一的，不得抵销：……（三）债务人的债务人已知债务人有不能清偿到期债务或者破产申请的事实，对债务人取得债权的；但是，债务人的债务人因为法律规定或者有破产申请一年前所发生的原因而取得债权的除外。"本案山东国风公司、山东国风南阳分公司要求天工钢构公司赔偿其违约损失是基于天工钢构公司在施工过程中存在违约行为，天工钢构公司的违约行为发生在2010年6月，而天工钢构公司申请破产是在2011年12月。也就是说，山东国风公司、山东国风南阳分公司是因为天工钢构公司破产申请一年前的违约行为而取得了1883490元的债权，一审判决将山东国风公司、山东国风南阳分公司所享有的该1883490元的债权与其所应承担的1655000元的工程款相抵销符合法律规定。天工钢构公司关于一审判决将双方当事人的债权债务相抵销违反法律规定的上诉理由不能成立。（姚池整理）

152. 夜间施工增加费是指因工程结构和施工工艺要求，需要在夜间连续施工而增加的施工费用。承包人未能举证证明夜间施工的必要性，仅因政府环保要求不允许白天施工改为夜间施工而主张夜间施工增加费的，不予支持。

案件名称

上诉人（一审被告）博爱县住建局与被上诉人（一审原告）太平洋公司及一审被告博爱县人民政府建设工程施工合同纠纷案［（2020）豫民终866号，2021.1.22］

裁判精要

河南省高级人民法院认为，关于夜间施工增加费3.063404万元［（道路工程2.682922万元+雨水工程0.076901万元）+增值税11%］、二次搬运费6.126808万元［（道路工程5.365844万元+雨水工程0.153803万元）+增值税11%］、冬季施工增加费3.063404万元［（道路工程2.682922万元+雨水工程0.076901万元）+增值税11%］，博爱县住建局主张三项费用共计12.242873万元应否扣减的问题。太平洋公司与博爱县住建局对于上述三项费用是否计取均未进行约定。其中，（1）夜间施工增加费系因工程结构和施工工艺要求需要在夜间连续施工而增加的施工费用。太平洋公司未能举证案涉工程施工工艺要求需夜间施工，且太平洋公司主张计取该费用的理由是博爱县人民政府环保要求不允许白天施工，所以改为夜间施工，然而该事由不是计取夜间施工增加费的依据。因此，原审计取该费用依据不足，本院予以纠正。（2）二次搬运费系因施工场地狭小或者场地特殊，材料运输车辆不能到达施工地点，需再行转运所产生的费用。太平洋公司未能举证存在二次搬运的事实，博爱县住建局亦无同意支付该项费用的意思表示，因此原审计取该费用依据不足，本院予以纠正。（3）冬季施工增加费系因冬季施工而需采取的防寒保温设施、人工与机械的工效降低以及技术作业过程的改变等，所增加的有关费用。案涉工程施工时间为2017年10月至2018年5月，存在冬季施工的事实，因此原审采信鉴定意见计取该冬季施工增加费并无不当。综上，博爱县住建局关于不应计取夜间施工增加费3.063404万元、二次搬运费6.126808万元的上诉理由成立，本院予以支持。（丁一整理）

03

第三章
工程质量

第一节 工程质量责任

153. 案涉工程竣工验收后，即便存在质量问题，承包人承担的是质量保修责任，发包人以存在质量问题为由拒付工程款的，不予支持。

📡 案件名称

再审申请人（一审被告、反诉原告、二审上诉人）嘉邦公司与被申请人（一审原告、反诉被告、二审被上诉人）中创公司建设工程施工合同纠纷案〔（2020）豫民申1770号，2020.6.29〕

🔍 裁判精要

河南省高级人民法院认为，关于案涉工程是否验收合格，嘉邦公司（发包人）是否应承担支付工程款责任的问题，中创公司（发包人）已经根据该《施工补充合同》的约定，在2017年2月13日将案涉工程移交给嘉邦公司，工程交付使用后即视为验收合格，发包人不得再以质量问题拒付工程款。依照《建设工程价款结算暂行办法》第十九条的规定，已经竣工验收的工程，发包人对工程质量有异议的，其质量争议应该依照工程保修合同执行。故即便案涉工程存在质量问题，中创公司承担的是质量保修责任，不影响嘉邦公司按照双方的约定履行支付工程款的义务，故嘉邦公司以质量不符合约定拒付工程款的理由不能成立。

✏️ 编者说明

《中华人民共和国民法典》第七百九十九条第一款规定："建设工程竣工后，发包人应当根据施工图纸及说明书、国家颁发的施工验收规范和质量检验标准及时进行验收。验收合格的，发包人应当按照约定支付价款，并接收该建设工程。"该规定将工程竣工验收合格作为工程款给付的前提条件，也即法律明确了建设工程竣工验收合格与工程款给付之间存在的先后顺序，这就表明如果工程质量问题发生在竣工验收前，则发包人可以依据先履行抗辩权拒付工程款。但是在工程竣工验收合格之后，建设单位给付工程款的前提已成就的情况下，建设单位以工程质量问题为由拒付工程款的，将承担延迟付款的违约责任。

《建设工程质量管理条例》第四十一条规定："建设工程在保修范围和保修期限内发生质量问题的，施工单位应当履行保修义务，并对造成的损失承担赔偿责任。"该规定进一步明确了，基于建设工程的特殊性，一定程度的质量问题可以容忍，于竣工验收后处理；对于竣工验收后可能出现的新的质量问题，虽然不能适用先履行抗辩权，但可以在工程质量保修法律关系中予以处理。这也就意味着，建设工程在竣工验收合格后、保修期限届满前出现质量问题，建设单位虽不能以此为由拒付工程款，但可以让承包人承担质量保修责任。（郭俊利整理）

154. 因承包人未按图纸设计及规范要求施工且未对监理方提出的施工问题予以整改，导致工程存在质量瑕疵的，除要求承包人承担维修费用外，发包人据此要求减少支付工程价款的，应予支持。

案件名称

再审申请人（一审被告、二审上诉人）雅图公司与被申请人（一审原告、二审上诉人）通域公司建设工程施工合同纠纷案［（2020）豫民申389号，2020.9.18］

裁判精要

河南省高级人民法院认为，关于涉案工程质量是否合格，雅图公司应否支付工程款的问题，一审审理过程中，通域公司就涉案工程监理单位所提出的工程是否符合图纸设计要求和是否合格申请了司法鉴定，并同时申请了若存在质量问题对其加固维修费用的评估。经鉴定，检测结果为：针对委托的所用隅撑连接是否符合要求的问题，经现场检测该项目隅撑与屋面梁通过90×90×8钢板连接块螺栓连接，图纸要求通过采用与梁等宽的加劲肋螺栓连接，且隅撑和加劲肋双面焊接，存在个别螺栓松动现象，不满足图纸设计及规范要求；隅撑与檩条采用螺栓及点焊连接，图纸要求采用螺栓连接且隅撑与檩条采用双面焊接，存在个别螺栓松动现象，不满足图纸设计及规范要求。该检测结果还认定其他部分工程存在不满足或不符合规范要求，但不影响整体结构安全。针对上述所用隅撑连接不满足图纸设计及规范要求的问题，河南省建筑科学研究院有限公司作出加固技术方案，并对加固技术方案作出建筑工程预算书，加固工程造价为156046.48元。可见，涉案工程的主体部分达到了质量标准，通域公司要求支付工程款的请求应予支持。但通域公司在施工过程中，存在不满足图纸设计及规范要求施工、对监理方提出的施工问题未予整改及不经发包方同意擅自变更工程设计等违约问题，二审判决结合双方签订合同约定的内容、履行情况及双方当事人的过错程度，对通域公司应获得的工程款项做出扣减应付工程款10%的处理，并将加固费用在应支付的工程款中予以扣除，判令雅图公司支付通域公司工程款5249559元并无不当。（徐润浈整理）

第二节 工程竣工验收

155. 工程已完工部分虽未经竣工验收，但发包人已将剩余工程交由第三方施工的，视为发包人对已完工部分工程质量的认可。

📶 案件名称

上诉人（原审原告）左某国、（原审被告）宋基华锐公司与被上诉人（原审被告）杨某全、（原审第三人）林九建设公司建设工程施工合同纠纷案〔（2021）豫民终68号，2022.1.7〕

🔍 裁判精要

河南省高级人民法院认为，关于工程质量举证责任的问题，根据《最高人民法院关于审理建设工程施工合同纠纷案件适用法律问题的解释》（法释〔2004〕14号）第十三条规定，建设工程未经竣工验收，发包人擅自使用后，又以使用部分质量不符合约定为由主张权利的，不予支持；但是承包人应当在建设工程的合理使用寿命内对地基基础工程和主体结构质量承担民事责任。本案中，虽然左某国所施工工程未经竣工验收，但宋基华锐公司认可委托案外人对剩余工程进行了施工并已将部分房屋对外出售，视为宋基华锐公司对左某国所施工部分建筑工程质量是认可的，工程质量责任风险已转移至宋基华锐公司。宋基华锐公司主张左某国所施工工程存在质量问题应当提供证据证明，一审法院对举证责任的分配正确。（陈维刚整理）

156. 合同无效，但建设工程经竣工验收合格，承包人请求参照合同约定支付工程款的，应予支持。

📶 案件名称

再审申请人（一审被告、二审上诉人）中京公司与被申请人（一审原告、二审被上诉人）安装公司及二审被上诉人（一审第三人）陈某建设工程施工合同纠纷案

[（2020）最高法民申293号，2020.9.29]

🔍 裁判精要

关于原判决适用法律是否确有错误的问题。《最高人民法院关于审理建设工程施工合同纠纷案件适用法律问题的解释》第二条规定："建设工程施工合同无效，但建设工程经竣工验收合格，承包人请求参照合同约定支付工程价款的，应予支持。"本案中，经原审查明，企业管理费、规费等费用均属于合同约定工程价款的组成部分，湖南华信求是工程造价咨询有限公司就案涉工程价款形成的鉴定意见亦对前述费用进行了计算。原判决考虑到安装公司实际投入了劳动、资金和材料，并参照合同约定以及鉴定意见，对本案的工程价款进行综合认定，未超出双方当事人订立合同时的合理预期，并无不当。中京公司关于原判决适用法律确有错误的再审申请事由不能成立。

✏️ 编者说明

《中华人民共和国民法典》第七百九十三条第一款规定："建设工程施工合同无效，但是建设工程经验收合格的，可以参照合同关于工程价款的约定折价补偿承包人。"

根据上述规定，建设工程施工合同无效但工程竣工并交付使用的，应当依法参照合同关于工程价款的约定，计算承包人应得折价补偿款。实务中，之所以出现建设工程施工合同无效但工程竣工并交付使用的情形下以何种标准计算折价补偿款的争议，在于未能准确理解《中华人民共和国民法典》第七百九十三条第一款的规定。建设工程施工具有一定的周期性和复杂性，双方当事人在合同中的约定一定程度上代表了双方当事人对于合同签订和履行的合理预期以及对于相关合同风险的预先安排，在建设工程施工合同无效，没有更加科学、合理、简便有效的折价补偿标准的情况下，参照建设工程施工合同关于工程价款的约定折价补偿承包人具有相当的合理性。这种方式可以在保证建设工程质量的前提下，确保双方当事人均不能从无效合同中获得超出合同有效时的利益，符合当事人的合理预期和我国建筑市场的实际，能够保证案件裁判的社会效果。《中华人民共和国民法典》第七百九十三条第一款虽然使用了"可以参照"的表述，但如果工程建设未发生大规模设计改变，或者合同中有关工程价款约定不存在严重违背当事人真实意思表示等情况，人民法院在具体裁判中，不宜任意将"可以参照"理解为可以参照，也可以不参照。（郭俊利整理）

157. 双方约定以消防验收并取得消防合格证明为支付工程款的条件，在工程已按规定竣工验收并提交消防备案显示未抽中情况下，未取得消防合格证明系行政部门履行职责原因，发包人不得以合同约定的条件未成就为由拒绝支付工程款。

📶 案件名称

再审申请人（一审原告、二审上诉人）平安公司与被申请人（一审被告、二审被上诉人）建坤公司、张某、鄢陵县住房和城乡建设局建设工程施工合同纠纷案〔（2020）豫民申4004号，2020.9.16〕

🔍 裁判精要

河南省高级人民法院认为，关于案涉工程是否达到付款节点，建坤公司应否支付下余工程款的问题，平安公司申请称其已依约对案涉工程施工完毕，并对该消防工程进行网上备案，建坤公司应依约支付下欠工程款。建坤公司称平安公司未依约提供消防合格证明，且案涉工程受到过消防部门的行政处罚，其有权依约拒绝支付下余工程款。首先，消防部门的处罚和支付工程款不能形成对价关系，消防部门日常监督检查过程中做出的处罚属于行政管理的范畴，不能据此认定消防工程不合格。其次，从合同约定来看，合同约定的条件未成就不是平安公司未履行义务所致。双方签订的消防工程合同第三条约定：案涉工程应在小区工程段质量验收前取得消防合格证。第十条约定：取得消防验收并拿到消防合格证后，建坤公司支付工程款至95%。《建设工程消防监督管理规定》第二十四条规定：对本规定第十三条、第十四条规定以外的建设工程，建设单位应当在取得施工许可、工程竣工验收合格之日起七日内，通过省级公安机关消防机构网站进行消防设计、竣工验收消防备案，或者到公安机关消防机构业务受理场所进行消防设计、竣工验收消防备案。案涉建坤金鼎国际住宅小区于2015年8月17日对该消防工程进行网上备案且已被受理，备案号：410000WYS150007627，备案验证码：0095，备案类型：竣工验收消防备案，工程名称：建坤·金鼎国际住宅小区，状态：未被抽中。前述事实可以证明，平安公司已履行相关法律法规规定的法定义务，未取得消防合格证明系行政部门履行职责的原因。且案涉工程已经竣工五年有余，房屋早已交付使用，建坤公司以平安公司未提交消防合格证明为由拒绝支付下欠工程款缺乏法律依据。（徐润浈整理）

158. 案涉工程未完工，无法进行竣工验收，发包人应就承包人施工部分质量不合格承担举证责任，否则推定工程质量合格，法院可以依据鉴定意见确定工程造价。

案件名称

上诉人（原审被告）河南宏益华房地产开发有限公司、厦门宏益华集团有限公司与被上诉人（原审原告）河南省第一建筑工程集团有限责任公司建设工程施工合同纠纷案〔（2019）豫民终1428号，2019.11.25〕

裁判精要

河南省高级人民法院认为，虽然案涉幼儿园工程未完成，但是在已施工部分质量合格的情况下，河南省第一建筑工程集团有限责任公司有权就已施工部分主张工程价款。因幼儿园工程未完工，无法进行竣工验收，河南宏益华房地产开发有限公司应当就河南省第一建筑工程集团有限责任公司幼儿园工程已施工部分质量不合格承担举证证明责任，但是其并未提交相应证据予以证明或在一审中申请工程质量鉴定，应当推定工程质量合格。因双方无法达成结算，河南省第一建筑工程集团有限责任公司提起诉讼并申请工程造价鉴定符合法律规定，一审判决依据鉴定意见确定工程造价并无不当。（郑舒文整理）

04

第四章
工期

第一节 工期认定

159. 实际开工日期早于生效合同约定的开工日期的，开工日期应以合同约定日期为准。

案件名称

上诉人（原审原告）金戈铁马公司与被上诉人（原审被告）东方建设公司建设工程施工合同纠纷案［（2021）豫民终747号，2021.11.9］

裁判精要

河南省高级人民法院认为，关于东方建设公司支付金戈铁马公司逾期违约金的数额问题，违约金的数额应当以合同约定的日违约金的数额乘以逾期天数而得出。结合本案，应当首先确定合同约定的工期、实际履行合同时的开工日期和竣工日期，才能认定是否逾期及逾期的天数。本案中双方《建设工程施工合同》第一部分第二条约定，工期总日历天数为183天。具体开工日期从金戈铁马公司支付东方建设公司预付款之日起开始计算，支付预付款之后具备开工条件的楼栋开工日期以开工之日计算，工期总日历天数不变；第十二条合同生效条款约定："本合同自发包人、承包人盖章并发包方工程预付款全部到达承包方账户后生效。"金戈铁马公司于2017年5月1日之前向东方建设公司支付预付款1200万元。金戈铁马公司主张2017年4月5日，东方建设公司向监理公司申请开工，监理公司同意东方建设公司进场施工，2017年4月7日，预付款第一笔300万元打入东方建设公司账户，所以开工日期应确定为2017年4月5日，东方建设公司此举是以实际行动改变了合同的开工日期。东方建设公司主张涉案工程的工期应当以金戈铁马公司支付预付款完毕之日开始计算工期，2017年9月7日，金戈铁马公司才支付完毕预付款1200万元，开工日期应自2017年9月7日起计算。本院认为：根据双方合同第十二条合同生效条款约定，合同生效日为金戈铁马公司工程预付款全部到达承包方东方建设公司账户之日，2017年9月7日，金戈铁马公司的预付工程款才全部到位，因此，2017年9月

7日是双方合同生效日期。合同于2017年9月7日方才生效,因此,合同约定的工期应当从合同生效之日起算。东方建设公司的主张符合合同约定,一审法院予以采纳是正确的。案涉工程的竣工日期,已经生效的(2020)最高法民申4532号民事裁定认定为2018年3月17日。2017年9月7日至2018年3月17日,东方建设公司施工涉案工程191天,比合同约定的工期183天逾期8天。一审法院判决东方建设公司向金戈铁马公司支付8万元违约金且没有支持金戈铁马公司过高部分的诉请正确。金戈铁马公司向本院上诉中关于一审法院违约金计算有误的诉请不能成立,本院不予支持。(吴利波整理)

第二节 工期延误索赔

160. 挂靠法律关系中，发包人请求被挂靠人承担工期延误赔偿责任，而未明确请求实际施工人（挂靠人）承担的，其诉请不予支持。

案件名称

原告（反诉被告）南通四建公司与被告（反诉原告）岚世纪公司及第三人黄某荣建设工程施工合同纠纷案［（2019）豫民初18号，2020.6.4］

裁判精要

河南省高级人民法院认为，……岚世纪公司与南通四建公司不存在真实的建设工程施工合同法律关系，双方之间的《建设工程施工合同》《补充协议》无效，且南通四建公司并未实际履行合同。岚世纪公司在黄某荣参加诉讼后未请求判令事实上的合同相对方黄某荣赔偿损失，而是依据其与南通四建公司签订的《建设工程施工合同》《补充协议》继续请求判令南通四建公司赔偿损失，该诉讼请求亦缺乏事实和法律依据，本院不予支持。（吴利波整理）

161. 法院在准确判断工程逾期原因的前提下，应按双方过错比例对工程逾期导致的损失进行合理分担。

案件名称

再审申请人（一审原告、二审上诉人）石油物资郑州公司与被申请人（一审被告、二审被上诉人）彭某、地远建筑公司建设工程施工合同纠纷案［（2020）豫民申8270号，2021.2.19］

裁判精要

河南省高级人民法院认为，石油物资郑州公司与地远建筑公司签订的《建设工程施工合同》约定，工程工期总日历天数为75天，计划工期为2015年8月11日至2015年10月24日。2015年10月1日，监理单位下达《工程开工令》，该工程实际工期为2015年10月1日至2017年11月30日，实际工期远远超出合同约定。据此，石油物资郑州公司提起诉讼，要求地远建筑公司、彭某赔偿因工期延误造成的损失、支付逾期竣工违约罚款及未按时交付工程违约金。从本案证据看，在工程施工过程中，确实存在较大比例的变更增加工程量因素。同时，地远建筑公司向石油物资郑州公司出具《施工工期保证方案与措施》中承认"前期因其各种原因出现待料、待工现象，致使工期滞后"，并作出相应的调整措施，且承诺"如再有待料、待工现象发生，我方承诺愿意接受甲方的一切处罚"，可见地远建筑公司作为承包人对于工期的延误亦应承担一定责任。因此，就本案的审理，在准确判断工程逾期原因的前提下，应对工程逾期导致的损失按合同双方过错比例进行合理分担，以确保案件的公正处理。原审判决以石油物资郑州公司"无证据证明增加变更工程量因素对工期的实质影响程度，也无法证明工程工期延误系被告方单方因素造成"为由，判决驳回石油物资郑州公司诉请，认定事实不清，适用法律不当。（丁一整理）

162. 实际施工人单方面停工导致工期延误造成的损失，与承包人转包事实之间不存在因果关系，承包人不因违法转包而承担工期损失赔偿责任。

案件名称

再审申请人（一审原告、二审上诉人）嵩山公司与被申请人（一审被告、二审被上诉人）王某珍、（一审第三人、二审被上诉人）郭某宾建设工程施工合同纠纷案[（2021）豫民申8192号，2021.11.29]

裁判精要

河南省高级人民法院认为：一、关于原审认定嵩山公司承担30%责任是否正确的问题。本案中嵩山公司与王某珍签订的《建设工程承包施工合同书》因违反法律强制性规定无效，在确定合同无效后的返还责任或者折价补偿范围时，应当结合返还的财产性质，根据诚实信用原则，在当事人之间合理分配责任，不能使不诚信的当事人因合同无效而获益。本案嵩山公司向三屯镇政府承担违约损失系王某珍方工程停工的事实导致，与嵩山公司非法转包的事实不存在因果关系，故因王某珍方工程停工而给三屯镇政府造成的损失，应当由王某珍承担。嵩山公司在向三屯镇政府承担违约损失之后有权向王某珍主张赔偿，原审判决以嵩山公司转包存在过错为由酌定嵩山公司承担损失的30%，责任认定不当，依法应予再审。二、关于21606.4元是否应计入嵩山公司损失范围的问题。2021年河南省汝阳县人民法院执行局出具的情况说明中载明，在另案中扣划嵩山公司的450743.86元，其中421515.46元为违约金、7622元为诉讼费，剩下的21606.4元为执行费及迟延履行利息，执行费和迟延履行利息系因嵩山公司怠于履行生效判决的义务而产生的费用，与案涉工程违约金损失性质不同，故原审判决未将21606.4元计入违约金损失并无不当。（陈维刚整理）

163. 发包人虽然有逾期交付图纸或变更设计的情形，但逾期交付的并非施工当时所必要的图纸或变更设计并不必然导致工程延期，以此主张工期延误的理由不能成立。

案件名称

上诉人（一审原告）江苏建工公司与（一审被告）被上诉人环旭公司建设工程施工合同纠纷案[（2020）豫民终648号，2020.11.11]

裁判精要

河南省高级人民法院认为，江苏建工公司上诉主张环旭公司逾期交付图纸的问题，根据2015年9月17日的《图纸交接单》，双方已于2015年9月17日进行图纸交接，并不存在环旭公司逾期交付图纸的情形。江苏建工公司上诉主张环旭公司迟延交付室外网管施工图纸，但直至环旭公司发出撤场告知函时，案涉工程的主体及二次结构尚未全部施工完成，并不需要对室外网管工程进行施工，亦不存在环旭公司交付室外网管工程图纸延迟的问题。

编者说明

本案一审法院认为，逾期交付图纸或变更设计并不必然导致工程延期，如逾期交付的并非施工当时所必要的图纸或设计变更部分尚未施工，有的情况下设计变更也可能缩短施工时间，江苏建工公司也未举证证明环旭公司哪次逾期交付图纸及施工中变更设计致使工期延误。而且，2016年4月21日，环旭公司与江苏建工公司签订《备忘录》，环旭公司已经给予江苏建工公司60天的延期，因而江苏建工公司关于交付图纸逾期及设计变更造成工期延误的理由不能成立。再者,案涉《施工合同通用条款》第19.1条约定:"承包人认为有权得到追加付款和(或)延长工期的,应按以下程序向发包人提出索赔:(1)承包人应在知道或应当知道索赔事件发生后28天内,向监理人递交索赔意向通知书,并说明发生索赔事件的事由;承包人未在前述28天内发出索赔意向通知书的,丧失要求追加付款和(或)延长工期的权利……"根据上述合同约定,江苏建工公司如认为环旭公司逾期交付图纸及施工中变更设计致使工期延误,可在合同约定的28天内向建设单位、监理单位书面提出申请工程延期或索赔。环旭公司交付图纸江苏建工公司有签收时间,本案工程于2017年11月1日竣工验收,江苏建工公司于2018年7月5日向该院起诉,之前一直未提及环旭公司逾期交付图纸及施工中变更设计致使工期延误的问题,故应认定江苏建工公司已放弃该项权利,现以此抗辩工期责任,不应支持。(苗卉整理)

05

第五章
赔偿损失

第一节 损失赔偿

164. 施工合同因政府规划原因被提前终止，承包人因施工准备所产生的必要支出，发包人应予赔偿，具体金额不能协商一致的，可由司法鉴定予以确定。

案件名称

上诉人（原审被告）太平洋公司与被上诉人（原审原告）亚鹰公司及原审被告兴义市人民政府坪东街道办事处建设工程施工合同纠纷案［（2021）豫民终774号，2022.1.20］

裁判精要

河南省高级人民法院认为，关于太平洋公司应否赔偿亚鹰公司损失的问题，首先，亚鹰公司初步证明为履行合同存在多余加工构件的事实及为解决多加工构件损失的问题，多次积极向建设单位和太平洋公司发函，要求对该损失进行核实解决。在建设单位及太平洋公司怠于解决的情况下，亚鹰公司委托商丘市建宇工程造价咨询有限公司对该损失进行鉴定并出具了鉴定报告。

其次，亚鹰公司为完成案涉工程，对工程所需工程构件提前加工准备，系为完成案涉合同进行的必要支出。太平洋公司虽主张工程不能继续施工是"因政府规划原因"，但依据法律规定，其作为合同相对方仍应向亚鹰公司承担赔偿责任。

最后，一审法院考虑到因亚鹰公司存在擅自处置上述工程构件残值的行为，亦存在过错，并根据其过错程度，酌定太平洋公司承担上述损失的80%，由亚鹰公司对该损失自担20%符合本案实际。太平洋公司称亚鹰公司所提交的鉴定意见为单方委托，不应采信。但依照《最高人民法院关于民事诉讼证据的若干规定》第四十一条规定：对于当事人就专门性问题自行委托有关机构或者人员出具的意见，另一方当事人有证据或者理由足以反驳并申请鉴定的，人民法院应予准许。亚鹰公司向一审法院提交的司法鉴定意见书虽系单方委托，但经一审法院向太平洋公司释明，太平洋公司明确表示不申请重新鉴定，其此项理由不能成立。（陈维刚整理）

165. 承包人在没有取得合法依据的情况下即进场施工，不具有合同履行的利益，应自行承担相应的不利后果，除实际完成的工程价款外，主张前期项目管理费和停工损失的，不予支持。

📶 案件名称

上诉人（原审原告）中铁湘建公司、（原审被告）叶县中新公司与被上诉人（原审被告）中建第二工程局公司、中新城建公司、叶县交通运输局建设工程施工合同纠纷案〔（2021）豫民终343号，2021.12.29〕

🔍 裁判精要

河南省高级人民法院认为，虽然中铁湘建公司进场进行施工没有合法依据，但中铁湘建公司已经完成涉案工程前期的部分清表、挖方、填方等施工工作也是客观情况，且经叶县中新公司、监理单位、施工单位、中铁湘建公司共同进行现场测量，形成四方签字确认的现场测量记录表和工程量确认清单，该施工成果已被叶县中新公司实际接收。并且，2019年1月8日叶县中新公司组织召开有中铁湘建公司人员参加的工程量复核会议，同日出具的《关于前期施工单位中铁湘建建设工程集团有限公司现场工程量复核报告书的补充说明》中，不仅显示有对中铁湘建公司主张工程量进行复核的处理意见，也显示有根据复核情况进行结算的意思内容。故四方签字确认的现场测量记录表和工程量确认清单确认的工程量，应为叶县中新公司认可并同意接收的工程量，亦应由叶县中新公司按建设工程的实际价值予以折价补偿。

中铁湘建公司已完成工程造价数额及其主张的费用损失的认定问题。1.关于中铁湘建公司诉请的临时道路、全线导线加密点、2#、3#拌合站工程造价，以及前期项目管理费和2018年11月至2019年9月停工损失费用。如前所述，中铁湘建公司未与叶县中新公司等形成施工合同关系，其进场施工并无合法依据，不具合同履行的利益，其主张的上述工程造价及费用损失并无合法依据。上述工程造价及费用损失均系未经叶县中新公司同意或认可而发生的费用，叶县中新公司不予认可或接收。并且，中铁湘建公司主张的临时道路、全线导线加密点并无完整有效的施工资料，无法证明实际的工程量和工程质量，2#、3#拌合站涉及非法占地，均不足以证明能为后续施工合法接收。故一审对中铁湘建公司上诉主张的上述工程造价及费用损失不予支持，并无不当。（陈维刚整理）

166. 发包人在起诉前未取得建设工程规划许可证导致施工合同无效的，工程即便未正式开工，发包人也应赔偿承包人因前期准备工作造成的实际损失。

案件名称

上诉人（原审原告）中科公司与上诉人（原审被告）金某某旋家居公司建设工程施工合同纠纷案［（2018）豫民终823号，2019.4.29］

裁判精要

河南省高级人民法院认为，关于金某旋公司的上诉理由：（一）关于诉讼时效问题。（二）关于金某旋公司应否对中科公司的经济损失承担赔偿责任问题。1.金某旋公司在二审时提交的证据显示，金某旋公司在一审起诉前尚未取得建设工程规划许可证。根据《最高人民法院关于审理建设工程施工合同纠纷案件适用法律问题的解释（二）》第二条第一款的规定，中科公司与金某旋公司签订的《建筑工程施工总承包合同书》应属于无效合同。一审判决认定该合同有效错误，本院对此予以纠正。2.金某旋公司作为发包方，在未取得建设工程规划许可证的情况下，即与中科公司签订《建筑工程施工总承包合同书》，将涉案工程发包给中科公司，对导致涉案的《建筑工程施工总承包合同书》无效存在过错。根据《中华人民共和国合同法》第五十八条的规定，金某旋公司作为有过错的一方，应当依法对中科公司因此所遭受的损失承担赔偿责任。金某旋公司以合同无效为由主张不应对中科公司的损失承担赔偿责任于法无据，该上诉理由不能成立。3.涉案工程虽未正式开工建设，但中科公司为履行合同做了大量的前期准备工作，金某旋公司在2016年3月28日向中科公司发出的函告中，也明确表示同意对中科公司要求的塔吊损失及其他损失予以结算。现金某旋公司以涉案工程未实际施工为由主张免除其损失赔偿责任缺乏事实和法律依据。综上，金某旋公司关于合同效力的上诉理由成立，但该上诉理由并不足以支持其上诉请求。金某旋公司的其他上诉理由均不能成立，故对其上诉请求，本院依法予以驳回。关于中科公司的上诉理由：关于事实认定问题。1.关于劳务费的认定。（1）中科公司与金某旋公司虽然签订了《建筑工程施工总承包合同书》，但涉案工程当时尚未取得建筑工程规划许可证，金某旋公司也未向中科公司下达正式的开工令，在2014年3月28日的《监理例会纪要》中也记载有"总包施工队伍暂不进场"的内容。据此，中科公司要求金某旋公司向其支付劳务费损失缺乏事实依据。（2）在2014年4月8日中科公司发出的反映进场工人情况的《工程联系单》上，金某旋公司的负责人仅签署了"杨某来总监负责清查核实"的意见，并未对该《工程联系单》上记载的内容予以认可，故中科公司依据该《工程联系单》主张劳务人员进场的事实证据不足。（3）中科公司虽在一审诉讼时提交了其与和县劳务公司签订的《建筑工程施工承包协议》《郑州市金某旋CBD一期6#楼（家居主题馆）B、D栋劳务分包工程结算书》及付款的支票存根等证据，但在涉案工程尚未开工，2014年3月28日金某旋公司尚要求中科公司施工队伍暂不进场的情况下，2014年5月21日中科公司就向和县劳务公司开具480万元的转账支票，一审判决以付款时间、付款金额均不符合常理为由，对中科公司主张的该项费用不予支持并无不当。2.关于管理人员费用的认定。涉案工程尚未正式开工，2014年3月21日的《监理例会纪要》也记载有"总包单位项目部机构管理人员尽快到位"的内容，说明此时中科公司的管理人员尚未到位。据此，一审判决将管理人员酌定为5人，并参照河南省建筑行业在岗职工平均工资，从2014年4月计算至2016年3月（双方协商解除合同之日）认定管理人员的工资并无不当。中科公司虽在一审时提交了管理人员的工资表及部分管理人员的劳动合同，但以上证据均系中科公司单方制作的，金某旋公司并不认可，中科公司依据以上证据主张管理人员的工资证据不足，一审判决不予支持并无不当。3.关于电费损失的认定。中科公司与金某旋公司在一审时分别提交了电费明细表各一份，两份明细表所记载的电费数额完全一致，金某旋公司在二审时也认可两份电费明细表上记载的电费属实。中科公司虽未提交其实际支付电费的相关凭证，但根据金某旋公司提交的电费缴纳明细表显示，中科公司已缴纳电费金额为15738元，未缴纳电费金额为46488元。金某旋公司在其一审提交的证据目录中也陈述称"2016年1月28日以银行转账的方式支付2015年5月20日至10月19日385000元（扣除电费后实付369262元）"。385000元减去369262元为15738元，这与金某旋公司所提交的电费缴纳明细表显示的中科公司已缴纳电费数额是一致的。因此，对中科公司已向金某旋公司支付电费15738元的事实本院予以认定。中科公司要求金某旋公司向其赔付该项电费损失具有事实和法律依据，依法应予支持。4.关于塔吊损失的认定。对于塔吊租赁费用24000元/月/台，看护费用5000元/月/3台的计费标准，中科公司与金某旋公司不存在争议。对于3台塔吊于2015年1月19日入场，塔吊租赁费用从2015年1月20日开始计算的事实，中科公司与金某旋公司也均予以认可。现双方主要是对塔吊拆除时间存在争议，对此，金某旋公司提交了河南诚信工程监理咨询有限公司出具的《情况说明》以及其与郑州学强装饰工程有限公司签订的《塔吊拆除协议书》，以上证据显示其中1台塔吊由中科公司于2016年9月12日拆除，另外两台塔吊由金某旋公司于2016年10月12日委托郑州学强装饰工程有限公司拆除。中科公司虽对金某旋公司提交的以上证据提出异议，但其针对塔吊拆除的时间未提交任何证据予以证明。且双方就解除合同往来的函件内容显示，金某旋公司曾多次要求中科公司及时拆除塔吊。综上，一审判决对塔吊拆除时间的认定并无不当，中科公司的此项上诉理由依法不能成立，本院不予支持。对于2016年3月19日之前的塔吊租赁费用，金某旋公司在一审时提交了中科公司出具的《无争议项费用明细》，该明细表上加盖有中科公司的印章，且明确记载"塔吊租赁及看护费用暂时按照截止到2016年3月19日下午5:00考虑"，一审判决依据该明细表认定2016年3月19日之前的塔吊费用证据确实充分。中科公司上诉称该明细表上所列"租赁及看护费：7.7万元+6.5万元"，其中7.7万元系塔吊租赁及看护费每月计算的标准，6.5万元为14个月的税金总额，该上诉理由与该明细表上记载的内容明显不符，故对该上诉理由，本院依法不予以采信。（姚池整理）

167. 因未取得建设工程规划许可证导致施工合同无效的，发包人应承担过错责任。

案件名称

再审申请人（一审被告、二审上诉人）藻林公司与被申请人（一审原告、二审上诉人）中韬公司建设工程施工合同纠纷案［（2020）最高法民申311号，2020.6.12］

裁判精要

最高人民法院认为，原审法院基于双方当事人从签订案涉合同到最终结算时，藻林公司一直未取得《建设工程规划许可证》《建筑工程施工许可证》，将案涉施工合同中的主要工程另行发包给案外人后，又未及时向中韬公司支付工程款等事实，认定藻林公司对中韬公司遭受的实际损失应承担主要过错责任，中韬公司按合同约定先行垫资施工自身应承担一定的资金风险，亦应承担一定的过错责任，并综合双方的过错程度、中韬公司实际损失数额等因素，依照诚实信用原则和公平原则，判定藻林公司对中韬公司遭受的实际损失承担80%的责任，即藻林公司赔偿中韬公司损失707440.8元，并无不当。

编者说明

办理规划许可手续的法定义务主体是作为建设单位的发包人,发包人应就其未完成办理而导致的不利后果承担过错责任。(杨贺飞整理)

168. 承包人基于对政府主导项目的信任,已尽到审慎注意义务的,对施工合同无效不存在过错。

案件名称

上诉人(原审原告)河南六建公司与被上诉人(原审被告)国基美都公司、(原审第三人)郑州市金水区某某路街道办事处建设工程施工合同纠纷案〔(2019)豫民终1239号,2019.11.15〕

裁判精要

河南省高级人民法院认为,对于涉案合同无效的过错责任划分问题。根据河南六建公司二审所举的第一组证据,在双方于2014年8月21日签订涉案合同时,政府主导的该涉案工程的相关文件已经下发,对于该涉案工程边批边建的事实,河南六建公司虽已明知,但系基于对政府主导的合村并城项目的信任,已尽到谨慎的注意义务。而根据原审查明的事实,造成涉案合同无效的根本原因,是国基美都公司未按照合同约定办理建设工程规划许可证,且河南六建公司主张的停窝工损失也与合同效力没有必然因果关系,原审法院酌定河南六建公司承担停窝工损失30%的次要责任不符合本案实际,本院予以纠正,河南六建公司对于合同无效导致的损失不承担责任。(郑舒文整理)

169. 因发包人原因导致施工合同解除,应当赔偿承包人预期利益损失,但该预期利益损失应当考虑建设工程施工合同履行周期长,正常履行情况下投资成本大、风险因素多等因素,并结合建筑行业的一般利润水平以及当事人在合同履行过程中的过错及违约程度进行认定。

案件名称

上诉人(原审原告)二十冶公司与被上诉人(原审被告)城投公司建设工程施

工合同纠纷案［（2021）豫民终1185号，2021.10.28］

🔍 裁判精要

河南省高级人民法院认为，关于二十冶公司主张的预期利润损失应否支持的问题，城投公司与二十冶公司在一审庭审过程中均认可案涉工程停工主要是政府对涉案项目的规划发生重大变化所致，城投公司应当依法对停工给二十冶公司造成的损失承担赔偿责任。《中华人民共和国合同法》第一百一十三条第一款规定："当事人一方不履行合同义务或者履行合同义务不符合约定，给对方造成损失的，损失赔偿额应当相当于因违约所造成的损失，包括合同履行后可以获得的利益，但不得超过违反合同一方订立合同时预见到或者应当预见到的因违反合同可能造成的损失。"同时，城投公司与二十冶公司在《濮阳县市民中心建设项目施工合同》专用条款第16.1.2（3）项中约定："发包人违反第10.1款（变更的范围）第（2）项约定，自行实施被取消的工作或转由他人实施的违约责任：根据项目价值，承包人按合同约定的计价规则计取管理费和利润。"依据上述法律规定，并参照合同约定，二十冶公司主张的预期利润损失具有一定的事实和法律依据，一审判决驳回其该项诉讼请求不当，本院依法予以纠正。但根据本案查明的事实，二十冶公司在履行合同过程中，也存在钢材供应不及时、施工进度缓慢等违约情形，双方当事人在《濮阳县市民中心建设项目施工合同》中约定工期总日历天数为890天，但从2016年10月至2019年3月案涉工程停工，二十冶公司已施工完成工程的价款尚不足总合同价款的40%，工期严重滞后。综合考虑建设工程施工合同履行周期长，正常履行情况下投资成本大、风险因素多，结合建筑行业的一般利润水平以及本案双方当事人在合同履行过程中的过错及违约程度，本院对二十冶公司主张的逾期利润损失酌情支持500000元。（吴利波整理）

170. 施工合同有效且发包人或承包人具有不具备免责条件的当事人可以索赔预期利益损失的违约行为或约定行为时，当事人方具备索赔预期利益的条件。

📶 案件名称

上诉人（原审原告）李某文、李某辉与被上诉人（原审被告）三门峡万石物流有限公司及原审被告杜某建、原审第三人大有野鹿公司建设工程施工合同纠纷案［（2021）豫民终843号，2022.2.24］

裁判精要

河南省高级人民法院认为，关于李某文、李某辉主张涉案工程应支持预期可得利润3231049.3元能否成立的问题，建设工程施工合同预期可得利润，其实为预期可得利益，即当事人在订立合同时可以预见的合同正常履行以后可以得到的利润。当事人可以索赔预期利益必须具备的条件应为：第一，建设工程施工合同具有法律效力；第二，发包方或者承包方具有不具备免责条件的当事人可以索赔预期利益损失的违约行为或者约定行为。本案李某文、李某辉借用大有野鹿公司资质与万石物流公司签订的《三门峡万石物流一期工程施工合同》为无效合同，对李某文、李某辉主张的逾期利润损失本不应支持。（阮崇翔整理）

171. 施工合同无效，承包人主张可得利益损失的，不予支持。

案件名称

原告万利公司与被告华程房地产开发公司建设工程施工合同纠纷案[（2018）豫民初66号，2020.1.20]

裁判精要

河南省高级人民法院认为，关于万利公司诉请可得利益损失7700万元是否有依据，虽然双方签订的《施工总承包框架协议》包含尚锦华程二期工程的面积，但双方在协议中约定，二期工程的工期、开工日期、履约保证金返还节点、具体的工程垫资及工程款支付办法均需另行签订施工总承包合同来约定，且按照当时的相关规定，二期工程也必须进行招投标，二期工程招标时，招标代理机构向万利公司发出投标邀请书，万利公司未投标，双方未对二期工程发承包达成最终合意，且双方签订的《施工总承包框架协议》无效，万利公司请求无效合同的可得利益损失没有法律依据，本院不予支持。

编者说明

该案一审宣判后，万利公司向最高人民法院提起上诉，2020年12月11日，最高人民法院作出的（2020）最高法民终774号民事判决书认为，合同有效，当事人通过履行合同而获取的利益应当依法保护。而无效合同自始无效，当事人通过履行无效合同可能获得的利益，不受法律保护。本案中，《施工总承包框架协议》中约定二期工程的工期、开工日期、履约保证金返还节点、具体的工程垫资及工程款支付办法均需另行签订施工总承包合同来约定，且二期工程按照当时的规定亦属于必须招标的建设项目。在二期工程招标时，招标代理机构向万利公司发出投标邀请书，万利公司未投标，且《施工总承包框架协议》为无效协议，万利公司主张可得利益损失缺乏事实和法律依据，原审认定万利公司请求无效合同的可得利益损失没有法律依据，万利公司申请二期工程可得利益损失鉴定及申请调取华程公司银行账户交易明细对证明待证事实无意义，一审法院不予准许，并无不当。（李振锋整理）

172. 施工合同终止履行的，控制工地的发包人不履行返还遗留施工机械和材料的后合同义务的，应向承包人承担返还施工设备、物资并赔偿损失的责任。

案件名称

上诉人（原审原告、反诉被告）合凯公司与上诉人（原审被告、反诉原告）泰宏公司建设工程施工合同纠纷案［（2018）豫民终1831号，2020.1.19］

裁判精要

河南省高级人民法院认为，关于合凯公司是否应当承担责任的问题，首先，关于退场时间的认定问题，本院481号判决已经认定泰宏公司2013年9月28日退场，合凯公司实际控制已完工程。合凯公司没有充分证据推翻该生效判决认定的事实，故合凯公司认为本案一审判决认定该事实错误的理由不能成立。其次，本案系建设工程施工合同纠纷，在合同终止履行之后，控制工地的合凯公司具有返还遗留施工机械和材料的后合同义务。公证处的影像资料，足以证明在公证时，工地上存在六台塔吊、钢管、扣件、方木、模板等设备和租赁物资，泰宏公司在离场时，并未对案涉物资设备进行交接，也未将案涉物资取回。案涉施工设备和物资都是施工所必需的机械、材料，合凯公司未提交证据证明将其拆除，并另行租用、购买相关材料。在一审委托鉴定机构进行评估被退回的情况下，泰宏公司提交的生效判决、租赁合同、入库单、证人证言等证据能够达到高度可能性，具有证据优势，一审判决认为合凯公司应承担返还相关施工设备、物资或赔偿损失的责任并无不当。（李亚宇整理）

173. 因发包人欠付实际施工人工程款项导致实际施工人未及时支付下游款项而产生的利息等损失,由发包人承担。

案件名称

上诉人(原审被告)豫淮项目部与被上诉人(原审原告)石某、王某、贾某文、李某会、余某、李某及原审第三人永立公司、鑫泰公司管理人建设工程施工合同纠纷案[(2021)豫民终1095号,2021.12.20]

裁判精要

河南省高级人民法院认为,关于黄某成案件款问题,石某等六人承包涉案工程后,将其中的部分工程分包给黄某成施工,经结算工程款为123万元。黄某成为追要该款项,向固始县人民法院起诉,该院作出(2019)豫1525民初869号民事判决,判令郑阳高速公司、豫淮项目部支付黄某成工程款123万元及利息,同时承担黄某成律师费8000元。该判决生效后,经强制执行,从豫淮项目部扣划1718979.51元。对于该款项的本金123万元,应由石某等六人及时向黄某成支付。鉴于豫淮项目部没有及时支付石某等六人工程款,导致石某六人缺乏资金及时向黄某成清偿该款项,故对于123万元本金之外的利息、诉讼费等款项488979.51元(1718979.51元-1230000元)应由豫淮项目部承担,123万元本金应从应付款中扣除。(吴利波整理)

174. 因发包人欠付工程款导致实际施工人资金短缺而通过贷款施工的,实际施工人由此产生的利息损失可以主张由发包人承担赔偿责任;发包人逾期付款的,其所付款项应当优先冲抵利息。

案件名称

再审申请人(一审被告、二审被上诉人)河南水建集团与被申请人(一审原告、二审上诉人)郭某烈及二审被上诉人(一审被告)河南水建集团灵宝市某项目部、一审原告三门峡市腾达矿业公司建设工程施工合同纠纷案[(2019)豫民申1187号,2019.5.7]

裁判精要

河南省高级人民法院认为,(一)关于事实认定问题。1.关于合同效力问题。因涉案工程的实际施工人郭某烈不具有相应的施工资质，一审判决认定其以腾达公司名义与河南水建集团签订的劳务合同无效。在二审审理过程中，各方当事人对此认定均未提出异议，故二审判决对此未再进行论述并无不当。2.河南水建集团未能按照合同约定及时支付工程价款，依法应当向郭某烈支付欠付工程款的利息。根据《最高人民法院关于审理建设工程施工合同纠纷案件适用法律问题的解释》第十八条的规定，利息从应付工程价款之日计付，建设工程已实际交付的，交付之日视为应付款之日，没有交付的，提交竣工结算文件之日视为应付款之日。根据河南水建集团灵宝市某项目部提交的《第七施工标段结算情况的汇报》，本案郭某烈施工的第七标段工程已经于2014年7月23日经过竣工验收，故生效判决从2014年7月23日开始起算欠付工程款的利息符合法律规定。河南水建集团申请再审称应以判决生效之日作为利息起算之日缺乏事实和法律依据。3.关于45万元借款的利息问题。郭某烈在本案一、二审审理过程中，提交了借款纠纷案件的借款合同、起诉状、民事判决书及执行结案通知书等证据，证实因河南水建集团欠付工程款造成郭某烈借款施工并由此产生利息损失的事实，生效判决将该45万元的利息认定为郭某烈的经济损失并由河南水建集团承担赔偿责任具有事实和法律依据。（二）关于法律适用问题。1.涉案的《灵宝市断密涧河河道治理工程第七施工标段劳务合同》虽然无效，但郭某烈已经投入大量的人力、物力及财力进行实际施工，河南水建集团应当按照诚实信用原则及时支付相应的工程价款。因河南水建集团未能及时支付价款给郭某烈造成一定的经济损失，郭某烈要求河南水建集团予以赔偿于法有据，二审法院对其该项诉讼请求予以支持并无不当。2.关于生效判决是否存在计算复息问题。根据查明的事实，河南水建集团共欠付郭某烈工程款1215133.97元，至2017年8月29日河南水建集团代郭某烈履行债务940948元时，欠付的工程款1215133.97元共产生利息损失486568元。《最高人民法院关于适用〈中华人民共和国合同法〉若干问题的解释（二）》第二十一条规定："债务人除主债务之外还应当支付利息和费用，当其给付不足以清偿全部债务时，并且当事人没有约定的，人民法院应当按照下列顺序抵充：（一）实现债权的有关费用；（二）利息；（三）主债务。"根据以上规定，河南水建集团代郭某烈履行债务的940948元应先抵扣486568元的利息，下余454380元再从本金1215133.97元中抵扣。按照以上方式抵扣之后剩余的760753.97元全部为工程欠款。因此，生效判决以760753.97元为基数从2017年8月30日起开始计息，不存在计算复息问题。河南水建集团关于生效判决存在计算复息问题的再审申请理由与事实不符，依法不能成立。（姚池 整理）

175. 根据工程施工及停工的具体情况，承包人能够预见并及时采取止损措施的合理时间一般为3个月到6个月。超过该期间，承包人没有采取适当措施致使损失扩大的，不得就该扩大损失要求赔偿。

📶 案件名称

上诉人（原审原告、反诉被告）博坤公司与上诉人（原审被告、反诉原告）广佳欣公司建设工程施工合同纠纷案〔（2021）豫民终1083号，2022.3.3〕

🔍 裁判精要

河南省高级人民法院认为，关于博坤公司主张的临时设施费用、塔吊钢管租金、模板模档损耗费用、停工期间人员工资等损失数额的认定问题，首先，根据工程施工及停工的具体情况，施工人能够预见并及时采取止损措施的合理期间一般为3个月到6个月。超过该期间，施工人没有采取适当措施致使损失扩大的，不得就该扩大损失要求赔偿，故博坤公司主张工程停工6个月后的塔吊钢管费用及人员工资属于扩大的损失，不应支持。其次，博坤公司提交的钢管租赁合同的出租方为浙江安铁实业有限公司，与工程施工所用钢管扣件等周转材料从当地租赁的惯例不符，且未提交相应的运输及交接使用的证据，无法确定钢管扣件的实际数量及使用天数。博坤公司提交的人员工资发放单据均为其单方制作，并无相应时间段的工资发放银行流水记录与之相印证，难以确定准确的人数及金额。博坤公司主张临时设施费用为3386290元，但经鉴定机关根据其提供的支付凭证审核，属于临时设施费用的仅为1498710元，且该临时设施费用中已施工完成部分应分摊多少金额，现有证据无法准确确定。博坤公司虽提交了模板模档采购单据，但并无相应的购货合同、运输及交付使用的证据，难以确定模板模档的实际数量及价格，且模板模档的周转使用次数与施工管理水平相关，涉案工程中模板模档已经周转使用的次数、还能够周转使用的次数以及具体数量、价格亦无法准确确定。综上，在当事人举证证明受有违约损害，但不能证明其具体金额的情况下，一审根据本案证据、施工及违约过错等全部情况，酌情裁量认定损失赔偿金额200万元，具有相应的事实依据，并无明显失当的情形，应予尊重。故双方关于上述损失赔偿的上诉请求，本院均不予支持。

✏️ 编者说明

建设工程在施工过程中出现停工的，承包人能够预见并及时采取止损措施的合理期间的司法判断依据来自河南省住建厅的以下规定：一是河南省建设厅豫建标定〔1999〕21号《关于计取暂停工程有关损失费用规定的通知》中的"暂停施工的期限一般为3个月，超过3个月的，双方应协商工程缓建停建"；二是河南省建设厅豫建设标〔2003〕89号《河南省建设厅关于印发建设工程中途停工损失补偿办法的通知》中的"无停工协议和签证时，一般应按发、承包方双方的书面通知或书面报告中的时间确定：根据施工合同通用条款13.2条规定，发、承包方发出书面停工通知或报告后，对应在14天内确认停工（复工）"日期。（阮崇翔整理）

176. 在实际施工人未就发包人存在滥用诉讼权利、拖延履行诉讼义务等明显不当行为并造成其损失提交证据时，保全担保费系其基于诉讼风险不确定性而购买的财产责任保险，该费用不属于必然损失，请求发包人承担的，不予支持。

案件名称

上诉人（原审原告）赵某海与上诉人（原审被告）新恒顺公司、（原审被告）恩菲公司建设工程施工合同纠纷案〔（2020）豫民终1215号，2021.11.4〕

裁判精要

河南省高级人民法院认为，赵某海关于律师费、保全费用的诉讼请求是否应当支持，赵某海诉请的保全担保费系其基于诉讼风险不确定性而购买的财产责任保险，该费用不属于新恒顺公司欠付工程款导致的承包人的必然损失，律师费用亦不属于发生争议实现债权必须支出的费用，且双方在合同中亦未就实现债权费用进行明确约定。赵某海依据《最高人民法院关于进一步推进案件繁简分流优化司法资源配置的若干意见》第二十二条规定主张上述费用，但未就新恒顺公司、恩菲公司存在滥用诉讼权利、拖延履行诉讼义务等明显不当行为造成其损失提交证据。故赵某海的该项请求缺乏合同依据与法律依据，本院不予支持。（吴利波整理）

177. 财产担保可以采取多种担保方式，保险费并非实现债权所必须支付的费用。在双方当事人对此没有约定的情况下，不应由被申请人承担。

案件名称

上诉人（原审原告）广西一建公司与上诉人（原审被告）芜湖新翔科技孵化器

公司建设工程施工合同纠纷案[（2019）最高法民终1925号，2020.3.23]

裁判精要

最高人民法院认为，关于诉讼保全担保费的负担问题，本案中，广西一建公司上诉称其为申请诉讼财产保全提供担保而支付了担保费用380250元，并提供了相应的付款凭证、发票和投保单等证据。该担保费用虽系为实现本案债权而支出，但并不属于为实现本案债权必须发生的费用，且双方对于该费用的负担没有明确约定，故对其该部分上诉请求，本院不予支持。

178. 双方未签订书面施工合同，财产保全责任保险费不是实现债权所必须支付的费用，不予支持；双方未就工程价款及时进行协商和确定，对工程未予结算均负有责任，应当平均分摊鉴定费用。

案件名称

上诉人（原审被告）瑞弘源公司与被上诉人（原审原告）五建集团公司建设工程施工合同纠纷案[（2019）豫民终858号，2019.11.25]

裁判精要

河南省高级人民法院认为，关于财产保全责任保险费、工程鉴定费等费用应当如何承担的问题，财产保全责任保险费并非实现债权所必须支付的费用，在双方当事人对此没有约定的情况下，原审法院判决由瑞弘源公司承担欠妥，应予纠正。从本案的事实看，因双方未签署书面的建设工程施工合同，也未就工程价款及时进行协商和确定，对案涉工程未予结算均负有责任，故对案涉工程价款的鉴定费用应由瑞弘源公司和五建集团公司平均分摊，原审法院认定全部由瑞弘源公司承担不妥，本院依法予以纠正。（郑舒文整理）

179. 双方通过书面合同约定由违约方承担诉讼时产生的诉讼费、保全费、律师费等，守约方主张违约方承担保全责任保险费的，应予支持。

案件名称

上诉人（原审原告）海天公司、（原审被告）华峰公司与被上诉人（原审第三人）

天朗公司建设工程施工合同纠纷案［（2021）最高法民终340号，2021.5.28］

🔍 裁判精要

最高人民法院认为，关于原审案件受理费应如何承担，律师费、保全费等费用应否支持的问题，海天公司主张因华峰公司违约导致其支出律师费、保全保险费、保全申请费及原审案件受理费，故该合理支出由违约方华峰公司承担。根据《复工协议》第七条明确约定："若因甲方（华峰公司）未能按期足额支付上述款项，逾期除须以未付款项额日1‰的利息向乙方（海天公司）承担违约责任外，乙方有权向甲方主张包括但不限于律师费、调查费、交通费、住宿费、诉讼费及保全费等相涉合理费用。"因我国民事诉讼立法并无律师费的承担问题，法院在裁决案件的律师费应如何承担时应充分考虑海天公司诉求华峰公司支付律师费是否存在正当性和合理性及律师费数额应如何确定的问题。本案中，涉案事实清楚，华峰公司构成违约，双方当事人对此均不持异议。根据原审提交委托代理合同、《陕西省律师服务收费管理实施办法》、《西安市律师服务收费指导意见》、陕西博义律师事务所律师费发票及二审新提交剩余律师费发票及部分转账凭证，应认定律师费金额合理，且委托代理合同明确约定分期支付律师费，分期支付方式亦不违反法律法规。财产保全阶段的律师费与律师代理工作紧密相关，具有合理性，亦属于海天公司为实现债权所支出的费用。海天公司二审提交的新证据足以证明待付律师费将得到支付。故，海天公司该项上诉请求应予支持。

本案因华峰公司违约引起诉讼，海天公司为此向保险公司缴纳的诉讼保全保险费是海天公司支出的合理必要费用，属海天公司的损失部分。根据海天公司提供的收据，海天公司向陕西国辰诉讼保全担保有限公司支付共计80000元，应予支持。原审事实认定有误，应予纠正。故海天公司该项上诉理由成立，本院予以支持。

根据《诉讼费用交纳办法》第二十九条第一款、第二款规定，诉讼费用由败诉方负担，部分胜诉、部分败诉的，人民法院应根据案件的具体情况决定当事人各自负担的诉讼费用数额。本案中，原审法院对于华峰公司、海天公司的诉讼请求均为部分支持，根据案件的具体情况决定当事人各自负担诉讼费用并无不当。故海天公司的该项上诉理由部分成立，本院予以支持。

综上所述，海天公司关于律师费、保全保险费的上诉理由成立，应予支持。

编者说明

目前，规范我国律师费收取的主要依据是国家发展和改革委员会、司法部于2006年共同颁布的《律师服务收费管理办法》（发改价格〔2006〕611号），根据该办法，实践中主要采取"谁请律师谁花钱"的做法。但是民事协议系双方自愿、平等协商的结果，当事人在事前协议中明确约定了律师费、保全保险费等实现债权的费用由违约方承担的，是对违约赔偿责任的约定，该约定系各方真实意思表示，并不违反法律行政法规的效力性强制性规定，合法有效。合法有效的合同，各方应当按照合同约定履行，但是守约方应当首先举证存在聘请代理律师的行为（代理协议、委托授权书等），并为此支付了合理的费用（律师费支付凭证），即"损失"已然产生。（曹代鑫整理）

180. 合同约定发包人不能按时支付工程款及利息所导致诉讼纠纷产生的各项费用由发包人承担，法院可依据施工人申请保全的金额、诉讼主张的金额与实际应得到支持的工程款数额的情况，判令保全保险费、律师费的具体承担金额。

案件名称

上诉人（原审原告）江苏天目公司与上诉人（原审被告）河南绿地公司、上海二建集团公司建设工程施工合同纠纷案〔（2020）豫民终686号，2021.4.15〕

裁判精要

河南省高级人民法院认为，2019年1月28日《协议书》约定，河南绿地公司如不能按期付清上述工程款及利息导致诉讼纠纷，河南绿地公司应承担江苏天目公司为解决纠纷所产生的各项费用，包括但不限于诉讼保全费、财产保全保险费、律师代理费、调查费、评估费、咨询费等。河南绿地公司认为财产保全保险费15万元及律师代理费105万元过高，应予以调减。原审法院根据江苏天目公司申请保全的金额，结合其诉讼主张的金额，认为申请保全金额、诉讼请求金额明显高出其实际应当得到支持的工程款数额，故酌定保全保险费及律师费为60万元并无不当。

编者说明

司法实践中，若合同中明确约定了保全保险费的承担，则按照合同约定处理。

若合同中未明确约定,法院的裁判观点并不一致。部分法院支持由败诉方承担,理由一般是保全保险费系实现债权的必要费用。部分法院持相反观点,认为保全保险费并非实现债权的必要费用。此外,也有部分法院根据申请保全金额与最终被支持金额的比例支持保全保险费,该种观点亦将保全保险费视为实现债权的必要费用,但支持的方式参照了诉讼费的承担方式。鉴于此,建议在合同签订时对保全保险费的承担进行明确约定,以减少后续纠纷中的不确定性。(曹亚伟整理)

第二节 违约金

181. 约定的逾期付款违约金计算标准较高的，法院可根据公平原则酌情将其调整为全国银行间同业拆借中心公布的同期贷款市场报价利率的四倍。

📡 案件名称

再审申请人（一审被告、二审上诉人）银鹏公司与被申请人（一审原告、二审被上诉人）五鸿青海分公司及一审被告青海生茂房地产开发公司、蒋某庆建设工程施工合同纠纷案〔（2019）最高法民申3861号，2019.8.30〕

🔍 裁判精要

最高人民法院认为，《工程款支付协议》约定：银鹏公司延期支付工程款，则以应支付的工程款为基数，按日千分之一的标准向五鸿青海分公司支付逾期付款违约金、资金占用费。鉴于上述协议约定的逾期付款违约金过高，原审判决以月息2%调整并计算质保金利息并无不当。

✏️ 编者说明

工程款逾期支付违约金约定过高，经发包人提出，人民法院可以根据合同履行的实际情况进行适当调整。（杨贺飞整理）

182. 施工合同中关于逾期付款违约金的计算标准约定不明，按照欠付工程款利息的有关规定处理。

📡 案件名称 Ⅰ

再审申请人（一审原告、反诉被告、二审被上诉人）河南省建设集团公司与被申请人（一审被告、反诉原告、二审上诉人）荣亿公司建设工程施工合同纠纷案〔（2020）最高法民申2902号，2020.9.7〕

裁判精要

最高人民法院认为，原审法院依据查明的事实并综合考虑河南省建设集团公司的实际损失、合同履行以及荣亿公司的违约程度等因素，根据公平原则和诚实信用原则，认定案涉违约金按照中国人民银行发布的同期同类贷款利率计算，适用法律亦无不当。

案件名称Ⅱ

上诉人（原审被告、反诉原告）荣亿公司与被上诉人（原审原告、反诉被告）河南省建设集团公司建设工程施工合同纠纷案［（2019）豫民终705号，2019.10.28］

裁判精要

河南省高级人民法院认为，关于违约金的计算标准，荣亿公司与河南省建设集团公司在涉及A1#、A2#宿舍楼的承诺书甲方承诺第一项中载明"如甲方没有按约定时间足额付款，应向乙方承担当月应付工程价款3%的违约金（违约十五日内双方互不追究违约责任，违约十五日后违约金从结算完毕之日计算）"，该处"承担当月应付工程价款3%的违约金"和"从结算完毕之日计算"的表述前后矛盾，属于约定不明，荣亿公司主张为一次性3%违约金的约定，河南省建设集团公司主张为月利率3%的约定，双方不能达成一致意见，不能作为认定计算违约金计付标准的依据。在河南省建设集团公司没有提供其他实际损失证据的情况下，工程价款逾期支付的损失即利息损失。综合考虑河南省建设集团公司的实际损失、合同履行情况以及荣亿公司的违约程度等因素，根据公平原则和诚实信用原则，本院酌定对A1#、A2#宿舍楼违约金的计付标准按照欠付工程价款利息的有关规定处理，即按照中国人民银行发布的同期同类贷款利率计息。在没有有效约定的情况下，一审以双方约定的违约金利率过高为由酌定调减为年利率24%，没有事实依据。虽然荣亿公司与河南省建设集团公司对A3#商业楼的违约金没有作出约定，但河南省建设集团公司必然产生相应欠付工程价款的利息损失，根据公平原则同样应当按照中国人民银行发布的同期同类贷款利率计息。

编者说明

工程款利息与逾期付款违约金性质不同。工程款利息属于法定孳息；逾期付款违约金是承担违约责任的一种方式，基于合同当事人的约定产生，具有补偿性和惩罚性，能督促当事人积极履行合同。如果合同当事人对逾期付款违约金的计算标准

约定不明确，则无法计算出违约金的数额。此时，人民法院可以根据公平原则按欠付工程款利息的有关规定进行处理。（王兴整理）

183. 施工合同被认定无效的，关于违约金约定的条款亦无效，以该条款主张违约金的，不予支持。

案件名称

上诉人（原审原告）青羊建总公司与被上诉人（原审被告）银川望远工业园区管理委员会建设工程施工合同纠纷案〔（2019）最高法民终44号，2019.4.4〕

裁判精要

最高人民法院认为：关于青羊建总公司主张的利息和违约金应否得到支持的问题。如前所述，案涉施工合同系无效合同，根据《中华人民共和国合同法》第五十六条的规定，无效合同自始没有法律约束力。在此情况下，案涉合同约定的付款周期条款及违约金条款均应无效，故青羊建总公司要求望远管委会支付违约金的主张于法无据，不应予以支持。根据《最高人民法院关于审理建设工程施工合同纠纷案件适用法律问题的解释》（法释〔2004〕14号）第二条的规定，对青羊建总公司请求支付工程价款的主张应予支持，而利息属于法定孳息，故青羊建总公司有权要求望远管委会承担欠付工程款的利息。但同时，青羊建总公司主张利息所依据的付款周期和利息标准条款无效，故应当依法确定利息标准、计息时间和计息基数。

编者说明

在施工合同无效的情况下，合同中的违约条款随之无效，发包人拖欠工程款的，承包人可依银行同期贷款利率确定违约金。（郭俊利整理）

184. 施工合同中约定的罚款性质上属于违约责任条款，各方当事人在施工管理奖惩措施文件上签字确认，且罚款单有承包人工地负责人签字认可的，罚款金额应当予以认定。

案件名称

再审申请人（一审原告、二审上诉人）新时代公司与被申请人（一审被告、

二审被上诉人）鄢陵花艺公司建设工程施工合同纠纷案[（2021）豫民再516号，2021.11.18]

🔍 裁判精要

河南省高级人民法院认为：关于罚款问题。1.由发包方、监理方、施工方共同签字确认的《迎宾路绿化提升工程施工管理奖惩措施》就涉案项目工程质量、工期、安全文明施工等如何奖惩问题进行了具体规定，该规定是本案合同文件组成部分，其中的罚款规定从性质上讲属于违约责任条款，不违反法律、行政法规的强制性规定，应为有效，对当事人具有约束力。2.新时代公司主张的28.6万元罚款，其中10万元有施工方工地负责人刘某德签名，本院予以确认。鄢陵花艺公司已交纳罚款5万元，尚欠5万元（10万元−5万元）未付。另外18.6万元罚款没有施工方人员签字认可，本院不予认定。原审对新时代公司主张的罚款全部不予认定错误，本院予以纠正。（吴利波整理）

185. 发包人未按施工合同所约定节点支付的进度款数额较大的，构成违约，承包人有权据此主张解除施工合同并要求发包人承担违约金及利息。

📡 案件名称

上诉人（一审被告）民安公司与被上诉人（一审原告）科建公司建设工程施工合同纠纷案[（2019）豫民终1537号，2020.1.13]

🔍 裁判精要

河南省高级人民法院认为，关于民安公司未按科建公司申请支付工程进度款是否构成违约的问题，根据《中华人民共和国合同法》第一百二十五条规定，当事人对合同条款的理解有争议的，应当按照合同所使用的词句、合同的有关条款、合同的目的、交易习惯以及诚实信用原则，确定该条款的真实意思。案涉《建设工程施工合同》第12.4.1条"付款周期"约定，"主体工程封顶后付暂定合同价的50%"。本案中，双方当事人对于"主体工程封顶"的约定理解并不一致。科建公司主张应区分建筑物分别结算，民安公司则主张应在案涉建筑物全部封顶后统一结算。因案涉工程并非连体建筑，民安公司主张全部工程封顶后支付进度款缺乏充分依据。此外，科建公司制作的《工程进度款申请表》中，均系按照各建筑物情况分别申请支付进度款，监理单位元森建设管理有限公司均作出确认,民安公司项目负责人张某亦签字予以认可。按照案涉合同条款约定以及合同实际履行情况,原审认定民安公司未按合同约定支付工程进度款构成违约,进而判决解除双方《合同协议书》与《建设工程施工合同》,并判决民安公司承担逾期付款违约金及利息均无不当之处。(李亚宇整理)

186. 承包人要求支付逾期付款违约金的,应当提供充分证据证明付款节点完工的具体时间以及违约金起算时间。

案件名称

上诉人(一审原告、反诉被告)天工钢构公司管理人与被上诉人(一审被告、反诉原告)山东国风风电设备公司、山东国风南阳分公司建设工程施工合同纠纷案[(2018)豫民终690号,2019.5.27]

裁判精要

河南省高级人民法院认为,关于山东国风南阳分公司是否存在违约行为的问题,根据天工钢构公司与山东国风南阳分公司签订的《山东国风风电设备有限公司南阳分公司总装车间钢结构工程合同》,合同签订三日内,山东国风南阳分公司支付工程总价5%的预付款;基础预埋螺栓全部进场后,山东国风南阳分公司支付20%的预付款;主钢结构全部进场并开始吊装,山东国风南阳分公司支付工程总价30%的工程进度款;工程安装完成后,山东国风南阳分公司支付总价30%的工程进度款;工程竣工通过验收十日内,山东国风南阳分公司支付工程总价10%的工程款;余款5%作为质保金。现天工钢构公司主张山东国风南阳分公司未按合同约定节点付款,但其作为施工方,未提供证据证明付款节点完工的具体时间,故一审判决以违约金起算时间不明确为由,对天工钢构公司主张的逾期付款违约金不予支持并无不当。(姚池整理)

187. 实际付款虽超过约定时间但延迟时间较短,且系正常付款审批流程导致,也未影响工期,违约程度较轻,以此主张延迟付款违约金的,不予支持。

案件名称

上诉人(一审原告)江苏建工公司与被上诉人(一审被告)环旭公司建设工程

施工合同纠纷案〔（2020）豫民终648号，2020.11.11〕

🔍 裁判精要

河南省高级人民法院认为，关于江苏建工公司上诉主张的逾期支付工程进度款的问题，根据双方签订的《备忘录》，环旭公司应于2016年4月30日前再支付500万元，完成第一个付款节点的工程进度款的支付。双方签订的《备忘录》已对双方之前签订的《施工合同》《补充协议》约定的第一个付款节点的付款时间、付款金额、付款条件进行重新约定，双方应据此支付第一个付款节点的工程进度款。虽然根据付款凭证，环旭公司于2016年5月6日才支付该节点的最后一笔500万元款项，但延迟支付时间较短，且根据《施工合同》约定的进度款支付流程，江苏建工公司提出进度款付款申请后，监理公司审查并报送环旭公司的期限是5个日历天，环旭公司付款时间为审批后7个日历天，故该短暂的延迟付款属于正常的进度款审批期限，不影响工程工期。此后，截至环旭公司发出撤场告知函前的工程款进度支付，均是先由江苏建工公司提出付款申请，后由环旭公司根据工程进度及工程量进行审核后予以支付，不存在环旭公司延期支付工程进度款的情形。（苗卉整理）

06

第六章
协作义务

第一节 工程资料

188. 工程资料是工程能够竣工验收及备案的前提条件，向发包人交付施工资料系承包人应当履行的法定义务。

📡 案件名称

再审申请人（一审原告、二审上诉人）新时代公司与被申请人（一审被告、二审被上诉人）鄢陵花艺公司建设工程施工合同纠纷案［（2021）豫民再516号，2021.11.18］

🔍 裁判精要

河南省高级人民法院认为，关于施工资料问题。鄢陵花艺公司应当将其已施工部分工程资料交付新时代公司，原审以双方的工程款尚未结清，新时代公司要求鄢陵花艺公司交付施工资料的主张尚不具备为由对该问题不予处理错误。1.本案双方系建设工程施工合同关系，新时代公司作为发包人的主要义务是依照合同约定及时支付工程款，鄢陵花艺公司作为承包人主要义务则是按照合同约定时间施工并交付合格工程，同时负有将工程有关的资料交付发包人新时代公司办理竣工验收备案的义务。工程资料是工程能够竣工验收及备案的前提条件，向发包人新时代公司交付施工资料系承包人鄢陵花艺公司应当履行的法定义务。2.双方合同专用条款第3.1条约定，"承包人提交的竣工资料内容：符合主管部门和城建档案室对竣工验收资料的要求"。现双方的合同已解除，故交付已施工工程资料也是鄢陵花艺公司的合同义务。3.双方没有约定施工资料交付和工程款支付履行的先后顺序，更未约定工程款支付是施工资料交付的前提条件。（吴利波整理）

189. 施工方向建设方移交施工资料是其义务，案涉工程房屋虽已办理产权证，亦应当移交工程中的施工资料。

案件名称

再审申请人（一审原告、二审上诉人）宏大公司与被申请人（一审被告、二审被上诉人）筑宇公司、张某峰建设工程施工合同纠纷案［（2021）豫民申6782号，2021.10.19］

裁判精要

河南省高级人民法院认为，建设工程中的施工资料是工程的一项重要组成部分，是对工程质量、施工管理、施工工艺和工程进度控制的反映，也是工程项目实施过程的真实记录和具体反映；是工程建设及竣工验收的必备要件，也是对工程进行检查、维护、管理、使用的原始依据。施工方向建设方移交施工资料是其义务，本案中房屋虽已办理产权证，但筑宇公司是否向宏大公司移交了工程中的施工资料，原审没有查清。

编者说明

指令河南省商丘市中级人民法院再审本案。（吴利波整理）

190. 施工人向发包人交付施工资料系交付合格工程后的附属义务，与发包人支付工程价款不具有对等义务，施工人未履行附属义务，发包人不能拒付工程款。

案件名称

上诉人（原审原告）赵某海与上诉人（原审被告）新恒顺公司、洛阳一建公司建设工程施工合同纠纷案［（2020）豫民终1214号，2021.11.4］

裁判精要

河南省高级人民法院认为，关于赵某海是否有权请求工程款（洛阳一建主张不提供验收资料和凭证的情况下，不应支持工程款），涉案工程已经完工并交付使用，赵某海对其完工的工程有权请求发包方支付工程价款。施工方整理并向发包方交付

施工资料也是交付合格工程后的附属义务，但该义务与发包方支付工程价款不具有对等关系。（吴利波整理）

191. 支付工程价款是合同主要义务，移交施工资料属于附随义务，两者不具有对等关系，发包人以未移交施工资料为由拒付工程价款的，不予支持。

案件名称

上诉人（一审原告、反诉被告）东阳三建公司与上诉人（一审被告、反诉原告）青海泰阳公司建设工程施工合同纠纷案［（2019）最高法民终1622号，2019.12.25］

裁判精要

最高人民法院认为：关于欠付工程款利息起算日期及利息计算标准问题。首先，青海泰阳公司认为东阳三建公司未交付竣工资料，故工程款支付条件尚不成就。对此，本院认为，建设工程通常按照施工、提交竣工验收报告、经过竣工验收合格、提交竣工结算资料、完成竣工结算、工程交付使用的流程进行。但案涉工程已于2012年9月15日先行交付使用，即东阳三建公司已经履行施工合同约定的主要义务，青海泰阳公司以东阳三建公司交付竣工资料的次要义务抗辩其支付工程款的主要义务，与权利义务对等的公平原则不符，不具有合理性。《最高人民法院关于审理建设工程施工合同纠纷案件适用法律问题的解释》第十八条规定："利息从应付工程价款之日计付。当事人对付款时间没有约定或者约定不明的，下列时间视为应付款时间：（一）建设工程已实际交付的，为交付之日……"案涉工程于2012年9月15日交付使用，一审判决认定该日为应付款时间并按照东阳三建公司主张的付款时间即2013年1月17日开始计算欠付工程款利息并无不当。

编者说明

建设工程施工合同是双务合同，依据其合同的本质，一方不履行对价义务的，相对方享有抗辩权。承包人提交工程竣工资料的义务，属于从给付义务或附随义务，承包人的交付竣工资料义务与发包人的工程价款支付义务不具有对等关系。发包人仅以承包人未交付竣工资料为由抗辩阻却承包人支付价款请求权，不能成立。（郭俊利整理）

192. 承包人的合同主要义务是按约施工并交付工程，交付竣工资料是次要义务，发包人的合同主要义务是支付工程款。发包人按合同约定主张承包人未交付竣工资料不付款的，不应予以支持。

🔊 案件名称

再审申请人（一审被告、二审上诉人）尖峰医院与被申请人（一审原告、二审被上诉人）华讯公司建设工程施工合同纠纷案［（2020）豫民申735号，2020.4.17］

🔍 裁判精要

河南省高级人民法院认为，经原审查明，尖峰医院未经竣工验收已对涉案弱电工程投入使用，且已超过合同约定的质保期，根据《最高人民法院关于审理建设工程施工合同纠纷案件适用法律问题的解释》第十三条规定，建设工程未经竣工验收，发包人擅自使用后，又以使用部分质量不符合约定为由主张权利的，不予支持。故原审认定华讯公司已经履行了合同义务，并判决要求尖峰医院支付欠付工程款5.3万元及利息，并无不当。尖峰医院称华讯公司未按涉案合同约定交付竣工资料，涉案合同是建设工程施工合同，承包方的合同主义务是按约施工并交付工程，交付竣工资料是次要义务，发包方的合同主义务是支付工程款。结合本案具体情况，尖峰医院主张华讯公司未交付竣工资料的次要义务不足以构成对其应支付全部工程款义务的抗辩。关于交付工程资料的诉求，尖峰医院可另诉解决。（李亚宇整理）

193. 交付施工资料是承包人（实际施工人）的附随义务，在工程竣工或中途解除合同、撤离施工工地时应予交付。除合同另有约定外，该义务与工程款的支付不具有对价关系，不因发包人未付工程款或工程未竣工验收而免除承包人交付施工资料的义务。

🔊 案件名称

上诉人（原审原告、反诉被告）杜班公司与上诉人（原审被告、反诉原告）海力舟阳公司、（原审被告）申某武建设工程施工合同纠纷案［（2021）最高法民终1054号，2022.6.29］

第六章 协作义务

🔍 裁判精要

最高人民法院认为，《协议书》第五条约定杜班公司承揽范围内的工程已完工，但尚未竣工验收，杜班公司协助该工程的竣工验收，自相关五方单位签字盖章通过验收后20日内向海力舟阳公司提供承建完成项目的全部工程验收资料。杜班公司认为目前海力舟阳公司尚未给付欠付工程款，不予交付竣工验收资料并配合验收。因案涉合同目前双方已陷入履行僵局，无法达成一致，为一次性解决纠纷，一审法院根据《协议书》中杜班公司应当承担的义务，结合合同法第六十条、第九十二条的规定，在判决海力舟阳公司支付工程款的同时，判决杜班公司履行交付其承建完成项目的全部工程验收资料之附随义务，并无不当。杜班公司认为其不应履行交付工程资料义务的理由，依法不能成立，不予支持。

✏️ 编者说明

《建设工程文件归档规范》（GB/T50328-2014）第3.0.5条规定："勘察、设计、施工、监理等单位应将本单位形成的工程文件立卷后向建设单位移交。"《建设工程施工合同（示范文本）》（GF-2017-0201）第二部分通用合同条款第3.1条"承包人在履行合同过程中应遵守法律和工程建设标准规范，并履行以下义务：……（9）按照法律规定和合同约定编制竣工资料，完成竣工资料立卷及归档，并按专用合同条款约定的竣工资料的套数、内容、时间等要求移交发包人……"（曹亚伟整理）

194. 施工合同解除后，已经完成的建设工程质量合格的，承包人可以主张全部已完工工程款，发包人将合同约定主张支付工程进度款和承包人未交付施工技术资料作为拒不支付工程款的抗辩理由不成立。

📡 案件名称

上诉人（一审被告）鑫业公司与被上诉人（一审原告）江苏一建公司重庆分公司建设工程施工合同纠纷案〔（2018）豫民终1858号，2019.8.30〕

🔍 裁判精要

河南省高级人民法院认为：关于鑫业公司应否向江苏一建重庆分公司支付全部工程款问题。1.《最高人民法院关于审理建设工程施工合同纠纷案件适用法律问题的解释》第十条第一款规定："建设工程施工合同解除后，已经完成的建设工程质量合格的，发包人应当按照约定支付相应的工程价款……"本案中，鑫业公司与江苏一建重庆分公司签订的《建设工程施工合同》已经解除，江苏一建重庆分公司业已撤离施工场地，不可能再按照合同约定继续进行施工。因此，鑫业公司上诉请求依照合同约定根据施工进度按比例支付工程进度款缺乏事实基础。江苏一建重庆分公司施工完毕的工程已交付给鑫业公司，工程主体也已经验收合格，在此情况下，一审判决根据鉴定结论判令鑫业公司向江苏一建重庆分公司支付已完工工程的价款并无不当，鑫业公司要求扣留江苏一建重庆分公司20%的工程款缺乏事实和法律依据。2.本案系建设工程施工合同纠纷，发包方鑫业公司的主要义务是按照合同约定及时、足额支付工程款，承包方江苏一建重庆分公司的主要义务是按照合同约定进行施工并交付合格工程。根据双务合同的本质，合同抗辩的范围仅限于对价义务。而交付施工技术资料仅是江苏一建重庆分公司的附随义务，与鑫业公司及时、足额支付工程款项的主要合同义务相比，二者不具有对等关系。因此，鑫业公司将江苏一建重庆分公司未交付施工技术资料作为拒绝向江苏一建重庆分公司支付下欠工程款的抗辩理由不能成立。且江苏一建重庆分公司在本案诉讼中明确表示在鑫业公司支付完工程款后，其愿意将涉案工程的施工技术资料移交给鑫业公司。（郭红春整理）

195. 承包人以诉讼时效抗辩拒绝交付工程施工资料的，不予支持。

案件名称

上诉人（原审原告、反诉被告）隆华公司与被上诉人（原审被告、反诉原告）晟源公司建设工程施工合同纠纷案［（2018）豫民终610号，2019.12.23］

裁判精要

河南省高级人民法院认为：关于隆华公司是否应当交付晟源公司工程资料的问题。一审时，晟源公司提交了反诉状，交纳了反诉费，庭审中双方对反诉请求进行了辩论，并未影响隆华公司的诉讼权利，故一审法院对反诉请求进行审理并无不当。建设工程施工资料是反映工程施工过程管理、结构实体质量情况及工程竣工验收的重要依据之一。首先，《中华人民共和国建筑法》第六十一条规定，交付竣工验收的建筑工程，必须符合规定的建筑工程质量标准，有完整的工程技术资料和经签署的工程保修书，并具备国家规定的其他竣工条件。施工单位交付工程资料既是合同义务，也是法律、行政法规确定的强制性事项，具有法定性，不因时间经过而免除。其次，施工单位交付工程资料虽属于债权请求权，但是该项请求并非以财产给付为主要内容，而属于行为给付范畴，施工资料是确定建筑工程是否符合法律、法规，建筑工程质量是否合格并投入使用的必要条件，是建设单位取得建筑工程物权的必要条件，如允许适用时效抗辩，则会导致已经完工的建筑工程，因时间经过而不能办理竣工验收备案手续，无法取得物权，不能充分发挥建筑工程的财产价值，容易造成社会资源的浪费，并使得建筑工程长期处于权利不确定状态，影响建筑工程效益的充分发挥。再次，建筑工程质量涉及不特定人的生命财产安全，具有公益性。施工资料是建设单位对建筑工程进行质量检测、维修保养、排查隐患等安全管理所必需。如果施工单位以诉讼时效抗辩拒绝交付施工资料，将无法断定建筑工程质量是否符合强制性法律规定，导致建筑工程存在质量隐患。最后，施工单位所持有的工程竣工资料，建设单位无法通过其他途径获得。综上，隆华公司以超过诉讼时效要求驳回晟源公司反诉请求的理由不能成立。（曹代鑫整理）

196. 发包人未按期支付工程款属违约在先，承包人在未取得剩余工程款的情况下未移交工程资料，系行使先履行抗辩权。

案件名称

上诉人（原审被告、反诉原告）鑫地公司与被上诉人（原审原告、反诉被告）华一公司建设工程施工合同纠纷案［（2019）豫民终758号，2019.12.2］

裁判精要

河南省高级人民法院认为：关于鑫地公司200万元违约金的反诉请求。因鑫地公司未按期支付工程款，违约在先，且华一公司已经将工程实际交付鑫地公司，其在未取得剩余工程款的情况下未移交工程资料，系行使先履行抗辩权。况且，鑫地公司也未举证证明其未能办理3#楼备案完全系华一公司未移交施工资料所致以及具体的损失。一审判决未支持鑫地公司200万元违约金的反诉请求并无不当，鑫地公司的上诉请求不能成立，本院不予支持。（曹代鑫整理）

第二节 工程款发票

197. 主张发票一方应在诉讼中提起反诉，否则法院不予处理。

案件名称

再审申请人（一审被告、二审上诉人）恒佳公司与被申请人（一审原告、二审被上诉人）河南四建股份公司建设工程施工合同纠纷案［（2019）豫民申2233号，2019.9.21］

裁判精要

河南省高级人民法院认为：关于工程款发票和税款的问题。恒佳公司可向税务部门反映解决。二审法院认为，关于发票问题，可待上诉人支付工程款后，向税务部门反映解决。关于反诉问题，因上诉人一审中未提出反诉，也未缴纳反诉费用，一审不予合并处理符合程序规定，同时上诉人的相关诉权可以依法另行主张。主张发票一方仅以此进行抗辩并未提起反诉。

编者说明

反诉的本质属性是诉，是被告在已经开始的诉讼程序中提起的"诉中诉"，用以对抗或并吞原告的诉讼请求，反诉是一个独立的诉。抗辩权是对抗请求权的一种诉讼权利，一方当事人行使抗辩权是对另一方当事人所主张的事实进行对抗或提出异议，以达到排斥对方所主张的事实的目的。

根据国家相关税收政策，施工单位开具建筑安装业发票是施工单位的税收法律义务，也会对房地产企业的成本抵扣和税款缴纳等产生重要影响。所以，房地产企业主张施工单位交付发票，属于独立的诉请，应当以诉的形式主张。（王兴整理）

198. 虽然双方约定在支付工程款前应开具工程发票，但承包人完成施工项目交付合格工程是主要义务，出具工程款发票是附属义务；同样发包人支付工程价款是主要义务，获取发票与支付工程款不具有对等义务，即便承包人未出具发票，发包人也应支付工程款但不承担逾期付款的责任。

案件名称

上诉人（原审原告）中铁十八局集团北京工程有限公司与上诉人（原审被告）晟润公司建设工程施工合同纠纷案［（2021）豫民终1379号，2022.3.10］

裁判精要

河南省高级人民法院认为，关于中铁十八局请求的工程款和利息应否支持，中铁十八局请求晟润公司支付进度款，提供有相应《付款申请表》，上面载明"与施工现场相符合"，监理单位和监理人员予以确认，晟润公司的工作人员也签字确认。故晟润公司应当支付该进度款。对于开具发票问题，承包方完成施工项目交付合格工程是主要义务，出具工程款发票是附属义务，同样发包方支付工程价款是主要义务，获取发票与支付工程款不具有对等义务，晟润公司以中铁十八局未先开具发票拒绝支付进度款有违诚信原则，故晟润公司以未达到付款条件、未先开具发票的理由拒付工程进度款的主张不能成立。但双方在合同中约定"乙方在每次申请付款前，必须出具完整而且合法的增值税专用发票……如果乙方未按甲方的流程或程序提交付款申请等资料或发票给甲方，导致甲方付款逾期的，甲方不承担逾期付款的责任"，且中铁十八局在向晟润公司出具的《承诺书》中也有同样内容的承诺。故在中铁十八局未开具发票的情况下，晟润公司不应承担逾期付款的利息损失。（阮崇翔整理）

199. 开具发票和提交竣工资料虽然不属于建设工程合同中的主义务，但在当事人将其特别约定为履行付款义务的条件时，后履行一方有权将其作为不履行义务的抗辩。

案件名称

再审申请人（一审原告、二审上诉人）梁某东与被申请人（一审被告、二审被上诉人）郑州华南城公司建设工程施工合同纠纷案［（2020）豫民申8187号，2021.2.23］

裁判精要

河南省高级人民法院认为，当事人互负债务，有先后履行顺序，先履行一方未履行或履行不符合约定的，后履行一方有权拒绝其履行要求。开具发票虽然不属于建设工程合同中的主义务，但在当事人将其特别约定为履行付款义务的条件时，后履行一方有权将其作为不履行义务的抗辩。本案中，案涉施工合同及竣工结算协议均对工程款的支付条件进行了约定，即深圳蓝波公司须于付款前向郑州华南城公司开齐结算总造价全额正式税务发票及交清所有合格竣工资料，否则郑州华南城公司有权不予支付剩余工程款。而本案梁某东没有提供证据证明深圳蓝波公司按照约定向郑州华南城公司开具了发票并提交了所有资料，故合同约定的付款条件尚未成就。

编者说明

关于工程价款发票，《河南省高级人民法院民四庭关于建设工程合同纠纷案件疑难问题的解答》中第28问对此作了解答：

28.施工合同中约定承包人先开具发票、发包人后付款。承包人在未开具发票的情况下，发包人是否有权拒付工程款？

答：合同约定对双方当事人具有约束力，发包人可以据此主张先履行抗辩，不承担开具发票前的因未支付工程款而产生的违约责任。但发包人支付工程款是主要合同义务，在诉讼阶段再以此为由抗辩不支付工程款缺乏正当性。在案件审理中，应向发包人释明提出由承包人开具发票的诉讼请求，一并处理。若经释明，发包人仍不请求承包人开具发票而坚持抗辩不支付工程款的，不予支持。（丁一整理）

200. 缴纳税金及开具发票是收款人（承包人）在合同项下的附随义务。收款人（承包人）收到相应款项后未按要求缴纳税金及开具发票的，付款人（发包人）应另行提出主张。

案件名称

上诉人（原审原告）合肥建工公司与上诉人（原审被告）淮北国购公司建设工程施工合同纠纷案〔（2019）最高法民终1873号，2020.7.23〕

🔍 裁判精要

最高人民法院认为，关于淮北国购提出的原审认定开具发票仅是合肥建工的附随义务，属于适用法律错误的上诉理由，本院认为，合肥建工与淮北国购之间系建设工程施工合同法律关系，淮北国购作为发包人的主要合同义务是支付工程款，合肥建工作为承包人的主要合同义务是交付建设成果，而开具税务发票仅是合肥建工在接收淮北国购工程款时应履行的附随义务。由于淮北国购曾拖欠工程款，为此合肥建工提出在淮北国购实际付款时提交发票并不违反双方的约定。故原审认定开具发票是合肥建工的附随义务适用法律亦无不当。

✏️ 编者说明

建设工程施工合同中，承包人的主要合同义务是对工程进行施工并按时交付工程，发包人的主要合同义务是按时支付工程款，相较于主要合同义务，开具发票为附随义务。以开具发票的附随义务对抗支付工程款的主要义务，有失公平，在合同没有明确约定的情况下，发包人不能以承包人未开具发票对抗其支付工程款的义务，发包人可以另行主张要求承包人开具发票，追究承包人未开具发票的违约责任。（曹代鑫整理）

书名：房地产企业破产 168 问
作者：杨彦兵 刘丽云
书号：978-7-5216-3173-9
定价：68.00 元

书名：私募股权基金行业合规管理实务：操作指引与实务范本
作者：张颖
书号：978-7-5216-2064-1
定价：108.00 元

书名：知识产权典型案例与实务评析
作者：王现辉
书号：978-7-5216-2474-8
定价：79.80 元

书名：知识产权 80 个热点问题
作者：王现辉
书号：978-7-5216-2721-3
定价：79.80 元

"大成·集"系列图书

"大成·集"丛书，是大成律师事务所和中国法制出版社联手打造的法律实务系列丛书，是一套"集大成律师智慧"的实践、提炼之作。本丛书具有专业性、统一性、实战性和全面性等特点，是法律实务图书中不可多得的"集大成"之作。

"大成·集"有三个方面的含义。第一就是表面的意思，本丛书是大成律师的相关著作；第二层含义是反过来看——"集大成"，"集大成"是指大成律师事务所的专业团队一直奋战在法律实务一线，本丛书就是要把这些专业上的涓涓细流集合起来，为全面推进依法治国贡献力量；第三层含义就是"集大成者"，是指律师作为法律的应用者，要不断让自己在学习和实践中融会贯通、自成一格。立身应以立学为先，立学应以读书为本。读书要读什么书？就要读好书。一方面要读那些经典的著作，另一方面一定要读来自实践的思考之作，希望"大成·集"系列图书可以成就更多的"集大成者"。

书名： 国企混改法律实务
作者： 徐永前 李雨龙
书号： 978-7-5216-1224-0
定价： 98.00元

书名： 公司治理法律实务
作者： 雷莉 刘思柯
书号： 978-7-5216-1759-7
定价： 88.00元

书名： 离婚纠纷法律实务
书号： 978-7-5216-3306-1
定价： 69.00元

书名： 知识产权案件裁判规则与要旨集成：实用速查版
书号： 978-7-5216-3304-7
定价： 138.00元

07

第七章

建设工程价款优先受偿权

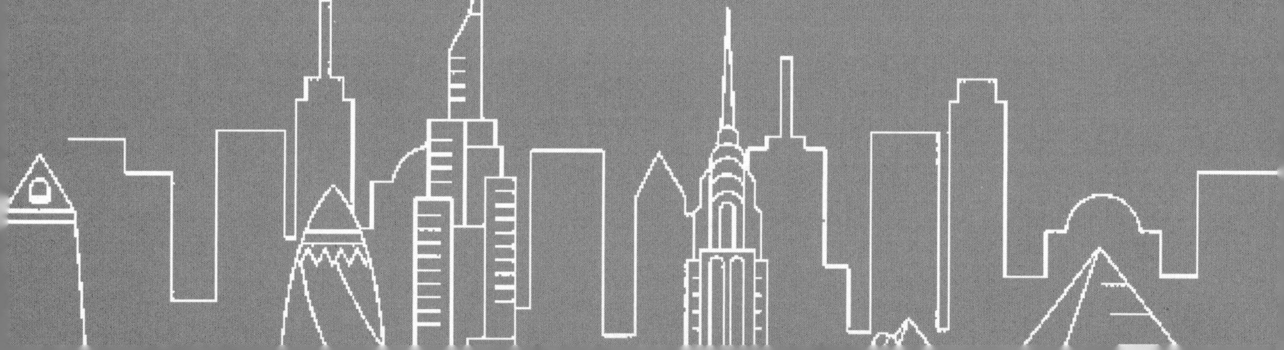

第一节　权利主体

201. 直接与发包人签署施工合同的自然人享有建设工程价款优先受偿权，但其施工的部分较小，不宜折价、拍卖的除外。

案件名称

再审申请人（一审原告、二审上诉人）江苏南通三建集团股份有限公司与被申请人（一审被告、二审被上诉人）武汉朕宇房地产开发有限公司建设工程施工合同纠纷案〔（2019）最高法民申718号，2019.3.25〕

裁判精要

最高人民法院认为，享有优先受偿权的工程应当是可以折价、拍卖的工程。本案所涉及的建设工程为通风与空调工程，该工程属于单位工程项下的分部工程。该分部工程无法独立存在且在分割后影响主建筑使用功能，故该分部工程应当认定为不宜折价、拍卖的工程，承包人对该工程的工程款不享有单独的优先受偿权。

编者说明

《最高人民法院关于审理建设工程施工合同纠纷案件适用法律问题的解释（一）》第三十五条规定："与发包人订立建设工程施工合同的承包人，依据民法典第八百零七条的规定请求其承建工程的价款就工程折价或者拍卖的价款优先受偿的，人民法院应予支持。"依据上述规定，与发包人订立建设工程施工合同的承包人享有建设工程价款优先受偿权，但并未对承包人是公司还是自然人进行限制。因此，作为自然人的承包人同样可以在其他条件满足时享有工程价款优先受偿权。（王兴整理）

202. 非建设工程施工合同承包人的实际施工人无权主张建设工程价款优先受偿权。

案件名称

上诉人（原审原告）时某与被上诉人（原审被告）河南省大学科技园发展有限公司及原审第三人河南隆兴建设工程有限公司建设工程施工合同纠纷案〔（2021）豫民终639号，2021.7.7〕

裁判精要

河南省高级人民法院认为，关于第二个争议焦点，《最高人民法院关于审理建设工程施工合同纠纷案件适用法律问题的解释（二）》（法释〔2018〕20号）第十七条规定，与发包人订立建设工程施工合同的承包人，根据合同法第二百八十六条规定请求其承建工程的价款就工程折价或者拍卖的价款优先受偿的，人民法院应予支持。本案中，时某是实际施工人，我国法律、法规禁止出借资质，故挂靠经营的实际施工人是不受法律保护的施工主体，因此法律也不保护违法施工主体的建设工程价款优先受偿权，故时某请求对工程价款行使优先受偿权缺乏法律依据，一审法院不予支持符合法律规定。

203. 实际施工人不属于"与发包人订立建设工程施工合同的承包人"，不享有建设工程价款优先受偿权。

案件名称

再审申请人（一审原告、二审被上诉人）马某忠与被申请人（一审被告、二审上诉人）鑫达房产公司、（一审第三人、二审上诉人）乌鲁木齐银行伊犁分行及一审被告伊犁金鑫建筑公司建设工程施工合同纠纷案〔（2019）最高法民申2755号，2019.7.19〕

裁判精要

最高人民法院认为：根据查明的事实，2014年8月26日，伊犁金鑫建筑公司与马某忠签订三份责任合同约定，由马某忠承建五金城项目一标段1#A、1#B楼，二标段2#楼、16#楼地下车库，三标段3#—15#楼，三个标段项目。2014年10月27日，经招投标程序，鑫达房产公司（发包人）与伊犁金鑫建筑公司（承包人）分别签订三份施工合同,该三份合同约定的内容与上述责任合同的主要内容基本一致。案涉施工合同项下的建设工程由马某忠施工,马某忠系案涉工程实际施工人。《中华人民共和国合同法》第二百八十六条规定:"发包人未按照约定支付价款的,承包人可以催告发包人在合理期限内支付价款。发包人逾期不支付的,除按照建设工程的性质不宜折价、拍卖的以外,承包人可以与发包人协议将该工程折价,也可以申请人民法院将该工程依法拍卖。建设工程的价款就该工程折价或者拍卖的价款优先受偿。"《最高人民法院关于审理建设工程施工合同纠纷案件适用法律问题的解释(二)》第十七条规定:"与发包人订立建设工程施工合同的承包人,根据合同法第二百八十六条规定请求其承建工程的价款就工程折价或者拍卖的价款优先受偿的,人民法院应予支持。"该司法解释施行后本案尚未审结,上述规定适用于本案。马某忠并非与发包人鑫达房产公司签订建设工程施工合同的承包人。根据上述法律及司法解释的规定,二审法院认为马某忠作为实际施工人不享有建设工程价款优先受偿权,适用法律正确。

编者说明

《中华人民共和国民法典》第八百零七条规定:"发包人未按照约定支付价款的,承包人可以催告发包人在合理期限内支付价款。发包人逾期不支付的,除根据建设工程的性质不宜折价、拍卖外,承包人可以与发包人协议将该工程折价,也可以请求人民法院将该工程依法拍卖。建设工程的价款就该工程折价或者拍卖的价款优先受偿。"《最高人民法院关于审理建设工程施工合同纠纷案件适用法律问题的解释(一)》第三十五条规定:"与发包人订立建设工程施工合同的承包人,依据民法典第八百零七条的规定请求其承建工程的价款就工程折价或者拍卖的价款优先受偿的,人民法院应予支持。"依据上述规定,只有与发包人订立建设工程施工合同的承包人才享有建设工程价款优先受偿权。实际施工人不属于"与发包人订立建设工程施工合同的承包人",不享有建设工程价款优先受偿权。(郭俊利整理)

204. 实际施工人并非与发包人签订施工合同的承包人,无权就承建工程主张优先受偿权。

案件名称

上诉人(原审原告)李某闻、王某峰、谢某钊与被上诉人(原审被告)永城日成房地产开发有限公司、（原审第三人）永城运和置业有限公司、永城市人民政府及原审被告河南天玺置业有限公司建设工程施工合同纠纷案〔（2019）豫民终1599号，2019.9.13〕

裁判精要

河南省高级人民法院认为，关于李某闻、王某峰、谢某钊是否就案涉工程享有优先受偿权的问题，根据《中华人民共和国合同法》第二百八十六条的规定，发包人未按照约定支付价款的，承包人可以催告发包人在合理期限内支付价款。发包人逾期不支付的，除按照建设工程的性质不宜折价、拍卖的以外，承包人可以与发包人协议将该工程折价，也可以申请人民法院将该工程依法拍卖。建设工程的价款就该工程折价或者拍卖的价款优先受偿。根据《最高人民法院关于审理建设工程施工合同纠纷案件适用法律问题的解释（二）》第十七条的规定，与发包人订立建设工程施工合同的承包人，根据《中华人民共和国合同法》第二百八十六条规定请求其承建工程的价款就工程折价或者拍卖的价款优先受偿的，人民法院应予支持。本案中，李某闻、王某峰、谢某钊并非与发包人签订建设工程施工合同的承包人，其以实际施工人的身份就案涉工程主张优先受偿权缺乏法律依据，本院不予支持。

编者说明

关于享有建设工程价款优先受偿权的主体，《河南省高级人民法院民四庭关于建设工程合同纠纷案件疑难问题的解答》中第27问对此作了解答：

27.实际施工人能否主张建设工程价款优先受偿权？

答：实际施工人不属于《中华人民共和国民法典》第八百零七条规定的与发包人订立建设工程施工合同的承包人，不享有建设工程价款优先受偿权。（李亚宇整理）

205.工程价款优先受偿权是承包人的专属权利，实际施工人无权主张。

案件名称

再审申请人（一审原告、二审被上诉人）李某奎与被申请人（一审被告、二审上诉人）洪泰公司及原审第三人开宇公司建设工程施工合同纠纷案〔（2019）豫民申8839号，2020.3.17〕

裁判精要

河南省高级人民法院认为，关于李某奎能否享有案涉工程价款优先受偿权问题，《最高人民法院关于审理建设工程施工合同纠纷案件适用法律问题的解释（二）》第十七条规定："与发包人订立建设工程施工合同的承包人，根据合同法第二百八十六条规定请求其承建工程的价款就工程价款或者拍卖的价款优先受偿的，人民法院应予支持。"即优先受偿权的权利主体只能是与发包人存在建设工程施工合同关系的承包人。本案中《建设工程施工合同》签订主体为开宇公司与洪泰公司，李某奎与开宇公司签订挂靠协议书后以开宇公司名义施工，洪泰公司向开宇公司支付工程进度款，开宇公司出具收据，李某奎未能举证证实其与洪泰公司之间存在直接合同关系，仅以其投资、实际施工行为应当受到保护为由主张对工程价款优先受偿，缺乏法律依据。虽然开宇公司认可李某奎就案涉工程价款享有优先受偿权，但工程价款优先受偿权作为专属权利，不属于《中华人民共和国合同法》规定的可以代位行使的债权。李某奎该项申请理由亦不成立。（李亚宇整理）

206. 实际施工人（挂靠人）作为有独立请求权的第三人参与诉讼，被挂靠人向发包人主张工程价款及优先权的，因其非实际履行合同的一方，诉请不予支持。

案件名称

原告（反诉被告）南通四建公司与被告（反诉原告）岚世纪公司及第三人黄某荣建设工程施工合同纠纷案［（2019）豫民初18号，2020.6.4］

裁判精要

河南省高级人民法院认为，关于本案中南通四建公司与岚世纪公司、黄某荣之间法律关系问题，本案中，南通四建公司与岚世纪公司签订了《建设工程施工合同》及《补充协议》，又与黄某荣签订《内部经济责任承包书》，南通四建公司主张自己是案涉建设工程施工合同的一方主体，称黄某荣与其系内部承包关系。黄某荣和岚世纪公司均主张双方之间存在事实上的建设工程施工合同关系。现南通四建公司与黄某荣均向岚世纪公司主张案涉工程价款，各方之间的法律关系是确定各方权利义务的前提。《中华人民共和国民法总则》第一百四十三条规定"具备下列条件的民事法律行为有效：（一）行为人具有相应的民事行为能力；（二）意思表示真实；

(三）不违反法律、行政法规的强制性规定，不违背公序良俗"，第一百四十六条规定"行为人与相对人以虚假的意思表示实施的民事法律行为无效。以虚假的意思表示隐藏的民事法律行为的效力，依照有关法律规定处理"。从合同缔结情况来看，南通四建公司虽与岚世纪公司签订书面《建设工程施工合同》及《补充协议》，但在与黄某荣签订的《内部经济责任承包书》中，要求黄某荣充分了解公司与业主方签订的工程施工合同全部条款，严格按照工程施工合同履约，承包全部的合同风险和经济责任。所谓内部承包实质是由黄某荣全部承担南通四建公司与岚世纪公司建设工程施工合同权利义务。南通四建公司又出具授权委托书，授权黄某荣对项目实行管理，提供了南通四建公司的银行账户供黄某荣使用，为黄某荣承担其与岚世纪公司之间合同权利义务提供条件。而岚世纪公司原副董事长屈某证明系黄某荣与其接洽承揽工程，劳务分包负责人陈某新、张某成证言，育兴监理公司证明等可证实黄某荣组织进场施工时间早于本案《建设工程施工合同》签订时间。从合同履行情况来看，南通四建公司主张其对涉案工程有施工管理及大量资金投入。黄某荣亦主张自己借用南通四建公司名义实际组织施工。经查，首先，历次会议纪要显示黄某荣及其下属负责人员俞某良、葛某华、施某、张某伟等参与了工程施工。南通四建公司主张派驻的管理人员除安全员时某益外，沈某国、赵某、张某等人均未出现过；育兴监理公司也证实南通四建公司的工作人员除安全员时某益外无其他人员参与工程施工；案涉工程劳务分包负责人陈某新、张某成在本案第一次一审中出庭作证其受黄某荣指派进行施工，对黄某荣负责。南通四建公司虽主张黄某荣系其工作人员，经公司授权后，黄作为项目负责人的一系列履职行为，即为该公司履行合同施工义务的行为，但并不能提供劳动合同及社会保障证明其与黄某荣存在劳动关系，也未向黄某荣发放工资，黄某荣则举证在施工期间其为南通大学附属医院的工作人员、存在劳动关系。故现有证据无法认定黄某荣与南通四建公司存在劳动关系，黄某荣的施工行为系代表南通四建公司履行相应职务。南通四建公司提交的证据不足以证实其组织施工。其次，关于南通四建公司的资金投入情况，南通四建公司主张已就案涉工程对外支出27414234.38元。经查，其中（1）1300万元为南通四建公司收取岚世纪公司工程款后对外支付劳务费。但南通四建公司借支工程款或收取工程款的行为是在黄某荣借用南通四建公司资质获得授权后发生，黄某荣通过南通四建公司账户借取或收取岚世纪公司工程款即是黄某荣借用南通四建公司资质的表现形式之一，岚世纪公司向南通四建公司账户转款的行为，以及黄某荣通过南通四建公司账户收款后，再通过南通四建公司账户向外付款是必然发生的情形，不能成为南通四建公司实际投资工程的依据。（2）关于600万元钢材款，40万元加气块货款均为汇票支付。黄某荣诉讼中认可南通四建公司的支付属实，但辩称系其向南通四建公司的借款，南通四建公司提交的证据，代表南通四建公司陕西分公司与黄某荣签订《内部经济责任承包书》的刘某与黄某荣的通话录音中，刘某亦曾表示"我私人借钱，违反公司制度借钱，有时候东西也借给你用；你可记得大年三十晚上，三四点钟我借钱给你"。该证言结合黄某荣的自认，可证明本案南通四建公司与黄某荣之间不仅存在借用资质的关系，双方还存在资金及设备的借贷、借用关系。南通四建公司向黄某荣借支货款亦不足以证明南通四建公司是实际施工人。本案诉讼之外，南通四建公司与黄某荣仍可另行解决双方其他争议纠纷。（3）关于秦淮区人民法院判决南通四建公司及陕西分公司支付案涉工程钢材款400余万元（实际执行5358603元）。该案系黄某荣以案涉工程项目部名义签订《钢材供货协议》，后因未按时支付货款引发。在该案中，黄某荣基于南通四建公司的授权对外实施民事法律行为，供货方善意信任黄某荣足以代表南通四建公司陕西分公司，南通四建公司陕西分公司系作为买卖合同主体对外承担责任。南通四建公司履行判决后仍可依据其与黄某荣内部法律关系向黄某荣另行主张。（4）南通四建公司主张支付税金但未提交相应票据，南通四建公司举证的与本案诉讼行为相关的诉讼费用、律师费用支出与案涉项目的施工行为无关，不足以认定为就案涉项目的投入。综上，本案中南通四建公司虽然与岚世纪公司签订《建设工程施工合同》及《补充协议》，但实际并无签订、履行合同的真实意思表示，就案涉合同标的而言双方无实质性的法律关系；双方之间《建设工程施工合同》及《补充协议》因不存在真实意思表示而无效。无效的合同自始无效，不存在解除问题。南通四建公司请求解除其与岚世纪公司建设工程施工合同的诉请不应得到支持。南通四建公司出借建筑资质给无施工资质的黄某荣承建案涉工程，破坏建筑市场秩序，亦应予以否定性评价。因南通四建公司未实际履行合同，其依据《建设工程施工合同》及《补充协议》向岚世纪公司主张工程价款及优先受偿权，缺乏事实和法律依据，对其诉讼请求本院不予准许。

编者说明

该案一审宣判后，南通四建公司向最高人民法院提起上诉，2021年2月4日，最高人民法院作出了（2020）最高法民终1269号民事判决书，最高人民法院认为，关于本案中南通四建公司与岚世纪公司、黄某荣之间法律关系问题，本案中，南通四建公司与岚世纪公司签订了《建设工程施工合同》及《补充协议》，又与黄某荣签订《内部经济责任承包书》，主张自己是案涉建设工程施工合同的一方主体，称黄某荣与其系内部承包关系。黄某荣和岚世纪公司均主张双方之间存在事实上的建设工程施工合同关系。现南通四建公司与黄某荣均向岚世纪公司主张案涉工程价款，各方之间的法律关系是确定各方权利义务的前提。《中华人民共和国民法总则》第一百四十三条规定"具备下列条件的民事法律行为有效：（一）行为人具有相应的民事行为能力；（二）意思表示真实；（三）不违反法律、行政法规的强制性规定，不违背公序良俗"，第一百四十六条规定"行为人与相对人以虚假的意思表示实施的民事法律行为无效。以虚假的意思表示隐藏的民事法律行为的效力，依照有关法律规定处理"。从合同缔结情况来看，南通四建公司虽与岚世纪公司签订书面《建设工程施工合同》及《补充协议》，但在与黄某荣签订的《内部经济责任承包书》中，要求黄某荣充分了解公司与业主方签订的工程施工合同全部条款，严格按照工程施工合同履约，承包全部的合同风险和经济责任。所谓内部承包实质是由黄某荣全部承担南通四建公司与岚世纪公司建设工程施工合同权利义务。南通四建公司又出具授权委托书，授权黄某荣对项目实行管理，提供了南通四建公司的银行账户供黄某荣使用，为黄某荣承担其与岚世纪公司之间合同权利义务提供条件。而岚世纪公司原副董事长屈某证明系黄某荣与其接洽承揽工程，劳务分包负责人陈某新、张某成证言，育兴监理公司证明等可证实黄某荣组织进场施工时间早于本案《建设工程施工合同》签订时间。从合同履行情况来看，南通四建公司主张其对案涉工程有施工管理及大量资金投入。黄某荣亦主张自己借用南通四建公司名义实际组织施工。经查，首先，历次会议纪要显示黄某荣及其下属负责人员俞某良、葛某华、施某、张某伟等参与了工程施工。南通四建公司主张派驻的管理人员除安全员时益外，沈某国、赵某、张某等人均未出现过；育兴监理公司也证实南通四建公司的工作人员除安全员时某益外无其他人员参与工程施工；案涉工程劳务分包负责人陈某新、张某成在本案第一次一审中出庭作证其受黄某荣指派进行施工，对黄某荣负责。南通四建公司虽主张黄某荣系其工作人员，经公司授权后，黄某荣作为项目负责人的一系列履职行为，即为该公司履行合同施工义务的行为，但并不能提供劳动合同及社会保障证明其与黄某荣存在劳动关系，也未向黄某荣发放工资，黄某荣则举证在施工期间其为南通大学附属医院的工作人员、存在劳动关系。故现有证据无法认定黄某荣与南通四建公司存在劳动关系，黄某荣的施工行为系代表南通四建公司履行相应职务。南通四建公司提交的证据不足以证实其组织施工。其次，关于南通四建公司的资金投入情况，南通四建公司主张已就案涉工程对外支出27414234.38元。经查，其中（1）1300万元为南通四建公司收取岚世纪公司工程款后对外支付劳务费。但南通四建公司借支工程款或收取工程款的行为是在黄某荣借用南通四建公司资质获得授权后发生，黄某荣通过南通四建公司账户借取或收取岚世纪公司工程款即是黄某荣借用南通四建公司资质的表现形式之一，岚世纪公司向南通四建公司账户转款的行为，以及黄某荣通过南通四建公司账户收款后，再通过南通四建公司账户向外付款是必然发生的情形，不能成为南通四建公司实际投资工程的依据。（2）关于600万元钢材款，40万元加气块货款均为汇票支付。黄某荣诉讼中认可南通四建公司的支付属实，但辩称系其向南通四建公司的借款，南通四建公司提交的证据，代表南通四建公司陕西分公司与黄某荣签订《内部经济责任承包书》的刘某与黄某荣的通话录音中，刘某亦曾表示"我私人借钱，违反公司制度借钱，有时候东西也借给你用；你可记得大年三十晚上，三四点钟我借钱给你"。该证言结合黄某荣的自认，可证明本案南通四建公司与黄某荣之间不仅存在借用资质的关系，双方还存在资金及设备的借贷、借用关系。南通四建公司向黄某荣借支货款亦不足以证明南通四建公司是实际施工人。本案诉讼之外，南通四建公司与黄某荣仍可另行解决双方其他争议纠纷。（3）关于南京市秦淮区人民法院判决南通四建公司及陕西分公司支付案涉工程钢材款400余万元（实际执行5358603元）。该案系黄某荣以案涉工程项目部名义签订《钢材供货协议》，后因未按时支付货款引发。在该案中，黄某荣基于南通四建公司的授权对外实施民事法律行为，供货方善意信任黄某荣足以代表南通四建公司陕西分公司，南通四建公司陕西分公司系作为买卖合同主体对外承担责任。南通四建公司履行判决后仍可依据其与黄某荣内部法律关系向黄某荣另行主张。（4）南通四建公司主张支付税金但未提交相应票据，南通四建公司举证的与本案诉讼行为相关的诉讼费用、律师费用支出与案涉项目的施工行为无关，不足以认定为就案涉项目的投入。综上，本案中南通四建公司虽然与岚世纪公司签订《建设工程施工合同》及《补充协议》，但实际并无签订、履行合同的真实意思表示，就案涉合同标的而言双方无实质性的法律关系；双方之间《建设工程施工合同》及《补充协议》因不存在真实意思表示而无效。无效的合同自始无效，不存在解除问题。南通四建公司请求解除其与岚世纪公司《建设工程施工合同》的诉请不应得到支持。南通四建公司出借建筑资质给无施工资质的黄某荣承建案涉工程，破坏建筑市场秩序，亦应予以否定性评价。因南通四建公司未实际履行合同，其依据《建设工程施工合同》及《补充协议》向岚世纪公司主张工程价款及优先受偿权，缺乏事实和法律依据，对其诉讼请求不予准许。（吴利波整理）

第二节　行使条件

207. 案涉工程虽未竣工验收，但欠付工程款数额确定，且发包人未以工程质量不合格提出抗辩的，承包人就其承建工程享有优先受偿权。

案件名称

上诉人（原审原告、反诉被告）中建公司与上诉人（原审被告、反诉原告）锦贸鑫公司建设工程施工合同纠纷案［（2022）最高法民终212号，2022.7.29］

裁判精要

最高人民法院认为，关于工程价款优先受偿权数额应如何认定问题，中建公司上诉认为，一审法院因对案涉工程总造价认定错误，导致对中建公司享有工程价款优先受偿权的工程款数额认定错误。应按中建公司主张的工程总造价认定工程价款优先受偿权数额，一审判决将修复费用扣除后计算工程价款优先受偿权数额错误。锦贸鑫公司认为，一审判决关于工程价款优先受偿权的判决没有事实依据，应驳回中建公司的该项诉讼请求。本院认为，《最高人民法院关于审理建设工程施工合同纠纷案件适用法律问题的解释（二）》第十七条规定，与发包人订立建设工程施工合同的承包人，根据《中华人民共和国合同法》第二百八十六条的规定请求其承建工程的价款就工程折价或者拍卖的价款优先受偿的，人民法院应予支持。案涉工程停工后，双方未就工程价款数额达成一致，诉讼中双方同意按照司法鉴定程序由第三方专业鉴定机构通过司法鉴定确定案涉工程价款，因此中建公司起诉主张工程价款优先受偿权具有事实和法律依据。至于案涉工程的工程价款优先受偿权数额如何确定，该司法解释第二十条规定，未竣工的建设工程质量合格，承包人请求其承建工程的价款就其承建工程部分折价或者拍卖的价款优先受偿的，人民法院应予支持。本案案涉工程未竣工，且存在质量不合格需要修复的情况。工程价款优先受偿权是为了保护施工方的合法权益，使其对于工程价款优先得到受偿的一项专门的法律制度。施工方能够优先获得工程价款，当然应以其所施工的工程符合质量要求为前提条件。如果其所施工的工程不符合质量要求，由此产生的修复费用当然应由其承担，并且在其主张优先受偿权时也应予以扣除。因此一审判决关于工程价款优先受偿权的处理并无不当，中建公司和锦贸鑫公司的该项主张均不成立。

编者说明

《最高人民法院关于审理建设工程施工合同纠纷案件适用法律问题的解释（一）》第三十五条规定："与发包人订立建设工程施工合同的承包人，依据民法典第八百零七条的规定请求其承建工程的价款就工程折价或者拍卖的价款优先受偿的，人民法院应予支持。"第三十九条规定："未竣工的建设工程质量合格，承包人请求其承建工程的价款就其承建工程部分折价或者拍卖的价款优先受偿的，人民法院应予支持。"如工程未竣工且存在质量不合格需要修复的情况，也应被支持工程价款优先受偿权，因工程价款优先受偿权是为了保护施工方的工程价款优先得到受偿的一项专门的法律制度，施工方能够优先获得工程价款，当然应以其所施工的工程符合质量要求为前提条件。如果其所施工的工程不符合质量要求，由此产生的修复费用当然应由其承担，并且在裁决优先受偿权时应扣除相应的修复费用。（胡玉芹整理）

208. 案涉工程尚未完工和竣工验收，且承包人与发包人并未解除或终止履行案涉工程的施工合同，也未就案涉工程的工程价款进行结算的，承包人行使建设工程价款优先受偿权的条件尚未成就，承包人主张优先受偿权的，不予支持。

案件名称

再审申请人（一审原告、二审上诉人）建发公司与被申请人（一审被告、二审上诉人）锦寓公司建设工程施工合同纠纷案［（2020）豫民申3838号，2020.7.30］

裁判精要

河南省高级人民法院认为，根据《最高人民法院关于审理建设工程施工合同纠纷案件适用法律问题的解释（二）》第二十条的规定，未竣工的建设工程质量合格，承包人请求其承建工程的价款就其承建部分折价或者拍卖的价款优先受偿的，人民法院应予支持。案涉工程16号楼尚未完工和竣工验收，建发公司未提供有效证据证明16号楼已完工程质量合格，且建发公司与锦寓公司并未解除或终止履行16号楼的施工合同，也未就该楼的工程价款进行结算。故生效判决认定建发公司主张行使建设工程价款优先受偿权的条件尚未成就，同时为其保留诉权，并无不当。且建发公司已经就16号楼的工程价款、优先受偿权等另案提起诉讼。综上，建发公司的再审申请不符合《中华人民共和国民事诉讼法》第二百条规定的情形。

编者说明

建设工程施工合同中，施工合同未解除或终止履行，工程价款尚不能最终确定，一方主张工程价款优先受偿权的，法院不予支持。（郭俊利整理）

209. 施工合同未解除，承包人针对欠付的工程进度款主张优先受偿权的，不予支持。

案件名称

上诉人（原审原告、反诉被告）诚宸公司与上诉人（原审被告、反诉原告）拓丰公司建设工程施工合同纠纷案〔（2021）豫民终260号，2021.12.5〕

裁判精要

河南省高级人民法院认为，关于诚宸公司对涉案工程价款是否享有优先受偿权问题，因诚宸公司要求解除合同的请求本院不予支持，案涉合同尚需继续履行，故其要求享有优先受偿权的条件不成就，该请求亦不予支持。

编者说明

如果是分期施工、阶段付款的建设工程施工合同，承包人主张阶段性工程价款而合同仍在继续履行的，应以工程最终竣工结算后所确定的工程价款的应付款时间作为优先受偿权行使期限的起算点。就整体而言，承发包双方订立的施工合同尚处于履行期，承包人主张将阶段性工程款的付款时间作为优先受偿权的起算时间，不应予以支持（详见《最高人民法院建设工程施工合同司法解释（二）理解与适用》P462，人民法院出版社，2019年），因此，建设工程施工合同中，施工合同未解除或终止履行，工程价款尚不能最终确定，一方主张工程价款优先受偿权，法院不予支持。（吴利波整理）

第三节 行使期限

210. 优先受偿权的起算时间应以工程最终总价款确定时间为准。当事人在主张工程进度款的诉讼中未主张优先受偿权，不影响在工程总价款确定后再就其施工的工程主张优先受偿权。

案件名称

上诉人（一审原告）振华公司与被上诉人（一审被告）祥发公司建设工程施工合同纠纷案［（2019）豫民终1445号，2020.1.3］

裁判精要

河南省高级人民法院认为，关于振华公司主张优先受偿权的起算时间问题，根据《最高人民法院关于审理建设工程施工合同纠纷案件适用法律问题的解释》第十八条的规定，建设工程未交付，工程价款也未结算的，当事人对付款时间没有约定或者约定不明，当事人起诉之日视为应付款时间。在河南省洛阳市中级人民法院（2015）洛民四初字第44号案件中，工程总价款尚未最终确定，振华公司起诉请求判令祥发公司支付案涉工程的70%进度款，无权同时主张享有优先受偿权。原审判决认定振华公司因在第一次起诉时未提出主张而导致优先受偿权失效，事实上等同于要求振华公司对尚不享有的权利提出主张，既不符合本案实际情况，亦缺乏法律和事实依据。案涉建设工程优先受偿权的起算时间，应以工程最终总价款确定时间为准。本案中，振华公司在起诉请求判令解除案涉建设工程施工合同的同时，主张对其施工的工程享有优先受偿权，符合相关法律规定，应予支持。（李亚宇整理）

211. 主张建设工程价款优先受偿权的期限从建设工程竣工之日或者建设工程合同约定的竣工之日起计算的，属违反法律规定，不能得到支持。

案件名称

上诉人（原审被告）恒基公司与被上诉人（原审原告）林九公司建设工程施工合同纠纷案［（2018）豫民终1628号，2019.4.22］

裁判精要

河南省高级人民法院认为，关于林九公司主张的建设工程价款优先受偿权是否已超过法律规定的六个月期限问题：1.关于适用法律问题。2002年6月27日起施行的《最高人民法院关于建设工程价款优先受偿权问题的批复》第四条规定："建设工程承包人行使优先权的期限为六个月，自建设工程竣工之日或者建设工程合同约定的竣工之日起计算。"2019年2月1日起施行的《最高人民法院关于审理建设工程施工合同纠纷案件适用法律问题的解释（二）》第二十六条第二款规定："本解释施行后尚未审结的一审、二审案件，适用本解释。"第二十二条规定："承包人行使建设工程价款优先受偿权的期限为六个月，自发包人应当给付建设工程价款之日起算。"由于本案尚处于二审审理程序中，属于二审案件，故本案应适用《最高人民法院关于审理建设工程施工合同纠纷案件适用法律问题的解释（二）》第二十二条规定，承包人行使建设工程价款优先受偿权的期限应自发包人应当给付建设工程价款之日起算。恒基公司主张建设工程价款优先受偿权的期限应从建设工程竣工之日或者建设工程合同约定的竣工之日起计算，违反法律规定，本院不予支持。2.关于林九公司建设工程价款优先受偿权的主张是否超过六个月期限问题。2018年5月29日，双方签订《桐城国际结算书》，确认结算总价为174869512.9元。由于恒基公司支付工程款数额已经具体明确，故2018年5月29日应作为林九公司主张建设工程价款优先受偿权的起始日，因本案一审立案时间为2018年6月19日，未超过承包人林九公司行使建设工程价款优先受偿权的法定期限，故恒基公司上诉称林九公司主张优先受偿权超过了法律规定的六个月期限的理由不能成立，本院不予采信。

编者说明

建设工程优先受偿权的行使期限为六个月［2021年1月1日起施行的《最高人民法院关于审理建设工程施工合同纠纷案件适用法律问题的解释（一）》延长为

十八个月，最大限度地保护建筑企业自身合法权益］，自发包人应当给付建设工程价款之日起算。（赵静整理）

212. 承发包双方约定工程款分期支付的，所约定的最后一笔款项的付款时间应为建设工程价款优先权行使期间的起算点。

案件名称

上诉人（原审原告）宁波建工公司与上诉人（原审被告）百通公司建设工程施工合同纠纷案［（2019）豫民终296号，2019.5.13］

裁判精要

河南省高级人民法院认为，根据双方当事人的诉辩主张，本案二审的争议焦点为：（一）宁波建工公司对涉案建设工程价款是否享有优先受偿权；（二）一审法院未受理百通公司的反诉是否属于严重违反法定程序。关于宁波建工公司对涉案建设工程价款是否享有优先受偿权的问题。1.关于本案是否可以适用《最高人民法院关于审理建设工程施工合同纠纷案件适用法律问题的解释（二）》（以下简称《建工司法解释二》）的问题。《建工司法解释二》第二十六条规定："本解释自2019年2月1日起施行。本解释施行后尚未审结的一审、二审案件，适用本解释……最高人民法院以前发布的司法解释与本解释不一致的，不再适用。"该条是关于《建工司法解释二》溯及力问题的规定，本案二审审理期间，《建工司法解释二》已正式施行，可以适用于本案。《建工司法解释二》第二十二条规定："承包人行使建设工程价款优先受偿权的期限为六个月，自发包人应当给付建设工程价款之日起算。"《最高人民法院关于建设工程价款优先受偿权问题的批复》第四条规定："建设工程承包人行使优先权的期限为六个月，自建设工程竣工之日或者建设工程合同约定的竣工之日起计算。"该批复与《建工司法解释二》中关于建设工程价款优先受偿权行使期限起算点的规定不一致，本案应适用《建工司法解释二》的规定来确定行使优先受偿权期限的起算时间。2.关于本案建设工程价款优先受偿权行使期限的起算点如何确定的问题。本案中，宁波建工公司与百通公司于2017年5月22日签订《补充协议书》，确认的主要事实包括：宁波建工公司"百汇城一期1#、2#住宅楼及地下车库工程"决算总造价为136300000元；宁波建工公司已收到工程款105600000元；百通公司将剩余的28904231元工程款分两次支付给宁波建工公司，第一次，截至2017

年12月30日前支付10000000元,第二次,截至2018年8月30日前支付18904231元等内容。《补充协议书》系双方当事人的真实意思表示,不违反强制性法律规定,为有效协议,对双方当事人具有拘束力。《补充协议书》对之前约定的阶段性付款期限进行了变更,最终确定的"应当给付建设工程价款"日期为2018年8月30日。宁波建工公司在2018年9月26日向河南省洛阳市中级人民法院提起诉讼,该院于2018年9月27日受理本案,依据《建工司法解释二》第二十二条的规定,宁波建工公司行使优先受偿权未超过法定的六个月期限,其关于建设工程价款优先受偿权的上诉请求于法有据,本院予以支持。(姚池整理)

213. 施工合同无效,停工缓建期间发包人终止施工关系,承包人主张建设工程价款优先受偿权的,期限自施工关系终止之日起算。

案件名称

上诉人(原审原告)中元公司与被上诉人(原审被告)合肥建工公司、圣智科技公司第三人撤销之诉案[(2019)最高法民终486号,2019.10.31]

裁判精要

最高人民法院认为,鉴于《最高人民法院关于审理建设工程施工合同纠纷案件适用法律问题的解释(二)》第二十二条中规定的"发包人应当给付建设工程价款之日"这一优先受偿权起算点的条件至今尚不具备,且生效判决已判令解除案涉系列合同,本案中合肥建工优先受偿权的起算时间,应当依照2011年《全国民事审判工作会议纪要》第四条(二)的规定确定,"承包人请求行使优先受偿权的期限,自建设工程实际竣工之日起计算;如果建设工程合同由于发包人的原因解除或终止履行,承包人行使建设工程价款优先受偿权的期限自合同解除或终止履行之日起计算"。一审法院将合肥建工优先受偿权的起算时间认定为2015年1月其向法院诉请解除案涉合同之时并无不当。中元公司关于合肥建工主张工程款优先受偿权已经超过法定期限的上诉理由不能成立。

编者说明

一般情况下,优先受偿权的起算时间为应付工程款之日,在发包人直接终止与承包人的施工关系或发包人原因导致施工关系终止时,可以该施工关系终止的时点

作为应付工程款之日起算优先受偿权主张期限。（杨贺飞整理）

214. 案涉项目因发包人原因停工且未竣工及结算，承包人在起诉时请求优先受偿权的，未超过行使期限。

📡 案件名称

上诉人（原审原告）巨龙新疆分公司与被上诉人（原审被告）天原投资公司、（原审被告）青岛建设集团公司建设工程施工合同纠纷案〔（2020）最高法民终347号，2020.6.28〕

🔍 裁判精要

最高人民法院认为，案涉工程于2015年11月停工，双方未进行结算，巨龙新疆分公司一直未撤场，工程未交付。2017年6月19日巨龙新疆分公司提起本案诉讼。根据《最高人民法院关于审理建设工程施工合同纠纷案件适用法律问题的解释（二）》第二十二条"承包人行使建设工程价款优先受偿权的期限为六个月，自发包人应当给付建设工程价款之日起算"以及《最高人民法院关于审理建设工程施工合同纠纷案件适用法律问题的解释》第十八条的规定，本案优先受偿权的起算点应从起诉之日起算，并未超过六个月。故巨龙新疆分公司请求对本案工程款以涉案工程折价或拍卖价款享有优先受偿权，本院予以支持。

✏️ 编者说明

根据《最高人民法院关于审理建设工程施工合同纠纷案件适用法律问题的解释（一）》第四十一条的规定："承包人应当在合理期限内行使建设工程价款优先受偿权，但最长不得超过十八个月，自发包人应当给付建设工程价款之日起算。"建设工程价款优先受偿权的行使期限为自发包人应当给付建设工程价款之日起十八个月。最高人民法院民事审判第一庭在《最高人民法院新建设工程施工合同司法解释（一）理解与适用》一书中对"发包人应当给付建设工程价款之日"进行了明确。首先，建设工程施工合同对付款时间及方式有明确约定且合同已正常履行完毕，应当遵从当事人约定。其次，在建设工程施工合同未约定或约定不明的情况下，需要依照本解释第二十七条的规定，划分几种情况分别确定大体公平的时间点作为行使优先受偿权的起算时间：（1）建设工程实际交付的，以建设工程交付之日为应付款时间。（2）建设工程未交付，建设工程价款也未结算时，以起诉之日为应付款时间。（3）建设工程施工合同解除或者终止履行，且工程未经竣工结算，应区分情况认定应付工程款之日。如果发包人与承包人就合同解除后的工程价款的支付事宜达成合意，应当以其协议约定确定工程款的支付时间为优先受偿权的起算时间。如发包人与承包人未达成上述合意，可参照前述标准处理。（曹亚伟整理）

第八章
实际施工人保护

第一节　实际施工人认定

215. 应从参与合同签订、实际施工行为、施工支配权和工程结算权等方面来认定实际施工人。

案件名称

再审申请人（一审原告、二审上诉人）刘某与被申请人（一审被告、二审被上诉人）许某平、晓清水务工程公司、张某学建设工程施工合同纠纷案[（2020）豫民申7680号，2020.12.29]

裁判精要

河南省高级人民法院认为，本案审查的主要问题为刘某是否为涉案工程的实际施工人。实际施工人是指在建设工程施工合同无效情形下，实际投入资金、材料和劳动力违法承包的单位和个人，主要从以下方面综合认定：1.是否参与合同签订；2.是否存在组织工程管理、购买材料、租赁机具、支付水电费等实际施工行为；3.是否享有施工支配权，是否对项目人财物有独立的支配权，对工程结算有决定权等；4.是否存在投资或收款行为；5.是否与转包人、违法分包人或出借资质的建筑施工企业之间存在劳动关系等。就本案而言，首先，刘某称其从许某平处转包工程，但并未签订转包合同，许某平也不认可双方之间存在工程转包关系。其次，涉案工程造价经鉴定为2592771.7元，但刘某提供的证据中支付工人工资仅为18余万元，支付钢材和混凝土砌块等材料费仅为30余万元，费用支出明显低于工程施工需要。并且，刘某也未提供关于工程组织管理、租赁机械、支付水电费等工程费用的证据，尚不足以证明刘某对涉案工程实际进行施工。最后，涉案工程于2013年已经竣工结算完毕，但刘某并未参与工程竣工验收及工程结算，对工程施工活动并无支配权。综上，根据本案现有证据和能够查明的事实，尚不足以认定刘某为涉案工程实际施工人，故原审判决认定刘某未尽到举证证明责任而驳回其诉讼请求并无不当。（吴利波整理）

216. 实际施工人的认定要从合同签订、资金来源、项目管理、项目施工、项目结算等方面进行综合考虑。

📡 案件名称

再审申请人（一审原告、二审上诉人）姚某广与被申请人（一审被告、二审上诉人）一建公司、一建第九分公司、（一审被告）华盛房地产开发公司建设工程施工合同纠纷案［（2020）最高法民再176号，2020.12.14］

🔍 裁判精要

最高人民法院认为：判断建设工程的实际施工人应视其是否签订转包、挂靠或者其他形式的合同承接工程施工，是否对施工工程的人工、机器设备、材料等投入相应物化成本，并最终承担该成本等综合因素确定。一建公司、一建第九分公司主张其自行组织实施并完成案涉工程的施工管理、停工、协调、结算，并举证证明其与元都劳务公司、中意混凝土公司、筑巢物资公司签订合同，分别支付了210万元劳务费、512万元混凝土款和971万元钢材款、违约金等。经查，案涉工程于2015年3月1日停工，而一建公司、一建第九分公司主张其支付的各项费用，均发生在案涉工程停工之后。根据建设工程施工需要前期大量投资的常识判断，在案涉项目停工前应当存在大量支出，该事实与姚某广关于案涉项目停工之后，一建公司、一建第九分公司作为合同签订主体，因涉诉才支付材料款、工程款的主张相印证，且一建公司、一建第九分公司支付的款项并不能涵盖案涉工程的整体施工费用，不足以证明案涉工程由一建公司自行组织施工。

从案涉工程的实际支出情况看：在工程劳务方面，1707号判决查明，姚某广以一建公司的名义与张某水签订了《建筑施工劳务分包合同》，将案涉工程的部分劳务分包给张某水，并与张某水作为劳务队签订了结算单。在工程材料方面，姚某广向供货商中意混凝土公司支付混凝土款250760元，该款项在一建第九分公司与中意混凝土公司签订的《债务处理协议》中予以确认；姚某广向供货商筑巢物资公司支付100万元，该款项在一建公司、一建第九分公司与筑巢物资公司签订的《调解协议》中予以确认。本案再审期间，姚某广还提交了其与李某、蔡某刚2019年签署的《结算协议书》，确认姚某广尚欠的土石方款801680元。如姚某广不是案涉工程的实际施工人，其无理由为案涉工程支付上述款项。一建公司、一建第九分公司辩称1707号案所涉劳务部分仅为案涉工程项目的一项分包工程，不能证明姚某广为案涉项目的实际施工人,但对姚某广除劳务费之外的支出,一建公司、一建第九分公司未提出反驳证据。值得注意的是,一、二审期间,姚某广提供了案涉工程施工质量全部验收材料的原件以及案涉项目工程施工过程中所产生的工程联系单、签证单、工程预算表、水电费支付凭证,施工过程中需要的砂石、水泥砖、试验费用支付凭证,机械台班费用支付凭证等材料的原件,而一建公司、一建第九分公司称因发生农民工打砸抢事件,相关资料被抢夺,但其未提供证据证明。另外,姚某广的委托诉讼代理人、姚某广之子姚某能清楚地说明项目栋数、各栋楼房施工的具体进度、项目所涉及的相对方主体情况及相关资料内容,而一建公司、一建第九分公司对工程施工情况表述模糊。以上可为姚某广为案涉工程的实际施工人提供佐证。

建设工程施工合同纠纷案件中,普遍存在实际施工人以违法违规或者不规范的形式对外签订合同及付款的情形,致使实际施工人支出的款项无法准确查明。《最高人民法院关于适用〈中华人民共和国民事诉讼法〉的解释》第一百零八条第一款规定"对负有举证证明责任的当事人提供的证据,人民法院经审查并结合相关事实,确信待证事实的存在具有高度可能性的,应当认定该事实存在"、《最高人民法院关于民事诉讼证据的若干规定》第七十三条第一款规定"双方当事人对同一事实分别举出相反的证据,但都没有足够的依据否定对方证据的,人民法院应当结合案件情况,判断一方提供证据的证明力是否明显大于另一方提供证据的证明力,并对证明力较大的证据予以确认",综合考虑各方当事人提交的证据并结合案件相关事实,从高度盖然性的证明标准来看,尽管姚某广提交的关于案涉工程支出款项的证据,无相关合同等证据进行印证,但其提供的证据证明力仍明显大于一建公司、一建第九分公司提供的证据。在一建公司、一建第九分公司无证据证明案涉工程系其自行组织施工以及本案还有其他实际施工人的情况下,姚某广系案涉工程实际施工人的事实具有高度盖然性。综上,一审判决认定姚某广为案涉工程的实际施工人,并无不当,本院予以维持。(郭俊利整理)

217. 在合同无效的情况下,实际投入资金、劳动力、材料、设备,并参与工程管理等的违法分包、转包或借用资质承包的单位或个人,可以被认定为实际施工人。

📡 |案件名称|

再审申请人(一审原告、二审上诉人)毛某广与被申请人(一审被告、二被上诉人）标牌制作中心、设计公司、建设集团公司建设工程施工合同纠纷案〔（2020）豫民申6328号，2020.11.24〕

🔍 裁判精要

河南省高级人民法院经审查认为，本案的争议焦点为毛某广是否为案涉工程的实际施工人。从本案查明的事实来看，毛某广虽然未与标牌制作中心、建设集团、设计公司签订建设工程施工合同，但其提供了购买建材、向工人支付工资等组织施工的凭证，可以证明其对部分工程进行了施工和管理，投入了部分资金、材料和劳务。且标牌制作中心、设计公司认可向毛某广支付工程款的事实，其虽然主张毛某广系其雇用的管理人员，但未提供证据证明，因此根据证据优势原则可以认定毛某广系部分工程的实际施工人。原审判决以毛某广不是实际施工人为由驳回其诉讼请求系认定事实及适用法律不当，应予再审。本案再审时，应对毛某广实际施工的工程及工程量的事实进一步予以查明。

✏️ 编者说明

指令河南省郑州市中级人民法院再审本案。（苗卉整理）

218.对实际施工人进行判断应当以是否完成工程施工、是否进行了投入，并在工程结束后办理结算手续和领取款项等为标准。挂靠人以其为实际签订合同一方并与实际施工人系雇佣关系为由拒付工程款的，人民法院不予支持。

📡 案件名称

再审申请人（一审被告、二审上诉人）刘某军与被申请人（一审原告、二审被上诉人）王某章、中南勘察公司、中建三局集团公司建设工程施工合同纠纷案〔（2019）豫民申363号，2019.5.20〕

🔍 裁判精要

河南省高级人民法院认为，（一）王某章虽然没有直接与中南勘察公司签订《天鹅湖环球金融中心挤密桩工程施工专业分包合同》，但该合同项下的权利义务由其实际承担，其在事实上完成了涉案工程的施工，中南勘察公司对此认可，工程结束后还为其办理了工程结算手续，且直接向王某章支付了部分工程款项，刘某军虽然与中南勘察公司签订了《天鹅湖环球金融中心挤密桩工程施工专业分包合同》，但根据现有证据无法认定刘某军实际上对涉案工程投入了资金、技术、人力并进行施工，其主张和王某章之间系雇佣关系证据亦不足，故原审认定王某章是涉案工程的实际施工人并无不当；（二）《最高人民法院关于审理建设工程施工合同纠纷案件适用法律问题的解释》第二十六条规定，"实际施工人以转包人、违法分包人为被告起诉的，人民法院应当依法受理"。本案中，中南勘察公司海南分公司作为违法分包人，应对实际施工人王某章履行付款义务，由于中南勘察公司海南分公司不具有法人资格，其相关的权利义务应由中南勘察公司承担，故原审认定中南勘察公司向王某章支付工程款正确。综上，刘某军的申请理由均不能成立。（姚池整理）

219. 实际施工人经承包人授权签订施工合同，其能够实际支配工程款项，同时又未与承包人建立劳动关系的，可认定为实际施工人借用资质订立合同。

案件名称

上诉人（一审被告）云鹤公司与被上诉人（一审原告）宏图公司建设工程施工合同纠纷案〔（2020）豫民终992号，2021.3.4〕

裁判精要

河南省高级人民法院认为，从本案两份《施工合同》和《备案合同》的签订人员来看，案外人王某斌均作为宏图公司的授权人员参与签订该两份合同。从王某斌2017年4月17日出具的《承诺书》内容来看，王某斌承诺涉案合同签订单位是宏图公司，实际承包人是王某斌，施工中宏图公司产生的一切纠纷均由王某斌承担，说明王某斌参与签订涉案合同并实际组织施工。从王某斌2017年出具的电费欠条内容来看，王某斌同意施工电费从结算工程款中扣除，说明王某斌能够实际支配工程款项。从宏图公司二审答辩状内容来看，亦认可王某斌与其之间存在挂靠关系。因此，结合宏图公司与王某斌之间并未建立劳动关系的情况，能够认定王某斌借用宏图公司资质订立涉案合同的事实。（丁一整理）

220. 实际施工人代表承包人与发包人签订施工合同，且实际施工人非承包人的员工，则实际施工人与承包人之间应认定为借用资质法律关系，而非转包关系。

案件名称

上诉人（一审原告、反诉被告）龙安建筑公司、（一审被告）建安集团公司与被上诉人（一审被告、反诉原告）龙凤城投公司建设工程施工合同纠纷案〔（2021）最高法民终985号，2021.12.20〕

裁判精要

最高人民法院认为，关于龙安建筑公司能否向龙凤城投公司主张工程款问题，龙安建筑公司与龙凤城投公司之间并无合同关系，其直接请求龙凤城投公司向其支付工程款，首先要明确其与建安集团之间是分包、转包还是挂靠关系。建安集团与龙安建筑公司签订的《一标段分包协议》《剩余工程分包协议》尽管名为分包合同，但综合考虑以下因素，一审判决认定二者之间构成借用资质（挂靠关系）符合客观实际，具体来说：一是从缔约过程看，龙安建筑公司的工作人员参与了建安集团的招投标工作，可见其知晓总承包合同的有关内容；二是从实际施工情况看，建安集团与龙凤城投公司签订系列建设工程施工合同后，于同日或次日便将所承包的工程交由龙安建筑公司施工建设，可见建安集团没有施工的意图，事实上其也没有实际施工行为；三是从履约过程看，龙凤城投公司与龙安建筑公司及施工单位就案涉工程的建设、结算等问题进行磋商并形成会议纪要，在此过程中建安集团并未参会，即龙凤城投公司直接与龙安建筑公司交涉工程建设事宜；四是从另案30号调解书的内容看，本案三方当事人曾认可龙安建筑公司借用建安集团资质与龙凤城投公司签订建设工程施工合同的事实。

编者说明

认定实际施工人与承包人之间构成挂靠关系而非转包关系应从以下几个方面判断：一是从缔约过程看，实际施工人参与承包人向发包人投标的招投标工作，实际施工人知晓总承包合同的内容；二是从实际施工情况看，承包人中标的同日或次日就将所承包的工程交由实际施工人施工；三是从履约过程看，发包人与实际施工人就工程的建设、结算等问题进行磋商，且承包人并未参与上述过程。（胡玉芹整理）

第二节 实际施工人的权利

221. 工程虽未完工，但实际施工人的投入已经物化在相关建筑工程中，其有权主张工程价款。

案件名称

再审申请人（一审被告、二审上诉人）红旗渠公司、付某红与被申请人（一审原告、二审被上诉人）李某林、吴某跃建设工程施工合同纠纷案［（2019）豫民申6300号，2020.3.16］

裁判精要

河南省高级人民法院认为，关于工程价款应否支付问题，案涉工程属于未完工程，李某林、吴某跃与红旗渠公司签订的《建筑劳务施工合同》虽然被认定为无效，但二人投入的劳力和建筑材料已经物化在该建筑工程中，其有权主张工程价款，红旗渠公司欠付工程进度款造成工程停工，应当对已完工程价款进行结算。生效判决根据有效证据认定双方已经进行了结算，且红旗渠公司已通过诉讼向发包方主张工程价款，发包方并未提出质量异议的抗辩，红旗渠公司的诉讼请求也得到了部分支持。故红旗渠公司、付某红在本案中以工程存在质量问题为由拒付工程款的理由不能成立，应当按照双方结算的数额支付工程价款。红旗渠公司、付某红在本案再审审查过程中申请对工程质量进行鉴定不符合法律规定，本院不予准许。（李亚宇整理）

222. 在挂靠法律关系中，发包人与实际施工人形成了事实上的施工合同法律关系，发包人应直接向实际施工人支付工程价款。

案件名称

再审申请人（一审原告、二审上诉人）何某伟与被申请人（一审被告、二审被上诉人）孔某林、十建公司、东田公司第三人撤销之诉［（2022）最高法民申22号，

2022.3.23 〕

裁判精要

最高人民法院认为，第一，203号案件调解孔某林享有优先受偿权并无不当。建设工程价款优先受偿权是法定优先权，对于在人民法院调解书中明确建设工程价款享有优先受偿权的情形，法律、法规及司法解释并未予以禁止。本案中，十建公司从东田公司处承包案涉工程后，孔某林作为东田三期科技孵化楼项目部负责人与十建公司签订《工程项目管理合同》并向十建公司实际交纳保证金200万元，东田公司、十建公司均认可案涉工程由孔某林挂靠十建公司承建，工程实际由孔某林施工完成。（2016）渝0105民破5、7、8、9号民事裁定书载明：东田公司与十建公司系集团化运作模式，实际控制人为同一自然人，东田公司的总经理、财务负责人均由十建公司任命并核发工资，所有资产均属于十建公司和实际控制人。由此，东田公司对案涉工程实际由孔某林借用十建公司资质施工是明知或应知的，孔某林与东田公司之间形成事实上的建设工程施工合同关系，203号案件调解确认孔某林在应收工程价款范围内享有优先受偿权并无不当。

编者说明

根据《最高人民法院关于审理建设工程施工合同纠纷案件适用法律问题的解释（一）》第一条第二款的规定，没有资质的实际施工人借用有资质的建筑施工企业名义的建设工程施工合同无效，同时根据《中华人民共和国民法典》第七百九十三条的规定，建设工程施工合同无效，但是建设工程经验收合格的，可以参照合同关于工程价款的约定折价补偿承包人。在工程施工过程中，发包人知晓实际施工人借用资质承建工程，且认可由该实际施工人完成的工程施工任务，发包人与实际施工人之间直接形成权利义务关系。虽然建设工程施工合同无效，但案涉工程已竣工验收合格，实际施工人在实际施工完成后，有权要求发包方参照合同约定支付工程价款。（曹代鑫整理）

223. 挂靠人与发包人形成事实上的施工合同法律关系，挂靠人有权向发包人主张工程价款。

案件名称

原告（反诉被告）南通四建公司集团有限公司与被告（反诉原告）获嘉县岚世

纪房地产开发有限公司及第三人黄某荣建设工程施工合同纠纷案〔（2019）豫民初18号，2020.6.4〕

🔍 裁判精要

河南省高级人民法院认为，关于案涉工程价款支付对象及数额认定问题，建设工程施工合同中承包人的主要合同义务是进行工程建设，发包人的主要义务是支付价款。发包人支付价款的对象，应当是与其有建设工程施工合同法律关系，并且履行施工义务的合同相对方，承包人主张工程价款的前提是履行了建设施工义务。如前所述，岚世纪公司与南通四建公司之间不存在真实的建设工程施工合同法律关系，而项目开始前黄某荣即与岚世纪公司接洽并承揽工程，与发包人岚世纪公司就建设案涉工程互相设定权利义务形成了合意，并实际组织施工，承建案涉工程，作为事实上的承包人与岚世纪公司之间就本案建设工程施工合同之标的产生了实质性的、真实的法律关系。虽然双方之间这一真实合同关系因违反《最高人民法院关于审理建设工程施工合同纠纷案件适用法律问题的解释》第一条"建设工程施工合同具有下列情形之一的……认定无效……（二）没有资质的实际施工人借用有资质的建筑施工企业名义的"规定，亦应做无效评价，但黄某荣作为实际施工主体，仍可根据上述司法解释第二条"建设工程施工合同无效，但建设工程经竣工验收合格，承包人请求参照合同约定支付工程价款的，应予支持"的规定，向岚世纪公司主张相应施工价款。黄某荣虽曾支持南通四建公司起诉，后反悔而以自己名义参加诉讼有违诚信，但其作为真实权利人欲直接取得工程款，根据本案实际情况，应予准许。

✏️ 编者说明

一审宣判后，南通四建公司向最高人民法院提起上诉，2021年2月4日最高人民法院作出了（2020）最高法民终1269号民事判决书，最高人民法院认为，关于案涉工程款支付的对象和欠付的数额应如何认定，如前所述，南通四建公司虽然与岚世纪公司签订《建设工程施工合同》及《补充协议》，实际是将其施工资质出借给黄某荣用于案涉工程的施工，南通四建公司并无签订、履行合同的真实意思表示；黄某荣借用南通四建公司的资质承揽案涉工程，是案涉工程的实际施工人。因此，原审依据《最高人民法院关于审理建设工程施工合同纠纷案件适用法律问题的解释》[①]

---

① 自2021年1月1日起失效。

第二条"建设工程施工合同无效,但建设工程经竣工验收合格,承包人请求参照合同约定支付工程价款的,应予支持"的规定,准许黄某荣以自己的名义向岚世纪公司主张相应施工价款并无不当。(吴利波整理)

224. 实际施工人虽未完成全部工程,但已完工程已交付发包人占有使用的,可以直接向发包人主张工程价款。

案件名称

再审申请人(一审被告、二审上诉人)盈盛达公司与被申请人(一审原告、二审被上诉人)白某福、(一审被告)信邦建设集团公司建设工程施工合同纠纷案〔(2021)最高法民申3325号,2021.7.29〕

裁判精要

最高人民法院认为,原判决对案涉工程是否完工未进行认定,案涉工程已完工部分虽未经竣工验收,但盈盛达公司已经投入使用,且在本案中对工程质量并未提出异议,在无证据证明工程质量不合格的情况下,盈盛达公司对已完工工程应当履行支付工程价款的义务。

编者说明

未完工程,已交付发包人占有使用,发包人已基于占有使用行为而享有已完工程成果的,如无证据证明存在质量问题,发包人应承担付款责任。(杨贺飞整理)

225. 实际施工人借用资质与发包人签订建设工程施工合同,发包人知道或应当知道系借用资质进行施工的,发包人与实际施工人之间形成事实上的施工合同关系,发包人应向实际施工人承担工程款支付责任。

案件名称

上诉人(一审原告)罗某雄与上诉人(一审被告)贵州钢建工程公司、遵义市新区开发投资公司建设工程施工合同纠纷案〔(2021)最高法民终394号,2021.6.30〕

🔍 裁判精要

最高人民法院认为，一般而言，在施工挂靠关系中，出借资质的一方即被挂靠人并不实际参与工程的施工，由借用资质的一方即挂靠人和发包人直接进行接触，全程参与投标、订立合同、进行施工。实践中，挂靠又可分为发包人明知和不明知两种情形。前一种挂靠情形，尽管建设工程施工合同名义上还是被挂靠人，但实质上挂靠人已和发包人之间建立事实上的合同关系。根据合同相对性原则，被挂靠人对挂靠人的施工行为无法产生实质性影响，施工过程中的具体工作也往往由挂靠人越过被挂靠人，和发包人直接进行联系。而在后一种挂靠情形下，法律、司法解释并未赋予挂靠人可突破合同相对性原则。根据案件的具体情况，挂靠人一般无权直接向发包人主张权利，这与转包关系中的转承包人权利不同。

✎ 编者说明

《河南省高级人民法院民四庭关于建设工程合同纠纷案件疑难问题的解答》第10问：在实际施工人未出现的情况下，出借资质的企业能否以自己的名义索要工程款，是否需要实际施工人的授权？

答：出借资质的企业起诉发包人符合合同相对性原则，出借资质的企业以自己的名义索要工程款不需要取得实际施工人的授权。如果实际施工人不同意出借资质的企业单独起诉发包人主张工程款，可以要求参加诉讼主张权利。人民法院也应当追加实际施工人为有独立请求权第三人。经审理查明涉案工程确由实际施工人完成，实际施工人与发包人已形成事实上建设工程施工合同关系的，应当判决发包人直接向实际施工人支付工程款，不宜再以合同相对性为由判决发包人向出借资质的企业支付工程款。

第11问：出借资质的企业没有截留工程款，应否向借用资质的实际施工人承担责任？

答：借用资质的实际施工人明知其与出借资质的企业是借用资质关系，此时双方之间不存在真实的发承包关系。因此，实际施工人向出借资质的企业主张工程款的，不予支持。但如果因合同约定或实际履行过程中发包人将工程款支付到出借资质的企业账户，出借资质的企业截留工程款不予支付，实际施工人可向出借资质的企业主张被截留部分的工程款。如果出借资质的企业没有截留工程款，无须向实际施工人承担责任。（杨贺飞整理）

226. 实际施工人可以越过挂靠人向发包人和被挂靠人主张工程款,并列挂靠人为第三人,发包人应当在欠付承包人工程款范围内向实际施工人承担支付责任。

📡 案件名称

上诉人(一审被告)公路公司与被上诉人(一审原告)王某智及一审被告三秦公司、一审第三人国宏公司建设工程施工合同纠纷案[(2018)豫民终1024号,2019.4.23]

🔍 裁判精要

河南省高级人民法院认为,本案争议的焦点问题为王某智是否具有提起本案诉讼的原告资格,公路公司是否应在22200024.99元范围内承担民事责任。一、关于王某智的原告资格问题,涉及王某智是否具备本案涉案工程实际施工人的法律地位,需要对工程发包、承包、转包关系进行综合认定。(一)根据公路公司与三秦公司签订的《省道314线郑州境改建工程土建施工(合同段:四标)合同协议书》,可以确定公路公司系本案工程发包人、三秦公司系本案工程的承包人的法律地位。(二)关于三秦公司与国宏公司的关系问题。从三秦公司与国宏公司签订的《陕西省三秦建设集团总公司项目管理目标责任书》内容来看,省道314线郑州境改建工程施工第四标段由国宏公司施工,国宏公司向三秦公司上交管理费1%,并且国宏公司具有工程管理的人事权、劳动指挥权和寻找工程施工队伍进行劳务分包、项目部内部各种形式承包自主权和经济分配权,对工程质量、安全、工期、成本控制等承担全部责任,国宏公司拥有三秦公司对本案工程进行施工的实际权利。从工程款项支付情况来看,在合同履行过程中,三秦公司出具三份《委托付款书》,授权国宏公司进行本案工程的工程进度款的代收款工作,代收工程款限额共计5100万元,并且公路公司亦根据国宏公司授权直接向国宏公司及其指定的人员或公司拨付款项,国宏公司拥有三秦公司对本案工程款款项的实际支配权利。从庭审陈述情况来看,三秦公司在庭审中明确认可国宏公司系借用三秦公司资质进行招投标及签订施工合同。综上,可以认定三秦公司与国宏公司系借用资质的挂靠施工关系,国宏公司系借用三秦公司资质进行招投标和工程施工的实际施工人。(三)关于王某智在本案工程建设中的法律地位问题。从三秦公司及郑州宇中公路工程监理有限公司出具的证明,以及王某智代表路基队与三秦公司、公路公司形成的土方工程量清单内容来看，王某智实际组织对本案工程的路基工程进行了施工，王某智为本案路基工程的实际施工人。同时，根据王某智庭审陈述，其通过××介绍与张某准协商承揽了本案的路基施工工程。经查，张某准为三秦公司与国宏公司签订的项目管理目标责任书中的国宏公司的代表人，同时是土方工程量清单中三秦公司的代表人。本案中，公路公司也曾根据国宏公司的授权向王某智指定的公司支付工程款8661609.17元。综上，可以认定王某智的路基工程系从国宏公司违法转包而来，并通过国宏公司收取了部分工程款。综合上述情况，可以认定王某智为本案工程的路基工程的实际施工人，国宏公司为王某智承揽工程的转包人，三秦公司为国宏公司借用资质签订合同的承包人，郑州公路公司为本案工程的发包人。因此，王某智具有实际施工人的法律地位，具有提起本案诉讼的原告资格。二、公路公司是否应在22200024.99元范围内承担民事责任。（一）关于公路公司根据国宏公司及河南国宏建设投资控股有限公司出具的书面材料向郑州路桥建设投资集团有限公司付款2000万元的问题。2014年8月6日，国宏公司及河南国宏建设投资控股有限公司出具书面材料，"我公司同意将陕西省三秦建设集团公司314项目欠国宏公司材料机械费贰仟万资金用于归还郑州路桥集团（还原欠款肆仟柒佰万），剩余贰仟柒佰万再分期归还"。经审查，该书面材料所载款项系河南国宏建设投资控股有限公司与郑州路桥建设投资集团有限公司于2012年9月26日所签借款合同产生的借款，借款主体为河南国宏建设投资控股有限公司，与国宏公司无关。并且，三秦公司的《委托付款书》仅授权国宏公司向工程项目部代收工程进度款，并未授权工程项目部可以向国宏公司以外的单位或个人支付工程价款，该款项的支付和用途明显超出了三秦公司《委托付款书》的授权范围。因此，公路公司向郑州路桥建设投资集团有限公司支付该2000万元的款项，不能视为向承包方支付的本案工程款。（二）关于公路公司向开封市商业银行郑州市农业路支行支付银行贷款利息2200024.99元的问题。经审查，该贷款利息均系公路公司根据河南国宏建设投资控股有限公司出具的《委托支付函》直接向银行支付的，而《委托支付函》载明，河南国宏建设投资控股有限公司同意将省道314项目工程款用于归还郑州路桥建设投资集团有限公司为河南国宏建设投资控股有限公司垫付的欠开封市商业银行郑州市农业路支行贷款利息。在该款项支付关系中，委托付款的主体是河南国宏建设投资控股有限公司，与国宏公司无关；款项的用途为归还郑州路桥建设投资集团有限公司贷款利息，也与本案工程款项支付无关；款项的支付明显超出了三秦公司《委托付款书》的授权范围。因此，公路公司向开封市商业银行郑州市农业路支行支付银行贷款利息2200024.99元，不能视为公路公司向本案工程承包方支付的工程款。另，关于公路公司提出的一审判决第一项的计价标准没有根据、数额错误问题。经审查，根据公路公司、三秦公司和王某智共同签署的土方工程量清单内容，能够认定王某智组织施工的路基工程价款为31905277元。并且，王某智自认收到工程款8661609.17元与公路公司提供的转款凭证能够相互印证。故原审据此认定应付王某智剩余工程价款23243667.83元并无不当。

编者说明

本案一审郑州市中级人民法院判决承包人向实际施工人支付工程款，发包人在欠付承包人范围内承担支付责任，上诉至河南省高级人民法院，二审判决驳回上诉，维持原判。（姚池整理）

227. 承包人出借资质后，发包人直接向挂靠人支付工程款，在挂靠人已转付款项的情况下，实际施工人向挂靠人主张工程款的，不予支持。实际施工人主张挂靠人和发包人承担支付工程款责任的，发包人在欠付工程款范围内承担连带责任。

案件名称

再审申请人（一审原告、二审上诉人）何某堂与被申请人（一审被告、二审被上诉人）九建公司、东盛公司、王某林、郭某强建设工程施工合同纠纷案〔（2020）豫民再482号，2020.12.22〕

裁判精要

河南省高级人民法院认为，本案的焦点问题是：1.关于东盛公司是否欠付郭某强40万元，应否对何某堂承担责任的问题。《中华人民共和国民法通则》第四十三条规定，企业法人对它的法定代表人和其他工作人员的经营活动，承担民事责任。2015年2月6日的算账结果有王某林、郭某强、何某堂三人签字，载明算账结果为40万元，王某林作为东盛公司瑞祥花园小区项目总经理，其行为系职务行为，应当认定东盛公司认可欠付郭某强40万元工程款，并同意"全付何某堂人工费"。根据《最高人民法院关于审理建设工程施工合同纠纷案件适用法律问题的解释（二）》第二十四条的规定，东盛公司应当对何某堂承担40万元的付款责任。2.关于九建公司应否对何某堂承担责任的问题。虽然九建公司否认与郭某强之间存在挂靠关系，但是无法解释其承包的工程如何交付给了郭某强,因此对于郭某强当庭陈述的其与九建公司存在挂靠关系的事实本院予以采信。郭某强挂靠九建公司施工,对于郭某强欠付何某堂的60万元工程款,九建公司应否承担责任的问题,首先,何某堂与九建公司之间不存在合同关系,案涉劳务分包合同的双方是郭某强和何某堂,案涉算账结果的签字方是王某林、郭某强和何某堂,以上均没有九建公司的参与;其次,郭某强认可案涉工程款是东盛公司直接向其支付,没有证据证明九建公司接收了案涉工程款而不向郭某强转付。何某堂向九建公司主张工程款,缺乏事实和法律依据,本院不予支持。九建公司出借资质,属于行政违法行为,但是该行政违法行为与承担民事责任不属同一法律关系。(郭红春整理)

228. 实际施工人向发包人主张在欠付工程款范围内承担付款责任时,应对发包人欠付工程款事项承担举证责任,否则应承担相应后果。

案件名称

再审申请人(一审原告、二审上诉人)赵某英、胥某、王某与被申请人(一审被告、二审被上诉人)明峰公司、向某平建设工程施工合同纠纷案〔(2019)最高法民申788号,2019.3.1〕

裁判精要

最高人民法院认为,明峰公司是案涉工程的发包方,将工程发包给向某平,并未与胥某强、王某直接建立合同关系。胥某强、王某作为实际施工人向发包人明峰公司主张权利,明峰公司仅在欠付其合同相对方向某平工程款的范围内对实际施工人承担责任。赵某英、胥某、王某作为主张权利一方,负有举证证明明峰公司存在欠付工程款的责任,但其未能举示相应证据,其要求明峰公司承担连带责任无事实和法律依据,原审法院不予支持该请求适用法律并无不当。

编者说明

实际施工人向发包人主张在欠付工程款范围内承担付款责任时,发包人是否欠付工程款的举证责任由发包人还是实际施工人承担,司法实践中存在争议。(杨贺飞整理)

229. 借用资质的实际施工人不能突破合同相对性向未欠付工程款的发包人主张工程款。

案件名称

再审申请人（一审原告、二审被上诉人）张某粉与被申请人（一审被告、二审上诉人）天安六矿、神马公司及二审被上诉人（一审第三人）金鹰公司建设工程施工合同纠纷案［（2019）豫民再692号，2019.11.7］

裁判精要

河南省高级人民法院认为，天安六矿（发包人）与承包人神马公司签订《建设工程施工合同》及神马公司与金鹰公司签订的两份《工程管理协议书》，均是合同双方当事人的真实意思表示，且不违反法律法规的禁止性规定，真实有效。张某粉作为金鹰公司的现场负责人在《工程管理协议书》中签字，从金鹰公司给张某粉出具授权委托书、承诺书以及张某粉从金鹰公司领取工程款并主张工程款的事实，可以推定金鹰公司出借资质非法分包案涉7号楼、12号楼工程给张某粉进行施工，其间的分包施工协议应属无效协议。根据《最高人民法院关于审理建设工程施工合同纠纷案件适用法律问题的解释》第二十六条第二款"实际施工人以发包人为被告主张权利的，人民法院可以追加转包人或者违法分包人为本案当事人。发包人只在欠付工程价款范围内对实际施工人承担责任"之规定，张某粉作为7号楼、12号楼的实际施工人，有权主张欠付工程款。张某粉作为实际施工人主张本案工程款，但其与天安六矿、神马公司没有建筑施工合同关系，其称借用金鹰公司的资质承包2幢楼的土建和安装工程施工，并从金鹰公司处领取该2幢楼的工程款，证实了天安六矿和神马公司没有向其支付过工程款的事实。原审中，天安六矿作为发包人已提供证据证明，其与神马公司关于案涉小区的工程款已结算并支付完毕，不存在欠付工程款的事实，对此，神马公司和金鹰公司均没有异议。故张某粉在本案中突破合同相对性向发包人天安六矿主张工程款缺乏法律依据，其理由不能成立，本院不予支持。（郑舒文整理）

230. 实际施工人主张发包人在欠付工程款范围内承担责任的司法解释规定，不适用于借用资质的实际施工人。

案件名称

上诉人（原审被告）河南高速公路公司豫淮项目部与被上诉人（原审原告）石某、王某、贾某文、李某会、余某、李某及原审第三人永立公司、鑫泰公司管理人建设工程施工合同纠纷案［（2021）豫民终1095号，2021.12.20］

裁判精要

河南省高级人民法院认为，关于石某等六人与永立公司是转包关系，还是挂靠关系问题，石某等六人与永立公司签订《施工协议书》，该协议约定石某等六人承担永立公司的一切责任和义务，项目盈亏与永立公司无关，石某等六人一次性支付永立公司管理费30万元。2018年5月28日永立公司出具《情况说明》，再次声明本案工程由石某等六人实际组织施工并完成，其公司不以任何理由向发包人或者其他关联方主张上述工程或《合作协议书》项下的任何权利，也不承担任何责任。从以上书面协议和永立公司的陈述，结合实际施工过程中均是石某等六人组织施工的事实，能够认定石某等六人与永立公司系借用资质的关系。2010年10月14日永立公司与鑫泰公司签订《合作协议书》，约定永立公司协助鑫泰公司承接"本工程"（淮固高速土建7标段），鑫泰公司按照最后实际完成总额的1.5%费率提取管理费。鑫泰公司也认可永立公司借用其施工资质承包涉案工程，故能够认定永立公司借用鑫泰公司资质施工，石某等六人借用永立公司资质承包工程，石某等六人系该工程的实际施工人。一审认定石某等六人与永立公司系转包关系不当。石某等六人作为实际施工人最终借用鑫泰公司的资质施工，与豫淮项目部发生事实上的合同关系，有权向豫淮项目部主张工程款。一审法院引用《最高人民法院关于审理建设工程施工合同纠纷案件适用法律问题的解释》第二十六条不当，该条款只适用违法转包和违法分包的实际施工人，不适用借用资质的实际施工人的情形。（吴利波整理）

231. 借用资质的实际施工人与资质出借人之间不存在建设工程施工合同关系，无权直接向资质出借人主张工程价款。

案件名称

再审申请人（一审被告、二审上诉人）中顶公司与被申请人（一审原告、二审被上诉人）朱某军、（二审被上诉人、一审被告）乌兰县自然资源局建设工程施工合同纠纷案[（2019）最高法民再329号，2019.11.29]

裁判精要

最高人民法院认为，依据《最高人民法院关于审理建设工程施工合同纠纷案件适用法律问题的解释》第二十六条"实际施工人以转包人、违法分包人为被告起诉的，人民法院应当依法受理。实际施工人以发包人为被告主张权利的，人民法院可以追加转包人或者违法分包人为本案当事人。发包人只在欠付工程价款范围内对实际施工人承担责任"的规定，实际施工人可向发包人、转包人、违法分包人主张权利。但中顶公司系被挂靠方，不属于转包人、违法分包人或发包人，原判决以上述规定为法律依据判决中顶公司承担给付工程款的责任，适用法律错误，本院予以纠正。因此，中顶公司再审主张其不承担案涉工程款及利息的给付责任成立，对中顶公司请求驳回朱某军对其的诉讼请求，予以支持。（杨贺飞整理）

232. 挂靠人以被挂靠人名义实施的行为，构成委托代理或表见代理的，实际施工人基于合理信赖请求被挂靠人承担责任的，应予支持。

案件名称

再审申请人（一审被告、二审上诉人）嵩山公司与被申请人（一审原告、二审被上诉人）张某强、（一审被告、二审被上诉人）张某民、（一审被告、二审被上诉人）李某民及一审被告新创公司建设工程施工合同纠纷案[（2020）豫民申6439号，2020.10.21]

裁判精要

河南省高级人民法院认为，根据2014年10月11日嵩山公司与新创公司签订的建设工程施工合同内容，以及张某民、李某民与嵩山公司之间的建设工程承包施工合同、建设工程承包施工承诺书，张某民、李某民与嵩山公司之间是借用资质关系。在张某民、李某民施工期间，其以嵩山公司项目部的名义将部分工程分包给张某强施工，并与张某强进行了结算，以嵩山公司项目部名义向张某强出具工程款欠条。张某强在嵩山公司承包的项目中施工，受工程项目部的管理，工程结束后，张某民、李某民又以嵩山公司名义并加盖项目部印章向张某强出具欠条，以上情形足以使张某强相信张某民、李某民签订建筑工程水电劳务分包合同、出具欠条的行为均系受嵩山公司委托，因此无论建筑工程水电劳务分包合同、欠条上加盖的嵩山公司项目部印章是不是嵩山公司印章，张某强对张某民、李某民的身份以及张某民、李某民所使用的项目部印章的合理信赖利益均应当予以保护，故原审根据张某民、李某民以嵩山公司名义出具的欠条内容判决嵩山公司承担付款责任并无不当。张某强向嵩山公司主张权利以及原审判决嵩山公司承担责任均是依据张某民、李某民与嵩山公司系委托代理关系或构成表见代理，而非依据《最高人民法院关于审理建设工程施工合同纠纷案件适用法律问题的解释》第二十六条的规定发包人在欠付工程款范围内对实际施工人承担付款责任，因此嵩山公司关于原审适用法律错误的主张不能成立。

编者说明

《最高人民法院关于适用〈中华人民共和国民法典〉总则编若干问题的解释》第二十八条第一款规定："同时符合下列条件的，人民法院可以认定为民法典第一百七十二条规定的相对人有理由相信行为人有代理权：（一）存在代理权的外观；（二）相对人不知道行为人行为时没有代理权，且无过失。"根据上述规定，因是否构成表见代理发生争议的，相对人应当就行为人无权代理符合前款第一项规定的条件承担举证责任；被代理人应当就相对人不符合前款第二项规定的条件承担举证责任。

《河南省高级人民法院民四庭关于建设工程合同纠纷案件疑难问题的解答》第26问：加盖技术资料专用章的工程量对账单能否直接采用？实践中，加盖承包单位项目部印章的合同是否对承包人有约束力？能否认定构成表见代理？

答：首先，技术资料专用章具有特定用途，通常用于设计图纸、会审记录等有关工程资料上，一般不能用于对外签订合同、对账结算价款等。因此，加盖此章的工程量对账单，要坚持认人不认章，在不能确定盖章人的身份或者权限的情况下，一般不能作为确认工程量的依据，但如果双方在工程施工中曾经多次使用，符合双方交易习惯的，亦可认定加盖此章的文件资料的效力。

其次，对于合同中加盖的承包单位项目部印章以及承包单位印章的效力，也要坚持认人不认章，应当审查参与订立合同或者加盖印章的人员是否有承包单位的相应授权，在合同上加盖印章是否属于承包单位的真实意思表示等，并根据代表或代理的相关规则来确定合同的效力，不能简单根据加盖印章的情况认定为承包单位的行为。如果签约人员或者加盖印章的人员为承包单位有代表权或代理权的人员，则对承包单位具有约束力。如果签约人员或者加盖印章的人员无承包单位代表权或代理权，则按照是否构成表见代表或表见代理处理。

最后，加盖项目部印章仅是表见代理的外观特征之一，并不是认定构成表见代理的充足条件。要审慎认定表见代理，除要严格审查是否形成具有代理权的充足表象，还要符合相对人主观上善意且无过失的构成要件，不能仅以加盖有项目部印章就认定构成表见代理。（徐润浈整理）

233. 在借用资质关系中，出借人应在收取发包人工程款范围内向实际施工人承担转付责任。

案件名称

上诉人（原审原告）徐某卿、徐某与上诉人（原审被告）江西省公路工程公司及被上诉人（原审被告）弘阳公司建设工程施工合同纠纷案［（2021）豫民终716号，2022.4.2］

裁判精要

河南省高级人民法院认为，本案第29、30两期的工程款在弘阳公司支付给江西公路工程公司后，该款由江西公路工程公司实际控制。但其在向他方支付时却违反了与龙驰公司的上述约定，擅自支付给第三人。虽然江西公路工程公司称系替徐某卿、徐某代付其欠案涉工程其他人的材料款，但徐某卿、徐某不予认可，江西公路工程公司未进一步举证证明其支付的合理性，故其在工程款中应当扣除向第三方支付的款项的理由不能成立，一审法院未予支持正确。由于其没有完全将第29、30两期工程款支付给徐某卿、徐某，故其应当将剩余部分如约支付。（杨贺飞整理）

234. 被挂靠人对实际施工人自行签订协议而产生的对外债务不承担连带责任。

案件名称

再审申请人（一审被告、原再审被申请人、二审上诉人）鸿宸建设公司与被申请人（一审原告、原再审申请人、二审被上诉人）马某民、张某安及原再审被申请人、二审上诉人苗某娃、梁某会建设工程施工合同纠纷案〔（2021）豫民再585号，2021.12.22〕

裁判精要

河南省高级人民法院认为，关于马某民、张某安是不是案涉工程实际施工人问题，苗某娃主张其未与马某民、张某安签订施工合同，二人只是跟苗某娃在工地干活的工人。马某民、张某安则主张苗某娃及其挂靠的鸿宸建设公司与其二人系工程转包关系，主体工程是由马某民、张某安组织施工完成的。根据本案事实，苗某娃借用鸿宸建设公司资质承包案涉项目1号楼、2号楼，之后，安排其工作人员梁某会负责2号楼施工，苗某娃的工人以梁某会名义与马某民签订施工合同将2号楼转包给马某民。施工合同签订后，马某民、张某安即组织工人施工。其间，苗某娃分多次向马某民、张某安支付工程款。从上述事实看，苗某娃向马某民、张某安支付工程款的行为表明，其对以梁某会名义与马某民签订的施工合同进行了追认，且已经实际履行。马某民、张某安亦提交了证据证明，其二人购买水泥等建筑材料。苗某娃再审庭审中亦认可"工程款给马某民、张某安，然后让马某民、张某安给供应商"。苗某娃还称，"马某民、张某安提出承包施工，苗某娃口头同意马某民、张某安组织工人完成了1号楼和2号楼的1—3层工程施工，但4、5、6层是苗某娃承包给晋某国和陈某伟完成的，在马某民施工到第3层的时候，因工程款结算困难，带着自己的工人走了，此后工程与二人无关。苗某娃对马某民、张某安的工程款已经结清"。根据苗某娃的陈述，其认可马某民、张某安组织工人施工的事实。综合上述情况，本案可以认定马某民、张某安为工程实际施工人。

关于工程款数额及鸿宸建设公司应不应该承担连带责任的问题，苗某娃与鸿宸建设公司之间系借用资质的挂靠关系。从施工合同的签订及履行过程看，马某民、张某安并未与鸿宸建设公司签订施工合同，双方也无实际履行合同。根据合同相对性原则，在马某民、张某安与鸿宸建设公司无合同关系的情况下，其请求鸿宸建设公

司对苗某娃欠付的工程款承担连带清偿责任，于法无据，不应支持。（陈维刚整理）

235. 挂靠人将工程违法分包的，违法分包人主张工程款时无权突破合同相对性要求被挂靠人承担连带责任。

案件名称

再审申请人（一审被告、二审上诉人）富春建设公司与被申请人（一审原告、二审被上诉人）杜某伟及二审被上诉人（一审被告）昊澜置业公司建设工程施工合同纠纷案［（2021）豫民再292号，2021.7.30］

裁判精要

河南省高级人民法院认为，本案争议焦点是富春建设公司应否对胡某田欠付杜某伟的工程款承担连带清偿责任。

首先，关于昊澜置业公司、富春建设公司和胡某田的关系问题。《建筑工程施工发包与承包违法行为认定查处管理办法》第九条规定，"本办法所称挂靠，是指单位或个人以其他有资质的施工单位的名义承揽工程的行为。前款所称承揽工程，包括参与投标、订立合同、办理有关施工手续、从事施工等活动"。本案中，胡某田不具备施工资质，案涉施工合同是胡某田借用富春建设公司的名义与昊澜置业公司签订的，故胡某田与富春建设公司的关系依法应当认定为挂靠关系。

其次，挂靠关系下，富春建设公司应否承担连带责任的问题。本案中富春建设公司和杜某伟之间无合同关系，案涉《外墙外保温施工合同》是由胡某田聘用的现场管理人员李某柱和杜某伟签订，并无富春建设公司加盖印章，结算也是在胡某田和杜某伟之间进行。《最高人民法院关于审理建设工程施工合同纠纷案件适用法律问题的解释》第二十六条第二款规定，"实际施工人以发包人为被告主张权利的，人民法院可以追加转包人或者违法分包人为本案当事人。发包人只在欠付工程价款范围内对实际施工人承担责任"。本案中被挂靠人富春建设公司并非上述规定的发包人，因此实际施工人杜某伟无权突破合同相对性原则，要求富春建设公司承担连带责任。

最后，即使认定富春建设公司和胡某田之间是转包或者违法分包关系，富春建设公司应否承担连带责任的问题。《中华人民共和国民法总则》第一百七十八条第三款规定，"连带责任，由法律规定或者当事人约定"。即使富春建设公司和胡某田之间存在转包或者违法分包关系，但法律并无在转包或者违法分包情况下，转包或者违法分包的双方对实际施工人承担连带责任的规定。杜某伟以富春建设公司和胡某田之间存在转包或者违法分包关系为由向两者主张连带责任的理由也不能成立。

综上，本案富春建设公司和胡某田之间应是挂靠关系，胡某田和杜某伟之间是违法分包关系，杜某伟作为实际施工人可以向与其有直接合同关系的胡某田主张权利，但无权要求与其无合同关系的富春建设公司向其承担责任。原判决判令胡某田承担付款责任正确，但判令富春建设公司承担连带责任，适用法律错误，判决结果不当，依法应予纠正。（李振锋整理）

236. 挂靠人再次将工程转包给不具有施工资质的他人施工的，挂靠人应向实际施工人支付工程款，被挂靠人出借资质存在过错，亦应对欠款本息承担连带责任。

案件名称

再审申请人（一审原告、二审被上诉人）凡某防、王某华与被申请人（一审被告、二审上诉人）吕某、（一审被告、二审被上诉人）锦豪公司建设工程施工合同纠纷案［（2018）豫民再1379号，2019.3.26］

裁判精要

河南省高级人民法院认为，吕某借用锦豪公司的资质与发包人兰考县产业集聚区管理委员会签订建设工程施工合同，由锦豪公司承建2013年兰考县产业集聚区新建道路工程。之后，吕某将其中的兰考县产业集聚区中州路段工程转包给王某华，王某华与凡某防系合伙关系，由王某华与凡某防实际在工地上进行施工。王某华与凡某防系案涉工程的实际施工人。虽然案涉工程转包行为无效，但王某华与凡某防所施工工程经验收合格，故转包人吕某应按照评审报告确定的工程款数额向实际施工人王某华与凡某防支付工程款。一审判决吕某应向王某华与凡某防支付剩余工程款及利息正确，应予维持。吕某辩称其也是案涉工程的实际施工人，但其并未提供充分证据证明其实际参与了涉案工程的施工。吕某提供的证据只能证明其参与了高压电路施工，该高压电路施工工程与本案所涉道路工程无关。二审判决认定吕某与王某华、凡某防之间并非转包关系，吕某为涉案工程的实际施工人，吕某不应当承担向王某华、凡某防支付工程款的责任，该事实认定不当，本院再审予以纠正。锦豪公司将自己的资质借给他人，并允许他人以自己的名义实施民事行为，存在过错，应对案涉欠款本息承担连带清偿责任，二审判决认定锦豪公司不应和吕某承担共同支付工程款的责任不当，本院再审亦对此予以纠正。

编者说明

本案一审兰考县人民法院判决挂靠人吕某向实际施工人支付工程款，被挂靠人锦豪公司承担连带责任。二审开封市中级人民法院判决驳回上诉人诉请。河南省高级人民法院经再审撤销二审判决，维持一审判决。（姚池整理）

237. 在层层转包、违法分包或借用资质的情况下，法院应当认定实际施工人与承担责任主体之间的法律关系，根据查明的法律关系，判令相应的主体承担责任。若一方怠于行使权利，实际施工人也可以行使代位权主张工程价款。

案件名称

再审申请人（一审被告、二审上诉人）嘉丰建设公司与被申请人（一审被告、二审被上诉人）陈某超、卢某胜及一审被告华瑞紫韵公司、一审第三人程某祥建设工程施工合同纠纷案［（2021）豫民申7180号，2021.10.18］

裁判精要

河南省高级人民法院认为，华瑞紫韵公司作为发包人与嘉丰建设公司签订《工程承包合同补充协议》，将涉案工程1标段（3#、5#、9#、10#、车库及人防约60%）工程发包给嘉丰建设公司施工。嘉丰建设公司又与吴某伟、陈某超签订《内部承包协议书》，将所承包的3#、5#及部分车库工程分交由陈某超实际负责经营管理。陈某超与卢某胜签订《劳务承包施工协议》，陈某超将所负责工程中的3#主体及二次结构、室内外粉刷、内外粉刷毛墙毛地坪、公共部位屋面保温、散水等劳务分包给卢某胜施工。本案已查明事实中并未显示嘉丰建设公司与卢某胜之间存在合同关系。卢某胜作为实际完成上述工程的施工主体，有权依照约定主张相应的工程款。但陈某超与嘉丰建设公司属于违法分包或者借用资质的情形，原审并未认定，直接判决嘉丰建设公司承担连带责任存在事实不清。如查明嘉丰建设公司存在欠付陈某超工程款的事实，而陈某超怠于行使权利，卢某胜可以行使代位权主张权利。

编者说明

关于发包人的责任承担问题,《河南省高级人民法院民四庭关于建设工程合同纠纷案件疑难问题的解答》中第6问、第7问有如下论述:

6. 建设工程多层转包中,实际施工人能否向与其无合同关系的转包人、违法分包人主张工程款?

答:《最高人民法院关于审理建设工程施工合同纠纷案件适用法律问题的解释(一)》第四十三条规定的可以突破合同相对性原则请求发包人在欠付工程款范围内承担责任的实际施工人仅限于转包和违法分包两种情形,不包括借用资质及多层转包和多层违法分包关系中的实际施工人。即多层转包和多层违法分包关系中的实际施工人不能突破合同相对性原则请求发包人承担责任,更不能向与其没有合同关系的转包人、违法分包人主张工程款。根据合同相对性原则,实际施工人只能向与其有合同关系的转包人、违法分包人主张权利。

7. 发包人在欠付工程款范围内承担责任的性质?执行程序中如何处理?

答:《最高人民法院关于审理建设工程施工合同纠纷案件适用法律问题的解释(一)》第四十三条规定的发包人在欠付建设工程款范围内对实际施工人承担的责任,可以理解为工程款支付责任,不能认定为连带责任、共同责任或者补充责任。在执行过程中,只要不超过发包人欠付总承包人工程款的范围,可以直接执行发包人,不用考虑发包人和其他被执行人之间的执行顺位和比例问题。(吴利波整理)

238. 在层层转包或违法分包法律关系中,总承包人向实际施工人支付过工程款,实际施工人请求转包人支付欠付工程款、总承包人在欠付转包人工程款范围内承担责任的,应予支持。总承包人已经足额垫付工程款的情况下,无须再承担支付工程款的责任。

案件名称

再审申请人(一审原告、二审被上诉人)柘城某市政公司、(一审被告、二审被上诉人)广厦商丘分公司与被申请人(一审被告、二审被上诉人)北海新材料公司、(一审被告、二审上诉人)中化四建公司建设工程施工合同纠纷案[(2015)民申字第3268号,2015.12.28]

裁判精要

最高人民法院认为，本案争议焦点在于中化四建公司、广厦商丘分公司是否应当承担支付工程款的连带责任。2011年10月1日，北海新材料公司与中化四建公司签订建设工程施工合同，合同约定由中化四建公司承建案涉土建、装饰与安装工程。2012年1月10日，中化四建公司与广厦商丘分公司签订工程分包合同，合同约定将案涉工程的土建及安装部分分包给广厦商丘分公司。此后，广厦商丘分公司又将其分包的工程项目肢解转包于柘城某市政公司、宏庆公司、万通公司施工。因此，中化四建公司系本案工程的总承包方，也是分包方，广厦商丘分公司为转包方，柘城某市政公司、宏庆公司、万通公司为施工单位。根据《最高人民法院关于审理建设工程施工合同纠纷案件适用法律问题的解释》第二十六条的规定，实际施工人可以向发包方、转包方、违法分包方主张工程款，发包人只在欠付工程价款的范围内对实际施工人承担责任，该规定并未明确转包方、违法分包方应当对实际施工人承担连带清偿责任，根据公平原则，转包方、违法分包方亦应在欠付工程价款的范围内对实际施工人承担责任。在中化四建公司已经足额垫付工程款的情况下，无须再承担支付工程款的责任。二审判决由转包方广厦商丘分公司在欠付工程价款范围内对实际施工人承担责任，并无不当。柘城某市政公司、广厦商丘分公司申诉主张中化四建公司承担连带清偿责任，无事实和法律依据。

编者说明

《浙江省高级人民法院民事审判第一庭关于审理建设工程施工合同纠纷案件若干疑难问题的解答》："二十三、实际施工人可以向谁主张权利？

"实际施工人的合同相对人破产、下落不明或资信状况严重恶化，或实际施工人至承包人（总承包人）之间的合同均为无效的，可以依照最高人民法院《关于审理建设工程施工合同纠纷案件适用法律问题的解释》第二十六条第二款的规定，提起包括发包人在内为被告的诉讼。"

可以理解为在浙江省范围内，层层转包情形下，实际施工人有权主张权利的被告范围是涵盖到总承包（或专业分包、劳务分包）法律关系中的发包人一级的。（胡玉芹整理）

239. 在层层转包法律关系中，实际施工人将各层转包人共同作为被告起诉的，可以判令承包人参照发包人在欠付工程款范围内承担责任的相关规定承担付款责任。

案件名称

再审申请人（一审被告、二审上诉人）中科华夏公司与被申请人（一审原告、二审上诉人）姜某宝、（一审被告、二审上诉人）马某国、（一审被告、二审被上诉人）王某臣、何某会建设工程施工合同纠纷案［（2019）豫民再345号，2019.11.29］

裁判精要

河南省高级人民法院认为，中科华夏公司承包案涉工程后，将工程转包给不具有建筑资质的马某国，马某国又将该工程转包给不具有建筑资质的姜某宝，一、二审认定上述转包合同均为无效合同正确。关于应否追加发包人吴坝中心校为本案当事人问题，根据《最高人民法院关于审理建设工程施工合同纠纷案件适用法律问题的解释》第二十六条的规定，实际施工人以转包人、违法分包人为被告起诉的，人民法院应当依法受理。实际施工人以发包人为被告主张权利的，人民法院可以追加转包人或者违法分包人为本案当事人……在实际施工人仅以转包人为被告起诉时，法律并未规定必须追加发包人参加诉讼。中科华夏公司认为应当追加发包人吴坝中心校为本案当事人参加诉讼无法律依据，本院不予支持。关于姜某宝所施工工程造价应如何认定问题，中科华夏公司认为应以姜某宝手写账册为依据认定，姜某宝认为该账册不能反映案涉工程真实造价。因一审法院已委托鉴定机构对此进行了鉴定，鉴定意见较之一方所记流水账，更能反映案涉已完工程的情况，参照该鉴定意见更符合客观实际，对中科华夏公司的该申请理由不予支持。对案涉鉴定意见，各方对应否采信"第十二项其他检材所表示的价格"有争议。中科华夏公司认为该项下造价与第一项至第五项重复，不应计算为工程造价；姜某宝认为该项下检材为其已经购买存放于工地的建材物资，应当计入工程造价。鉴定机构在鉴定方法中注明，对于其无法确定与双方关联关系的检材进行了专门列项，即鉴定意见的第十二项。鉴定机构于2018年9月4日向二审法院作出"关于十里井小学教学楼鉴定意见书豫巨工咨字［2017］第116号函说明"，亦表示鉴定机构无法确定第十二项的内容与已施工工程的关联关系。也即该第十二项所列明的款项应否作为姜某宝的工程造价，鉴定意见本身并不能确定，还应结合其他证据予以判定。姜某宝主张系其已经购买的建材物资存放于工地，并未举出相关证据证明，该工程系被政府部门责令停工，双方亦无相关交接手续，姜某宝此主张证据不足，本院不予支持，中科华夏公司认为该项下金额应予扣除的理由成立，应予支持。故，按该鉴定意见姜某宝已施工工程造价为826465.23元（1144617.23元－318152元）。对于马某国是否已支付给姜某宝工程款，各方虽有争议，但中科华夏公司、马某国对此未申请再审，且相关款项业已另行主张，本院对此不予审理。关于中科华夏公司应否承担责任及应如何承担的问题，实际施工人姜某宝虽与中科华夏公司之间无直接的合同关系，但因姜某宝已全面实际履行了马某国与中科华夏公司签订的承包协议，由此与中科华夏公司形成事实上的权利义务关系。姜某宝以中科华夏公司为被告提起诉讼，请求其承担责任，符合《最高人民法院关于审理建设工程施工合同纠纷案件适用法律问题的解释》第二十六条规定的精神。由于案涉工程经过两次转包，实际施工人的直接合同相对人不是该工程第一手承包人，第一手承包人承担责任的形式法律未明确规定，一、二审参照发包人在欠付工程款范围内承担责任的规定，判令中科华夏公司在欠付工程款范围内承担责任并无不妥。中科华夏公司支付马某国679355元，其应在147110.23元（826465.23元－679355元）内承担责任。（姚池整理）

240. 在层层转包的法律关系中，承包人不是相关规定中可以突破合同相对性的发包人，实际施工人要求承包人承担欠付工程款的责任，不予支持。

📡 案件名称

上诉人（原审原告）李某万、潘某、建穗公司、（原审被告）郭某林与被上诉人旭生公司、利贞公司建设工程施工合同纠纷案［（2020）最高法民终287号，2021.2.5］

🔍 裁判精要

最高人民法院认为，《最高人民法院关于审理建设工程施工合同纠纷案件适用法律问题的解释》第二十六条第二款规定，发包人只在欠付工程款范围内对实际施工人承担责任。利贞公司与旭生公司签订的《2013年广东省建设工程施工合同》，暂定项目工程造价5亿元，利贞公司与建穗公司签订《梅州凯旋门花园项目土建总包工程结算框架协议书》及《凯旋门花园项目审核结算汇总表》，显示项目工程的初步结算价为35034.12万元。按合同暂定价或上述证据所反映的结算价，扣减利贞公司所主张的已付工程款数额抑或以建穗公司、郭某林所确认的利贞公司已付工程款数额，计算得出的利贞公司欠付工程款总额均超过建穗公司、郭某林拖欠李某万、潘某工程款的数额。在本案中，利贞公司作为发包方，其提供的已付及代付工程款支付凭证均无载明对应案涉工程，实际上由于案涉工程仅为项目工程的一部分，且存在项目工程的其他工程与案涉工程同时施工及同时段支付工程进度款的事实，客观上无法查清利贞公司已付款项所对应的具体施工工程。因此，根据整体项目工程欠款情况，利贞公司应对建穗公司、郭某林拖欠李某万、潘某的工程款及利息承担连带清偿责任。旭生公司并非案涉工程的发包人，建穗公司、郭某林亦未以旭生公司的名义与李某万、潘某签订合同，故李某万、潘某主张旭生公司对建穗公司、郭某林拖欠的工程款及利息承担连带责任缺乏事实和法律依据，不予支持。（苗卉整理）

241. 在层层转包的法律关系中，承包人与实际施工人之间无合同关系，亦非发包人，实际施工人主张转包人承担连带责任，于法无据。

案件名称

再审申请人（一审原告、二审上诉人）陶某新与被申请人（一审被告、二审被上诉人）新长城公司、汪某国建设工程施工合同纠纷案［（2021）豫民申7694号，2021.11.12］

裁判精要

河南省高级人民法院认为，关于新长城公司应否承担连带责任的问题，新长城公司承接涉案工程后，与汪某国签订《工程施工管理协议书》，约定汪某国负责涉案工程，按照项目总价款的1.5%向新长城公司缴纳管理费。汪某国在承包涉案工程后，将涉案工程以个人名义与陶某新签订施工合同，现新长城公司向汪某国支付了工程款，陶某新提交的证据不足以证明新长城公司存在欠付汪某国工程款的情形。上述事实中，汪某国以个人名义与陶某新签订了施工合同，该合同因双方不具备建筑工程施工资格而无效，但新长城公司出借资质的行为，并不当然地成为汪某国与陶某新之间承包关系的合同主体，故陶某新主张新长城公司承担连带责任没有事实依据。关于法律适用方面，《最高人民法院关于审理建设工程施工合同纠纷案件适用法律问题的解释》的规定，在发包人欠付工程款的情形下，基于涉及农民工工资的特殊性，突破了合同相对性而予以保护，由发包人直接承担清偿责任。虽然规定了可将违法转包人或分包人追加为诉讼当事人，但没有明确确定由违法转包人或分包人对实际施工人承担连带责任。新长城公司在涉案工程中的地位为与陶某新无合同关系的承包人而不是发包人，故陶某新主张新长城公司承担连带责任于法无据。

242. 司法解释仅规定实际施工人可以突破合同相对性向发包人主张工程款，并未规定可以向与其无合同关系的转（分）包人主张工程款。

案件名称

再审申请人（一审原告、二审上诉人）王某明、（一审被告、二审上诉人）硕航公司、（一审被告、二审上诉人）张某刚与被申请人（一审被告、二审被上诉人）中城建二十一局公司、中钊南阳公司、中钊集团公司、南阳职业学院建设工程施工合同纠纷案[（2021）豫民申6589号，2021.11.28]

裁判精要

河南省高级人民法院认为，一、关于本案工程款的承担责任主体问题。原审查明案涉工程由中钊集团公司中标，但未与南阳职业学院签订建设施工合同，而将案涉工程发包给中钊南阳公司；中钊南阳公司与中城建二十一局公司又签订战略合作框架协议和联合体协议书；中城建二十一局公司与硕航公司签订联营合作协议；硕航公司与王某明签订《建设工程内部承包协议》，将案涉工程3#餐厅以包工包料形式交由王某明施工。可以认定王某明系案涉合同的实际施工人。《最高人民法院关于审理建设工程施工合同纠纷案件适用法律问题的解释》第二十六条第二款仅规定实际施工人可以突破合同相对性向发包人主张工程款，并未规定其可以向转（分）包人主张，故王某明只能向其合同的相对方硕航公司主张工程款。关于发包人南阳职业学院是否应在欠付工程款范围内承担责任的问题，由于王某明和南阳职业学院没有直接合同关系，案涉项目多次转（分）包，王某明虽将各转包人和分包人列为本案共同被告，但其提交的证据尚不能证明发包人是否达到案涉工程的付款节点和具体欠付金额，更不能证明发包人欠付工程款的具体数额，王某明应当承担举证不能的后果。二、关于案涉工程价款的认定。本案虽未对王某明施工部分进行结算，但依据王某明提交的完成工作量支付申请的预算单，中城建二十一局公司、硕航公司均签字予以确认，该预算价单可以作为支付工程款的依据。（陈维刚整理）

243. 在工程被多次转包或违法分包的情况下，实际施工人只能向与其有合同关系的当事人主张权利。

案件名称

再审申请人（一审原告、二审上诉人）盛某军与被申请人（一审被告、二审被上诉人）弘品公司及一审第三人代某杰建设工程施工合同纠纷案［（2021）豫民申7532号，2021.12.24］

裁判精要

河南省高级人民法院认为，本案的主要争议焦点是弘品公司是否应当承担盛某军工程款连带责任的问题。一、在工程多次转包或违法分包的情况下，实际施工人向所有转（分）包人主张工程款的，根据《最高人民法院关于审理建设工程施工合同纠纷案件适用法律问题的解释》第二十六条第二款的规定，按照合同相对性原则，实际施工人只能向与其有合同关系的当事人主张权利。本案弘品公司和盛某军并不存在合同关系。二、根据弘品公司、代某杰的陈述，并提交合同、工费审批单等证据证明双方的工程款已经结算完毕。盛某军不能提供证据推翻弘品公司、代某杰双方之间的结算，且盛某军主张8#至10#地下室项目价款为140万元的证据并不充分，故原审判决不予支持盛某军的诉讼请求并无不当。

编者说明

《河南省高级人民法院民四庭关于建设工程合同纠纷案件疑难问题的解答》对借用资质、转包、违法分包的区分及责任承担问题作出了解答。

第6问：建设工程多层转包中，实际施工人能否向与其无合同关系的转包人、违法分包人主张工程款？

答：《最高人民法院关于审理建设工程施工合同纠纷案件适用法律问题的解释（一）》第四十三条规定的可以突破合同相对性原则请求发包人在欠付工程款范围内承担责任的实际施工人仅限于转包和违法分包两种情形，不包括借用资质及多层转包和多层违法分包关系中的实际施工人。即多层转包和多层违法分包关系中的实际施工人不能突破合同相对性原则请求发包人承担责任，更不能向与其没有合同关系的转包人、违法分包人主张工程款。根据合同相对性原则，实际施工人只能向与其有合同关系的转包人、违法分包人主张权利。

第9问：工程施工中，借用资质的实际施工人经常以工程转包的面目出现，与违法转包、分包的实际施工人如何区分界定？

答：实践中，对两者的区分主要是看实际施工人有没有参与前期的磋商、投标和合同订立。借用资质的实际施工人一般都会参与前期的磋商、投标和施工合同订立等，而工程转包中的实际施工人一般不参与前期的磋商、投标和施工合同订立等，往往是由承包单位承接到工程后将工程的权利义务概括转移给实际施工人。（陈维刚整理）

244. 发包人已足额向承包人支付工程款、承包人已足额向转包人支付工程款，实际施工人承接工程时明知转包人不属于内部承包，仍仅向发包人和承包人主张工程款的，不予支持。

案件名称

上诉人（一审原告）罗某雄与上诉人（一审被告）贵州钢建工程有限公司、遵义市新区开发投资有限责任公司等建设工程施工合同纠纷案[（2021）最高法民终394号，2021.6.30]

裁判精要

最高人民法院认为，本案系罗某雄提起的建设工程施工合同纠纷，根据《中华人民共和国合同法》第二百六十九条①"建设工程合同是承包人进行工程建设，发包人支付价款的合同"之规定，在建设工程施工合同这一有名合同中，发包人向承包人支付工程价款的前提是双方之间存在建设工程施工合同关系，承包人按照合同约定对案涉工程进行施工后，其劳动成果物化为案涉工程，承包人据此可以依照建设工程施工合同向其劳动成果的享有者即发包人主张工程款债权。同理，无论承包人将其承包的工程进行合法分包、非法分包、转包，虽然其行为的效力各异，但其行为的完成均是通过订立合同的方式进行。作为承包人合法分包、非法分包、转包等行为的相对方，实际施工人在满足其实际施工的条件下，只能够向其合同相对人主张相应施工对价。《最高人民法院关于审理建设工程施工合同纠纷案件适用法律问题的解释（二）》第二十四条规定："实际施工人以发包人为被告主张权利的，人民

---

① 已废止，现为《中华人民共和国民法典》第269条。

法院应当追加转包人或者违法分包人为本案第三人,在查明发包人欠付转包人或者违法分包人建设工程价款的数额后,判决发包人在欠付建设工程价款范围内对实际施工人承担责任。"据此,通过转包、违法分包等形式参与案涉工程并实际施工的主体,只能向转包人、违法分包人主张工程款。发包人和转包关系或违法分包关系下的实际施工人之间并不存在合同关系,实际施工人无权基于合同关系要求发包人向其支付工程款;如果发包人存在欠付承包人工程款的情况,进而导致承包人不能够支付实际施工人的包括农民工工资在内的工程款的,上述司法解释有条件地突破了合同相对性,规定了发包人应在欠付建设工程价款范围内对实际施工人承担责任。

编者说明

通过转包、违法分包等形式参与案涉工程并实际施工的主体,只能向转包人、违法分包人主张工程款。发包人和转包关系或违法分包关系下的实际施工人之间并不存在合同关系,实际施工人无权基于合同关系要求发包人向其支付工程款。(雷军整理)

245. 转包人将欠付实际施工人的工程款债务转移给第三方,实际施工人同意的,其将无法向发包人主张权利,只能向第三方主张债权。

案件名称

再审申请人(一审原告、二审上诉人)众岩公司与被申请人(一审被告、二审被上诉人)钰丰公司及一审被告、二审被上诉人励精置业公司、励精投资公司建设工程施工合同纠纷案[(2020)豫民申255号,2020.4.21]

裁判精要

河南省高级人民法院认为,根据2016年3月30日励精置业公司与众岩公司签订的协议,励精投资公司将其欠付众岩公司的桩基工程款2080160元的债务转移给励精置业公司,且众岩公司通过在该协议的签字行为明确同意该债务的转移。根据《中华人民共和国合同法》第八十四条①的规定,上述债务转移行为成立并生效,故励精置业公司与众岩公司之间建立了受协议约束的债权债务关系,而励精投资公司与

---

① 已废止,现为《中华人民共和国民法典》第549条。

众岩公司之间就该笔工程款的债权债务关系归于消灭。《最高人民法院关于审理建设工程施工合同纠纷案件适用法律问题的解释》(以下简称《建设工程司法解释》)第二十六条的规定仅适用于建设工程合同的发包人、违法分包人、实际施工人，而本案中众岩公司有效合法的债务人是励精置业公司，励精投资公司与涉案施工项目并无任何关系，本案债权债务关系不再适用《建设工程司法解释》的规定。即无论钰丰公司是不是发包人，前述协议已经阻断了众岩公司作为实际施工人向发包人主张债权的权利。故众岩公司主张钰丰公司承担清偿责任没有事实和法律依据。（李亚宇整理）

246. 实际施工人不能突破合同相对性，向与其无合同关系的转包人、分包人主张工程价款。

案件名称

再审申请人（一审原告、二审被上诉人）王某与被申请人（一审被告、二审上诉人）建工四公司及一审被告顺成市场开发公司、袁某凯、谢某阳以及一审第三人杨某平、张某、石某坤建设工程施工合同纠纷案[（2018）最高法民申1808号，2018.5.28]

裁判精要

最高人民法院认为，《最高人民法院关于审理建设工程施工合同纠纷案件适用法律问题的解释》第二十六条规定："实际施工人以转包人、违法分包人为被告起诉的，人民法院应当依法受理。实际施工人以发包人为被告主张权利的，人民法院可以追加转包人或者违法分包人为本案当事人。发包人只在欠付工程价款范围内对实际施工人承担责任。"本案建工四公司为谢某阳违法转包前一手的违法分包人，系建设工程施工合同的承包人而非发包人，故王某要求依据司法解释的前述规定判令建工四公司承担连带责任缺乏依据，原审判决并无不当。（杨贺飞整理）

247. 实际施工人可突破合同相对性主张权利的"发包人"是指工程建设单位，而不是工程总承包人或转包人。

案件名称

再审申请人（一审被告、二审上诉人）河川公司与被申请人（一审原告、二审被上诉人）黄某金、（一审被告、二审被上诉人）罗某莲建设工程施工合同纠纷案[（2021）豫民再759号，2022.3.22]

裁判精要

河南省高级人民法院认为，《最高人民法院关于审理建设工程施工合同纠纷案件适用法律问题的解释（二）》（法释〔2018〕20号）第二十四条规定："实际施工人以发包人为被告主张权利的，人民法院应当追加转包人或者违法分包人为本案第三人，在查明发包人欠付转包人或者违法分包人建设工程价款的数额后，判决发包人在欠付建设工程价款范围内对实际施工人承担责任。"本案中，河川公司系工程承包人，其承包信阳市浉河区席家岭水库除险加固工程后，将该工程转包给王某奇，由王某奇组织施工，河川公司派人在施工现场负责质量、技术及安全工作。本案中，王某奇承包案涉工程后将部分作业工程分包给黄某金用挖掘机施工，双方口头约定按每小时270元计算工程款，之后实际施工176.3小时。黄某金与王某奇形成事实上的合同关系，与河川公司不存在合同关系，且河川公司并非案涉工程的发包人。因此，按照上述法律规定，河川公司不应承担连带责任。原判认定河川公司在欠付工程款范围内对案涉债务承担连带清偿责任，属适用法律错误，本院予以纠正。另外，经查，根据现有证据也不能证明河川公司有拖欠王某奇工程款的事实。综上，河川公司的再审请求成立，本院予以支持。一、二审认定基本事实清楚，但适用法律错误，判决河川公司在欠付工程款范围内承担连带清偿责任不当，本院予以纠正。（杨贺飞整理）

248. 实际施工人突破合同相对性向发包人主张工程价款的范围为欠付工程款，不包括工程款利息、违约金、损失赔偿等。

案件名称

再审申请人（一审被告、二审上诉人）宏翔公司与再审申请人（一审原告、二审被上诉人）关某众及一审第三人天鹏公司建设工程施工合同纠纷案[（2020）豫民申3109号，2020.12.28]

裁判精要

河南省高级人民法院认为，《最高人民法院关于审理建设工程施工合同纠纷案件适用法律问题的解释》第二十六条、《最高人民法院关于审理建设工程施工合同纠纷案件适用法律问题的解释（二）》第二十四条规定的实际施工人可以向发包人主张工程价款的范围仅为工程款，不包括工程款利息、违约金、损失赔偿等。同时，发包人承担责任的范围也是明确的，即发包人只在欠付下手承包人的工程款范围内，而非是欠付实际施工人的工程款。在工程款之外，实际施工人主张工程款利息、违约金等损失的，只能向合同相对方主张，不能要求发包人对实际施工人的所有债权承担责任。故在本案中，原审判决认定发包人宏翔公司对欠付工程款承担利息赔偿责任，并判令发包人宏翔公司向实际施工人关某众支付工程款利息，适用法律并不妥当。

编者说明

建设工程施工合同司法解释仅规定了实际施工人突破合同相对性主张发包人在欠付工程款范围内承担责任的情形，未规定实际施工人可以突破合同相对性向发包人主张工程款利息、违约金、损失等内容。（杨贺飞整理）

249. 实际施工人向发包人主张权利，应以查清发包人对承包人的欠付工程款数额为前提，否则，暂不支持。

案件名称

上诉人（原审被告）黄瓦台青海分公司、黄瓦台公司与上诉人（原审原告）李某军、崔某良及被上诉人（原审被告）中发源公司、（原审第三人）中兴建设公司建设工程施工合同纠纷案[（2021）最高法民终339号，2021.5.28]

裁判精要

最高人民法院认为，李某军、崔某良主张中发源公司应在欠付工程款范围内承担责任，根据《最高人民法院关于审理建设工程施工合同纠纷案件适用法律问题的解释》的规定，发包人向实际施工人承担责任的前提是其欠付转包人或者违法分包人工程价款。该规定是从实质公平的角度出发，实际施工人向发包人主张权利后，发包人、转包人或者违法分包人以及实际施工人之间的连环债务相应消灭，且发包人对实际施工人承担责任以其欠付的建设工程价款为限。本案中，案涉时代广场并未完工，中发源公司与黄瓦台公司亦未进行结算，仅能确定黄瓦台公司、黄瓦台青海分公司欠付李某军、崔某良工程款的事实。中发源公司是否欠付黄瓦台公司、黄瓦台青海分公司工程款，欠付工程款的数额等事实因未结算无法查清，实际施工人与发包人之间的权利义务并不明确，故李某军、崔某良向中发源公司主张其在欠付工程款范围内承担责任的条件不成就。李某军、崔某良的该项上诉理由不能成立，本院不予支持。

编者说明

根据《最高人民法院关于审理建设工程施工合同纠纷案件适用法律问题的解释（一）》第四十三条第二款的规定："实际施工人以发包人为被告主张权利的，人民法院应当追加转包人或者违法分包人为本案第三人，在查明发包人欠付转包人或者违法分包人建设工程价款的数额后，判决发包人在欠付建设工程价款范围内对实际施工人承担责任。"实际施工人向发包人主张权利的前提应是发包人对转包人或违法分包人存在欠付工程款。如在实际施工人主张工程价款的纠纷中无法查明是否欠付或欠付金额的情况下，依据民事诉讼"谁主张，谁举证"的原则，实际施工人需要承担证明责任，如无法证明欠付情况，应承担举证不能的不利后果，即视为发包人在欠付工程款范围内向实际施工人支付工程价款的条件不成就。（曹亚伟整理）

250. 发承包施工合同有效，转包的实际施工人对发承包合同条款知晓并认可的，应受发包人与承包人之间合同的约束。

案件名称

上诉人（一审原告）余某富、罗某辉、朱某超与被上诉人（一审被告）泰宏公司、新密市中医院及一审第三人张某福、程某学、张某祥建设工程施工合同纠纷案[（2019）豫民终1596号，2020.11.27]

裁判精要

河南省高级人民法院认为，关于应否以泰宏公司与新密市中医院签订的建设工程施工合同计算工程价款的问题，泰宏公司与新密市中医院签订的建设工程施工合同系通过招投标方式中标的建设工程施工合同，目前的证据不能证明该合同存在违反《中华人民共和国招标投标法》的强制性规定而导致无效的情形，故该合同合法有效，双方当事人均应受此约束。余某富等三人虽然不是该合同的签订主体，但根据其诉称以及本案的实际履行情况，余某富等三人对泰宏公司与新密市中医院签订的建设工程施工合同的合同条款是知晓并认可的，其作为实际施工人应受发包人与承包人之间合同的约束。一审判决按照泰宏公司与新密市中医院签订的建设工程施工合同认定案涉工程价款并无不当。

编者说明

《河南省高级人民法院民四庭关于建设工程合同纠纷案件疑难问题的解答》第16问：实际施工人与转包人或违法分包人没有签订施工合同，工程款计价标准不明，能否以发包人与前手承包人签订施工合同标准认定工程款？

答：《中华人民共和国民法典》第五百一十条规定："合同生效后，当事人就质量、价款或者报酬、履行地点等内容没有约定或者约定不明确的，可以协议补充；不能达成补充协议的，按照合同相关条款或者交易习惯确定。"第五百一十一条规定：依据前条规定仍不能确定价款或者报酬不明确的，按照订立合同时履行地的市场价格履行；依法应当执行政府定价或者政府指导价的，依照规定履行。在实际施工人与转包人或违法分包人没有签订施工合同，工程款计价标准不明的情况下，可按照上述工程款漏洞填补规则处理。同时，在工程转包或违法分包的情况下，转包人或违法分包人向实际施工人支付的工程款，一般不会超出其从发包人处应得的工程款。因此，从交易习惯角度考虑，在约定不明的情况下，实际施工人与转包人或违法分包人的计价标准可以参照发包人与承包人合同约定的标准，同时应防止价格倒挂。（丁一整理）

251. 实际施工人将施工合同项下的权利转让给第三方，该第三方有权要求发包人在欠付工程款范围内承担责任。

案件名称

再审申请人（一审原告、二审上诉人）吴某强与被申请人（一审被告、二审被上诉人）华普公司、万家园公司及一审被告晟峰公司、一审第三人孙某亮建设工程施工合同纠纷案［（2020）豫民申115号，2020.4.20］

裁判精要

河南省高级人民法院认为，关于万家园公司应否承担支付工程款责任的问题，原审已查明，依据2018年5月20日南阳市四通建筑劳务分包有限公司（以下简称四通公司）与吴某强签订的合同权利转让协议，吴某强依法获得了四通公司协议内欠付工程款2734989元的债权。四通公司在涉案工程中是涉案劳务分包工程的实际施工人，而涉案工程的发包人是万家园公司。万家园公司在原审中自认其欠付20%左右的工程款，故根据《最高人民法院关于审理建设工程施工合同纠纷案件适用法律问题的解释》第二十六条的规定，万家园公司应当在欠付工程价款范围内对实际施工人承担责任。原审以突破合同相对性为理由，未支持吴某强要求万家园公司承担责任的主张不妥，本院予以纠正。就本案目前证据来看，万家园公司已自认欠付20%左右的工程款，再审时应进一步查明万家园公司具体欠付工程款数额后，由万家园公司在欠付工程款数额内承担责任。

编者说明

本案指令河南省南阳市中级人民法院再审。（李亚宇整理）

第三节　内部承包人的认定及权利保护

252. 内部承包关系中，内部承包人不属于实际施工人，不能以自己的名义向发包人主张权利。

案件名称

再审申请人（一审原告、二审上诉人）党某召与被申请人（一审被告、二审被上诉人）红阳公司及二审被上诉人（一审被告）卓城公司建设工程施工合同纠纷案[（2019）豫民申1296号，2019.10.24]

裁判精要

河南省高级人民法院认为，卓城公司在与红阳公司签订《建设工程施工合同》以后，将其承包的部分工程交由党某召负责施工。在一审庭审过程中，当法庭询问党某召与卓城公司之间是什么关系时，党某召明确回答："原告是被告卓城公司的项目经理，没有文件，内部承包。"据此可以认定党某召系卓城公司的内部承包人，而非《最高人民法院关于审理建设工程施工合同纠纷案件适用法律问题的解释》第二十六条所规定的实际施工人，因此党某召依据《最高人民法院关于审理建设工程施工合同纠纷案件适用法律问题的解释》第二十六条的规定，以实际施工人的身份向红阳公司主张权利缺乏事实和法律依据。（郑舒文整理）

253. 在内部承包法律关系中，内部承包人因人工、材料费垫资而向总承包人拆借的款项应与工程款一并处理，不宜以借款纠纷与建设工程合同纠纷不属于同一法律关系为由不予审理。

案件名称

上诉人（原审被告）丰李公司与被上诉人（原审原告）王某军建设工程施工合同纠纷案[（2019）豫民终221号，2020.1.10]

🔍 裁判精要

河南省高级人民法院认为，王某军对案涉工程进行实际投入，且工程已经完工，根据双方签订的内部管理合同，其有权在付清材料款、工人工资、税金及该工程的所有债务的情况下主张工程价款。案涉工程总价款经另案生效民事调解书确认为7800万元，一审也予以认定，各方对此并未提起上诉。关于丰李公司主张的应当扣除的其他款项，一审简单以借款纠纷与本案不属于同一法律关系为由不予审理不当，本院予以纠正。因一审认定的已付工程款及其他款项加上本院认定的应当扣除的款项，已经超出工程总价款，故王某军要求支付工程款的诉讼请求缺失事实依据，丰李公司的上诉请求成立，本院予以支持。丰李公司与王某军之间关于一、二审认定之外的其他款项，在本案中不再认定处理，双方如有争议可另行解决。（李亚宇整理）

第九章
工程鉴定

第一节 鉴定申请

254. 合同约定采用固定单价模式结算工程价款且双方对工程量增加以及施工材料变更有争议,一方可申请人民法院对工程总造价进行司法鉴定。

案件名称

再审申请人(一审被告、二审上诉人)昌达公司与被申请人(一审原告、二审被上诉人)高地公司建设工程施工合同纠纷案[(2019)豫民申2368号,2019.7.20]

裁判精要

河南省高级人民法院认为,关于司法鉴定的程序问题,《最高人民法院关于审理建设工程施工合同纠纷案件适用法律问题的解释》第二十二条规定,当事人约定按照固定价计算工程价款,一方当事人请求对建设工程造价进行鉴定的,不予支持。该条司法解释是指约定按固定总价结算的合同不具备调整工程价款的情形的,无须鉴定。但对于约定固定单价的合同,因工程量调整、发生增减变化的,需要对该增加的超出原合同约定的部分工程款进行确定的,具有鉴定的必要,与合同约定的按固定价结算工程款的原则并不矛盾。本案中,虽然双方约定了固定单价,但对工程量是否增加以及施工材料是否变更均存在争议,一审法院依据高地公司的申请对涉案工程总造价进行司法鉴定,并无不当。

编者说明

司法实践中,对于工程造价鉴定程序的启动,普遍按照"谨慎鉴定原则"处理。《最高人民法院关于审理建设工程施工合同纠纷案件适用法律问题的解释(一)》(以下简称《解释(一)》)第二十八条规定:"当事人约定按照固定价结算工程价款,一方当事人请求对建设工程造价进行鉴定的,人民法院不予支持。"《北京市高级人民法院关于审理建设工程施工合同纠纷案件若干疑难问题的解答》规定:"32.当事人申请对工程造价进行鉴定的,如何处理?当事人对工程价款存在争议,既未达成结算协议，也无法采取其他方式确定工程款的，法院可以根据当事人的申请委托有司法鉴定资质的工程造价鉴定机构对工程造价进行鉴定……"编者认为，前述《解释（一）》中规定的固定价应包括固定总价和固定单价。采用固定单价确定工程款时，不允许鉴定的前提应是工程量明确固定。如果出现工程量增减且发生争议的情况，应允许对工程价款进行鉴定。（王兴整理）

255. 双方合同已约定固定总价结算工程价款，一方当事人申请工程造价鉴定，法院直接作出不予鉴定而未予释明的，并不存在程序违法。

案件名称

上诉人（原审原告、反诉被告）大成公司与被上诉人（原审被告、反诉原告）恒鑫源公司建设工程施工合同纠纷案［（2018）豫民终907号，2019.3.11］

裁判精要

河南省高级人民法院认为，双方实际履行的《一期工程施工合同》属于固定总价合同，且约定合同价款中包括的风险范围为除施工期间主要建筑材料（钢材、商品砼）的市场价格上涨或下降10%以上进行据实调整外，风险范围以外的合同价款均不予以调整。根据《最高人民法院关于审理建设工程施工合同纠纷案件适用法律问题的解释》第二十二条"当事人约定按照固定价结算工程价款，一方当事人请求对建设工程造价进行鉴定的，不予支持"的规定，一审法院对于大成公司提出的工程造价司法鉴定申请不予准许并无不当。大成公司另上诉主张一审法院对其司法鉴定申请不予准许未予释明程序违法，一审法院对鉴定申请不予准许未予释明，不违反相关法律规定，本院对大成公司该上诉理由不予支持。（赵静整理）

256. 双方对施工面积、结算价款等有争议，负有举证责任的一方申请司法鉴定的，法院应当准许。

案件名称

再审申请人（一审原告、二审上诉人）刘某斌与被申请人（一审被告、二审被上诉人）传世佳钰建筑公司、中鹤新城投资公司、（一审第三人、二审被上诉人）朱某岭建设工程施工合同纠纷案［（2020）豫民申650号，2020.6.21］

🔍 裁判精要

河南省高级人民法院认为，朱某岭将案涉工程分包给刘某斌施工，双方未签订书面施工合同。双方对施工面积、结算单价不能达成一致意见引起本案诉讼，刘某斌对其提出的诉讼请求所依据事实应当提供证据加以证明。刘某斌不能提供其他有效证据证明，亦无法通过参照市场价格或交易习惯确定工程价款的情况下，其可以申请对待证事实进行司法鉴定，一审法院未予准许造成刘某斌举证不能。生效判决暂按朱某岭自认的以140元/平方米计算的工程价款543923.2元先行判决支付给刘某斌，缺乏事实依据，告知刘某斌对超出的诉讼请求部分另行主张，未实质性解决双方全部争议。再审过程中，应当进一步查明案件事实，依法裁决。

✏️ 编者说明

《中华人民共和国民事诉讼法》第七十九条规定："当事人可以就查明事实的专门性问题向人民法院申请鉴定。当事人申请鉴定的，由双方当事人协商确定具备资格的鉴定人；协商不成的，由人民法院指定。当事人未申请鉴定，人民法院对专门性问题认为需要鉴定的，应当委托具备资格的鉴定人进行鉴定。"

《最高人民法院关于审理建设工程施工合同纠纷案件适用法律问题的解释（一）》第三十二条第一款规定："当事人对工程造价、质量、修复费用等专门性问题有争议，人民法院认为需要鉴定的，应当向负有举证责任的当事人释明。当事人经释明未申请鉴定，虽申请鉴定但未支付鉴定费用或者拒不提供相关材料的，应当承担举证不能的法律后果。"（胡玉芹整理）

257. 工程竣工验收合格，双方已进行结算，发包人在诉讼中申请工程造价鉴定的，法院不予准许。

📡 案件名称

上诉人（一审被告）长垣医院与被上诉人（一审原告）王某国、（一审被告）河北建工公司及一审第三人张某明建设工程施工合同纠纷案〔（2020）豫民终1164号，2021.5.31〕

裁判精要

河南省高级人民法院认为，王某国提交了案涉工程的竣工验收报告书，证明案涉工程经建设、勘察、设计、监理等五大责任主体组织验收，作为建设方的长垣医院也参与了竣工验收程序并加盖公章认可案涉工程为合格工程，同意使用。在此后，合同双方河北建工公司及长垣医院进行了结算，《建筑安装工程造价汇总表》《竣工结算书》《长垣医院关于对综合门诊楼决算进行审核的申请》均显示案涉工程总造价为71252318.79元。长垣医院在上述文件上加盖印章，足以证明长垣医院对该工程造价予以认可。关于长垣医院辩称，该印章与当时其使用的备案印章不一致，上述印章不是其工作人员加盖及工程并未决算，双方已经在履行中达成一致，应当以政府审核价格为最后的决算价格的意见，经查，长垣医院所举证据只能证明其存在使用多枚印章的情况，而长垣医院所举的程某、杜某的证言，因二人均是长垣医院的工作人员或者其工地代表，其与长垣医院有隶属关系，且证明内容与书证载明的内容相悖，因此对该二人的证言不予采信。因双方已经进行了决算且签署了结算书，依照《最高人民法院关于审理建设工程施工合同纠纷案件适用法律问题的解释（二）》第十二条之规定，长垣医院在二审提出的工程造价申请本院不予准许。

编者说明

《最高人民法院关于审理建设工程施工合同纠纷案件适用法律问题的解释（一）》第二十九条规定："当事人在诉讼前已经对建设工程价款结算达成协议，诉讼中一方当事人申请对工程造价进行鉴定的，人民法院不予准许。"（曹亚伟整理）

258. 当事人对已完工程以《会议纪要》和《备忘录》形式形成的结算，可以作为工程款的认定依据，一方对工程价款申请鉴定的，不予准许。

案件名称

上诉人（原审被告）万象铝镁公司与被上诉人（原审原告）火电公司及原审被告青海万象集团有限公司建设工程施工合同纠纷案［（2019）最高法民终1571号，2019.9.27］

裁判精要

青海省高级人民法院在一审中认为,火电公司主张工程款等相关费用的条件已经成就。双方经协商结算,形成两次会议纪要,最终确认结算价款为13350.2540万元,包括已完工程造价、垫付设备款、临建费、管理费、停工补偿、垫资利息等所有费用,该两份会议纪要为双方当事人真实意思表示,予以确认。

最高人民法院认为,案涉项目停工后双方当事人均同意解除合同,并以两次会议纪要的形式进行结算,在两次会议纪要中均将设备款2761万元结算在内,且在4月12日会议纪要中写明"双方以本结算价款为依据办理相应结算手续",说明万象铝镁公司对于该款项已经发生且应由其负担无异议。

编者说明

会议纪要不是合同,通常只是记录会议或磋商谈判的过程和所达成的原则性意见。但如果其内容涉及当事人之间设立、变更或终止民事权利义务关系,是各方当事人的一致意思表示,且该意思表示的内容具体明确,具有可执行性,当事人并无排除受其约束的意思,则具备了民事合同的要件,可以构成一份具有法律效力的"合同"。因此,以会议纪要的形式对工程价款进行结算,应视为对工程价款达成了结算协议,该《会议纪要》可以作为认定工程价款的依据。(曹亚伟整理)

259. 造价鉴定费用的分担数额可以根据判决确认的工程造价与承包人主张的工程造价之间的比例进行确定。

案件名称

上诉人(原审被告、反诉原告)美鹏公司与被上诉人(原审原告、反诉被告)林州二建公司及原审被告华豫针织染整公司建设工程施工合同纠纷案〔(2021)豫民终545号,2022.3.14〕

裁判精要

河南省高级人民法院认为,关于造价鉴定费用问题。因林州二建公司与美鹏公司就案涉工程造价存在争议,林州二建公司在一审诉讼中申请对工程造价进行司法鉴定,并为此垫付鉴定费800000元。一审法院根据一审判决确认的工程造价与林州二建公司主张的工程造价之间的比例，确定双方应当承担的鉴定费数额并无不当。

编者说明

关于造价鉴定费用如何分担，实务中存在不同观点。除本案判决所持观点外，另有观点认为，应当按照《诉讼费用交纳办法》的规定处理，即诉讼费用由败诉方负担，胜诉方自愿承担的除外，部分胜诉、部分败诉的，人民法院根据案件的具体情况决定当事人各自负担的诉讼费用数额。（杨贺飞整理）

第二节 鉴定范围

260. 因鉴定事项超出鉴定机构资质范围无法对案涉工程进行工程质量鉴定的，无法进行鉴定的法律后果应由申请鉴定人承担。

案件名称

再审申请人（一审被告、反诉原告、二审上诉人）绿能公司与被申请人（一审原告、反诉被告、二审被上诉人）林州二建公司、（一审第三人、二审被上诉人）李某生建设工程施工合同纠纷案〔（2020）豫民申5335号，2020.12.7〕

裁判精要

河南省高级人民法院认为，关于绿能公司主张案涉工程存在质量问题，应进行鉴定的理由。根据民事诉讼证据规则，申请鉴定属于当事人的举证事项，因客观原因无法鉴定的法律后果亦应由申请举证的当事人承担。本案中，绿能公司申请对案涉工程主体及地基进行工程质量鉴定，经一审法院两次组织鉴定，均因鉴定机构超出资质范围终止鉴定，故对无法进行鉴定的法律后果亦应由申请鉴定的绿能公司承担。在此情况下，原审就案涉工程款部分先行判决，并告知绿能公司可就工程质量问题另行主张权利，符合法律规定和本案实际情况，并无不当。

关于绿能公司主张的原判决适用法律错误的理由。绿能公司申请再审主张因林州二建公司阻挠而无法鉴定，原审判决绿能公司承担不利后果属适用法律错误，但经核查原审卷宗，林州二建公司人员在鉴定时因对鉴定人员的鉴定资格身份提出异议而未参与鉴定活动，并不构成阻挠鉴定的情形。故如上所述，仍应由绿能公司承担无法鉴定的法律后果，二审认定举证责任并无不当。（郑舒文整理）

261. 在借用资质的法律关系中，发包人与被挂靠人已对工程价款进行结算，实际施工人对结算价款不予认可并申请鉴定的，仅需对有争议事项进行鉴定。

案件名称

再审申请人（一审被告、二审上诉人）晟昱公司与被申请人（一审原告、二审上诉人）李某虎、（一审被告、二审被上诉人）中国铁路郑州局郑州北建筑段建设工程施工合同纠纷案［（2020）豫民申4453号，2020.9.28］

裁判精要

河南省高级人民法院认为，一审工程造价鉴定的依据不足。首先，李某虎起诉主张的由晟昱公司工作人员出具的结算单上不仅载明了工程量，也载明了工程单价和总价，且中国铁路郑州局郑州北建筑段与晟昱公司进行结算已有结算单价。李某虎申请进行鉴定，人民法院应结合全案证据审查进行鉴定的必要性。其次，双方对结算单载明的工程量已无异议，即便发生争议也仅需进行工程单价鉴定，而无须对工程量进行鉴定。最后，青苗费、场地租赁费等是否属于工程款范围以及是否实际发生，应由人民法院调查认定并根据证据进行裁判，没有鉴定必要。（徐润浈整理）

第三节　鉴定意见质证

262. 法院应对当事人就鉴定意见提出的异议进行审查判断，不能仅以当事人提出异议为由对鉴定意见不予采纳。

案件名称

上诉人（原审被告）商丘鑫鑫置业有限公司与上诉人（原审原告）河南省合立建筑工程有限公司建设工程施工合同纠纷案［（2020）豫民终421号，2021.4.26］

裁判精要

河南省高级人民法院认为，一审法院在接受当事人的鉴定申请委托鉴定机构进行鉴定，组织双方当事人多次进行质证后，未对双方当事人的意见进行审查判断，仅以双方当事人均对鉴定意见提出异议为由，对鉴定机构出具的鉴定意见不予采纳，未尽到事实查明的义务。本院认为，因双方当事人未就案涉工程造价进行结算，且在诉讼中申请鉴定，本案应当以鉴定意见为依据认定案涉工程造价。

编者说明

《中华人民共和国民事诉讼法》第六十六条第一款规定："证据包括：（一）当事人的陈述；（二）书证；（三）物证；（四）视听资料；（五）电子数据；（六）证人证言；（七）鉴定意见；（八）勘验笔录。"鉴定意见属于证据的一种，法院有义务对其进行审查。根据《最高人民法院关于民事诉讼证据的若干规定》第三十七条第三款的规定："对于当事人的异议，人民法院应当要求鉴定人作出解释、说明或者补充。人民法院认为有必要的，可以要求鉴定人对当事人未提出异议的内容进行解释、说明或者补充。"由此，本案中，人民法院仅以双方对鉴定意见有异议为由不予采纳鉴定意见没有依据。（曹亚伟整理）

263. 诉讼中一方当事人对另一方当事人单方委托作出的工程造价鉴定意见不予认可，但既未提出相反证据又不申请重新鉴定的，法院可以采信该鉴定意见。

案件名称

再审申请人（一审被告、二审上诉人）科源公司与被申请人（一审原告、二审被上诉人）鸿达公司建设工程施工合同纠纷案［（2021）最高法民申4491号，2021.7.30］

裁判精要

最高人民法院认为，鸿达公司对涉案工程进行施工后，科源公司未及时与其进行结算，鸿达公司自行委托鉴定机构就涉案工程造价进行鉴定。鉴定机构依据鸿达公司提供的案涉工程图纸、《劳务分包合同》、《现场签证审批单》、《工程审核现场查勘底稿》、工程联系单等材料做出了鉴定意见。鸿达公司将提供给鉴定机构的材料，（除施工图纸外）已全部向一审法院提交，一审法院组织双方当事人进行了质证。二审法院传唤鉴定人到庭接受双方当事人质询，并就有关鉴定事项进行了说明。经法院释明，科源公司不同意重新鉴定，亦无相反证据推翻鉴定意见，鉴定机构据实鉴定，鉴定意见能够客观反映工程造价，故原审法院按照鉴定意见认定本案工程各部分造价，符合法律规定。

编者说明

《最高人民法院关于民事诉讼证据的若干规定》（2001年）（2008年调整，于2019年被《最高人民法院关于修改〈关于民事诉讼证据的若干规定〉的决定》修改）第二十八条规定："一方当事人自行委托有关部门作出的鉴定结论，另一方当事人有证据足以反驳并申请重新鉴定的，人民法院应予准许。"《最高人民法院关于民事诉讼证据的若干规定》（2019年修正）第四十一条规定："对于一方当事人就专门性问题自行委托有关机构或者人员出具的意见，另一方当事人有证据或者理由足以反驳并申请鉴定的，人民法院应予准许。"（王兴整理）

264. 一审法院未通知一方当事人对鉴定意见进行质证，二审法院要求该方当事人对鉴定报告发表质证意见的，视为对一审程序不当进行纠正。

案件名称

上诉人（原审被告）铭轩公司与被上诉人（原审原告）林州二建公司建设工程

施工合同纠纷案 [（2019）豫民终1462号，2019.12.5]

裁判精要

河南省高级人民法院认为，关于原审依据鉴定意见认定涉案桩基工程款是否正确的问题。首先，原审组织对桩基工程款进行鉴定并无不当。根据铭轩公司与林州二建公司签署的《工程承建拆迁合同》第七条第二款约定，施工中桩基工程参照本条款第一条执行，即"按当期《许昌工程造价信息》所公布材料价和信息据实结算"。铭轩公司上诉称涉案桩基工程款应以城建部门备案价格为准，缺乏合同依据，亦与其在一审期间述称"双方没有签订桩基施工合同"相悖，本院依法不予支持。原审在双方对桩基工程价款存在争议的情况下，组织对桩基工程量及造价进行鉴定是正确的。其次，铭轩公司主张涉案鉴定意见错误，认为相关材料冒用案外人许昌三合岩土工程有限公司的名义。经查，一审期间鉴定资料系由一审法院根据林州二建公司的申请，从襄城县住房和城乡规划建设局调取，来源合法。铭轩公司未举证推翻前述资料的真实性，其理由和辩解意见不能成立。最后，关于铭轩公司主张一审未通知其对鉴定意见进行质证属程序违法的问题。经查，一审卷宗确未显示通知铭轩公司对鉴定报告进行质证。但在本院二审期间，已通知铭轩公司对涉案鉴定报告发表意见，相应程序不当之处已得到纠正。铭轩公司未在规定期限内对该鉴定报告的内容是否正确发表意见，本院对该意见不予支持。（曹代鑫整理）

265. 工程造价鉴定中，现场勘验的鉴定人员与出具鉴定意见的鉴定人员不一致，但现场勘验笔录经双方确认的，不影响鉴定意见的客观性。

案件名称

二审上诉人（一审原告）河南德汇建筑劳务有限责任公司与二审上诉人（一审被告）中煤建工集团有限公司及一审第三人宁波汇申丰投资管理有限公司建设工程施工合同纠纷案 [（2020）豫民终1398号，2021.3.23]

裁判精要

河南省高级人民法院认为，对于涉案鉴定意见的鉴定程序问题，虽然对涉案工程项目进行现场勘验的鉴定人员，并非出具鉴定意见的鉴定人员。但现场勘验笔录经双方人员签字确认，能够反映真实的工程施工情况，故现场勘验的鉴定人员与出

具鉴定意见的鉴定人员不同,并不影响鉴定意见的客观性。(丁一整理)

266. 勘验现场应当制作勘验笔录,未制作勘验笔录的,鉴定意见不予采纳。

案件名称

再审申请人(一审原告、二审上诉人)马某萍与被申请人(一审被告、二审上诉人)开封市汇金二手车交易市场有限责任公司及一审被告开封大学建设工程施工合同纠纷案[(2020)豫民申3944号,2020.9.17]

裁判精要

河南省高级人民法院认为,因不具备开挖条件,室外电缆没有图纸,鉴定人员无法判断电缆表走向和另一端接入点的位置,鉴定人员系根据现场人员表述和运用逻辑判断认定存在埋地敷设室外电缆,但鉴定机构未提供现场记录。该部分鉴定意见缺乏事实依据,马某萍也未提供其他有效证据补证,生效判决对马某萍主张的室外电缆的工程价款未予支持正确。(徐润浈整理)

267. 出具补充鉴定意见的鉴定人员不是原鉴定人员的,鉴定程序违法,该补充鉴定意见不予采纳。

案件名称

再审申请人(一审原告、二审上诉人)马某萍与被申请人(一审被告、二审上诉人)开封市汇金二手车交易市场有限责任公司及一审被告开封大学建设工程施工合同纠纷案[(2020)豫民申3944号,2020.9.17]

裁判精要

河南省高级人民法院认为,生效判决查明出具补充鉴定意见的人员不是原鉴定人员,认定补充鉴定程序违法进而对补充鉴定意见未予采纳,符合《司法鉴定程序通则》的规定和民事诉讼证据的认证规则。马某萍认为补充鉴定意见系同一鉴定机构作出即应认定由原鉴定人员进行鉴定,系对《司法鉴定程序通则》的错误理解,其主张补充鉴定意见有效的理由不能成立。(徐润浈整理)

268. 在司法鉴定时，法院向鉴定机构出具的委托书应按照鉴定申请人申请鉴定的事项列明鉴定委托事项，因法院鉴定委托事项错误导致鉴定结论与申请不符的，该鉴定意见书不得作为认定案件事实的依据。

案件名称

再审申请人（一审被告、二审上诉人）宁鹿开发公司与被申请人（一审原告、二审被上诉人）建正建设公司建设工程施工合同纠纷案〔（2019）豫民申395号，2019.4.25〕

裁判精要

河南省高级人民法院认为，本案中宁鹿开发公司申请对建正建设公司与其签订建设工程施工合同后的实际完成工程量进行核算，而河南四方建设管理有限公司工程造价司法鉴定意见书显示委托事项为对鸣鹿国际综合楼的消防系统、水电、空调、智能化工程进行价格评估。宁鹿开发公司提交的多份工程联系单可证明在建正建设公司与宁鹿开发公司签订《建设工程施工合同》之前，意利兴公司就涉案工程进行了部分施工。现宁鹿开发公司提交的公证书与司法鉴定意见书载明的情况也相互矛盾，故建正建设公司就案涉工程的实际施工量，原审未予查明。

编者说明

本案河南省高级人民法院裁定指令周口市中级人民法院再审，周口市中级人民法院经再审后以鉴定无必要等为由判决维持原判。（姚池整理）

第十章
争议主体和责任主体

第一节 争议主体

269. 被挂靠人与挂靠人之间系借用资质的关系，双方不存在施工合同的权利义务关系，挂靠人向被挂靠人主张工程款的，不予支持。

案件名称

再审申请人（一审被告、二审上诉人）凯创公司、（一审原告、二审被上诉人）周某根与被申请人（一审被告、二审上诉人）南通六建公司建设工程施工合同纠纷案［（2019）最高法民申5609号，2020.10.30］

裁判精要

最高人民法院认为：周某根与南通六建公司之间的法律关系应如何认定。周某根主张其与南通六建公司之间就涉案工程成立分包合同关系，南通六建公司主张与周某根是挂靠关系。2011年6月16日，凯创公司与南通六建公司签订《建设工程施工合同》，就"鄂尔多斯市凯创城市之巅绿色节能综合发展项目三期项目"达成建设工程承包协议，案涉工程由凯创公司发包，南通六建公司承包建设。南通六建公司将案涉的11#、12#楼交由不具备施工资质的周某根施工，但双方并未签订书面合同。从案涉工程的工程款支付情况看，系由凯创公司将工程款直接支付给周某根，由南通六建公司出具收据；或凯创公司将工程款支付给南通六建公司，由南通六建公司再拨付给周某根。凯创公司向周某根支付工程款及周某根收取工程款的行为证明双方明白互为交易对方。根据周某根施工及结算工程款的情况及凯创公司向周某根出具的函件中将周某根作为实际履行施工关系的对方，认定周某根与南通六建公司之间形成挂靠关系，周某根是涉案工程的实际施工人，并无不当。南通六建公司是否应承担支付周某根工程款和相关损失的责任。周某根作为实际施工人对案涉工程进行了施工，南通六建公司委托周某根与凯创公司办理了工程交接并进行了结算，凯创公司向周某根出具了《结算确认书》《承诺书》《函》等结算文件。凯创公司与周某根之间成立工程施工建设与工程款支付相关法律关系，凯创公司应承担支付全部工程价款的责任。南通六建公司与周某根之间为挂靠关系，南通六建公司未参与实际施工，且不与周某根结算工程价款，二审未认定其承担支付工程款和相关损失的连带给付责任，并无不当。

编者说明

挂靠人与被挂靠人之间是借用资质关系，双方不存在施工合同关系，被挂靠人对挂靠人没有支付工程款的义务。（郭俊利整理）

270. 被挂靠方出借资质后怠于履行管理职责的，应对挂靠方欠付下游工程款的行为承担连带责任。

案件名称

再审申请人（一审被告、二审上诉人）长建集团与被申请人（一审原告、二审上诉人）曾某及一审第三人吉林华业房地产开发有限公司建设工程施工合同纠纷案〔（2021）最高法民申6369号，2021.11.19〕

裁判精要

最高人民法院经审查认为，本案争议的主要问题为：长建集团是否应对陈某远欠付曾某的工程款承担连带给付责任。经查，长建集团明知陈某远不具备建设工程承包资质，仍然允许陈某远借用资质非法挂靠以规避法律，且长建集团还按照已完工程总造价7.2%的标准向曾某收取税金和管理费。长建集团在履行合同过程中对挂靠人未尽到管理义务，导致陈某远产生违约行为拖欠曾某工程款，故长建集团在本案中存在过错。原审判决长建集团对陈某远欠付曾某的工程款承担连带责任，并无不当。

编者说明

《北京市高级人民法院审理民商事案件若干问题的解答之五（试行）》

47.在建筑行业的挂靠经营中，挂靠者以被挂靠者的名义从事对外经济活动的，被挂靠者是否承担民事责任？

合同相对人同时起诉挂靠者和被挂靠者的，如果合同相对人对于挂靠事实不明知，由挂靠者与被挂靠者承担连带民事责任；如果合同相对人对于挂靠事实明知，首先由挂靠者承担责任，被挂靠者承担补充的民事责任。合同相对人只起诉被挂靠者的，被挂靠者对外应先行承担民事责任。在被挂靠者对外承担责任的范围内，被挂靠者对挂靠者享有追偿权。（郭俊利整理）

271. 在挂靠法律关系中，因挂靠人失踪或死亡等客观原因无法向发包人主张工程价款，被挂靠人存在向挂靠人下游分包分供商支付款项的实际情况，被挂靠人向发包人主张工程价款的，应予支持。

案件名称

再审申请人（一审原告、二审上诉人）漯河一建公司与被申请人（一审被告、二审被上诉人）大乘公司建设工程施工合同纠纷案［（2019）豫民再772号，2020.6.19］

裁判精要

河南省高级人民法院认为，关于漯河一建公司是大乘公司发包工程的名义承包人还是实际组织施工的承包人问题。就案涉工程大乘公司与漯河一建公司签订建设施工合同，由漯河一建公司作为总承包人进行施工，吴某作为漯河一建公司的委托代理人在该合同上签字。在另案中漯河一建公司自认，该合同系由吴某借用漯河一建公司资质签订，根据《最高人民法院关于审理建设工程施工合同纠纷案件适用法律问题的解释》第一条第二项的规定，该合同为无效合同。因施工过程中吴某失踪，以此为分界，案涉工程分为两个阶段，前期施工内容为15#、16#楼的主体工程及12A#楼4层以下主体工程，后期施工内容为15#、16#楼的二次结构工程及12A#楼4层以上主体工程。对于前期工程，漯河一建公司为案涉工程的名义承包人，对该部分工程双方认可已经结算，结算价款为22551708.38元。

关于漯河一建公司能否向大乘公司主张支付下欠工程款，及大乘公司尚欠付多少工程款问题。对于前期工程，漯河一建公司虽为名义承包人，但在实际施工人吴某失踪后，漯河一建公司称存在相关权利人向其主张欠付材料款的情形，漯河一建公司对外仍履行此项给付义务，故其请求支付该部分工程结算后未付清的部分。漯河一建公司的主张符合实际施工人无法向发包人主张权利的客观现状，其作为承包合同相对人及对外承担责任的主体提出该主张，有法律依据并符合公平原则，对该欠付工程款的事实应予查清。对后期工程，虽然漯河一建公司是否为实际组织施工的承包人待进一步查证，但大乘公司认可仍以漯河一建公司的名义进行施工，漯河一建公司主张其对外承担相应付款责任符合实际，因此即使后期施工漯河一建公司仅为名义承包人，其仍可向大乘公司主张该部分工程款。另外，案涉15#、16#楼虽未经验收合格，但已交付使用；12A#楼主体完工后漯河一建公司退场。案涉承包合同虽系无效合同，但《最高人民法院关于审理建设工程施工合同纠纷案件适用法律问题的解释》第十四条第三项及第二条规定：未经竣工验收，发包人擅自使用的，以移转占有建设工程之日为竣工日期；建设工程施工合同无效，但建设工程经竣工验收合格，承包人请求参照合同约定支付工程价款的，应予支持。因此对漯河一建公司主张15#、16#楼欠付工程款，应予支持。对于仅施工至主体完工的12A#楼，因漯河一建公司退场，未施工完毕，双方合同实际上已终止履行，现漯河一建公司请求支付已完工工程价款，大乘公司未对工程质量等问题提出异议，基于作价返还原则，亦应当予以支持。

编者说明

在挂靠法律关系中，满足下述条件的，被挂靠人有权向发包人主张工程款：首先，被挂靠人是施工合同中的名义承包人；其次，施工合同履行过程中部分工程款系发包人直接支付给被挂靠人，且被挂靠人向发包人出具相应收据；最后，实际施工人（挂靠人）同意由被挂靠人主张工程款相关权利。（胡玉芹整理）

272. 即便工程系挂靠施工，被挂靠人仍有权直接起诉主张工程款。

案件名称

上诉人（原审被告、反诉原告）商丘永商公司与被上诉人（原审原告、反诉被告）河南城建公司、（原审第三人）张某华、张某光及原审第三人吴某伟建设工程施工合同纠纷案［（2021）豫民终174号，2022.1.18］

裁判精要

河南省高级人民法院认为，案涉工程经过招投标程序，但招投标之前，双方已经进行实质性磋商，因而两份合同均无效。同时吴某伟、张某光、张某华共同借用河南城建公司的资质承包案涉工程。商丘永商公司亦知道吴某伟、张某光、张某华三个自然人借用资质承包工程的事实，因而案涉《施工合同》应为无效合同。但无论是被挂靠企业起诉发包人还是实际施工人以被挂靠企业名义起诉发包人，均符合

合同相对性原则，均不违反程序法的规定，本案中河南城建公司直接起诉商丘永商公司主张工程款主体适格。（陈维刚整理）

273. 挂靠人借用被挂靠人名义进行施工并以被挂靠人名义成立联合体，其在主张工程款的同时要求分配工程投资收益的，不予支持。

案件名称

上诉人（一审原告）蒲新公司与上诉人（一审被告）育林公司建设工程施工合同纠纷案［（2019）豫民终50号，2019.5.31］

裁判精要

河南省高级人民法院认为，蒲新公司和育林公司于2012年11月9日签订郑州航空港区河刘沟生态治理工程《协议书》，该协议约定育林公司作为发包人，蒲新公司作为承包人，对河道治理补水工程、防腐、防水、安装工程进行施工。由于蒲新公司不具有水利施工资质，蒲新公司借用河南华禹黄河工程局（以下简称华禹工程局）的资质与育林公司成立联合体项目部。华禹工程局收取蒲新公司1%的管理费。2013年5月4日联合体项目部与蒲新公司签订《补充协议》，将原合同施工内容"河道治理补水工程、防腐、防水、安装工程"更改为"郑州市水利建筑勘测设计院《郑州市航空港区河刘沟生态治理工程》图纸河道2+570至3+500河底及边坡防护和防渗工程、2#橡胶坝工程、3#橡胶坝工程、2#溢流堰工程、河道2+570至3+500段河道范围内的变更签证工程"。2013年2月28日联合体项目部与蒲新公司签订《银河路跨河刘沟桥梁工程施工合同》。华禹工程局与育林公司签订《联合体补充协议》的内容显示，育林公司负责项目的投资、管理及建设工程合同的全部责任，华禹工程局负责提供水利水电一级资质。从原审多份协议可以看出，蒲新公司不具备水利施工资质，借用华禹工程局的资质施工，为了工程施工的需要，华禹工程局与育林公司成立联合体项目部，该项目部运行过程中，仍是由育林公司负责工程投资、管理并承担工程的全部责任，华禹工程局只有提供资质、收取管理费的权利和义务。蒲新公司主张其是联合体成员并与育林公司合作实施港区河刘沟生态治理工程整个项目，除了获取其施工的工程款外还应对联合体项目部总工程投资收益有分配权，该理由缺乏依据。（姚池整理）

274. 在借用资质的法律关系中，发包人应就工程款承担直接付款责任，被挂靠人仅在其收款范围内承担付款责任，但挂靠人诉请被挂靠人付款数额应当具体，否则不予支持。

案件名称

上诉人（原审原告）赵某海与上诉人（原审被告）新恒顺公司、恩菲公司建设工程施工合同纠纷案〔（2020）豫民终1215号，2021.11.4〕

裁判精要

河南省高级人民法院认为，关于新恒顺公司应否就赵某海施工的工程款债务承担连带责任的问题：1.赵某海以恩菲公司名义与新恒顺公司订立案涉合同，在订立合同前，2012年12月赵某海已向新恒顺公司交纳履约保证金，并由新恒顺公司直接向赵某海出具收到保证金《收据》，合同履行过程中，新恒顺公司亦有直接向赵某海支付工程款、以房抵工程款行为，因此赵某海与恩菲公司系借用资质关系，对此，新恒顺公司应系明知，原审认定本案系恩菲公司承包涉案工程后又转包给赵某海施工，认定错误，二审予以纠正。赵某海借用恩菲公司资质，就案涉工程与新恒顺公司订立一系列的建设工程施工合同和补充协议，其作为事实上的承包人与新恒顺公司之间成立实质性的、真实的法律关系，新恒顺公司应向赵某海直接承担付款责任。2.赵某海原审诉讼请求为判令新恒顺公司向其支付工程款，恩菲公司在收到新恒顺公司工程款范围内向其支付工程款。由于原审错误认定赵某海与恩菲公司之间系转包关系，并由此判决恩菲公司向赵某海承担付款责任，新恒顺公司承担补充责任，对于原审上述责任主体的判决内容，赵某海二审上诉请求新恒顺公司、恩菲公司就欠付工程价款承担连带责任，赵某海在二审诉讼中对该项上诉请求作出说明，主张其与恩菲公司为借用资质关系，实质是请求新恒顺公司与恩菲公司对欠付其全部工程款和利息共同承担清偿责任。根据赵某海一审诉讼请求以及二审上诉请求，本院认定新恒顺公司作为赵某海实际合同关系相对人，应就工程价款承担直接付款责任。3.赵某海与恩菲公司系借用资质关系，双方并无恩菲公司向赵某海承担付款责任的约定，亦无借用施工资质情形下，被借用人向借用人承担付款责任的法律规定，因此恩菲公司不负有向赵某海支付工程款的义务，如果存在恩菲公司收到新恒顺公司工程款而未转付给赵某海的情形，赵某海可向恩菲公司就该部分款项主张权利，但是赵某海在本案中虽向恩菲公司主张恩菲公司

收到未转付的工程款，但对具体数额并无明确诉请，因此本院不予支持。（吴利波整理）

275. 借用资质的法律关系中，出借方应当对借用方欠付下游的债务承担连带清偿责任。

案件名称

再审申请人（一审被告、二审上诉人）中建公司与被申请人（一审原告、二审被上诉人）臻加公司及原审被告迪旻公司、西安世纪金花珠江时代广场购物有限公司建设工程施工合同纠纷案〔（2021）最高法民申2300号，2021.6.30〕

裁判精要

最高人民法院认为，本案审理的是中建公司作为被挂靠人，对挂靠人迪旻公司欠付实际施工人臻加公司的工程款应否承担连带清偿责任的问题。中建公司与迪旻公司在签订协议时均知道并认可对方的身份。合同履行过程中，中建公司称接受迪旻公司委托，支付该项目涉及的部分款项，在案涉工程施工过程涉及的相关材料中，也加盖中建三局东方公司西安世纪金花珠江时代广场项目部印章。本院认为，迪旻公司虽然以自己的名义对外发生民事行为，但臻加公司有理由相信迪旻公司是在履行与中建公司的施工合同义务有关的职务行为，应视为迪旻公司以中建公司名义发生民事行为，中建公司应与迪旻公司对外承担连带责任。原审判决判令中建公司承担连带责任并无不当。

编者说明

被挂靠一方在承担连带责任之后享有追偿权。《中华人民共和国民法典》第一百七十八条规定"实际承担责任超过自己责任份额的连带责任人，有权向其他连带责任人追偿"，建设工程实务中，资质出借方与借用方就对外赔偿责任进行约定时，通常会明确该类责任由资质借用方承担。由于连带份额分担没有相关法律规定，所以该条款大多会被法院参照适用。在此种情况下，资质出借方向借用方追偿其对外赔偿损失款项的，获得全额支持的可能性较大。（王兴整理）

276. 在借用资质的法律关系中，被借用资质一方向发包人主张工程价款的，诉讼主体适格。

案件名称

再审申请人（一审被告、二审上诉人）抚松杨泰房地产公司与被申请人（一审原告、二审上诉人）通煤公司及原审第三人张某宝建设工程施工合同纠纷案［（2017）最高法民申2022号，2017.6.23］

裁判精要

最高人民法院认为，根据建设工程司法解释之规定，通煤公司是案涉建设工程施工合同的承包方，张某宝系实际施工人，二者主体地位明确，享有的权利和承担的义务亦各有法律条文规定。通煤公司作为承包方，与发包方之间存在合同关系，即使合同无效，其仍可依据建设工程司法解释第二条之规定，向发包方主张折价补偿的工程款。建设工程司法解释第二十六条赋予实际施工人在欠付劳务分包工程款范围内突破合同相对性向发包方直接主张工程款的权利，并不能因此排除承包方依据合同向发包方主张工程款的权利。（王兴整理）

277. 工程实际受益人应就发包人对承包人的工程款支付义务承担连带责任。

案件名称

再审申请人（一审原告、二审上诉人）电白公司与被申请人（一审被告、二审被上诉人）龙池曼公司、（一审被告）蝴蝶大酒店建设工程施工合同纠纷案［（2019）豫民再232号，2019.11.14］

裁判精要

河南省高级人民法院认为，本案系龙池曼公司为筹建大酒店与电白公司签订建设工程施工合同产生的纠纷，根据蝴蝶大酒店在最高人民法院询问时及我院再审庭审中的陈述，蝴蝶大酒店系龙池曼公司为建设案涉工程所成立的公司，且蝴蝶大酒店在一审开庭时也自认龙池曼公司为其筹集案涉土地出让金，蝴蝶大酒店系工程受益人。根据《最高人民法院关于适用〈中华人民共和国公司法〉若干问题的规定

（三）》第二条规定："发起人为设立公司以自己名义对外签订合同，合同相对人请求该发起人承担合同责任，人民法院应予支持。公司成立后对前款规定合同予以确认，或者已经实际享有合同权利或者履行合同义务，合同相对人请求公司承担合同责任的，人民法院应予支持。"据此，蝴蝶大酒店应对龙池曼公司的债务承担连带责任。（郑舒文整理）

278. 在建工程接收人虽不是施工合同的发包人，但诉讼过程中同意支付工程款的，构成债务加入，其对工程款支付应与发包人承担连带责任。

案件名称

再审申请人（一审原告、二审被上诉人）龙瑞公司与被申请人（一审被告、二审上诉人）富联盛公司、（一审被告、二审被上诉人）羊山新区管委会建设工程施工合同纠纷案［（2021）豫民再122号，2021.12.24］

裁判精要

河南省高级人民法院认为，关于责任主体问题。1.虽然2016年1月28日，富联盛公司向龙瑞公司发出《关于同意移交富联盛创业园第一期1#—6#楼工程给信阳国际家居产业小镇筹备领导小组的函》，龙瑞公司在函上签署意见，同意将涉案工程移交给信阳国际家居产业筹备领导小组，由领导小组负责安排施工、结算、审计、结款等工作。且2016年1月30日富联盛公司与项目建设指挥部办公室亦签订《关于富联盛创业园项目移交部分资产的协议》。但之后龙瑞公司与富联盛公司并未解除双方的《建设工程施工合同》，龙瑞公司仍在继续履行合同义务，如参与工程竣工验收、委托评估机构对工程进行造价评估等。羊山新区管委会亦认可龙瑞公司与富联盛公司未解除双方的《建设工程施工合同》。因此，富联盛公司仍是建设工程合同的主体，仍应当承担支付工程款责任。2.2016年1月30日富联盛公司与项目建设指挥部办公室签订《关于富联盛创业园项目移交部分资产的协议》后，该指挥部办公室已支付工程款1亿多元。且诉讼中，羊山新区管委会称涉案项目相关建设资料和证件等已移交，同意承担本案支付工程款责任。因此，本案已构成债务加入，富联盛公司、羊山新区管委会均是本案工程款支付责任主体。（陈维刚整理）

279. 对于政府投资工程，虽然政府设立了临时部门对案涉工程的施工进行统筹安排，但已指定一个主体与施工单位订立施工合同的，仍由签订合同的主体作为诉讼当事人并承担责任。

案件名称

再审申请人（一审原告、一审上诉人）国安建设公司与被申请人（一审被告、二审上诉人）洛阳市体育局建设工程施工合同纠纷案［（2018）豫民再1283号，2019.1.14］

裁判精要

河南省高级人民法院认为，关于洛阳市体育局是否为本案适格被告的问题，根据原审查明的事实，本案所涉工程系政府投资工程，建设单位为洛阳市体育局，施工单位为洛阳城建集团和河南省省建三公司。虽然案涉建设工程施工合同的一方当事人洛阳市体育局是行政机关，但是从案涉建设工程施工合同的内容来看，双方当事人均是按照《中华人民共和国合同法》等法律、行政法规，遵循平等、自愿、公平和诚实信用的原则，就案涉工程施工事项达成了一致协议。洛阳市体育局在本案中并非履行其行政管理职能，而是作为平等的民事主体参与市场经济活动。虽然洛阳市政府设立了新区开发办、体育中心指挥部等临时部门对案涉工程的施工进行统筹安排，但与洛阳城建集团订立建设工程施工合同的主体仍是洛阳市体育局。洛阳市体育局与新区开发办及体育中心指挥部之间的内部管理关系不能改变洛阳市体育局在本案建设工程施工合同中的主体地位。现国安建设公司依据案涉建设工程施工合同主张工程款，根据合同相对性原则，洛阳市体育局应为本案适格的被告。（赵静整理）

280. 虽然发包人与总承包人签订了施工总承包合同，但总承包人只实施部分工程，剩余工程由发包人自行选定施工单位进行分包施工的，分包人无权要求总承包人向其承担工程款支付责任。

案件名称

上诉人（一审被告）中交三局公司与被上诉人（一审原告）仲德公司、（一审被告）中交恒都公司建设工程施工合同纠纷案［（2019）豫民终1451号，2020.3.23］

裁判精要

河南省高级人民法院认为，关于向仲德公司支付分包劳务工程款的责任主体问题，2013年6月12日，中交恒都与中交三局签订《建设工程施工总承包合同书》，约定由中交三局作为承包人设立总承包部，对本项目实施总承包施工管理。对于"总承包施工管理"的理解问题，是该项焦点问题的争议所在。对此，本院做如下分析认定：（一）从中交三局与恒都实业、中交恒都的合同约定看，中交三局的合同利益为三工区的总承包施工，以及其余工区的施工管理。2013年7月2日，中交三局与恒都实业签订《郑州市京广快速路（渠南路—绕城高速）工程BT模式项目合作协议书》，载明"4.2.5有关本项目的费用支出、成果或利润分配协商如下：甲方（中交三局）承担本项目总造价30%的施工任务，甲方（中交三局）将其所承担施工额（经最终审计通过后）的10%向项目公司（中交恒都）让利，作为乙方（恒都实业）的投资回报（该回报在每次计量支付工程款时予以扣除）。非甲方（中交三局）承担的另70%的施工任务采用社会招标，业主结算价款与施工单位最终结算价的差额作为投融资回报归乙方（恒都实业）所有"。2015年1月13日，中交三局与中交恒都签订《协议书》约定"2.甲方（中交三局）负责本项目工程造价（最终决算价）30%的工程项目施工（确定为项目三工区范围）及其余70%部分中未完工程的施工管理……3.甲方（中交三局）负责施工管理的责任范围为BT合同中规定的总承包施工管理的范围"。从以上协议内容可以看出，中交三局与恒都实业、中交恒都在中标案涉项目之前，以及在实施案涉项目过程之中，均明确中交三局的职责及利益为30%工程项目（三工区）的总承包施工，以及另外70%采用社会招标工程项目（其余工区）的施工管理，中交恒都的利益为中交三局施工范围的10%工程价款，以及其余工区业主结算价款与施工单位最终结算价的差额。中交恒都主张中交三局系案涉建设工程项目的总承包人，应对全部工区分包人负有支付工程款责任的意见，与前述合同约定内容不符，亦与生效判决认定其在案涉BT工程项目中选择确定部分分包单位的事实相悖，依法不能成立。（二）从仲德公司与中交恒都、中交三局的关系看，仲德公司系从中交恒都分包案涉工程。从前文所述合同约定的内容看，仲德公司分包工区并非中交三局负责施工的三工区范围。从承揽业务的情况看，仲德公司自认其系经中交恒都引荐分包案涉工程，并在另案中主张曾向中交恒都申请签订承包合同。从合同履行的情况看，仲德公司在分包期间接受中交三局总承包部的现场管理，虽然中交三局按照其与中交恒都的合同约定经办了审核工程量、统计报送等手续，但相应工程款项均是在中交恒都的审批下予以支付，且均相应扣除了中交恒都的合同利益，中交三局并未从中受益，仲德公司亦从未提出异议。此外，仲德公司起诉称其从中交三局分包案涉工程，与其在河南省郑州市管城回族区人民法院（2018）豫0104民初5955号案中的陈述与主张相悖，有违民事诉讼的诚实信用原则，且缺乏事实依据。故仲德公司分包案涉项目的工程款，应由中交恒都承担支付责任。（三）关于中交三局的责任问题。如前所述，仲德公司系与中交恒都成立事实上的分包合同关系。虽然本案中存在由中交三局作为总承包单位依法组织施工的协议约定，但从实际履行情况看，中交三局在案涉工程施工期间行使的是工程管理职责，且未从工程转包中获取利润，不能认定其对仲德公司居于总承包人的地位。原审认定仲德公司从中交三局分包案涉工程，判决由中交三局承担支付工程款的责任不当，本院依法予以纠正。仲德公司主张由中交三局承担支付工程款的责任的其他理由，亦缺乏法律和事实依据，本院依法不予支持。

编者说明

联合体成员应对上游的发包人承担连带责任。《中华人民共和国招标投标法》第三十一条第三款规定："联合体各方应当签订共同投标协议，明确约定各方拟承担的工作和责任，并将共同投标协议连同投标文件一并提交招标人。联合体中标的，联合体各方应当共同与招标人签订合同，就中标项目向招标人承担连带责任。"《中华人民共和国政府采购法》第二十四条第二款规定："以联合体形式进行政府采购的，参加联合体的供应商均应当具备本法第二十二条规定的条件，并应当向采购人提交联合协议，载明联合体各方承担的工作和义务。联合体各方应当共同与采购人签订采购合同，就采购合同约定的事项对采购人承担连带责任。"《房屋建筑和市政基础设施项目工程总承包管理办法》（建市规〔2019〕12号）第十条第二款规定："设计单位和施工单位组成联合体的，应当根据项目的特点和复杂程度，合理确定牵头单位，并在联合体协议中明确联合体成员单位的责任和权利。联合体各方应当共同与建设单位签订工程总承包合同，就工程总承包项目承担连带责任。"《建设项目工程总承包合同（示范文本）》（GF-2020-0216）之通用合同条件第4.6.1项："经发包人同意，以联合体方式承包工程的，联合体各方应共同与发包人订立合同协议书。联合体各方应为履行合同向发包人承担连带责任。"

联合体一方以自己的名义单独与发包人以外的第三人签订合同的，根据合同相对性，即使第三人知道与其签订合同的是联合体中的一方，也只能要求合同相对人承担付款责任，而不能要求联合体其他成员承担连带责任。联合体其他成员承担连带责任需要有明确的合同约定或法律规定：（1）若第三人有证据证明联合体其他成员存在共同与其建立合同关系的意思表示或存在债的加入的意思表示，可视为形成了事实上的合同关系，则可根据《中华人民共和国民法典》第五百五十二条"第三人与债务人约定加入债务并通知债权人，或者第三人向债权人表示愿意加入债务，债权人未在合理期限内明确拒绝的，债权人可以请求第三人在其愿意承担的债务范围内和债务人承担连带债务"的规定，诉请联合体承担连带责任。（2）若联合体一方以"联合体"名义与发包人以外的第三人签订合同的。首先，要分析该联合体一方是否具有联合体其他成员的授权，是否符合《中华人民共和国民法典》第一百六十二条"代理人在代理权限内，以被代理人名义实施的民事法律行为，对被代理人发生效力"的规定而构成有权代理。其次，若不构成有权代理，则要分析该联合体一方的行为是否构成《中华人民共和国民法典》第一百七十二条"行为人没有代理权、超越代理权或者代理权终止后，仍然实施代理行为，相对人有理由相信行为人有代理权的，代理行为有效"规定的表见代理。若联合体一方具有联合体其他成员的授权或构成对联合体其他成员的表见代理，则联合体其他成员应当对第三人承担连带责任。（3）若联合体协议明确约定联合体成员对其他成员单独与发包人以外的第三人签订的合同后果承担连带责任的，则第三人有权据此要求非与其签订合同的联合体其他成员承担连带责任。（李亚宇整理）

281. 建设工程施工合同纠纷中，可以将对债务人负有出资义务的股东一并列为被告，判令其在出资义务范围内承担补充赔偿责任。多个股东均未履行出资义务的，相互承担连带责任。

案件名称

上诉人（原审原告）安阳建工公司与被上诉人（原审被告）强基公司、苏氏公司、邦能盛高公司、裕京公司建设工程施工合同纠纷案［（2021）豫民终474号，2022.1.12］

裁判精要

河南省高级人民法院认为，本案为建设工程施工合同纠纷，安阳建工公司与强基公司签订的建设工程施工合同及还款协议书，系双方真实意思表示，内容不违反法律、行政法规的强制性、禁止性规定，应认定为合法有效。关于裕京公司是否应当承担责任的问题，根据强基公司章程约定，可以计算出裕京公司的出资期限为2017年11月7日，裕京公司提交其与苏氏公司签订的股权转让协议落款时间为2020年1月8日，因此裕京公司在规定的期限内未完成出资。且裕京公司将股份转让后，未进行股权变更登记，苏氏公司以其对强基公司的债权抵顶出资款，也不符合《中华人民共和国公司法》规定的出资财产形式，故裕京公司应当在未缴出资额1000万元及利息范围内，对强基公司不能清偿的债务承担补充赔偿责任。关于连带责任问题，因邦能盛高公司与裕京公司均未履行出资义务，安阳建工公司主张两公司相互承担连带责任，符合《最高人民法院关于适用〈中华人民共和国公司法〉若干问题的规定（三）》第十三条之规定，故邦能盛高公司与裕京公司对各自需要承担的补充赔偿责任互相承担连带责任。（陈维刚整理）

282. 实际施工人为多人合伙，其他合伙人委托其中一人主张权利的，该被委托人可以作为原告提起诉讼。

案件名称

再审申请人（一审被告、二审上诉人）昊阳公司、丁某、金某与被申请人（一审原告、二审上诉人）喻某建设工程施工合同纠纷案［（2020）豫民申7557号，2020.12.12］

裁判精要

河南省高级人民法院认为，关于原告主体问题。昊阳公司与淮滨县国定建筑安装有限公司（以下简称国定建筑公司）签订《建设工程施工合同》后，国定建筑公司将工程转包给徐某定、喻某、张某彬三人（该三人系合伙关系）。徐某定、张某彬同意以喻某的名义提起诉讼，喻某作为合伙人中的权利人之一，可以作为原告提起本案诉讼。昊阳公司再审称原审认定喻某的原告诉讼主体错误，理由不能成立。（曹代鑫整理）

283. 土地使用权人虽不是合同的签约主体，但相关事实能够证明其系隐名发包人的，其应当与合同签约的发包人共同承担工程款支付责任。

案件名称

上诉人（原审原告）盛泽公司与上诉人（原审被告）河南润泰公司、太康润泰

公司建设工程施工合同纠纷案〔(2020)豫民终1308号，2021.12.2〕

🔍 **裁判精要**

河南省高级人民法院认为，关于一审法院判决河南润泰公司与太康润泰公司共同承担付款责任是否正确，案涉《建设工程施工合同书》的签约主体是太康润泰公司和盛泽公司，河南润泰公司并非该合同的签约主体，根据合同相对性原则，河南润泰公司本不应该承担该合同责任，但基于以下事实：1.河南润泰公司法定代表人洪某豪在案涉《建设工程施工合同书》中发包人处签名；2.案涉合同签订前洪某豪与盛泽公司代理人庄某基商讨确定案涉合同内容；3.河南润泰公司系案涉工程的土地使用权人；4.洪某豪与洪源旦签订《润泰生活区合作协议》，约定润泰生活区项目分工和收益分成；5.洪某旦代表河南润泰公司与盛泽公司结算案涉工程款；6.案涉9份《确认单》的内容均显示由建设单位河南润泰公司先行垫付工人工资，各班组同意在以后与盛泽公司进行结算时对其予以扣减，太康润泰公司在《确认单》上加盖公章；7.河南润泰公司与太康润泰公司住所地一致。故一审法院认定河南润泰公司为案涉工程的隐名发包人，其应与太康润泰公司共同享有并履行案涉合同的权利和义务并无不当。河南润泰公司辩称洪某豪系受太康润泰公司法定代表人沈某彬委托在案涉合同上签字缺乏事实依据且与上述事实相矛盾，本院不予采信。（吴利波整理）

284. 非实际施工人付出了劳务且工程质量经验收合格的，接受劳务一方应当支付劳务费，发包人不对欠付的劳务费承担连带支付责任。

📡 **案件名称**

再审申请人（一审原告、二审上诉人）王某杰、（一审被告、二审上诉人）博达公司与被申请人（一审被告、二审上诉人）林州二建公司、开封市市政管理处建设工程施工合同纠纷案〔(2019)豫民再316号，2019.6.28〕

🔍 **裁判精要**

河南省高级人民法院认为，关于案涉几份合同的效力问题，市政管理处通过招投标程序将案涉工程发包给林州二建，不违反法律的强制性规定，该承包合同为有效合同。对于林州二建与博达公司签订的劳务承包合同，该合同约定工程范围是总承包合同图纸中的全部劳务、机械等工程量，博达公司法定代表人程某亮也自认带机械进场作业，且总承包合同约定林州二建的现场项目经理为杨某东，但事实上杨某东从未到工地，是博达公司的王某涛冒用杨某东名义行使项目经理的职责。故该劳务承包合同工程范围与总承包合同相同，博达公司还负责机械设备、现场管理等，不符合劳务合同的法律特征，是名为劳务分包合同实为案涉工程的转包，违反法律规定，该劳务承包合同为无效合同。王某杰与博达公司之间虽无书面合同，但博达公司认可王某杰前期参与了部分工程的施工，基于上述无效合同，博达公司与王某杰之间形成的合同关系，亦为无效合同关系。关于王某杰实际施工的工程量及其身份问题，二审仅凭王某杰提供了黄汴河清淤报验表及检验申请批复单，认定其为案涉工程东西段清淤工程实际施工人。综合比较王某杰、博达公司提交的证据材料，王某杰主张自己实际施工了案涉工程东西段的证据主要是证人证言，且对于工程技术要求的陈述模糊不清；博达公司所举证据除证人证言外还有施工日志、为施工该工程支出款项等，其中关键证人监理人员邓某航出庭接受询问，其作为与双方均无利害关系的第三人，且全程参与工程施工，证言较为客观真实，证明力较高。邓某航证实王某杰前期用泥浆泵施工约400米，不合格返工，其余由博达公司组织机械进行施工。故王某杰主张其为案涉工程的实际施工人无证据优势，博达公司的证据有明显优势，对王某杰主张其为实际施工人不予支持。根据邓某航出庭证言，王某杰虽然后期未予以独立施工，但仍有工人在案涉工地，在博达公司指示下做辅助工作，也与王某杰主张其参与了运送淤泥等辅助工作相印证。故王某杰为博达公司提供了一定的劳务，其主张款项的性质应为工程劳务款项。王某杰提供了相关劳务，但由于王某杰与博达公司无书面合同，且案涉工程管理不规范，对于王某杰提供劳务的方式、数量等均无相应记载和确切证据，对该事实无法查清双方均有一定责任。一审依据工程结束后，在政府部门参与协调下，王某杰最初的主张，即博达公司王某涛冒用杨某东名义参与协调时对应付王某杰工程款认可的数额，酌定为415000元有一定依据，并无明显不妥，对该数额本院予以认定，博达公司已经支付51000元，下欠364000元未付。与王某杰有直接合同关系的相对方是博达公司，虽然该合同关系为无效合同关系，但由于王某杰实际付出了劳务，且整体工程最终验收合格，王某杰主张劳务款项应得到支持，该款项应由接受其劳务的博达公司负担。王某杰不是案涉工程的实际施工人，本案不应适用《最高人民法院关于审理建设工程施工合同纠纷案件适用法律问题的解释》第二十六条规定的由发包人承担相应责任，一审判令该款项由市政管理处、林州二建按份承担无法律依据，本院予以

纠正。（姚池整理）

285. 一方付款以上游方付款为前提的，属于附付款条件的约定。在上游付款期限已届满时，付款方不能以此作为拒绝付款的条件。

案件名称

再审申请人（一审被告、二审上诉人）电建湖北公司与被申请人（一审原告、二审被上诉人）十一冶公司及一审被告嘉润公司、电建湖北分公司建设工程施工合同纠纷案［（2021）最高法民申4924号，2021.9.28］

裁判精要

最高人民法院认为，本案系当事人申请再审案件，应当围绕电建湖北公司主张的再审事由能否成立进行审查。根据电建湖北公司的再审申请理由，本案主要审查了以下问题：《结算协议》约定的付款条件的效力。

案涉工程项目在2015年6月30日已施工完毕。2018年7月6日，电建湖北分公司与十一冶公司对案涉工程价款，才达成《结算协议》，并对剩余26687526.68元的工程价款（总工程价款为45133226.68元），约定："结算款在下列条件全部满足后一个月内支付：十一冶公司将合同结算金额内剩余对开发票开齐交电建湖北分公司，且电建湖北分公司收到业主款项后支付。"该约定系附承包人支付工程款条件的条款。《结算协议》约定的电建湖北分公司支付工程款的条件之一，即在其收到业主款项一个月后支付。但是，电建湖北分公司何时收到"业主款项"存在诸多不确定性。鉴于十一冶公司工程已完工多年，电建湖北分公司仅支付了少部分工程款，而在发生法律效力的昌吉回族自治州中级人民法院（2019）新23民初17号民事判决中，已判令嘉润公司向电建湖北公司支付工程欠款并自2018年5月23日起计算利息，本案二审法院判决电建湖北公司自《结算协议》签订一个月后，即2018年8月6日后承担欠付工程款利息，并未加重电建湖北公司支付工程款的利息负担，结果比较公平合理。电建湖北公司申请再审称《结算协议》中约定的付款条件有效，并以此拒绝承担给付工程欠款及利息的主张，理由不能成立。

286. 没有证据证明被伪造印章的单位参与了施工合同的签订、履行和结算的情况下，仅凭合同中加盖有被伪造印章，不能认定该单位是施工合同的一方当事人。

案件名称

再审申请人（一审被告、二审上诉人）四方公司与被申请人（一审被告、二审被上诉人）管道局三公司、（一审被告、二审被上诉人）杨某林、（一审原告、二审被上诉人）铸临公司建设工程施工合同纠纷案［（2019）豫民再216号，2020.12.27］

裁判精要

河南省高级人民法院认为，关于案涉工程中各方的法律关系及四方公司应否承担责任的问题，《最高人民法院关于在审理经济纠纷案件中涉及经济犯罪嫌疑若干问题的规定》第五条规定：行为人盗窃、盗用单位的公章、业务介绍信、盖有公章的空白合同书，或者私刻单位的公章签订经济合同，骗取财物归个人占有、使用、处分或者进行其他犯罪活动构成犯罪的，单位对行为人该犯罪行为所造成的经济损失不承担民事责任。行为人私刻单位公章或者擅自使用单位公章、业务介绍信、盖有公章的空白合同书以签订经济合同的方法进行的犯罪行为，单位有明显过错，且该过错行为与被害人的经济损失之间具有因果关系的，单位对该犯罪行为所造成的经济损失，依法应当承担赔偿责任。本案中，在管道局三公司和四方"责任"公司廊坊分公司的分包合同中，加盖的印章上带"责任"二字，但四方公司的名称不带"责任"二字，这是明显的虚假印章，杨某林也不是四方公司的工作人员，因此不能认定案涉工程分包给了四方公司。因为合同上有杨某林的签字，应认定分包给了杨某林。鉴于杨某林书写过"该段是大连铸临管道工程有限公司管沟开挖施工"，景某雷未参加诉讼，不是本案当事人，因此案涉工程可认定为杨某林分包给铸临公司。杨某林使用伪造的四方"责任"公司廊坊分公司的印章与管道局三公司签订合同，而铸临公司无论是和杨某林还是和四方公司廊坊分公司之间均无书面的施工合同，在案的书面证据中四方公司廊坊分公司的印章均系伪造，没有证据证明四方公司参与了案涉合同的签订、履行和结算，不能认定四方公司是本案施工合同的一方当事人，四方公司亦不应承担责任。

> **编者说明**

在签订建设工程合同时,应确认各方主体的名称是否完整、准确,在相应网站上(比如国家企业信用信息公示系统、信用中国等)验证合同文本中的主体是否与工商登记的企业名称一致。条件允许的话,可以将加盖公章的企业营业执照复印件和自然人身份证复印件作为合同附件。另外,在合同的履行过程中,尽可能通过签订了合同的主体进行函件和款项往来。(王兴整理)

第二节　一人公司股东的责任认定及承担

287. 一人公司的股东对公司公章、资产、工程结算、汇款等控制和参与的，视为股东财产与公司财产混同，该股东应当对公司欠付的工程款承担连带责任。

案件名称

再审申请人（一审被告、二审上诉人）广西正地公司与被申请人（一审原告，二审被上诉人）潘某、万佳汇公司、武陟正地公司建设工程施工合同纠纷案[（2019）豫民申4766号，2019.12.18]

裁判精要

河南省高级人民法院认为，关于广西正地公司应否承担连带支付工程款责任的问题，工商部门登记显示，广西正地公司系武陟正地公司的唯一股东，《中华人民共和国公司法》第六十三条规定，一人有限责任公司的股东不能证明公司财产独立于股东自己的财产的，应当对公司债务承担连带责任。在本案中，广西正地公司、武陟正地公司先后与万佳汇公司签订施工合同，工程停工后，广西正地公司又派其工作人员前来结算万佳汇一期工程款项，并收回武陟正地公司公章。广西正地公司控制武陟正地公司公章、向武陟正地公司的业务对象提出工程结算、汇款具体业务要求，足以体现其对武陟正地公司资产、业务的直接参与和控制。故广西正地公司以武陟正地公司与其不存在法律关系、财务相互独立为由主张自己不承担连带责任的理由不能成立。综上，广西正地公司的再审申请理由不能成立。（曹代鑫整理）

288. 一人公司的股东提供了审计报告即完成了股东财产和公司财产独立的初步证明责任，而承包人并未提出公司和股东构成财产混同的证据，亦未指出审计报告中存在构成财产混同的具体事实，仅依据《中华人民共和国公司法》第六十三条规定主张股东承担工程款连带责任的，不予支持。

案件名称

上诉人（原审被告）河南能化集团与被上诉人（原审原告）十一建公司及原审被告永龙公司建设工程施工合同纠纷案［（2020）豫民终1434号，2021.12.14］

裁判精要

河南省高级人民法院认为，关于河南能化集团是否应当对永龙公司应付工程款承担连带责任；一审判决适用《中华人民共和国公司法》第六十三条是否正确：永龙公司是有限责任公司，河南能化集团作为其唯一的股东，对永龙公司的债务承担有限责任。但鉴于一人有限责任公司的特殊性，《中华人民共和国公司法》第六十三条规定，一人有限责任公司的股东不能证明公司财产独立于股东自己的财产的，应当对公司债务承担连带责任。该规定采取举证责任倒置的方式，要求股东对公司财产与股东独立承担举证责任，其目的在于保护公司债权人的利益。一人有限责任和股东应当举证证明，在股东财产与公司财产上做到分别列支列收，单独核算，利润分别分配和保管，风险分别承担，才能认定公司和股东财产的分离。《中华人民共和国公司法》第六十二条（已失效）规定"一人有限责任公司应当在每一会计年度终了时编制财务会计报告，并经会计师事务所审计"。一审时，永龙公司提交的证据包括：河南能化集团企业工商信息、永龙公司基本信息、营业执照及内部章程；永龙公司2010年至2012年验资报告；永龙公司2011年到2019年的财务《审计报告》。拟证明永龙公司有独立完整的公司章程和财务制度，具有独立法人资格，可以独立开展经营活动。截至2019年12月31日永龙公司资产总计为39亿余元，所有者权益合计为4亿余元，完全足以清偿欠付十一建公司的债务。同时，作为股东的河南能化集团是上市公司，每年披露财务报告。二审时，河南能化集团又提交了洛阳敬业会计师事务所的《审计报告》，进一步补强证明其和永龙公司之间资产和人员方面具有独立性，独立纳税，具有独立的会计核算体系和办公机构，两个公司不存在混同的情况。综合上述证据情况，河南能化集团完成了公司财产和股东财产独立的初步证明责任，而十一建公司并未提出永龙公司和河南能化集团构成财产混同的相反证据，亦未指出审计报告中存在构成财产混同的具体事实，无法推翻河南能化集团的证据，故十一建公司请求河南能化集团对永龙公司的债务承担连带责任缺乏事实依据。（吴利波整理）

11

第十一章
诉讼程序

289. 被挂靠人（承包人）与发包人约定了仲裁条款，挂靠人向人民法院起诉请求被挂靠人、发包人支付工程款的，不予受理。

案件名称

再审申请人（一审原告、二审上诉人）张某委与被申请人（一审被告、二审被上诉人）隆祥药业公司、万安公司建设工程施工合同纠纷案［（2021）豫民申6340号，2021.9.17］

裁判精要

河南省高级人民法院认为，万安公司与隆祥药业公司签订的《工程施工合同》约定了仲裁条款，该仲裁条款中双方请求仲裁的意思表示真实明确，有仲裁的事项和选定的仲裁委员会，未违反法律规定，仲裁条款合法有效。本案中张某委因与万安公司签订《建设工程项目内部承包合同》，以本案实际施工人身份，依据《最高人民法院关于审理建设工程施工合同纠纷案件适用法律问题的解释》第二十六条关于"实际施工人以转包人、违法分包人为被告起诉的，人民法院应当依法受理。实际施工人以发包人为被告主张权利的，人民法院可以追加转包人或者违法分包人为本案当事人。发包人只在欠付工程价款范围内对实际施工人承担责任"的规定起诉万安公司和隆祥药业公司请求支付工程款，因上述司法解释之规定属于突破合同相对性原则的特殊规定，而张某委主张工程价款的权利存在的基础法律关系是万安公司与隆祥药业公司之间的合同关系。故张某委以实际施工人身份起诉隆祥药业公司时，不能超越万安公司对隆祥药业公司的权利范围，包括实体上的权利和程序上的权利，即张某委将隆祥药业公司作为被告一并起诉主张其承担欠付万安公司工程款范围内的责任，应受万安公司与隆祥药业公司签订的《工程施工合同》仲裁条款的约束。因此，原审认为不属于人民法院受案范围并裁定驳回起诉并无不当。张某委的再审申请不符合《中华人民共和国民事诉讼法》第二百条规定的情形。（李振锋整理）

290. 仲裁调解协议经法院裁定不予执行后,当事人可重新向人民法院提起诉讼,不构成重复起诉。

🔊 案件名称

上诉人(一审原告)蒲新公司与上诉人(一审被告)育林公司建设工程施工合同纠纷案〔(2019)豫民终50号,2019.5.31〕

🔍 裁判精要

河南省高级人民法院认为,关于仲裁调解书的法律效力问题,育林公司和蒲新公司2014年6月发生纠纷向郑州仲裁委员会申请仲裁,2014年9月18日仲裁委主持双方达成协议,9月26日仲裁委作出仲裁调解书。2016年12月12日蒲新公司向郑州市中级人民法院(以下简称郑州中院)申请执行该仲裁调解书。郑州中院以执行标的不明确裁定驳回蒲新公司的执行申请。蒲新公司提出异议,郑州中院驳回蒲新公司异议请求。蒲新公司向本院申请复议,本院裁定驳回蒲新公司复议申请,蒲新公司向最高人民法院申诉,最高院也驳回蒲新公司的申诉请求。《中华人民共和国民事诉讼法》第二百三十七条第五款规定,仲裁裁决被人民法院裁定不予执行的,当事人可以根据双方达成的书面仲裁协议重新申请仲裁,也可以向人民法院起诉。涉案仲裁调解书已经生效裁定不予执行,蒲新公司也依据法律规定向人民法院起诉,故其再要求确认仲裁调解书的效力已无实际意义。(姚池整理)

291. 裁判发生法律效力后,没有新的事实再次提起诉讼的,构成重复起诉,依法驳回其起诉。

🔊 案件名称

上诉人(一审起诉人)中建八局第四建设有限公司建设工程施工合同纠纷案〔(2018)最高法民终1130号,2018.10.30〕

🔍 裁判精要

最高人民法院认为,根据一审裁定和中建八局的上诉理由,本案的主要争议焦点是:一审法院应否受理中建八局的起诉。关于中建八局的起诉是否属于重复起诉的问题,《最高人民法院关于适用〈中华人民共和国民事诉讼法〉的解释》(以下简称《民事诉讼法司法解释》）第二百四十七条规定："当事人就已经提起诉讼的事项在诉讼过程中或者裁判生效后再次起诉，同时符合下列条件的，构成重复起诉：（一）后诉与前诉的当事人相同；（二）后诉与前诉的诉讼标的相同；（三）后诉与前诉的诉讼请求相同，或者后诉的诉讼请求实质上否定前诉裁判结果。当事人重复起诉的，裁定不予受理；已经受理的，裁定驳回起诉，但法律、司法解释另有规定的除外。"本案中，中建八局在前诉即辽宁省大连市中级人民法院（2010）大民二初字第94号中的诉讼请求为新中保公司、中国烟草辽宁进出口公司（以下简称烟草公司）共同向中建八局清偿欠付工程款32492576.05元及利息，中建八局对所施工工程享有优先受偿权。该案经过一审、二审程序，两审法院以其未提供工程造价鉴定相关证据为由判决驳回诉讼请求。现中建八局基于同一事实和相同法律关系，以其已调取了"中建精诚（2006）造字第008号"《工程造价鉴定报告》为由提起诉讼，请求新中保公司的股东、烟草公司支付工程款本金及利息，属于后诉与前诉的诉讼标的、诉讼请求相同。关于本次诉讼与前诉的当事人是否相同的问题，在本次诉讼中，中建八局以新中保公司营业执照已被吊销，其股东未依法予以清算故应承担责任为由增列石某林、王某非、大连华南国际咨询有限公司、大连裕利达经贸有限公司为被告。本院认为，中建八局在前诉中是以新中保公司、烟草公司为共同被告，而提起本案时新中保公司已经注销，中建八局将新中保公司的股东列为本案共同被告，前案与本案当事人实质相同。根据以上事实和法律规定，一审法院认定中建八局提起本次诉讼构成重复起诉并无不当，本院予以维持。

关于中建八局提交的《工程造价鉴定报告》是否属于"新的事实"的问题，《民事诉讼法司法解释》第二百四十八条规定："裁判发生法律效力后，发生新的事实，当事人再次提起诉讼的，人民法院应当依法受理。"本案中，中建八局以《工程造价鉴定报告》属于本条中规定的"新的事实"为由提起上诉。但是"新的事实"应为生效判决发生法律效力后发生的事实，本案中的《工程造价鉴定报告》是在生效判决发生法律效力以前作出的，故不属于"新的事实"。根据以上事实和法律规定，一审法院不予受理中建八局的本次起诉并无不当，本院予以维持。

编者说明

判断是否构成重复起诉，应当从诉讼主体、诉讼标的、诉讼请求等要件以及依据的事实等方面进行综合评判。只要不同时具备《最高人民法院关于适用〈中华人民共和国民事诉讼法〉的解释》第二百四十七条第一款规定的要件，则不属于重复起诉；此外，即使要件符合，但基于新的事实起诉的，人民法院亦应当依法受理。

"新的事实"应当理解为生效裁判发生法律效力后发生的事实，而不是原生效裁判未查明或未涉及的事实，亦不是当事人在原审中未提出的事实，原审结束前就已经存在的事实，当事人应当主张而未主张的事实，不属于新的事实。因为判决仅对裁判发生效力之前发生的事项具有既判力，对裁判发生效力之后的事项没有既判力。裁判发生效力后发生新的事实，如果使确定判决所认定的权利发生了变动，就不受既判力的拘束，当事人基于该事实再次提起的诉讼，不适用一事不再理原则，法院应予以受理。（郭俊利整理）

292. 法院对建设工程施工合同案件中已经查明的无争议欠付工程款，可以先行判决。

案件名称

上诉人（原审原告）航天公司与上诉人（原审被告）正诚公司建设工程施工合同纠纷案[（2020）豫民终1316号，2021.7.2]

裁判精要

河南省高级人民法院认为，正诚公司与航天公司签订《建设工程施工合同》后，航天公司按照合同约定对10#、15#、20#、26#楼进行了施工，该工程2015年竣工并已交付使用。该四栋楼中标通知书载明的工程价款为4005万元，正诚公司已付3995万元，对于变更增加部分，航天公司原审中申请鉴定，原审以"造价调整范围仅限于变更部分、施工资料当事人未必提供完整"为由不予鉴定造成航天公司施工的工程价款事实不清。同时航天公司对正诚公司的7号楼及附属车库进行了施工，航天公司对7号楼及附属车库单方作出预算价为3259867.93元，正诚公司对此不予认可，原审判决按照航天公司单方作出的预算书认定该部分价款不当。二审中，正诚公司自认航天公司施工的7号楼及附属车库工程价款为216.51万元，对该自认部分的工程款及利息可先行判决，对双方存在争议的部分发回重审。因航天公司主张7号楼及附属车库的退场时间为2012年5月3日，正诚公司对此没有提出异议，该部分工程款利息应从退场次日起计算，但航天公司请求从2015年5月10日起计算，是对自己权利的处分。7号楼及附属车库工程款利息可从2015年5月10日起计算。

编者说明

《河南省高级人民法院关于强化建筑领域纠纷案件实质性化解的工作指引》

一、积极落实先行判决制度

《中华人民共和国民事诉讼法》第一百五十三条规定："人民法院审理案件，其中一部分事实已经清楚，可以就该部分先行判决。"

建设工程案件的事实认定相对复杂，相当一部分案件还存在本诉反诉交织、启动鉴定等情形，造成审理期限较长；同时由于当事人对抗性强以及部分当事人刻意拖延诉讼等因素，一审服判息诉率相对较低，上诉率、申请再审率、发改提指率相对较高的"三高一低"情形比较突出，施工人追要工程款权益难以尽快实现。为及时保护施工人的合法权益，各级法院应当积极落实《中华人民共和国民事诉讼法》第一百五十三条规定，对于各方无异议以及其他符合先行判决条件的，应及时先行判决；必须发回重审的，也要慎用全案发回。应当及时回应施工人的合法诉求，维护下游农民工的合法权益，防止损失因诉讼拖延而扩大。（李振锋整理）

293. 实际施工人不是必要的共同诉讼当事人，法院对其不予追加的，不属于程序违法。

案件名称

上诉人（原审原告、反诉被告）大成公司与被上诉人（原审被告、反诉原告）恒鑫源公司建设工程施工合同纠纷案［（2018）豫民终907号，2019.3.11］

裁判精要

河南省高级人民法院认为，关于一审审理程序是否严重违法问题：于某军和黄某庆虽为本案工程的实际施工人，但其二人不是本案争议合同的合同主体，不是必须共同进行诉讼的当事人，人民法院不予追加其参加诉讼不违反法定程序，故大成公司上诉称原判决遗漏当事人而严重违反法定程序的理由不能成立。（赵静整理）

294. 转包人、实际施工人、项目负责人虽共同在施工合同上签字，但项目负责人不是施工合同纠纷中的必要共同诉讼当事人，在能够查清事实的情况下，诉讼中对其不予追加不违反法律的规定。

案件名称

再审申请人（一审被告、二审上诉人）水木清华建设公司与被申请人（一审原告、二审被上诉人）郭某伟、王某奎建设工程施工合同纠纷案［（2018）豫民申9893号，2019.2.27］

裁判精要

河南省高级人民法院认为，关于是否漏列沈某福为本案当事人，根据原审查明事实，涉案合同主体为水木清华建设公司和郭某伟。沈某福虽然在合同上签字，但其身份是项目部实际负责人。依据《最高人民法院关于审理建设工程施工合同纠纷案件适用法律问题的解释》第二十六条的精神，沈某福在本案中并非必要共同诉讼当事人，在能够查清事实的情况下，不予追加不违反法律的规定。（赵静整理）

295. 当事人提起多项诉请，其中一项诉请已由生效文书裁判，法院对该项诉请可以裁定驳回起诉，但对其他诉请应进一步审理查明并依法裁判，否则属于遗漏诉讼请求。

案件名称

上诉人（原审原告）鲲鹏公司与被上诉人（原审被告）西港公司及第三人重点建设公司建设用地使用权纠纷案［（2017）最高法民终462号，2018.1.3］

裁判精要

最高人民法院认为，本案是否构成重复起诉，应当结合当事人诉讼请求的依据及行使处分权的具体情况进行综合判断。鲲鹏公司在2005年8月24日《追加被告、变更诉讼请求申请书》中，已将重点建设公司变更为被告，故本案与第5号民事案件的当事人并不相同。鲲鹏公司在第5号民事案件中的诉讼请求为确认之诉与给付之诉的合并之诉，但该案诉讼请求中的给付内容与本案鲲鹏公司于2005年7月25日提起的给付之诉的内容并不相同，鲲鹏公司在第5号民事案件中的诉讼请求不能涵盖本案中鲲鹏公司的诉讼请求。且鲲鹏公司在《追加被告、变更诉讼请求申请书》中，已将本案诉讼请求变更为"请求判令西港公司与重点建设公司之间的《合作协议书》无效，并由西港公司与重点建设公司承担连带赔偿责任"，故本案与第5号民事案件诉讼请求亦不相同。一审裁定认为鲲鹏公司的起诉违反《中华人民共和国民事诉讼法》一事不再理的原则，驳回鲲鹏公司对西港公司和重点建设公司的起诉，适用法律错误，应予纠正。

编者说明

关于是否构成重复起诉，应当结合当事人诉讼请求的依据及行使处分权的具体情况进行综合判断，在未查明是否属于重复起诉的情况下一并裁定驳回起诉，属于遗漏诉讼请求。（雷军整理）

296. 鉴定费漏判，当事人可另行提起诉讼。

案件名称

再审申请人（一审原告、二审上诉人）银塔公司与被申请人（一审被告、二审被上诉人）李某东、祥和房地产开发公司、林州二建公司、太隆建筑工程公司、李某强建设工程施工合同纠纷案［（2021）豫民申4421号，2021.10.18］

裁判精要

河南省高级人民法院认为，关于工程造价鉴定费的承担问题，原审判决中未涉及工程造价鉴定费的承担，属漏判。本院认为，原审判决采纳了鉴定意见，但未对鉴定费用的承担予以处理，不妥。但由于本案原审判决关于工程价款的处理并无不当，本案进入再审不利于双方权利义务的稳定，且银塔公司一审时对鉴定费用未提出明确诉讼请求，其可就此另行提起诉讼。（吴利波整理）

297. 对诉讼费用的负担异议不能单独提起上诉和申请再审，当事人可向作出判决的法院申请复核。

案件名称

再审申请人（一审原告、二审上诉人）王某建、刘某军、肖某凤与被申请人

（一审被告、二审被上诉人）郸城县星达置业有限公司建设工程施工合同纠纷案［（2019）豫民申6671号，2019.12.6］

🔍 裁判精要

河南省高级人民法院认为：王某建并未举证证明郸城县星达置业有限公司尚未支付完工程款，且其在一审中对于郸城县星达置业有限公司已经支付完工程款的意见并未提出异议，该申请再审理由不能成立。此外，根据《诉讼费用交纳办法》第四十三条的规定，诉讼费用负担并非申请再审的法定事由，王某建可依据该条规定的程序主张权利。综上，王某建、刘某军、肖某风的再审申请均不符合《中华人民共和国民事诉讼法》第二百条第二项、第六项规定的情形。

✏️ 编者说明

《诉讼费用交纳办法》第四十三条："当事人不得单独对人民法院关于诉讼费用的决定提起上诉。当事人单独对人民法院关于诉讼费用的决定有异议的，可以向作出决定的人民法院院长申请复核。复核决定应当自收到当事人申请之日起15日内作出。当事人对人民法院决定诉讼费用的计算有异议的，可以向作出决定的人民法院请求复核。计算确有错误的，作出决定的人民法院应当予以更正。"（曹代鑫整理）

298. 诉请金额符合一审法院（中级）管辖标的额，实际判决欠付金额未达到一审法院级别管辖标准，一方未提出管辖权异议，一审法院不予审查并无不当。

📡 案件名称

上诉人（原审被告）双强公司与被上诉人（原审原告）马某军及原审被告济源市人民政府北海街道办事处、济源市文化旅游投资集团有限公司建设工程施工合同纠纷案［（2020）豫民终1177号，2021.1.11］

🔍 裁判精要

河南省高级人民法院认为，本案的管辖问题。一审中双强公司认为其下欠马某军的工程款不足200万元，本案应由基层法院管辖，双强公司未在答辩期内提出管辖权异议，一审法院对于双强公司的管辖权异议不予审查。马某军请求的标的额超过3000万元，按照河南省民商事案件诉讼标的额管辖的相关规定，一审法院受理本

案并无不当。(吴利波整理)

299. 二审中，权利人放弃对一审判令承担责任主体追究责任的，二审对该判项可以直接撤销。部分当事人在二审中达成的诉讼外和解协议，未申请法院制作调解书的，不影响人民法院对二审案件的审理。

📶 案件名称

上诉人（原审原告）安阳建工公司与被上诉人（原审被告）强基公司、苏氏公司、邦能盛高公司、裕京公司建设工程施工合同纠纷案〔（2021）豫民终474号，2022.1.12〕

🔍 裁判精要

河南省高级人民法院认为，二审中，安阳建工公司与裕京公司分别向本院提交2020年12月14日安阳建工公司与强基公司签订的《和解协议书》；裕京公司向本院提交由安阳建工公司向裕京公司出具的、签署日期分别为2021年1月7日、2021年8月30日的两份《确认函》，内容显示：安阳建工公司与强基公司于2020年12月14日签订《和解协议书》，无论本案最终结果如何，安阳建工公司放弃（不追究裕京公司的责任）因本案对裕京公司的一切权利主张。本院二审查明的其他事实与一审法院查明事实一致。一审后安阳建工公司两次向裕京公司出具《确认函》，放弃因本案对裕京公司的一切权利主张，故本院对一审判决中裕京公司承担责任的部分予以撤销。另外，一审后，2020年12月14日安阳建工公司与强基公司签订的《和解协议书》虽提交本院，但该和解协议双方未申请本院制作调解书，故本院亦未审查并依法制作调解书，属于诉讼外达成的协议。且该和解协议除安阳建工公司与强基公司参加签订外，其他当事人并未参加，故该和解协议不影响本院对本案的审理。(陈维刚整理)

300. 当事人未经上诉而直接申请再审的，属于滥用再审程序。

📶 案件名称

再审申请人（一审被告、二审被上诉人）孙某胜、孙某宾与被申请人（一审原告、二审上诉人）郑州鑫达汽创科技有限公司及一审被告、二审被上诉人鸿源建设

集团有限公司、赵某法、李某山建设工程施工合同纠纷案［（2021）豫民申6667号，2021.12.3］

裁判精要

河南省高级人民法院认为，《中华人民共和国民事诉讼法》第十三条规定"当事人有权在法律规定的范围内处分自己的民事权利和诉讼权利"，第一百六十八条规定"第二审人民法院应当对上诉请求的有关事实和适用法律进行审查"。再审申请人孙某胜、孙某宾虽主张一审判决存在错误，但在法定上诉期限内未提起上诉，其称上诉缴费单丢失错过上诉期不是客观上导致其不能行使诉权的合理理由，其放弃法律规定的常规性救济途径，应承担相应的失权后果。故孙某胜、孙某宾未经上诉直接向本院申请再审，属于滥用再审程序的情形，对其再审申请从程序上直接予以驳回。（陈维刚整理）

301. 诉讼保全担保费的支出及负担不涉及案件的基本事实认定、法律适用和审判程序问题，不属于再审的法定事由。

案件名称Ⅰ

再审申请人（一审被告、反诉原告、二审上诉人）李某能与被申请人（一审原告、反诉被告、二审被上诉人）阿诗玛公司建设工程施工合同纠纷案［（2020）最高法民申6914号，2020.12.24］

裁判精要

最高人民法院认为，关于保全费用的负担问题，诉讼费用的承担问题不属于再审事由，本院不予审查。

案件名称Ⅱ

再审申请人（一审被告、二审上诉人）宝鼎公司与被申请人（一审原告、二审被上诉人）州峰公司建设工程施工合同纠纷案［（2020）豫民申3747号，2020.12.25］

裁判精要

河南省高级人民法院认为，关于宝鼎公司主张的原审判决没有支持其保全担保费错误的理由，采用保险担保方式进行诉讼保全担保是诉讼保全申请人的自愿负担行为，并非诉讼保全申请人必然支出的费用项目。并且，诉讼保全担保费的支出及负担并不涉及案件的基本事实认定、法律适用和审判程序问题，不属于《中华人民共和国民事诉讼法》第二百条规定应当再审的法定事由。

编者说明

《诉讼费用交纳办法》第六条规定，诉讼费用包括案件受理费和申请费等；《诉讼费用交纳办法》第十条规定，申请保全措施应当交纳申请费。诉讼费用的负担系人民法院依照《诉讼费用交纳办法》依职权作出的决定事项，不属于《中华人民共和国民事诉讼法》第二百条规定的再审申请事由。

《诉讼费用交纳办法》第十二条第一款规定，诉讼过程中因鉴定、公告、勘验、翻译、评估、拍卖、变卖、仓储、保管、运输、船舶监管等发生的依法应当由当事人负担的费用，人民法院根据谁主张、谁负担的原则，决定由当事人直接支付给有关机构或者单位，人民法院不得代收代付。第四十三条第三款规定，当事人对人民法院决定诉讼费用的计算有异议的，可以向作出决定的人民法院请求复核。计算确有错误的，作出决定的人民法院应当予以更正。（王兴整理）

302. 诉讼标的是判断是否重复起诉的核心，即便有新证据足以推翻前案判决，也应通过审判监督程序解决，而不能另案诉讼。

案件名称

再审申请人（一审原告、二审上诉人）孔某启与被申请人（一审被告、二审被上诉人）隆兴公司、春源公司、孔某建设工程施工合同纠纷案[（2021）豫民申8485号，2021.12.27]

裁判精要

河南省高级人民法院认为，2014年9月11日，孔某启以孔某、隆兴公司为被告，诉请支付涉案工程总工程款下余40%部分的工程款2468280.64元。兰考县人民法院作出（2014）兰民初字第1619号民事判决，以孔某启也未提供确凿有效的证据证明其参与涉案下余40%工程的具体工程量为由，驳回了孔某启的诉讼请求。该判决经二审予以维持，已发生法律效力。现孔某启又以孔某、隆兴公司、春源公司为被告提起本案诉讼，诉请孔某、隆兴公司、春源公司支付工程款2460000元及逾期利息。虽然孔某启提起本诉与前诉主张的诉讼请求数额及当事人并不完全相同，但其主张的工程款仍然是前案中主张的涉案工程总工程款下余40%部分的工程款，两案的诉讼标的均是涉案工程下余40%部分工程量的工程价款结算争议。故孔某启提起的本案诉讼，实质上否定前诉的裁判结果，属于重复起诉。需要指正的是，（2014）兰民初字第1619号民事判决对涉案争议已具有羁束力。本院（2017）豫民申295号民事裁定书中关于"孔某启如是实际施工人，可以在涉案工程验收合格后，再次主张涉案工程剩余工程款"的表述不够准确。即便孔某启有新的证据足以推翻该判决，也应通过审判监督程序进行权利救济，而不应对同一诉讼标的另行提起诉讼。虽然本案应再审驳回孔某启的起诉，但本案原审判决结果并不影响孔某启依法对前案判决进行救济的权利，故从诉讼经济原则考虑，本案并无再审之必要。（陈维刚整理）

303. 一审判决未支持诉请且当事人未提起上诉，二审判决亦未改变一审判决内容，再提起申请再审与其未提起上诉的行为相悖，不应再给予特别救济。

案件名称

再审申请人（一审被告、二审被上诉人）丽城公司与再审申请人（一审原告、二审上诉人）锦运公司及一审第三人徐某兰、王某印建设工程施工合同纠纷案［（2021）豫民申5863号，2021.11.15］

裁判精要

河南省高级人民法院认为：对于丽城公司主张应扣减的图纸设计与施工现状不符而变更的项目价款、施工期间垫付的水电费、配电设施费用等事由，一审判决未予支持，丽城公司也未提起上诉，应视为丽城公司接受本案一审判决关于上述事项的认定。此种情形下，本案二审仅审查锦运公司的上诉请求并作出相应判决符合不诉不理原则，且二审判决并未改变一审判决关于上述事项的认定。现丽城公司申请再审，与其未提起上诉的行为相悖，亦不应给予特别救济程序，故本院不予审查。（吴利波整理）

304. 一审宣判后未提出上诉，但在一、二审庭审中均就同一事由进行抗辩且在二审中提供了相关证据，后又以该事由申请再审，符合法院再审的审理范围。

案件名称

申诉人（一审被告、再审申请人）豫基公司与被申诉人（一审原告、二审被上诉人、再审被申请人）杨某日、（一审被告、二审被上诉人）杨某东、（一审被告、二审上诉人、再审申请人）安基瑞公司（原康泰公司）建设工程施工合同纠纷案［（2018）豫民再629号，2019.8.21］

裁判精要

河南省高级人民法院认为，关于豫基公司一审宣判后未上诉，其申请再审称已经超付工程款的主张是否属再审审理范围，经查，虽然豫基公司一审宣判后未上诉，但其在一、二审答辩意见中提出其对杨某东已经超付工程款，且在二审中提交了与康泰公司、杨某东结算并超付工程款的相关证据，其申诉理由中亦明确要求确认超付工程款事实的诉求，因此该申诉请求未超过其原审的答辩范围且与其原审中的答辩并无矛盾，本院对此诉求作为本案审理范围予以审理。

编者说明

2021年3月25日，最高人民法院在《关于〈规范民事案件上诉费计收建议〉的回复》中指出："鉴于按自动撤回上诉处理的裁定作出后一审判决即发生法律效力，如对一审判决不服，当事人可以通过直接针对一审判决申请再审获得救济。"

《最高人民检察院关于停止执行〈人民检察院民事诉讼监督规则（试行）〉第三十二条的通知》（高检发研字〔2018〕18号）提到："经研究，最高人民检察院决定停止执行《人民检察院民事诉讼监督规则（试行）》第三十二条，当事人针对人民法院作出的已经发生法律效力的一审民事判决、裁定提出的监督申请，无论是否提出过上诉，只要符合《中华人民共和国民事诉讼法》第二百零九条规定，均应依法受理。"

对于无正当理由未提起上诉且二审判决未改变一审判决对其权利义务判定的当事人，一般不应再为其提供特殊的救济机制，否则将变相鼓励或者放纵不守诚信的当事人滥用再审程序，从而使得特殊程序异化为普通程序，有违两审终审制的基本原则。

如果当事人对一审生效裁判未提起上诉而直接申请再审具有正当理由，符合法律规定的，人民法院应当受理。（王兴整理）

305. 法庭辩论终结前，发包人提出工程质量索赔反诉的，法庭认为本案事实清楚争议不大的，可以告知其另案诉讼解决，不属于违反法定程序。

案件名称

上诉人（原审原告）宁波建工公司与上诉人（原审被告）百通公司建设工程施工合同纠纷案［（2019）豫民终296号，2019.5.13］

裁判精要

河南省高级人民法院认为，关于一审法院未受理百通公司的反诉是否属于严重违反法定程序的问题，《最高人民法院关于适用〈中华人民共和国民事诉讼法〉的解释》（以下简称《民诉解释》）第二百三十二条规定："在案件受理后，法庭辩论结束前，原告增加诉讼请求，被告提出反诉，第三人提出与本案有关的诉讼请求，可以合并审理的，人民法院应当合并审理。"《中华人民共和国民事诉讼法》第一百七十条第一款第四项规定："原判决遗漏当事人或者违法缺席判决等严重违反法定程序的，裁定撤销原判决，发回原审人民法院重审。"《民诉解释》第三百二十五条规定："下列情形，可以认定为民事诉讼法第一百七十条第一款第四项规定的严重违反法定程序：（一）审判组织的组成不合法的；（二）应当回避的审判人员未回避的；（三）无诉讼行为能力人未经法定代理人代为诉讼的；（四）违法剥夺当事人辩论权利的。"百通公司的上诉请求是：将本案发回重审，裁定由河南省洛阳市中级人民法院受理百通公司的反诉，并将反诉与本诉合并审理。经查，百通公司在一审庭审时提出反诉，请求判令宁波建工公司向百通公司赔偿因其违约给百通公司造成的损失100万元。一审合议庭经过评议后认为，双方在2014年已经对涉案工程进行了验收，也委托第三方进行了决算，又于2017年5月22日签订了补充协议，对剩余的工程款支付问题作出了约定，因此合议庭当庭明确告知百通公司对涉案工程质量的反诉另案另诉，未将百通公司的反诉请求与本案合并审理。在之后的诉讼过程中，百通公司并未提出异议，并将"工程存在质量问题"作为拒付工程款的抗辩理由。从上述程序事实和法律规定来看，百通公司提出的反诉符合法律规定，一审法院对百通公司提出的反诉应予受理并合并审理。但百通公司提出的反诉系行使质量赔偿请求权，与本案的工程款纠纷系可分之诉。因建设工程质量问题涉及事实复杂，专业性强，往往需委托专业机构出具鉴定意见，审理周期较长。而本案基本事实清楚，争议不大，百通公司亦有权在本诉中提出工程质量抗辩，以抵消宁波建工公司的部分工程款支付请求权，两诉合并审理会影响本案的审判效率。而且一审法院已经明确告知百通公司可以另案另诉，百通公司并未提出异议。故一审法院未受理百通公司的反诉，并未剥夺百通公司的诉讼权利及实体权利，不属于《民诉解释》第三百二十五条规定的严重违反法定程序的情形，也不符合《中华人民共和国民事诉讼法》第一百七十条第一款第四项规定的发回重审的条件。因此，对于百通公司请求将本案发回重审的上诉主张，本院不予支持，百通公司可就其反诉请求另案主张。（姚池整理）

306. 合同约定分期支付工程款的，请求工程价款的诉讼时效应从最后一期履行期限届满之日起计算。

案件名称

再审申请人（一审原告、二审上诉人）承某灵与被申请人（一审被告、二审被上诉人）河南科技职业大学、周口海燕职业中等专业学校建设工程施工合同纠纷案［（2020）豫民申5473号，2020.11.17］

裁判精要

河南省高级人民法院认为，本案建设工程施工合同约定，工程款分十二期支付，其中最后三期是：工程验收合格后拨付总工程造价的10%，外墙装饰工程完成后拨付总工程增加的10%，剩余5%的保证金在保修期结束后支付，其中土建工程的保修期最长，为验收合格后的一年。本案工程2006年9月4日交付使用，则土建工程的保修期结束时间为2007年9月，2007年9月为河南科技职业大学拨付保证金的时间，也是承某灵应当主张保证金的起始时间。《最高人民法院关于审理民事案件适用诉讼时效制度若干问题的规定》第五条规定："当事人约定同一债务分期履行的，诉讼时效期间从最后一期履行期限届满之日起计算。"依据此规定，本案工程款的诉讼时效期间应当从2007年9月起计算。2009年3月3日商水县信访局的《重要信访信息》、袁老乡原乡党委书记王建新的证言、袁老乡信访办主任吴某榜的证言、河南科技职业大学的陈述均可以证明，承某灵2008年12月刑满释放后多次主张权利。因此，生效判决认为承某灵向法院提交的证据不足以证明承某灵自2006年9月4日工程交付使用至2009年9月3日期间存在诉讼时效中止或者中断的情形依据不足。

📝 编者说明

本案一、二审判决将涉案工程交付使用时间作为诉讼时效期间的起算点，致债权保护请求权因超过时效而丧失，承某灵向河南省高级人民法院申请再审。省院认为，应从最后一期履行期限届满之日起计算诉讼时效，指令河南省周口市中级人民法院再审本案。（苗卉整理）

307. 当事人提供了生效的民事判决，与本案涉及的事实类似，但本案的判决结果与类案判决结果不一致的，属于对类案不同判，应予纠正。

📡 案件名称

再审申请人（一审原告、二审上诉人）孙某年与被申请人（一审被告、二审被上诉人）中州万基城市建设有限公司、刘某建设工程施工合同纠纷案［（2018）豫民申4470号，2019.3.18］

🔍 裁判精要

河南省高级人民法院认为，一、二审期间，孙某年提供了几份生效的民事判决，与该案涉及的事实类似，但本案的判决结果与类案判决结果不一致，原审对类案不同判不当。综上，孙某年的再审申请符合《中华人民共和国民事诉讼法》第二百条第二项、第六项规定的情形。

📝 编者说明

2020年7月31日实施的《最高人民法院关于统一法律适用加强类案检索的指导意见（试行）》第一条规定："本意见所称类案，是指与待决案件在基本事实、争议焦点、法律适用问题等方面具有相似性，且已经人民法院裁判生效的案件。"第二条规定："人民法院办理案件具有下列情形之一，应当进行类案检索：（一）拟提交专业（主审）法官会议或者审判委员会讨论的；（二）缺乏明确裁判规则或者尚未形成统一裁判规则的；（三）院长、庭长根据审判监督管理权限要求进行类案检索的；（四）其他需要进行类案检索的。"第四条规定："类案检索范围一般包括：（一）最高人民法院发布的指导性案例；（二）最高人民法院发布的典型案例及裁判生效的案件；（三）本省（自治区、直辖市）高级人民法院发布的参考性案例及裁判生效的案件；（四）上一级人民法院及本院裁判生效的案件。除指导性案例以外，优先检索近三年的案例或者案件；已经在前一顺位中检索到类案的，可以不再进行检索。"第六条规定："承办法官应当将待决案件与检索结果进行相似性识别和比对，确定是否属于类案。"第七条规定："对本意见规定的应当进行类案检索的案件，承办法官应当在合议庭评议、专业（主审）法官会议讨论及审理报告中对类案检索情况予以说明，或者制作专门的类案检索报告，并随案归档备查。"第九条规定："检索到的类案为指导性案例的，人民法院应当参照作出裁判，但与新的法律、行政法规、司法解释相冲突或者为新的指导性案例所取代的除外。检索到其他类案的，人民法院可以作为作出裁判的参考。"

2020年9月14日实施的《最高人民法院关于完善统一法律适用标准工作机制的意见》（法发〔2020〕35号）第九条完善类案和新类型案件强制检索报告工作机制规定："18.规范和完善类案检索工作。按照《最高人民法院关于统一法律适用加强类案检索的指导意见（试行）》要求，承办法官应当做好类案检索和分析。对于拟提交专业法官会议或者审判委员会讨论决定的案件、缺乏明确裁判规则或者尚未形成统一裁判规则的案件、院庭长根据审判监督管理权限要求进行类案检索的案件，应当进行类案检索。对于应当类案检索的案件，承办法官应当在合议庭评议、专业法官会议讨论及审理报告中对类案检索情况予以说明，或者制作类案检索报告，并随案流转归档备查。19.规范类案检索结果运用。法官在类案检索时，检索到的类案为指导性案例的，应当参照作出裁判，但与新的法律、行政法规、司法解释相冲突或者为新的指导性案例所取代的除外；检索到其他类案的，可以作为裁判的参考；检索到的类案存在法律适用标准不统一的，可以综合法院层级、裁判时间、是否经审判委员会讨论决定等因素，依照法律适用分歧解决机制予以解决。各级人民法院应当定期归纳整理类案检索情况，通过一定形式在本院或者辖区内法院公开，供法官办案参考。"

《最高人民法院印发〈关于深入推进社会主义核心价值观融入裁判文书释法说理的指导意见〉的通知》第十二条规定："人民法院应当认真落实《最高人民法院关于统一法律适用加强类案检索的指导意见（试行）》《最高人民法院关于完善统一法律适用标准工作机制的意见》等相关要求，统一法律适用，确保同类案件运用社

会主义核心价值观释法说理的一致性。"（赵静整理）

308. "专家论证意见"系法院在审理案件中对专业性问题向专业机构咨询、专业机构组织专家论证后对一审法院的回复，仅供审判人员审理案件了解专业知识参考，并非鉴定等需要质证的证据，并未作为定案依据，不组织质证并无不当。

案件名称

再审申请人（一审被告、反诉原告、二审上诉人）山西临汾市政工程集团股份有限公司与被申请人（一审原告、反诉被告、二审被上诉人）许某生、张某建设工程施工合同纠纷案［（2019）豫民申899号，2019.3.14］

裁判精要

河南省高级人民法院认为，关于洛阳市建设工程造价管理处出具的《关于"河南省洛宁县人民法院民事案件咨询函"内容的专家论证意见》未经质证问题，该"专家论证意见"系一审法院在审理案件中对专业性问题向专业机构咨询、专业机构组织专家论证后对一审法院的回复，仅供审判人员审理案件了解专业知识参考，并非鉴定等需要质证的证据；一审法院也不是依据该"专家论证意见"定案，而是依据《河南省水利水电工程预算定额及设计概（估）算编制规定》定案，故一审法院未对"专家论证意见"组织质证，亦无不当。（赵静整理）

309. 母公司与其全资子公司就多个工程项目分别与同一承包人订立了多份施工合同，母子公司就工程结算合并处理，承包人就多份施工合同一并提起诉讼，发包方亦未提出异议的，可以一并审理。

案件名称

原告南通三建公司与被告郑州卓泰公司、长葛卓泰公司及第三人东某祥建设工程施工合同纠纷案［（2018）豫民初51号，2019.10.9］

裁判精要

河南省高级人民法院认为，南通三建公司分别与郑州卓泰公司、长葛卓泰公司签订的四份《建设工程施工合同》及一份《建设工程施工合同补充协议》,是各方真实意思的表示;虽然南通三建公司将四份合同及一份补充协议项下的工程交东某祥组织施工,但各方均认可东某祥是南通三建公司的员工,是以南通三建公司内部经营责任人身份组织施工,东某祥履行的是职务行为,南通三建公司也为东某祥缴纳了2012年8月至2019年5月的基本养老保险,故四份合同及一份补充协议不违反法律法规的强制性规定,合法有效;各方均应当按照合同约定履行自己的义务。虽然签订合同的主体不同,但郑州卓泰公司是长葛卓泰公司的独资股东,二公司也是共同作为乙方与南通三建公司及东某祥签订《和解协议》对案涉四份合同及一份补充协议的相关事项进行一并处理,郑州卓泰公司在管辖异议中也未要求分案处理,故本案对南通三建公司主张的四份合同及一份补充协议项下的已完工程款纠纷进行一并审理。(程卫强整理)

编者说明

本案二审裁定驳回上诉,维持原判。

附　　录

附件一：

河南省高级人民法院审监庭　建设工程施工合同纠纷事实查明的思路与方法（一）

［来源：《公民与法》（审判版）2023年第11期］

一、施工基础性事实的查明

建设工程的基础性事实繁冗、琐碎，但这些事实对于建设工程施工合同纠纷的事实认定却至关重要。开工日期、竣工日期与工期责任相关，施工节点与工程款支付相关，工程竣工验收与工程质量、价款结算密切相关。下面以房屋建设为例对建设工程的基础性事实如何进行标准化审查予以说明。

（一）审查建设工程的行政审批手续

一个工程项目开工建设需要依次取得四证：土地使用权证→土地规划许可证→建设工程规划许可证→施工许可证。土地规划许可证是取得建设工程规划许可证的前提条件，本身不作为判断施工合同效力的考虑因素。建设工程施工许可证与工期有一定关联，但不影响施工合同效力。发包人是否取得建设工程规划许可证是判断建设工程施工合同效力的依据，庭审可通过询问方式查明该工程项目是否有建设工程规划许可证，并据此判断施工合同效力。

（二）查明施工合同的签订情况

《中华人民共和国民法典》第七百八十九条规定"建设工程合同应当采用书面形式"，实践中，因施工合同标的额大、履行周期长，当事人大多采用书面方式签订。审查合同签订情况时，应着重审查当事人是否采用招标方式签订合同、签订几份施工合同以及是否签订补充协议等。

（三）依施工工序查明施工关键事实

建筑工程施工顺序大体可划分为：开工→桩基工程（如建设单位单独分包，可能在开工之前完成）→地基基础工程→一次主体结构工程→二次砌体结构工程→装饰装修工程→水电安装工程等→完工/竣工→竣工验收。其中，除桩基工程、地基基础、一次主体结构在施工时必须依次先后施工外，二次砌体工程、装饰装修工程、水电安装工程等可穿插进行施工。依施工顺序可查明以下关键事实：

1.施工准备与开工日期。该事实的查明不仅可将施工事实描述完整，且与工期天数、工期责任的认定密切相关。施工准备主要包括"三通一平"，即水通、电通、路通和场地平整，以使基本建设项目具备开工条件，这也是处理工期争议中认定实际开工时间需要查明的重要事实。如开工通知发出后，尚不具备开工条件的，以开工条件具备的时间为实际开工日期。又如承包人主张迟延开工损失，实际开工日期的查明则直接确定开工是否迟延。

2.施工阶段。桩基工程、地基基础工程、一次主体结构工程、二次砌体结构工程、装饰装修工程、水电安装工程等很多情况下均是与进度付款相关的施工节点，如施工合同约定的进度付款与此相关，查明这些分部分项工程的施工完成时间，对于认定发包人是否迟延支付进度款以及承包人主张的停窝工有一定程度的关联。

根据施工规范，地基与基础工程，以筏板基础为例，包括垫层、基础底板防水、基础底板和梁柱的钢筋绑扎、模板支设和混凝土浇筑、养护、地下室施工、土方回填等；主体结构工程，包括一次结构和二次结构，一次结构包括框架柱、梁板、屋面板等钢筋混凝土工程，是承重的结构体系，二次结构包括砌体墙、过梁、构造柱、女儿墙等，用来进行功能性分割、完成建筑物围护，在土建施工过程中一般同时进行水电、消防等预埋；装饰装修工程，主要是抹灰、粉刷、外墙装饰、门窗；安装工程，包括给排水、电气、燃气等管道、线路的安装等。实践中，对于工程包含的具体施工内容也往往存在争议。例如主体结构完成后支付合同总价X%的进度款，承包人主张，主体结构完成是一次结构浇筑完成即应支付该笔进度款，因发包人未能及时付款，工期延误责任在发包人；发包人辩称，二次结构也必须完成才应支付，发包人不存在迟延支付该笔进度款的情形，工期延误系承包人自身原因导致，据此发包人要求承包人依约支付工期违约金。此时，主体结构是否包含二次结构就成为了双方争议的重点，如法官清楚主体结构包含一次结构和二次结构的工程内容，该问题则迎刃而解。

3.查明工程是否完工。即施工合同约定的承包内容是否施工完成，该事实的查明与承包人主张的工程款性质、结算方式等相关。如未完成，应查明施工合同事实上是否已解除或已终止履行，如未解除或终止履行，双方是否同意解除，在施工合同未解除或未终止的情况下，承包人一般只能请求支付进度款，不能主张结算款。如已解除或终止，则承包人可以主张已完工部分工程款。

4.查明工程竣工日期。竣工日期直接关系到质保金的返还日期，且与工期责任、工程质量都密切相关。首先，要注意区分竣工日期、完工日期、竣工验收日期三者之间的关系。《建设工程质量管理条例》第十六条规定：建设单位收到建设工程竣工报告后，应当组织设计、施工、工程监理等有关单位进行竣工验收。建设工程竣工验收应当具备下列条件：（1）完成建设工程设计和合同约定的各项内容；（2）有完整的技术档案和施工管理资料；（3）有工程使用的主要建筑材料、建筑构配件和设备的进场试验报告；（4）有勘察、设计、施工、工程监理等单位分别签署的质量合格文件；（5）有施工单位签署的工程保修书。建设工程验收合格的，方可交付使用。

承包人将施工合同承包范围内的工程内容施工完成之日为完工之日。承包人完工后，才能提交竣工验收申请报告，故完工日期一般均早于竣工日期。根据《最高人民法院关于审理建设工程施工合同纠纷案件适用法律问题的解释（一）》第九条之规定，竣工日期根据不同情况进行确定，如建设工程经竣工验收合格的，以竣工验收合格之日为竣工日期，此时，竣工日期与竣工验收日期为同一日期；如承包人提交竣工验收申请，发包人拖延验收的，以承包人提交竣工验收申请报告之日为竣工日期，这种情况下竣工日期早于竣工验收日期；建设工程未经竣工验收，发包人擅自使用的，以转移占有建设工程之日为竣工日期。发包人擅自使用的可能是承包人未全部完工的工程，也可能是全部完工的工程，这种情况承包人可以请求已完工部分或全部工程的结算款。

5.查明质量验收相关事实。质量验收贯穿于整个施工过程，根据施工工序及节点进行质量验收，工程完工后进行最后的竣工验收，竣工验收通过后，建设单位按照相关规定进行竣工验收备案。施工过程中验收情况可直观反映每个施工工序的工程质量是否合格，竣工验收报告则是对工程质量的最终综合性评定。根据《建筑工程施工质量验收统一标准》4.0.1规定，建设工程质量验收应划分为单位（子单位）工程、分部（子分部）工程、分项工程和检验批。单位工程验收是对单位工程项目的质量进行全面评价，由发包人组织，勘察、设计、监理、施工单位参加进行五大主体验收。分部分项工程验收是建筑工程质量验收的重要环节，主要针对土建、安装、装饰等各个专业分部，对其整体质量进行评价。分部分项工程验收由施工单位组织，监理单位监督，其他相关单位配合。检验批是建筑工程质量验收的最小单位，指对施工过程中某一特定工序或作业成果的质量检验，主要由施工单位自行组织，监理单位进行监督，并对验收结果进行复核。《建设工程质量管理条例》第三条规定："建设单位、勘察单位、设计单位、施工单位、工程监理单位依法对建设工程质量负责"，关键施工节点的验收及竣工验收的主体为上述法定的质量责任主体，关键施工节点是指地基基础工程、主体结构工程等分部质量验收。

通过上述质量验收划分可知，建设工程的竣工验收一般发生在项目全部施工完成后，但在竣工验收前还有检验批、分部分项的验收，在承包人只施工了部分工程即退场的情况下，承包人可以提供检验批、分部分项验收资料证明质量合格并主张工程款。同时，对于施工中前道工序被后续覆盖的，除非有相反证据出现，否则一般推定前一工序质量合格。

此外，还存在人防、消防、节能等由行政主管部门进行的专项验收，其中要注意消防验收的变化，新修订的《中华人民共和国消防法》（2021年修订）将消防验收从审批制改为备案制，消防验收、备案的主管部门也变更为住房和城乡建设主管部门。即应当区分工程项目属于强制消防验收的项目还是仅需进行消防备案及抽检的项目。如为强制消防验收项目，消防验收未通过，禁止投入使用；如为仅需进行备案和抽检的项目，经依法抽查不合格的，应当停止使用。

二、施工合同关系的审查

建设工程施工合同纠纷属于合同纠纷，大部分原告的请求权依据是双方之间的合同约定。常见的原告有建设工程施工合同的总承包人、分包人或者实际施工人，查明上述主体与所诉被告之间为何种法律关系是正确审理建设工程施工合同纠纷的前提，应从以下方面进行审查：

（一）审查当事人之间有无签订书面合同

存在书面合同，一般可以认定当事人之间合同关系成立。若没有书面合同且对方提出不存在合同关系的抗辩，则原告要证明涉案工程的一部分或者全部由其施工，如果不能证明，那么原告的主张基本不能成立。如果原告能够证明确实由其施工，并对承接工程的过程能够作出合理解释，则发生举证责任转移的后果，即由否认存在合同关系的相对方进行合理解释，如原告为什么施工、相对方有无将该工程转包、分包给其他人。

（二）审查当事人的合同地位

查明当事人是施工过程中的发包人、总承包人、分包人、转包人、实际施工人的哪一种身份，进而确定各方的权利义务。一般各方当事人的身份可依据合同载明的主体身份、施工范围、实际履行情况等予以认定。

（三）实际施工人身份的认定

实际施工人是指建设工程施工合同无效情形下实际完成建设工程施工、实际投入资金、材料和劳动力违法承包的单位和个人。以仅有发包人、承包人、实际施工人三方主体为例，原告主张其为实际施工人的，一般通过综合审查以下内容予以认定：

1.审查是否参与合同签订。查明原告与承包人是否存在真实的劳动关系，有无作为承包人委托代理人身份参与发包人与承包人之间合同的磋商和签订。

2.审查投标保证金、履约保证金交纳情况。在存在实际施工人的情况下，投标保证金及履约保证金大多来源于实际施工人，查明投标保证金、履约保证金是否由原告实际交纳。

3.审查合同履行情况。实际施工人是实际履行施工义务的人，并享有对人财物的施工支配权。审查原告是否在施工过程中发生劳务、材料、租赁机械等大量付款、签订多份合同，是否持有大量的施工资料以及申报进度款的资料并实际参与结算，发包人、承包人有无向其付款等情况。

（四）转包、违法分包与借用资质的区分认定

实际施工人包括转包、违法分包情形下的施工人以及借用资质的施工人。再审审判实践中发现部分当事人对实际施工人是属于借用资质还是转包、违法分包的情形未作区分，在诉讼请求中常表述为"发包人×××、承包人×××向实际施工人×××承担付款×××及利息的责任"，部分法官亦未注意两种情形的实际施工人身份对各方的合同关系、责任范围存在不同影响，因此应将实际施工人是属于借用资质还是转包、违法分包的情形作为案件重要事实予以查明。对于转包、违法分包与借用资质关系的认定，以仅有发包人、承包人、实际施工人三方主体为例，应从以下方面进行综合审查：

1.审查合同签订时间。多数情况下，转包、违法分包合同签订时间晚于总承包合同，而借用资质情形下内部承包合同的签订时间早于或晚于总承包合同均可能存在。

2.审查招投标情况。在借用资质情形下实际施工人一般会参与招投标、交纳投标保证金，投标文件中项目经理或现场管理人中也大多填写的是实际施工人的姓名，但是转包、违法分包情形下该工作是承包人完成的，并未有实际施工人参与。

3.审查实际施工人是否参与发包人与承包人之间合同的磋商、订立。实际施工人以承包人委托代理人的身份在总承包合同上签名，是借用资质关系的主要表现形

式。

4.审查实际施工人与承包人之间的合同如何表述双方之间的关系。

5.审查发包人与承包人以及承包人与实际施工人之间签订的合同约定的施工范围。若实际施工人的施工范围小于承包人的施工范围，一般是违法分包关系，在二者施工范围一致的情形下，则可能是转包或借用资质。

三、责任承担主体的认定

合同相对性是处理合同纠纷的重要原则，建设工程施工合同纠纷的原告一般应依据合同相对性要求合同主体承担责任，部分情况下原告主张突破合同相对性要求非合同主体承担责任，则必须有法律法规的明确规定或债的加入等其他充分理由。因此，在审理建设工程施工合同纠纷中，尤其涉及付款责任主体的认定，应坚持合同相对性为原则，突破合同相对性为例外。

（一）发包人、承包人、实际施工人三方关系中的责任承担

1.转包、违法分包情形。发包人、承包人、实际施工人之间存在两个合同关系，其中发包人、承包人之间是总承包合同关系，承包人与实际施工人之间是转分包合同关系。总承包合同的效力不因承包人是否又转分包而无效，总承包人因转分包构成违约行为，但承包人与实际施工人之间的转包、违法分包合同应为无效。承包人基于合同相对性向实际施工人承担付款义务，包括工程款、利息、赔偿损失等，而发包人则应依据《最高人民法院关于审理建设工程施工合同纠纷案件适用法律问题的解释（一）》第四十三条规定，在欠付承包人的工程款范围内向实际施工人承担付款义务，但不包括工程款利息、损失等。

2.实际施工人借用资质情形。在发包人明知实际施工人借用资质施工的情况下，形成两个合同关系：一是发包人与实际施工人之间的事实施工合同关系，二是出借资质人与实际施工人之间的借用合同关系。发包人与实际施工人直接成立事实上的施工合同关系，合同无效，发包人承担的是全部的付款责任，包括工程款、利息、停工损失赔偿等，与转包、违法分包情形下发包人的责任范围不同，大于发包人仅在欠付工程款范围内承担责任。同时，出借资质人与实际施工人之间的借用合同无效，审判实践中对于出借资质人的责任承担的处理比较混乱，有判决连带责任、共同责任、补充赔偿责任等多种情况。对于出借资质人的责任承担，要审查实际施工人与出借资质人之间的合同约定，若双方约定由出借资质人收取管理费，并协助配合实际施工人以出借资质人的名义与发包人进行结算，没有约定二者之间进行结算以及由出借资质人向实际施工人承担付款义务，则出借资质人承担的不是与实际施

工人结算并向其支付工程结算款的义务，而是协助结算以及转付工程款的义务，那么对于出借资质人应就所截留款项向实际施工人承担付款义务，此种情况应进一步查明出借资质人有无截留工程款的情形。

3.多层转包、违法分包关系中的责任承担。（以发包人A→承包人B→转承包人C→实际施工人D为例）。审判实践中多层转包、违法分包关系中实际施工人往往突破合同相对性要求与其没有合同关系的承包人、发包人承担付款责任，部分法官适用《最高人民法院关于审理建设工程施工合同纠纷案件适用法律问题的解释（一）》第四十三条判决发包人在欠付承包人工程款范围内承担责任，甚至将承包人之后的转分包视为新的发承包关系，并将与实际施工人没有合同关系的承包人认定为发包人进而判决承包人承担付款责任。在多层转包、违法分包情形下，可以将各个当事人看成是一个转分包的关系链条。最后的实际施工人D只能向其合同相对人C也就是其上手主张合同权利，而不能向与其无合同关系的B主张，但例外的情形是在C构成对B的表见代理的情况下，则承担责任的仅是B，而不包括C。另外，对于发包人的责任问题，《最高人民法院关于审理建设工程施工合同纠纷案件适用法律问题的解释（一）》第四十三条规定的发包人在欠付工程款内向实际施工人承担责任，仅适用于最简单的三方关系中，不适用于多层转分包关系，即多层转分包关系中实际施工人D不能突破合同相对性要求发包人A承担责任，也不能将承包人B视为发包人而依据上述第四十三条规定要求承包人B承担责任。

四、施工合同效力的审查

建设工程合同案件审理中对合同效力的认定，是准确处理合同项下争议的关键。法官应当主动审查合同效力，不应以当事人未提出异议或抗辩为前提，也不能简单以当事人双方一致确认的合同效力直接予以认定。在省法院办理的建设工程施工合同纠纷再审案件中，合同效力认定错误亦是常见的案件改判事由，下面结合常见的合同无效的情形明确案件审查的重点。

1.审查工程项目有无办理建设工程规划许可证。若建设工程未办理建设工程规划许可证，则合同效力一般为无效，但发包人在起诉前取得建设工程规划许可证等规划审批手续的除外。此外，如发包人能够办理审批手续而未办理，并以未办理审批手续为由请求确认建设工程施工合同无效的，不予支持。

2.审查承包人是否具有涉案工程所需要的建筑企业资质。若无，则合同无效。

3.审查有无履行招投标程序。若属于必须招投标的项目而未经招投标程序直接签订建设工程施工合同的，则合同无效。但要注意，若在建工程不属于必须招投标的范围但按照《中华人民共和国招标投标法》的规定履行招投标程序，双方不得再行签订与中标备案合同实质性内容不一致的合同。

4.审查招投标过程有无违反《中华人民共和国招标投标法》强制性规定的情形。诉讼中常见的中标无效的情形为招标人与投标人在招投标前就投标价格等实质性内容进行磋商，可以通过审查招投标前招标人与投标人有无签订协议确定承包单位及工程价款，以及是否存在先施工后招投标等情形进行判断，若存在中标无效的情形，招标人和中标人签订的建设工程施工合同无效。

5.审查工程有无转包情形。若承包人从发包人处承包工程后没有实际履行合同施工义务，而是将其承包的全部工程转给其他单位或个人施工，则相应的转包合同无效。

6.审查工程有无违法分包情形。若总承包单位将各专业工程分包给不具备资质的单位或将本应自行完成的主体结构进行分包，则相应的违法分包合同无效。

7.审查当事人之间是否签订多份施工合同。若部分施工合同并非真实意思表示，仅作为办理备案使用或其他用途使用，并非实际履行的合同，应当以实际履行的合同作为当事人之间的结算依据。

附件二：
河南省高级人民法院审监庭　建设工程施工合同纠纷事实查明的思路与方法（二）

（来源：《公民与法》（审判版）2023年第12期）

一、工程价款

承包人或实际施工人主张工程价款的前提是已完工工程质量合格，在已完工工程质量合格的情况下，一般从以下方面审查工程价款：

（一）审查合同内容

1.承包人向发包人主张工程款，一般按照发包人与承包人之间签订的施工合同结算工程款。若双方没有签订书面施工合同，但工程进行有效招投标的，则以招投标文件作为结算依据。若双方没有签订书面施工合同，且工程未进行招投标或中标无效，双方事后亦未结算或协商一致，可参照同一项目内其他施工人的施工合同、施工地定额计价标准等，并结合案件事实确定结算依据。

2.实际施工人向与其有合同关系的承包人主张工程款，一般参照二者之间的书面合同结算工程款。在多层转包、违法分包情形下（以发包人A→承包人B→转承包人C→实际施工人D为例），若实际施工人D与转承包人C没有签订书面合同，可参照B与C之间的合同就争议工程内容的结算方式进行结算，而不能简单按定额计价标准结算，避免出现价格倒挂。

（二）审查实际履行的合同

在当事人签订多份施工合同的情况下，要审查工程是否经过招投标，若工程未进行招投标，一般应以签订时间在后的合同作为结算依据。若工程进行招投标，且双方在有效招投标后又签订背离中标合同实质性内容的合同，则按照中标合同结算工程款。若工程进行招投标但中标无效，则双方前期签订的合同以及中标后签订的合同均无效，应以实际履行的合同作为结算依据。在判断哪一份施工合同是实际履行的合同时，可结合双方往来函件、付款节点、工程进度款申请表、付款审批表、预算书、结算书及履约保证金的支付凭证等确定。

（三）审查履行合同约定的计价方式

目前工程项目大多采取定额计价、工程量清单计价，部分采用平方米单价或固定总价。判断合同约定的计价方式，不仅要审查合同协议书中关于合同价款的表述，还要结合合同专用条款中合同价款与支付、竣工结算等条款确定结算的计价方式。若仍无法辨明，可以查看招投标文件中关于结算的计价方式。

（四）合同约定固定价款计价的，当事人一方要求按定额结算工程价款，人民法院一般不予支持

要注意结合当事人陈述、举证以及现场勘验等内容审查工程是否完工。工程已完工的，应适用固定价结算，对于变更部分，按照合同约定的计价标准在合同固定价基础上增减工程价款。工程未完工的，若当事人对已完工工程造价产生争议，可委托司法鉴定，在鉴定过程中计算出合同优惠率或工程完成比，参照该合同优惠率或工程完成比，并结合工程实际施工情况认定工程价款。合同优惠率或工程完成比的计算方法为：鉴定机构在同一取费标准下，分别计算出已完工工程部分的价款和整个合同约定工程的总价款，两者对比计算出相应系数。需注意该优惠率或完成比仅是参照适用，实际结算时还应具体情况具体分析。例如合同约定的施工范围为土建安装，而施工人仅完成地基基础或主体结构的，往往不再适用优惠率，或者酌情降低优惠率；又如合同约定的施工范围为土建安装，而施工人已完成绝大部分合同内容，往往适用合同优惠率，或接近合同优惠率；再如合同约定的施工范围仅是主体结构，即使主体结构工程未完成，仍要参照适用该合同优惠率，以符合当事人的真实意思。

（五）合同约定定额或综合单价计价，要审查双方是否协商一致达成结算协议

若双方达成结算协议，应以结算协议确定工程价款。若双方未达成结算协议且对已完工工程造价产生争议的，可将争议工程委托造价鉴定。对于争议施工项目是否计取的问题，鉴定机构在鉴定时一般将争议施工项目在报告中单列，法官可通过审查施工图纸、工程签证单、施工组织方案、图纸会审纪要、招投标文件等证据，并及时和鉴定机构沟通，进而作出合理判断。另外，若合同约定在定额计价或综合单价的基础上对合同总价或部分价款进行一定比例的下浮结算的，无论合同是否有效，如该约定是当事人真实意思表示，一般应参照适用。

（六）合同约定以政府财政审计结论作为结算依据的，该约定对当事人具有约束力

若因发包人原因未进行审计或者发包人怠于履行合同约定的配合审计义务，导致未能在合理期限内作出审计意见，在诉讼过程中承包人可以通过司法鉴定对工程价款进行结算。

二、已付工程款

已付工程款与其他应扣款的认定是建设工程施工合同纠纷中常见的争议点，审判实践中因付款方式多样、证据不完善等原因，该部分事实的查明较为困难，需要法官根据各方证据、交易习惯、日常生活经验等综合考量。

（一）银行汇款

双方对于银行汇款的争议一般在于款项是否用于支付案涉工程款，承包人或实际施工人对收到款项没有异议，仅抗辩系双方其他经济往来的，应由承包人或实际施工人承担举证责任。

（二）承兑汇票

承兑汇票不同于现金支付，取得承兑汇票，仅是获得了票据权利，在未实际兑付前，相应的工程款债务并未消灭。一般承包人接受发包人开出承兑汇票并到期兑付的，或者已将承兑汇票背书转让的，应视为发包人已付工程款。若因出票人或承兑人的原因不能兑付，该部分款项未实际支付，接受承兑汇票的承包人可以选择依据基础合同关系主张权利或行使票据权利。此外，承包人接受承兑汇票即需接受承兑汇票的期限，若期限未届满提前兑付，在合同未约定贴现费用由发包人负担的情况下，一般以票面金额作为已付款，贴现费用不从已付款中扣除。

（三）现金支付

建设工程领域中以现金支付工程款的情形较为常见，诉讼中发包人常提交施工

人出具的收据以主张该款项已支付。若施工人否认实际收到该款，则应结合金额大小、存取款凭证、双方交易习惯等综合判断。

（四）工程借款

在发包人欠付承包人进度款或结算款同时发包人或发包人实控人、高管等向承包人出借款项并约定利息的情形下，由于承包人一般是基于发包人拖欠进度款或结算款才与发包人或发包人实控人、高管等发生工程借款，并非单纯的民间借贷纠纷。若发包人以工程借款本息作为已付款主张抵销的，应结合工程欠款情况予以处理，避免以约定的工程借款利息将承包人本应获得的工程款抵销导致双方利益失衡。

（五）代付材料款、分包工程款、劳务工资等

发包人主张其代承包人履行了付款义务，要求计入已付款，则应审查付款的真实性、数额的合理性，如能够证明付款真实、合理，且减少承包人的债务，则应认定为发包人代付款。

三、工程质量

工程质量问题是审理建设工程施工合同应予查明的重要事实，以承包人起诉请求发包人支付下欠工程款为例，发包人一般将工程质量不合格作为拒付、扣减工程款的抗辩事由或提起反诉，此时应将发包人提出的质量问题一并审理。工程质量问题应从以下方面审查：

（一）审查工程是否存在质量问题

1.工程竣工验收合格的，一般认定施工质量合格。对于发包人提出的质量问题，应由发包人承担举证责任，法官根据举证情况作出初步判断。同时对于发包人主张的质量问题，法官应区分是否在质保期内，以及是否属于地基基础、主体结构的质量问题。若审查后初步判断可能存在质量问题，且在质保期内，或属于地基基础、主体结构的质量问题，可征求双方意见是否申请工程质量鉴定，双方均不申请鉴定的，应当分配举证责任，并向负有举证责任的一方释明不申请鉴定的法律后果。

2.未经工程竣工验收合格的，若工程已交付使用，发包人再提出质量问题的，同工程竣工验收合格的处理原则，工程未经竣工验收却已实际交付使用，视为发包人认可质量合格，质量风险在其接收工程后转由发包人负担；若工程未交付使用，承包人可通过举证分部分项工程验收表、检验批验收表、混凝土强度检测报告等证据，以证明其已完工工程质量合格。

（二）审查工程质量的修复问题

因承包人原因造成的工程质量问题，应由承包人承担修复责任。若工程质量虽

未达到合同约定标准或国家标准，但经过修复后可以达到上述标准，发包人抗辩扣除修复价款或另诉要求承包人对质量问题修复或承担修复费用的，应予支持；若工程不能修复但不影响建设工程的结构安全性、功能适用性，发包人可要求减少相应工程价款；若工程存在严重的危及结构安全的质量问题，修复后仍不合格或者修复不经济的，发包人可拒付工程款。

（三）审查质保金应否返还

1.区分履约保证金与质保金

履约保证金是承包人履行施工义务的担保，一般在签订合同后向发包人支付，在施工过程中分批返还承包人，与工程款无关。而质保金不同于履约保证金，其功能是施工人履行保修义务的担保，一般预留一部分工程款而不用单独交纳，并约定在竣工验收后一定期限内或保修期届满后返还。

2.质保金的返还期限。（1）合同对质保金返还期限有约定的，一般应按合同约定期限返还质保金。合同约定的质保金预留比例可以高于《建设工程质量保证金管理办法》规定的质保金预留比例的情形，返还期限亦可以长于该办法规定的最长质保金返还期限。如合同约定质保金比例超过工程结算价款3%或返还期限超过最长两年法定缺陷责任期，仍对双方具有约束力。（2）若工程未完工或合同约定质保金返还条件已不能适用，如合同约定从竣工验收之日起一定期限后返还质保金，但因工程尚未完工，何时能够竣工验收依赖于第三人履行情况，甚至工程可能已烂尾，则合同约定的质保金返还的起算点无法适用，在此情况下，质保金一般应以工程脱离施工人占有管理之日起，并参照合同约定期限返还；合同未约定质保金返还期限的，质保金一般以工程脱离施工人占有管理之日起满两年法定缺陷责任期返还。

四、停工损失以及工期违约

工期争议在建设工程施工合同纠纷中占有一定比重，大多在承包人提起的工程价款案件中，承包人会同时主张停工损失，发包人亦常以承包人工期违约进行抗辩或提起反诉。对此，法官需要查明停工事实、逾期事实、停工或逾期原因、损失数额。

（一）停工事实

承包人应对停工事实负担举证义务，法官一般通过审查签证、工作联系函、政府环保管控文件、监理日志、施工日志等查明是否存在停工事实及相应天数。

（二）停工原因

承包人主张的停工原因大多为发包方未按约支付进度款、新冠疫情、大气污染防控等。1.通过审查施工过程中承包人递交的进度款申请表、发包人实际付款情况等认定是否存在延迟支付进度款的事实；2.通过审查政府主管部门下发的新冠疫情管控文件、环保管控文件、施工项目环保管控工作群，并结合实际施工情况认定是否存在因新冠疫情、大气污染防控停工的事实。

（三）停工损失数额

在发包人、承包人对停工损失数额有争议的情形下，一般通过司法鉴定计算损失数额。为避免以鉴代审，应注意以下方面内容：

1.审查合同约定条款。若合同对发包人违约、非双方原因、不可抗力等情形下停工损失计算有约定，按合同约定计算损失数额。

2.新冠疫情防控导致停工的处理。如双方对新冠疫情造成的停工损失计算标准未形成合意，可参照《河南省住房和城乡建设厅关于新冠肺炎疫情防控期间工程计价有关事项的通知》（豫建科〔2020〕63号）的规定确定损失内容及损失金额。

3.大气污染防控导致停工的处理。因发包人、承包人明知大气污染防控将对施工造成一定影响，原则上双方确定工期时应考虑环保管控的影响。因此，对于大气污染防控造成的停工损失，其赔偿范围应为超出当事人能够预见的合理期间范围以外的停工损失，该合理期间可根据当地建筑行业实际情况认定。

4.租赁费损失的处理。塔吊、升降机等大型机械及模板、方木、钢管、扣件等租赁费损失是一项主要停工损失，对于租赁物至诉讼结束仍未返还的，承包人一般请求"租赁费持续计算至返还之日"，同时主张"如不能返还应折价赔偿"。在租赁合同关系中，由于部分租赁物长时间不能返还时，承租人义务应转化为折价赔偿义务，而非持续承担支付租赁费的义务。若既判决"如返还不能则赔偿相应价款"，又判决"赔偿租赁费损失至实际返还之日"，易造成重复赔偿，亦与租赁市场的实际情况不符，故应根据租赁合同约定和履行情况合理确定租赁物不能返还的时间点，进而认定赔偿租赁费损失的数额。

5.扩大的停工损失处理。若发包人已明显无履行意愿、无履行能力或客观上已不具有继续履行施工合同的可能，承包人有避免损失扩大的义务，对于明显超过合理期限的停工损失，不应支持。

（四）逾期交工事实

发包人应对逾期交工事实负担举证义务，法官通过审查开工通知、开工报告、双方往来函件、监理日志、工地会议纪要、竣工验收报告、实际交付使用等证据，查明实际开工、竣工时间，认定是否存在逾期交工的事实。

（五）逾期交工原因

对于工期延误的原因，承包人常见的抗辩事由可分为两类，一是发包人原因造成，如发包人进度款支付延迟、甲供材不及时、甲分包项目影响；另一类是非合同当事人原因造成，如新冠疫情、大气污染防控等。

（六）逾期违约金或损失数额

发包人通常以合同约定标准主张逾期违约金或赔偿数额。合同约定的逾期违约金标准过高的，需以发包人实际损失为基础进行认定。

五、司法鉴定

工程造价、工程质量、停工损失是建设工程施工合同纠纷案件中的主要争议事项，往往涉及专门性、技术性问题，需要通过委托司法鉴定辅助认定。鉴定中应注意以下方面：

（一）审查鉴定的必要性和可行性

如当事人申请鉴定的事项明显不成立或无需鉴定的，鉴定申请不予准许。如确有鉴定的必要，需判断是否具备鉴定条件。

（二）举证责任的分配和释明

合议庭认为争议事项需要进行鉴定，经询问，当事人对申请鉴定责任由谁承担存在争议的，已完工程价款申请鉴定的责任一般分配给施工人，工程质量申请鉴定的责任一般分配给发包人。在分配举证责任后，负有举证责任的当事人仍不申请鉴定的，合议庭应向其释明逾期不申请的法律后果。

（三）审查鉴定机构的资质

合议庭需对鉴定机构或鉴定人的资质进行审查，其中对鉴定机构资质的审查应依据资质证书，而非营业执照。目前司法鉴定要求鉴定机构和鉴定人均需具备相应的资质，实践中虽对鉴定机构资质有放宽趋势，但至少鉴定人需有相应的职业资格证书。以工程造价鉴定为例，注册造价工程师分为四个专业，土木工程、安装工程、交通运输工程、水利工程，但实践中经常出现两名鉴定人中的一人或两人的专业与鉴定资质要求不符的情形。如进行土建、安装鉴定，但鉴定机构是资产评估公司且人员仅有物价评估资质；又如进行路桥工程造价鉴定，鉴定人本应为交通运输工程专业，但鉴定人却是土建、安装专业，造成鉴定意见无法作为定案依据。

（四）需由法院先行确定或决定的事项

存在以下情形时，当事人可建议鉴定机构提请法院先行确定或决定以下事项，鉴定机构不提请法院确定或决定的，当事人必要时可自行向法院提请确定或决定以下事项，或建议法院要求鉴定机构就争议问题出具相应鉴定意见供法院参考：1.涉及合同效力认定的；2.存在多个合同需确定以哪份合同作为结算依据的；3.当事人之间对计价依据、计价方法约定不明或对计价依据、计价方法等约定存在争议，需选择适用的；4.涉及事实无法查明或证据缺失时的责任分配的；5.相关鉴定事项的确定、计算有赖于合同约定，但合同中约定不明或未约定的；6.鉴定事项有赖于非委托范围内的其他事项先形成鉴定结论或需第三方专业机构进行现场勘验的。

（五）鉴定事项的审查与引导

鉴定时不能简单以当事人申请内容确定鉴定事项和范围，应结合争议事实确定鉴定事项和范围。如在承包人依约完成全部施工内容的情形下，合同约定按照平方米单价结算，则仅应对变更部分工程造价进行鉴定，若当事人申请按定额对全部工程进行鉴定，不应准许。又如，工程未完工且合同无效，承包人主张对预期利益进行鉴定，不应准许。再如，不属于地基基础、主体结构的质量问题，且已超过保修期，发包人申请质量鉴定，不应准许。

（六）鉴定材料的提供

工程造价鉴定中，按鉴定材料的性质、名称和内容，包括但不限于以下常见材料，当事人可根据个案鉴定中所需证明的目的、对象的不同，选择其中一项或多项进行举证：1.项目前期立项、核准、备案、土地使用权取得文件等；2.资质、规划等各类行政许可文件；3.招标文件及招标澄清内容；4.发包人要求文件；5.标底或预算书；6.地质勘察报告；7.投标函及附录、商务标、技术标、承包人建议书；8.中标通知书；9.工程量清单或价格清单；10.各类合同、补充协议，有关合同结算金额或履行金额的依据；11.施工组织设计和施工进度计划；12.各类图纸，图纸会审纪要；13.签证单、联系单、设计变更（更改）通知单、技术确认单、设备或材料认价文件、洽商函；14.各类会议纪要及会议记录；15.施工日志、监理日记及其他记录类文件；16.计价规范（定额）文件、信息价文件及相关勘误书、表；17.与鉴定事项相关的其他政策文件、标准或规范；18.各方指令及确认文件；19.工程量月报表、进度款支付证书、进度款审批表；20.甲供（乙供）材料、设备清单及依据；21.落实安全文明施工措施、临时设施投入等事实依据；22.隐蔽工程、分部分项验收材料；23.开工报告或开工令，停工报告或停工令；24.竣工报告、预验收会议纪要或证明、竣工验收意见表、竣工验收备案表；25.管理人员备案表、管理人员及施工人员考勤表（考勤记录）；26.工资发放记录，分行业分岗位工资标准依据文件；27.施工机械设备的进退场审批单；28.相关气象资料或不可抗力事件证明；29.各类往来函件、意向书或报告文件及签收记录；30.相关统计部门发布的统计年鉴或数据。

（七）工程质量鉴定事项的确定

工程质量鉴定包括质量是否符合合同标准或国家标准、修复方案、修复费用的鉴定，三者之间是递进关系，部分质量问题还需进行原因力鉴定。要根据案件情况确定质量鉴定事项，发包人主张为证明工程质量不符合约定而反诉主张修复费用或抗辩减少工程价款的，一般应对工程质量、修复方案、修复费用一并进行鉴定。

附件三：
河南省高级人民法院民四庭关于建设工程合同纠纷案件疑难问题的解答

1.在施工合同无效的情况下，合同中约定的质量标准、付款时间等条款如何适用？

答：《中华人民共和国民法典》第七百九十三条规定："建设工程施工合同无效，但是建设工程经验收合格的，可以参照合同关于工程价款的约定折价补偿承包人。"《最高人民法院关于审理建设工程施工合同纠纷案件适用法律问题的解释（一）》第六条规定："建设工程施工合同无效，一方当事人请求对方赔偿损失的，应当就对方过错、损失大小、过错与损失之间的因果关系承担举证责任。损失大小无法确定，一方当事人请求参照合同约定的质量标准、建设工期、工程价款支付时间等内容确定损失大小的，人民法院可以结合双方过错程度、过错与损失之间的因果关系等因素作出裁判。"因此，在建设工程施工合同无效的情况下，施工合同中关于工程款、付款时间、质量标准、建设工期等内容可以参照适用。

2.在施工合同无效的情况下，合同中约定的逾期付款违约金或者逾期付款利息如何适用？

答：在施工合同无效的情况下，如果当事人主张按照合同约定支付逾期付款违约金或者逾期付款利息的，应向其释明主张合同无效后的逾期付款损失赔偿，并可以参照合同中约定的逾期付款违约金或者逾期付款利息等内容，结合双方过错程度确定逾期付款损失的大小。

3.在施工合同无效的情况下，合同中约定的质量保证金返还期限能否参照适用？

答：建设工程质量保证金具有担保性质，根据建设工程质量保证金管理制度规定，建设工程施工合同无效后并不免除承包人的工程质量缺陷责任，故施工合同中约定的质量保证金返还期限可以参照适用。

4.由于建设工程设计变更等原因引起工程款发生变化而另行订立协议，是否属于对中标合同实质性内容的变更？

答：虽然《中华人民共和国招标投标法》第四十六条规定："招标人和中标人不得再行订立背离合同实质性内容的其他协议。"但是，由于建设工程设计变更等原因引起的工程量、工程款等发生的变化，属于在施工过程中发生的招投标时难以预见的变化，应当允许双方当事人补充协商。故当事人只要不是为了故意规避招标投标法律规定，就设计变更而另行订立的协议不属于背离中标合同的实质性内容。

5.对于建设工程转包或违法分包合同中约定的"工程款待业主支付后再予支付"的背靠背条款应如何适用？

答：合同中约定的"工程款待业主支付后再予支付"内容，属于附期限支付工程款的约定，需要考虑约定该条款时双方当事人的期限利益。但转包人或违法分包人不能因为该条款约定而怠于向发包人主张权利，使合同相对人的期限利益长期得不到实现。因此，无论转包或违法分包合同是否有效，如果转包人或违法分包人在合同履行中怠于行使权利主张债权，妨碍转包或违法分包合同相对人权利实现的，其又依据该条款约定抗辩不支付工程款的，不予支持。转包人或违法分包人在合同履行中是否存在怠于行使权利的情形认定，可以参照代位权制度的相关规定，并由实际施工人承担举证责任。

实践中，一些合同中还约定有"发包人不向承包人支付工程款的，承包人也不向实际施工人支付"等条款内容，属于附条件支付工程款的约定，需要考虑该条款约定的付款条件是否成就以及是否存在阻碍条件成就的情形。如果在合同履行中存在转包人或违法分包人怠于向发包人行使权利主张债权，使合同所附的成就条件得不到实现的情形，而转包人或违法分包人依据该条款约定抗辩不支付工程款的，则属于以不作为的方式阻碍条件成就，不予支持。

6.建设工程多层转包中，实际施工人能否向与其无合同关系的转包人、违法分包人主张工程款？

答：《最高人民法院关于审理建设工程施工合同纠纷案件适用法律问题的解释（一）》第四十三条规定的可以突破合同相对性原则请求发包人在欠付工程款范围内承担责任的实际施工人仅限于转包和违法分包两种情形，不包括借用资质及多层转包和多层违法分包关系中的实际施工人。即多层转包和多层违法分包关系中的实际施工人不能突破合同相对性原则请求发包人承担责任，更不能向与其没有合同关系的转包人、违法分包人主张工程款。根据合同相对性原则，实际施工人只能向与其有合同关系的转包人、违法分包人主张权利。

7.发包人在欠付工程款范围内承担责任的性质？执行程序中如何处理？

答：《最高人民法院关于审理建设工程施工合同纠纷案件适用法律问题的解释（一）》第四十三条规定的发包人在欠付建设工程款范围内对实际施工人承担的责任，可以理解为工程款支付责任，不能认定为连带责任、共同责任或者补充责任。在执行过程中，只要不超过发包人欠付总承包人工程款的范围，可以直接执行发包人，不用考虑发包人和其他被执行人之间的执行顺位和比例问题。

8.实际施工人请求发包人承担责任，对发包人欠付工程款的数额应当由谁承担举证责任？

答：根据《最高人民法院关于民事诉讼证据的若干规定》第五条规定，对合同是否履行发生争议的，由负有履行义务的当事人承担举证责任。一般情况下，发包人作为向承包人支付工程款义务的当事人，应当对其是否欠付承包人工程款或者欠付工程款的具体数额作出抗辩，并承担相应的举证责任。但在实际施工人突破合同相对性原则向发包人主张欠付责任的情况下，实际施工人对发包人的抗辩不予认可的，仍由实际施工人对发包人欠付承包人工程款数额承担举证责任。如果无法查明发包人欠付承包人工程款具体数额，不应判决发包人对实际施工人承担责任。

9.工程施工中，借用资质的实际施工人经常以工程转包的面目出现，与违法转包、分包的实际施工人如何区分界定？

答：实践中，对两者的区分主要是看实际施工人有没有参与前期的磋商、投标和合同订立。借用资质的实际施工人一般都会参与前期的磋商、投标和施工合同订立等，而工程转包中的实际施工人一般不参与前期的磋商、投标和施工合同订立等，往往是由承包单位承接到工程后将工程的权利义务概括转移给实际施工人。

10.在实际施工人未出现的情况下，出借资质的企业能否以自己的名义索要工程款，是否需要实际施工人的授权？

答：出借资质的企业起诉发包人符合合同相对性原则，出借资质的企业以自己的名义索要工程款不需要取得实际施工人的授权。如果实际施工人不同意出借资质的企业单独起诉发包人主张工程款，可以要求参加诉讼主张权利。人民法院也应当追加实际施工人为有独立请求权第三人。经审理查明涉案工程确由实际施工人完成，实际施工人与发包人已形成事实上建设工程施工合同关系的，应当判决发包人直接向实际施工人支付工程款，不宜再以合同相对性为由判决发包人向出借资质的企业支付工程款。

11.出借资质的企业没有截留工程款，应否向借用资质的实际施工人承担责任？

答：借用资质的实际施工人明知其与出借资质的企业是借用资质关系，此时双方之间不存在真实的发承包关系。因此，实际施工人向出借资质的企业主张工程款的，不予支持。但如果因合同约定或实际履行过程中发包人将工程款支付到出借资质的企业账户，出借资质的企业截留工程款不予支付的，实际施工人可向出借资质的企业主张被截留部分的工程款。如果出借资质的企业没有截留工程款的，无需向实际施工人承担责任。

12.借用资质的情况下，实际施工人的起诉是否受出借资质的企业与发包人签订的施工合同中关于仲裁条款的约束？

答：借用资质的实际施工人是以出借资质的企业的名义参与投标或者以出借资质的企业的名义与发包人签订施工合同的，借用资质的实际施工人主张工程款的基础法律关系是发包人和出借资质的企业之间签订的施工合同，故实际施工人在争议发生前就知道或者应当知道仲裁条款的存在，其起诉应受出借资质的企业与发包人施工合同中仲裁条款的约束。

13.建设工程劳务违法分包人应否对工人工资承担连带责任？

答：建设工程领域的农民工工资纠纷严格意义上属于农民工追索劳动报酬的劳务合同纠纷，不属于建设工程合同纠纷，可以适用《保障农民工工资支付条例》规定。《保障农民工工资支付条例》规定的建设单位对拖欠农民工工资的先行垫付和清偿责任、施工总承包单位对拖欠农民工工资的（先行）清偿责任及施工单位因出借资质拖欠农民工工资的清偿责任，并非建设工程合同纠纷的连带责任。建设工程劳务违法分包人属于建设工程实际施工人，应按照建设工程合同纠纷处理。因此，建设工程劳务违法分包人不对工人工资承担连带责任。

14.施工班组长按照劳务合同主张权利，将发包人、总承包人、合同相对人一并起诉，并引用《保障农民工工资支付条例》规定，要求发包人、总承包人先行清偿，如何处理？

答：仅作为工人代表，组织工人进行施工作业，正常领取工资获取报酬的施工班组长，不属于实际施工人，相应的诉讼不属于建设工程施工合同纠纷，而应属于劳务合同纠纷，可以依据《保障农民工工资支付条例》规定要求发包人、总承包人先行清偿。

如果施工班组长在工程中投入和收益不限于劳动及劳动报酬，在工程项目中实际投入资金、少量设备材料和劳力，获取一定的利润，实际上属于劳务分包的实际施工人。该情形下的施工班组长依据劳务合同主张权利，属于建设工程施工合同纠纷，不能依据《保障农民工工资支付条例》规定要求发包人、总承包人先行清偿。

15.多人合伙的实际施工人在其他合伙人下落不明的情况下，能否以自己的名义单独主张工程款？

答：在其他合伙人下落不明的情况下，应当允许部分合伙人以自己的名义单独主张工程款。事后，其他合伙人可以依据与主张工程款的合伙人之间的内部关系另行主张权利。需要注意的是，参与施工合同签订和实际施工的合伙人，其上手转包人或违法分包人基于合同信赖利益一般不会对其诉讼主体资格提出异议，但未参与合同签订的合伙人以自己名义起诉，需要提供充分证据证明其合伙人身份。

16.实际施工人与转包人或违法分包人没有签订施工合同，工程款计价标准不明，能否以发包人与前手承包人签订施工合同标准认定工程款？

答：《中华人民共和国民法典》第五百一十条规定："合同生效后，当事人就质量、价款或者报酬、履行地点等内容没有约定或者约定不明确的，可以协议补充；不能达成补充协议的，按照合同相关条款或者交易习惯确定。"第五百一十一条规定：依据前条规定仍不能确定价款或者报酬不明确的，按照订立合同时履行地的市场价格履行；依法应当执行政府定价或者政府指导价的，依照规定履行。在实际施工人与转包人或违法分包人没有签订施工合同，工程款计价标准不明的情况下，可按照上述工程款漏洞填补规则处理。同时，在工程转包或违法分包的情况下，转包人或违法分包人向实际施工人支付的工程款，一般不会超出其从发包人处应得的工程款。因此，从交易习惯角度考虑，在约定不明的情况下，实际施工人与转包人或违法分包人的计价标准可以参照发包人与承包人合同约定的标准，同时应防止价格倒挂。

17.发包人支付给承包人的商票到期未被兑付，承包人将未兑付商票金额计入欠付工程款中起诉的，是按照未付工程款处理，还是告知承包人按照票据纠纷另行主张权利？

答：商业汇票只是发包人支付工程款的一种方式。一般情况下，承包人接受发包人开出商票并到期兑付的，或者已将商票背书转让的，应视为发包人已付工程款。承包人持有的商票到期未能兑付或出票人拒绝兑付的，除因承包人未按照提示付款期限提示付款等其自身过错被拒绝兑付外，发包人的付款行为并未实际完成，仍应承担相应数额的付款责任。因此，承包人有权将未兑付商票金额计入欠付工程款中一并起诉，也有权按照票据纠纷另行主张权利。基于诉讼便利原则和诉讼权利处分原则,在承包人已经起诉的情况下,可将未兑付商票金额计入欠付工程款中一并处理,同时应当判令承包人退还商票,不应再告知当事人依票据纠纷另行主张权利。

18.双方合同约定以审计为结算依据,在当事人起诉时尚未审计的,能否对工程造价进行鉴定?

答:双方施工合同约定以审计为结算依据的,对双方当事人具有约束力。但是,如果因发包人原因未进行审计或者发包人怠于履行合同约定配合审计义务,导致未能审计或者未能完成审计的,承包人可以起诉通过工程造价鉴定进行工程款结算。

19.当事人在施工合同中约定,发包人收到竣工结算文件后应在约定的期限内答复,但却没有约定逾期不答复的法律后果的,能否适用《最高人民法院关于审理建设工程施工合同纠纷案件适用法律问题的解释(一)》第二十一条规定认定工程款?

答:《最高人民法院关于审理建设工程施工合同纠纷案件适用法律问题的解释(一)》第二十一条规定"当事人约定,发包人收到竣工结算文件后,在约定期限内不予答复,视为认可竣工结算文件的,按照约定处理。承包人请求按照竣工结算文件结算工程价款的,人民法院应予支持。"从文义解释看,工程款结算中的默示条款,不仅包括发包人收到竣工结算文件后在约定期限内不予答复的默示行为,还必须包括默示行为的法律后果,即发包人在约定期限内逾期不结算的,视为认可竣工结算文件的明确意思表示。双方当事人没有约定默示行为后果的,即没有明确约定"视为认可承包人提交的结算文件的",发包人逾期不予答复的仅构成违约,不能适用该解释规定。需要说明的是,最高人民法院也专门就此出台答复意见,该解释规定的默示条款不包括住建部示范合同文本中的通用条款的约定内容。

20.实际施工人为自然人时能否取得建设工程造价中的规费?施工合同中约定安全文明措施费、社保费不计取的,实际施工人为自然人主张时应否支持?

答:工程造价定额标准仅是提供给当事人确定工程款的推荐性、参考性标准。工程造价定额标准中的规费、措施费、社保费、税金仅是确定工程款的组价项目。当事人在确定工程款时,可以约定其中的个别组价费用项目不计取,如约定社保费、安全文明措施费等不计取,规费按照某一年度标准计取等。如果当事人约定对工程造价定额标准中的个别组价费用项目不计取的,应为双方对工程款的约定或者为承包人对发包人的让利,对双方当事人具有约束力。如果当事人约定按照工程造价定额标准结算工程款的,工程规费、措施费、社保费、税金等均属于工程款的组成部分，则上述造价费用均属于当事人应得的工程款，而无需考虑实际施工人是自然人或者是有施工资质的企业。

21.施工合同约定的工程质保金预留比例高于《建设工程质量保证金管理办法》规定的质保金预留比例，是否有效？

答：《建设工程质量保证金管理办法》属于部门规章，该办法中关于质保金预留比例的规定属于管理性规定，不影响当事人在施工合同中约定质保金预留比例内容的效力。故当事人在施工合同中约定的质保金预留比例高于《建设工程质保金管理办法》规定的质保金预留比例的情形，属于当事人意思自治范围，对双方当事人具有拘束力。

22.施工合同中对工程质保金返还期限约定不明，承包人起诉主张支付工程款时工程竣工已超过2年不满5年，工程质保金如何处理？

答：建设工程质量缺陷责任期与保修期，是两个有关联但并不相同的概念。缺陷责任期，是指承包人按照合同约定承担工程质量缺陷修复义务、发包人保留工程质量保证金的期限。在责任期结束后，承包人可依法依约收回质保金。缺陷责任期的时间一般不超过2年。而保修期是指承包人对自己所完成工程的保修期限，超过保修期，承包人无义务实施保修。《建设工程质量管理条例》规定，基础设施工程、房屋建筑的地基基础工程和主体结构工程，为设计文件规定的该工程的合理使用年限；屋面防水工程、有防水要求的卫生间、房间和外墙面的防渗漏，为5年；供热与供冷系统，为2个采暖期、供冷期；电气管线、给排水管道、设备安装和装修工程，为2年。

《最高人民法院关于审理建设工程施工合同纠纷案件适用法律问题的解释（一）》第十七条规定："有下列情形之一，承包人请求发包人返还工程质量保证金的，人民法院应予支持：（一）当事人约定的工程质量保证金返还期限届满；（二）当事人未约定工程质量保证金返还期限的，自建设工程通过竣工验收之日起满二年；（三）因发包人原因建设工程未按约定期限进行竣工验收的，自承包人提交工程竣工验收报告九十日后当事人约定的工程质量保证金返还期限届满；当事人未约定工程质量保证金返还期限的，自承包人提交工程竣工验收报告九十日后起满二年。发包人返还工程质量保证金后，不影响承包人根据合同约定或者法律规定履行工程保修义务。"因此，工程质保金的返还是以工程缺陷责任期届满为支付条件，并不以工程保修期限届满为支付条件。在当事人对工程质保金返还期限没有约定或约定不明的，可按照该条规定第一款第二、三项处理，无需考虑工程保修期限。当然，如果当事人约定质保期满退还质保金的，应当按照约定时间返还。

23.建设工程未经竣工验收，发包人以经营需要为由使用是否属于擅自使用？部分使用建设工程能否认定为擅自使用？其他未使用部分的质量问题，发包人能否主张权利？

答：首先，未经竣工验收合格的建设工程不得交付使用。发包人以经营需要为由使用建设工程的情况属于擅自使用。其次，发包人仅对其擅自使用部分的建设工程，不能再以工程质量不符合约定为由主张权利，而对于未使用部分的建设工程，发包人仍可以主张权利。其三，发包人擅自使用行为仅产生推定工程质量合格的法律效果。如果在发包人擅自使用前就发现工程存在质量问题，也已要求承包人修理，但承包人拒绝修理的，发包人使用后仍可向承包人主张权利。其四，如果建设工程的地基基础工程和主体结构工程存在质量问题，承包人应当在建设工程的合理使用年限内承担民事责任，不受建设工程是否竣工验收及发包人是否擅自使用的影响。

24.承包人主张工程款时建设工程尚未超过保修期，发包人主张将在工程保修期内自行维修或委托第三方维修支出的维修费用从工程款中扣除的，是在工程款中予以扣除，还是告知双方待保修期届满后另行按工程质量保修处理？

答：发包人承认拖欠承包人工程款，但以建设工程存在质量问题产生维修费用为由扣除相关维修费用，实质上是主张减少支付工程款，并未超过承包人的诉讼请求范围，属于同一法律关系，应当认定为抗辩。发包人在工程保修期内已通知承包人维修而承包人拒绝修复的，发包人可以依据支出维修费用的有效证据主张减少支付工程款，并在承包人主张工程款的案件中一并处理。

25.工期延误损失除鉴定外，可否通过当事人举证予以认定？因工期延误造成人工、材料价格调差可否根据工期延误的责任予以分担？

答：除了通过鉴定确定工期延误损失外，对工期延误损失也可以通过其他方式举证予以证明。因工期延误造成人工、材料价格调差，可以根据造成工期延误的原因、工期延误与损失之间存在因果关系、当事人的过错等因素，由发包人和承包人按过错比例承担责任。

26.加盖技术资料专用章的工程量对账单能否直接采用？实践中，加盖承包单位项目部印章的合同是否对承包人有约束力？能否认定构成表见代理？

答：首先，技术资料专用章具有特定用途，通常用于设计图纸、会审记录等有关工程资料上，一般不能用于对外签订合同、对账结算价款等。因此，加盖此章的工程量对账单，要坚持认人不认章，在不能确定盖章人的身份或者权限的情况下，一般不能作为确认工程量的依据，但如果双方在工程施工中曾经多次使用，符合双方交易习惯的，亦可认定加盖此章的文件资料的效力。

其次，对于合同中加盖的承包单位项目部印章以及承包单位印章的效力，也要坚持认人不认章，应当审查参与订立合同或者加盖印章的人员是否有承包单位的相应授权，在合同上加盖印章是否属于承包单位的真实意思表示等，并根据代表或代理的相关规则来确定合同的效力，不能简单根据加盖印章的情况认定为承包单位的行为。如果签约人员或者加盖印章的人员为承包单位有代表权或代理权的人员，则对承包单位具有约束力。如果签约人员或者加盖印章的人员无承包单位代表权或代理权，则按照是否构成表见代表或表见代理处理。

再次，加盖项目部印章仅是表见代理的外观特征之一，并不是认定构成表见代理的充足条件。要审慎认定表见代理，除要严格审查是否形成具有代理权的充足表象，还要符合相对人主观上善意且无过失的构成要件，不能仅以加盖有项目部印章就认定构成表见代理。

27.实际施工人能否主张建设工程价款优先受偿权？

答：实际施工人不属于《中华人民共和国民法典》第八百零七条规定的与发包人订立建设工程施工合同的承包人，不享有建设工程价款优先受偿权。

28.施工合同中约定承包人先开具发票、发包人后付款。承包人在未开具发票的情况下，发包人是否有权拒付工程款？

答：合同约定对双方当事人具有约束力，发包人可以据此主张先履行抗辩，不承担开具发票前的因未支付工程款而产生的违约责任。但发包人支付工程款是主要合同义务，在诉讼阶段再以此为由抗辩不支付工程款缺乏正当性。在案件审理中，应向发包人释明提出由承包人开具发票的诉讼请求，一并处理。若经释明，发包人仍不请求承包人开具发票而坚持抗辩不支付工程款的，不予支持。

附件四：
河南省高级人民法院关于强化建筑领域纠纷案件实质性化解的工作指引

为认真贯彻习近平法治思想，切实把优化营商环境融入司法办案的全过程，进一步提升建筑领域纠纷案件的审判质效，最大限度减少延宕审限，最大限度保护施工方合法利益，将"我为群众办实事"实践活动落到实处，经河南省高级人民法院民四庭法官会议研究，形成本指引。

一、积极落实先行判决制度

《中华人民共和国民事诉讼法》第一百五十三条规定:"人民法院审理案件,其中一部分事实已经清楚,可以就该部分先行判决。"

建设工程案件的事实认定相对复杂,相当一部分案件还存在本诉反诉交织、启动鉴定等情形,造成审理期限较长;同时由于当事人对抗性强以及部分当事人刻意拖延诉讼等因素,一审服判息诉率相对较低,上诉率、申请再审率、发改提指率相对较高的"三高一低"情形比较突出,施工人追要工程款权益难以尽快实现。为及时保护施工人的合法权益,各级法院应当积极落实《中华人民共和国民事诉讼法》第一百五十三条规定,对于各方无异议以及其他符合先行判决条件的,应及时先行判决;必须发回重审的,也要慎用全案发回。应当及时回应施工人的合法诉求,维护下游农民工的合法权益,防止损失因诉讼拖延而扩大。

二、严格规范司法鉴定行为

司法鉴定是影响建设工程纠纷案件审限的重要因素,必须加以严格管理和规范。

严格审查鉴定条件。对于结算方式约定明确,现有证据足以认定待证事实的,不应启动司法鉴定,避免以鉴定代替约定;对于必须通过司法鉴定才能查清案件事实的,应当在一审程序中积极行使释明权,不能不进行鉴定而简单裁判。

合理确定鉴定范围。对当事人无争议或事实清楚的部分以及无法鉴定的部分应当先行确认,将鉴定内容尽量限缩在双方争议最小范围后再委托鉴定,避免人为增加鉴定成本,延宕鉴定时长。

坚决防止以鉴代审。积极行使司法审查权,对于鉴定材料关联性、合法性进行审查,对鉴定报告组织质证认证,防止出现明显不符合常理甚至相互矛盾的鉴定结论,防止出现司法不作为、变相让渡司法权的情况。

有效压缩鉴定周期。对当事人提交鉴材时间和鉴定机构的鉴定期限做出明确要求,防止鉴定拖延;需要鉴定的应在一审程序启动,尽量减少二审启动鉴定或因一审未鉴定导致事实不清发回重审,避免再审程序启动鉴定。

三、严厉惩戒虚假恶意诉讼

党的十八届四中全会通过的《中共中央关于全面推进依法治国若干重大问题的决定》提出,加大对虚假诉讼、恶意诉讼、无理缠诉行为的整治力度。

规制惩戒拖延诉讼。强化规则指引,倡导诚信诉讼和理性诉讼。在明显无正当理由和事实依据的情况下,对于当事人和诉讼代理人在诉讼中滥用管辖权异议、申请启动鉴定、中止诉讼、延期举证、延期开庭,虚假调解、不请求改判单纯请求发回重审等恶意拖延诉讼行为，应严格把握审查标准，依照关于妨碍民事诉讼的相关规定，根据不同情形予以训诫、罚款或司法拘留。

防范打击虚假诉讼。在审判中着力提高防范和甄别意识，精准识别试图通过恶意串通、虚构事实、隐瞒伪造证据等方式，使法院作出错误裁判，侵害国家利益、公共利益及他人合法权益，扰乱司法秩序的行为。对冒用"实际施工人"身份、虚假结算、恶意确认工程价款优先受偿权等多发高发问题，要加大证据审查力度，拓宽依职权调查范围。认定涉嫌虚假诉讼的，依法予以训诫、罚款、拘留；涉嫌犯罪的，坚决依法移送犯罪线索；涉嫌虚假鉴定、审计、评估的，除训诫、罚款外，立即从人民法院委托鉴定专业机构名录中除名，同时向司法行政部门或行业协会发出司法建议。

四、着力推进典型案例发布

典型案例对于树立正确裁判导向、引导合理诉求、预防恶意诉讼、建立社会诚信具有重要的作用。省法院和中级法院建立生效裁判典型案例发布制度，对于符合以下条件的案件，予以定期发布：

（一）当事人对抗性强、矛盾突出，案情复杂，裁判效果好，当事人未提出上诉的一审案件以及未申请再审、抗诉的二审案件；

（二）群诉群访情绪激烈，社会不稳定风险高，裁判结果案结事了，政治效果、法律效果、社会效果统一的案件；

（三）主动落实先行判决、有效防止诉讼拖延、严惩虚假恶意诉讼，及时保护施工人及农民工合法权益的案件；

（四）有利于在全省统一裁判尺度，树立正确裁判导向，引导行业内合理诉求的示范性案件；

（五）利用多元化纠纷解决机制，以调解、和解等方式化解纠纷，社会效果良好的案件；

（六）符合社会主义核心价值观的其他案件。

五、大力构建多元解纷机制

整合社会资源和力量，参与矛盾纠纷化解，构建多元化纠纷解决机制。

强化法律职业共同体建设。专业化审判与专业律师代理是司法专业化的一体两面。各级法院要主动加强与同层级司法行政管理部门、律师协会的对接，搭建定期会商、共同培训、业务研讨等多种方式的专业化建设平台，积极推进法律职业共同体。在易发生争议的专业化问题上最大程度弥合分歧，达成共识，促进裁判尺度的统一；建立和谐法官律师关系，在化解纠纷中形成合力，减少矛盾和对抗，促进案结事了。

加强纠纷溯源治理。认真落实习近平总书记"把非诉讼纠纷解决机制挺在前面"的要求，建立与政府主管部门和建筑业、房地产行业协会的长效沟通协商机制，下好"先手棋"，对行业发展、企业诉求、风险态势主动了解掌握，形成源头预防、前端化解、诉中咨询、专家调解、终端解纷的合力。

河南省高级人民法院

2021年8月27日

附件五：

河南省高级人民法院民二庭关于审理建设工程领域买卖、租赁合同纠纷案件若干疑难问题解答

一、审理建设工程领域买卖、租赁合同纠纷案件应当把握的裁判原则

1.问：实践中，建筑设备的出租方或建筑材料的出卖方起诉请求发包人或建筑企业承担付款责任，在认定责任主体时，应当遵循什么裁判原则？

答：这类案件的审理应当遵循合同相对性原则。根据《中华人民共和国民法典》（以下简称《民法典》）第四百六十五条第二款的规定，依法成立的合同，仅对当事人具有法律约束力，但是法律另有规定的除外。建筑企业的项目经理、实际施工人或项目部其他人员等行为人签订买卖、租赁合同，相对人请求建筑企业、发包人承担责任的，应当严格遵循合同相对性原则，审查行为人的行为性质，依法确定合同主体、责任主体及责任承担方式；不能仅以买卖的建筑材料、租赁的建筑设备被用于建设项目为由，即判决建筑企业、发包人承担责任；也不能随意突破合同相对性，不审查合同签订主体，而径行判令实际使用方承担责任。

2.问：能否仅以行为人与建筑企业存在挂靠关系为由，直接依据《最高人民法院关于适用〈中华人民共和国民事诉讼法〉的解释》（以下简称《民诉法解释》）第五十四条关于确定共同诉讼当事人的规定，判决建筑企业对行为人签订的买卖、租赁合同承担连带责任？

答：不能。《民诉法解释》第五十四条规定："以挂靠形式从事民事活动，当事人请求由挂靠人和被挂靠人依法承担民事责任的，该挂靠人和被挂靠人为共同诉讼人。"该条系挂靠关系中如何确定共同诉讼当事人的程序性规定，并非判断挂靠关系当事人之间如何承担民事责任的实体法律规定。《民法典》第五百一十八条第二款规定，连带责任或连带债务，由法律规定或者当事人约定。相对人以行为人与建筑企业存在借用资质（挂靠）关系为由，要求行为人和建筑企业对货款、租赁费支付承担责任的，应依据相关实体法律规定确定责任承担问题，不能仅依据《民诉法解释》第五十四条的程序性规定，认定建筑企业应当承担款项支付责任。

3.问：在审理建设工程领域买卖、租赁合同纠纷案件中，判断项目经理等行为人实施的行为是否对建筑企业发生效力时，应坚持什么样的裁判思路？

答：要按照依法界定职务行为，准确认定表见代理，严厉打击虚假诉讼的审理思路。应从以下三个层次进行审查：一是审查该行为是否有建筑企业的明确授权，判断是否属于法律规定的委托代理行为；二是判断行为人与建筑企业之间是否存在劳动关系，行为人实施的行为是否在职责范围内、是否属于职务行为（职务代理行为）；三是在不能认定构成委托代理或职务行为的情况下，进一步审查判断行为人的行为是否构成表见代理。构成委托代理、职务行为或表见代理的，相应的法律后果依法应当由建筑企业承担。

另外，在审理此类案件过程中，也要注意对相关合同和交易关系的真实性进行审查，防止部分当事人之间恶意串通，虚构债务，损害建筑企业的合法权益。

二、关于诉讼主体的确定

4.问：行为人以建筑企业名义签订合同，但建筑企业否认其签订并履行合同，或者行为人虽以个人名义签订合同但有证据证明代表建筑企业，但建筑设备的出租方、建筑材料的出卖方只将建筑企业或行为人列为被告，这种情况下是否需要追加另一方主体参加诉讼？

答：行为人以建筑企业名义签订合同或者虽以个人名义签订合同但有证据证明其代表建筑企业，相对人只起诉建筑企业或行为人的，为查明买卖、租赁等事实，法院可以向当事人释明，申请追加另一方主体为当事人参加诉讼，或依职权进行追加。

三、关于个人行为的认定

5.问：行为人以自己的名义与相对方签订租赁或买卖合同，应如何认定该行为性质和责任主体，应否判令建筑企业承担责任？

答：不应判令建筑企业承担责任。根据《民法典》第一百六十二条的规定，代理人在代理权限内，以被代理人名义实施的民事法律行为，对被代理人发生效力。委托代理、职务代理、表见代理均适用于行为人以建筑企业的名义与相对方签订合同的情形，如果行为人以自己名义与相对人签订合同，一般应认定为行为人的个人行为，应由行为人承担责任，判令建筑企业承担责任明显违背合同相对性原则。

此外，有一些合同中，虽然合同文本首部记载的签订主体为建筑企业或项目部，但尾部只有行为人个人签名而未加盖建筑企业或项目部印章，也没有其他证据证明行为人代表建筑企业的，也应认定为行为人的个人行为。

6.问：实际施工人以自己名义签订合同，但在合同履行过程中，建筑企业支付了部分款项，相对人以此为由主张建筑企业承担责任，建筑企业抗辩仅是代付款项，对于建筑企业付款行为的性质应如何认定？

答：对这类案件，法院应当向相对人释明，要求其明确请求建筑企业承担责任的请求权基础（比如债的加入），相对人应当就上述法律行为已经与建筑企业达成合意承担举证责任。在查明上述事实的基础上，依照《民法典》第五百二十三条、第五百五十二条规定确定付款行为的性质、责任主体和责任承担方式。

四、关于职务行为的认定

7.问：与建筑企业存在借用资质关系的实际施工人对外通常也有项目经理、工地负责人等身份表象，建筑设备的出租方、建筑材料的出卖方通常会主张行为人系建筑企业的工作人员，根据职务代理的法律规定请求建筑企业承担责任，那么在哪些情况下，可以认定行为人的行为构成职务行为？

答：根据《民法典》第一百七十条的规定，执行法人或者非法人组织工作任务的人员，就其职权范围内的事项，以法人或者非法人组织的名义实施的民事法律行为，对法人或者非法人组织发生效力。

认定项目经理、工地负责人等行为人的行为属于职务行为通常应具备身份要素、名义要素、权限要素三个方面的要件。身份要素，指项目经理等行为人与建筑企业存在劳动关系，系建筑企业的工作人员。判断行为人是否系建筑企业的工作人员，应当从行为人与建筑企业是否存在劳动关系，建筑企业是否向行为人发放工资、缴纳社会保险费用，以及采取何种管理模式等方面进行综合判断。权限要素，是指项目经理等行为人的行为在建筑企业的授权范围之内，即有权实施购买或租赁必备的办公用具、原材料、机器设备等行为。名义要素，是指项目经理等行为人是以建筑企业或项目部的名义对外签订合同，而不是以自己的名义签订合同。

如果项目经理等行为人实施的行为满足上述三个要件，即行为人系建筑企业的工作人员，且在职权范围内以建筑企业名义对外签订买卖、租赁合同，则构成职务代理，相对人有权要求建筑企业承担合同责任。

如果行为人与建筑企业之间存在借用资质、分包、转包等关系，以建筑企业名义签订合同，相对人以行为人签订合同时持有建筑企业的授权委托书、任命书等，主张行为人的行为构成职务代理的，因行为人与建筑企业之间实质系借用资质、分包等关系，行为人并非建筑企业的工作人员，不构成职务代理，这种情况下，应考虑是否构成表见代理。

五、关于表见代理的认定

8.问：行为人的行为构成表见代理，应具备哪些条件？

答：表见代理的判断是这类案件裁判标准不统一表现最突出的领域。行为人没有代理权，超越代理权或者代理权终止后，仍然以建筑企业名义对外签订买卖、租赁合同，相对人请求该建筑企业承担责任的，应根据《民法典》第一百七十二条规定认定行为人的行为是否构成表见代理。相对人有理由相信行为人有代理权的，代理行为有效。

《最高人民法院关于适用〈中华人民共和国民法典〉总则编若干问题的解释》（以下简称《民法典总则编司法解释》）第二十八条第一款规定：同时符合下列条件的，人民法院可以认定为《民法典》第一百七十二条规定的相对人有理由相信行为人有代理权：（一）存在代理权的外观；（二）相对人不知道行为人行为时没有代理权，且无过失。据此分析，认定是否构成表见代理，应依法审查行为人的无权代理行为客观上是否具有代理权的表象，而且要求相对人在主观上善意且无过失地相信行为人有代理权。

需强调的是，表见代理的适用前提是行为人不具备代理权（即自始无代理权、超越代理权及代理权终止三种情形），有证据证明行为人具备代理权的，则不适用表见代理。此外，因不同的相对人在主观认知和客观感知存在差异，故个案审理中认定表见代理应当根据不同案件的具体事实进行。

9.问：认定存在代理权的外观的主要考量因素有哪些？

答：在建设工程领域买卖、租赁合同案件中，应当结合行为人的身份、权限、行为模式、交易惯例等因素，综合判断行为人是否具有代理权的表象。以下情形可以作为综合判断行为人具有代理权的表象因素：（1）行为人持有建筑企业出具的授权委托书、任命书等文件；（2）合同书加盖了建筑企业或分公司、项目部的印章；（3）项目部对外公示的铭示牌、张贴的项目部成员名单等方式明确行为人为项目部经理或负责人；（4）行为人与相对人在建筑企业项目部办公场所签订合同；（5）虽未签订书面合同，但建筑企业知道或应当知道该民事行为而未作反对表示的，或者从事该民事行为属于项目部权限范围，项目部知道或应当知道而未作反对表示的；

（6）行为人的行为客观上形成具有代理权表象的其他情形。

10.问：如何判断相对人是善意且无过失的？

答：在判断合同相对人主观上是否属于善意且无过失时，应当结合合同缔结与履行过程中的各种因素综合判断合同相对人是否尽到合理注意义务，可以考量下列因素：合同的缔结时间、签订主体、合同是否加盖印章及印章真伪、标的物的用途、交付方式与地点、建筑企业是否参与合同履行等。有以下情形之一的，一般不认定相对人为善意且无过失：（1）签订的合同损害建筑企业的利益；（2）相对人明知行为人与建筑企业之间是借用资质、非法转包、违法分包关系，仍然与其签订合同；（3）交易金额与实际需求、规模等明显不相称；（4）合同所涉建筑材料、建筑设备等并未实际向工程项目提供。

11.问：表见代理的举证责任如何分配？

答：根据《民法典总则编司法解释》第二十八条第二款的规定，因是否构成表见代理发生争议的，相对人应当就无权代理存在代理权的外观承担举证责任；被代理人应当就相对人不符合相对人不知道行为人行为时没有代理权且无过失的条件承担举证责任。也即，行为人要对代理行为存在诸如行为人签订合同时持有建筑企业的授权委托书、任命书、公章、印鉴等有权代理的客观表象，承担举证责任；建筑企业要对行为人并不是善意且无过失地相信行为人具有代理权承担举证责任。

六、关于盖章行为的法律效力及责任认定

12.问：行为人与建筑企业存在借用资质、分包、转包等关系，合同书上加盖有建筑企业项目部印章，相对人请求建筑企业承担责任，建筑企业抗辩合同上的印章是实际施工人伪造、私刻的，其不应承担责任，对此问题该如何处理？

答：可以参照《全国法院民商事审判工作会议纪要》（法〔2019〕254号）第41条关于盖章行为的法律效力的规定，审查行为人签约盖章之时是否有代理权，或是否构成表见代理，来确定合同效力和责任主体。建筑企业仅以行为人加盖的印章系伪造、私刻或与其使用、备案印章不一致，否定合同效力，主张不承担责任的，依据不充分。

13.问：行为人冒用建筑企业名义购买建材或租赁设备的，该如何确定责任主体？

答：虽然行为人以建筑企业或项目部名义与相对人签订合同，甚至合同书上还加盖了建筑企业或项目部印章，但是，如果建筑企业举证证明与行为人不存在借用资质、分包、转包等关系，或所涉工程项目与建筑企业无关，相对人亦没有证据证明取得建筑企业授权或建筑企业有履行合同行为的，对相对人要求建筑企业承担责任的诉讼请求,不予支持。

14.问:合同上加盖技术专用章、资料专用章等具有特定用途的印章,是否构成具有代理权的外观?

答:如果相对人接受行为人使用技术专用章、资料专用章等有特定用途的印章签订合同,且没有证据证明行为人取得建筑企业的授权,应视为相对人未尽到合理的注意义务;相对人持加盖此类印章的合同要求建筑企业承担责任,但无其他证据证明建筑企业有履行合同行为的,一般不能认定构成表见代理。

七、关于项目部作为担保人的问题

15.问:行为人与建筑企业存在借用资质、分包、转包等关系,行为人以自己的名义签订合同,合同书担保人处加盖了建筑企业项目部印章,在这种情况下,担保合同是否成立,建筑企业应否承担责任?

答:依据《最高人民法院关于适用〈中华人民共和国民法典〉有关担保制度的解释》第十一条、第十七条规定,在该类案件中,相对人请求建筑企业承担担保责任,因项目部不具备对外提供担保的资格,相对人存在明显过错,对其主张一般不予支持;如果相对人能够举证证明建筑企业管理中存在明显过错的,可以根据过错程度,对债务人不能清偿的部分承担补充赔偿责任。

八、关于虚假诉讼的防范

16.问:行为人与相对人恶意串通,虚构债权债务,或者将另一工程的债权债务转移到建筑企业承包的工程,侵害建筑企业利益的,应该如何防范和处理?

答:应着重审查债权的真实性。在相对人仅以行为人出具或者加盖项目部印章的欠条、结算单等凭证向建筑企业主张货款、租赁费的情况下,应对欠款凭证的来源、债权数额的依据、合同履行情况等基础合同关系进行审查,防止侵害建筑企业利益的虚假诉讼发生。

图书在版编目（CIP）数据

建设工程与房地产纠纷裁判规则.上 / 北京大成（郑州）律师事务所编著；陈维刚主编. -- 北京：中国法治出版社，2025.8. -- ISBN 978-7-5216-5334-2

Ⅰ. D922.297.5；D925.118.5

中国国家版本馆CIP数据核字第2025YC7868号

策划编辑：刘　悦
责任编辑：吴权弟　　　　　　　　　　　　　　　　　封面设计：李　宁

建设工程与房地产纠纷裁判规则.上
JIANSHE GONGCHENG YU FANGDICHAN JIUFEN CAIPAN GUIZE.SHANG
编著 / 北京大成（郑州）律师事务所
主编 / 陈维刚
经销 / 新华书店
印刷 / 三河市紫恒印装有限公司
开本 / 787毫米×1092毫米　16开　　　　　　　　　　印张 / 25　字数 / 446千
版次 / 2025年8月第1版　　　　　　　　　　　　　　2025年8月第1次印刷

中国法治出版社出版
书号ISBN 978-7-5216-5334-2　　　　　　　　　　　　定价：145.00元（上下两册）

北京市西城区西便门西里甲16号西便门办公区
邮政编码：100053　　　　　　　　　　　　　　　　传真：010-63141600
网址：http://www.zgfzs.com　　　　　　　　　　　编辑部电话：010-63141733
市场营销部电话：010-63141612　　　　　　　　　　印务部电话：010-63141606
（如有印装质量问题，请与本社印务部联系。）